Adorno
Theodor W.

阿多诺选集

论瓦格纳与马勒

［德］阿多诺　著
彭蓓　译

上海人民出版社

国家社科基金重大招标项目资助

阿多诺哲学文献的翻译与研究（编号：20&ZD034）

献给格雷特

"马是英雄的幸存者。"

总　　序

如果没有特奥多·W.阿多诺,没有这个哲学家、音乐理论家和社会学家,就不会有批判理论。当然,还有其他人,为20世纪哲学的这个重要流派奠定了基石;也还有其他人,在这个学派的最初岁月里就公开地铸就了其知识形象(intellektuelles Erscheinungsbild)。马克斯·霍克海默开启了后来被称为"法兰克福学派"的批判理论传统,他于1930年被聘为社会研究所的所长,这个研究所是1923年在法兰克福建立的。在霍克海默还未被委以新任的时候,他身边就聚拢了一个由志同道合的科学家构成的圈子,一起以一种非正统的马克思主义精神来研究当时资本主义的结构和动力;此时他特别重视研究规划的经验性方向,采取学科交叉的项目形式,对西欧资本主义社会的实际发展——而不仅仅是假设的发展——进行探索。在开始的阶段,霍克海默认为意义特别重大的问题是,考虑到历史形势的改变,坚持马克思主义关于无产阶级革命潜力的旧有信条,是否还是合时宜的。与此相应的,是关于无产阶级成员的社会化条件和人格性形成的受精神分析影响的研究,这些研究从根本上规定了那时批判理论在公共领域中的形象。而阿多诺则相反,他受他的朋友霍克海默之托,在研究所从事哲学和美学方面的基础课题,从一开始就完全处于这种经验研究活动的阴影之中;他关于方法论、音乐理论和历史哲学的作品,虽然正合西方马克思主义的激

1

进代表人物的小圈子的兴趣,但是最初在研究所的内部并没有更大的影响。当社会研究所结束美国的流亡,迁回法兰克福之后,这个由霍克海默建立的批判理论,除了阿多诺之外,就没有任何别的名字能够代表,而这已然是 20 年之后的事了;又过了 20 年,阿多诺被西德学生运动视为理论学派的知识分子首领,人们将反抗联邦共和国国内复辟和固化的关系的本质性冲动归功于这个理论学派。如今,被称为批判理论或者法兰克福学派的东西,几乎等同于特奥多·W.阿多诺的著作。因此,这个思想家对这个 20 世纪哲学最重要的流派之一所具有的杰出意义,乃是源于其否定主义方法的激进性,源于其理论工作的令人惊叹的涉猎范围,源于其思想姿态的刚正不阿。

在特奥多·W.阿多诺,这个天资聪慧的学生于 1930 年成为社会研究所的成员之时,他才刚刚 27 岁;此时他已经在维也纳跟随十二音音乐之父学习了音乐理论,并在他的家乡美因河畔法兰克福学习了哲学。在他关于一种批判理论的方法论的诸多早期作品中,就已经显露出否定主义的特征了,这些在后来构成了他的整个哲学和社会理论的根本特征。在结束了对格奥尔格·卢卡奇的《历史与阶级意识》的开创性研究之后,青年阿多诺便认为,社会世界处于资本主义经济的统治之下;只有在对外部自然和内部本性的控制可能性的工具性计算形式下,这种经济才允许人类理性的潜能发挥出来。阿多诺哲学的独特面貌是在其因纳粹掌权而被迫于 1938 年流亡美国期间才获得的,而在此之前他已经在英国的牛津大学停留了 3 年作学术研究。在美国,当时快要 40 岁的阿多诺,开始逐渐意识到,被资本主义强迫推行的理性单一化在当时已经达到了如此程度,以至于社会生活的所有冲动和实施都受到了它的损害。因此阿多诺从现在开始将蔓延到全球的资本主义统治理解为一种"总体的蒙蔽关联"(totalen Verblendungszusammenhang),在其中主体、自然,包括心理感受,都被按照同一种模型来处理,这种模型将所有鲜活事物都归结为某种单纯物性的可支配的东西。阿多诺这种否定主义最终影响如此深远,以至于他同时作为音乐理论家和作曲家能够辨认出,只有在现代的、加密的艺术作品中,还留有反抗理性的社会病理学的一席之地;阿多诺的所有后期著作,无论是《否定的辩证法》《美学理论》《最低限度的道德》,还是那许多文化批判文集,都是这种思考的见证,它试图对抗资本主义对我们理性能力的肢解,回忆那沉睡在艺术中的、一种非同一化的世界关系的力量。借助于这个动机和基本思想,特奥多·W.阿多诺成为了所有批判理论在精神上的核心人物;任何在今天努力接续法兰克福学派传统的人,都必须接受阿多诺哲学的严格、严肃和远见的衡量。

因为阿多诺的著作在 20 世纪哲学中是如此独一无二和不可分割,现在上海人民出版社已经作出决定,出版一套规模宏大的著作选集,以让中国的公众能够受惠,这是功德无量的。这勇敢的一步,不仅仅标志着东西方知识文化之间迟来的接近;而且,它还是一个明确的信号,即无论在东方还是西方,在经济的应用兴趣和政治的权力诉求重新占据主导地位的今天,都需要一种思维,这种思维在对工具合理性的批判中,呼唤我们真实理性的人道和负责任的潜力。我们,在西方想要推进批判理论传统的我们,只能希望,这个宏大的、令人钦佩的阿多诺著作中文出版计划,对它自己的国度亦不无裨益。

阿克塞尔·霍耐特

2020 年 7 月于美因河畔法兰克福

目　　录

马　勒

——一种音乐的面相

试论瓦格纳

序　言

　　《试论瓦格纳》一书是 1937 年秋至 1938 年春在伦敦和纽约写成　9
的。它与 1936 年马克斯·霍克海默（Max Horkheimer）发表的论文
《利己主义与解放运动：论资产阶级时代的人类学》，以及社会研究所
（Institut für Sozialforschung）当时发表的其他著作密切相关。这整部
作品于 1952 年由苏尔坎普出版社首次出版。

　　本书有四个章节：第一章、第六章和最后两章，已经在《社会研究杂
志》的第一本和第二本中[1]发表。这些刊物大部分在德国占领法国期
间被销毁了，只有很少几本幸存下来。作者认为已经出版的章节的原
文不应该在书中作任何重大的修改。他对那些还未发表过的章节则不
那么苛刻；他还将自己后来的一些见解融入其中。而相反，几乎没有人
关注过之后出版的瓦格纳的研究文献。特别是瓦格纳与路德维希国王
的通信，以及恩内斯特·纽曼（Ernest Newman）的宏大传记最后两卷
提到的有关对瓦格纳社会性格认识的重要新材料。作者认为，这些材
料应该证实了他在此发展出的想法。

　　这个袖珍版[2]纠正了一些印刷错误，但除了这些以外，只做了一
些很小的改动。作者最近几年对瓦格纳的一些说法不被包含在内。他　10
的短文《论帕西法尔的总谱》（Zur Partitur des Parsifal）可以在《音乐的
瞬间》（Moments musicaux）中找到；1963 年 9 月，在柏林音乐周期间发
表的演讲《瓦格纳的现实性》，还尚未被出版过。

1963 年 12 月

作　者

注释

[1] 这里指 1939 年的 1—2 期合辑。

[2] 这里所依据的版本是《试论瓦格纳》,慕尼黑和苏黎世:多勒默—克瑙尔出版社 1964 年版(克瑙尔袖珍书系列 54)。

一、社 会 性 格

理查德·瓦格纳一生中上演的第一部歌剧《爱情的禁令》(*Das* *Liebesverbot*)①使用的剧本取材于莎士比亚的作品《一报还一报》,不同之处在于,用瓦格纳自己的话来说,"伪君子是被复仇的爱惩罚",而不是被政治权力所揭穿。对这位 21 岁的作曲家来说,他透过《阿尔丁海洛》(*Ardinghello*)②和《年轻的欧罗巴》(*Jungens Europa*)③的想象世界去看待莎士比亚的喜剧,这就是成熟的表现。"我理解的基调是去针对清教徒式的虚伪,而由此获得对'自由感性'的大胆颂扬。我尝试在这样的意义上去看待严肃的莎士比亚的主题,我只看到了冷酷、循规蹈矩的长官,他对美丽的见习修女充满了强烈的激情",瓦格纳谴责自己早期作品中的费尔巴哈式的气氛(Feuerbachischen Stimmung),这导致他忽略了戏剧的"正义"的方面,而正是这种"正义"的方面才使得莎士比亚作品中的对立势力得以发展下去。在小地方首演惨败之后,这部作品立即被完全遗忘了,甚至当瓦格纳成名后,连那语言家式的热情也无法让人回忆起它来。在他的下一部歌剧中,正义表现出了对伪善的

---

① 《爱情的禁令》(1834—1836)是瓦格纳早期的一部二幕歌剧,别名《巴勒莫的见习修女》(*Die Novize von Palermo*)。取材于莎士比亚的喜剧《一报还一报》(*Measure for measure*,1604)。1836 年首演于德国马格德堡。

② 这里是指《阿尔丁海洛与幸福岛》(*Ardinghello und die glüchseligen Inseln*,1785)这本书。它是威廉·海因斯(Wilhelm Göring,1893—1946)的一部小说,被称为德语文学史上"第一部描写文艺复兴的小说和第一部艺术家小说"。

③ 《年轻的欧罗巴》是德国作家海恩里希·劳贝于 1833 年出版的小说。

同情:《黎恩济》(*Rienzi*)不仅成了瓦格纳第一部大获成功的歌剧,还给他带来了名誉和地位,直到最近还热闹地充斥在各个歌剧院中,尽管梅耶贝尔①的立场与瓦格纳音乐戏剧的准则完全不相容,可见于《巴勒莫的见习修女》②。在一开场,瓦格纳不再赞颂自由的感性,相反,他谴责了它。一伙年轻的贵族企图攻击贞洁的伊蕾娜(Irene)。她盲目地追随她的兄弟黎恩济,他是最后一个罗马民众领袖和第一个市民阶级的恐怖分子。关于黎恩济的"解放运动",瓦格纳完全忠实且赞同地表示:

12

> 我向罗马子民宣告自由!
> 要令人心生敬仰,体体面面,
> 要彰显出自己是罗马人!
> 今日来呼召,
> 他为你们和你们的羞耻报仇雪恨。③

在此之后,不体面的行为只能在被允许的情况下出现:作为道德上被认可的报复。但是,当封建权力摇摆不定的代表——阿德里亚诺·科隆纳(Adriano Colonna)将黎恩济称为"血迹斑斑的自由奴仆"时,他没有意识到,不体面行为的禁令首先为他自己所处的阶级带来了益处。黎恩济向他鞠躬说道:

> 我知晓你的高尚;
> 你不会被正义的人憎恶。④

瓦格纳写的一个导演提示令人惊叹:"和平使者是来自最好的罗马

---

① 贾科莫·梅耶贝尔(Giacomo Meyerbeer, 1791—1864)是德国犹太裔歌剧作曲家。
② 见第 5 页注释①。
③ 选自《黎恩济》第一幕,第一场。
④ 选自《黎恩济》第一幕,第二场。

家庭的年轻人。他们中有人披着古典白色丝绸长袍,上戴着花环,手里拿着银杖。"①最好的家庭属于一个民众团体:

> 我的内心并非要大胆筹划毁灭你的世界,
> 我只想要制定法律
> 让民众与贵族都顺从。②

在这样的民众团体中,压迫也被从名义上接纳:

> 好吧,我要让罗马变得伟大和自由,
> 我要将它从沉睡中唤醒,
> 你在尘埃中看到的每一个人,
> 我都将使他成为自由的罗马公民。③

如果"和平卫士"对封建领主表示,他无意伤害他们,那么他则单纯从意识上去限制被压迫者的诉求:

> ……
> 帮助思想卑微之人,
> 拾起落入尘埃之物。
> 你将民众的耻辱改变,
> 变成伟大、辉煌与威严。
> ……④

简而言之,罗马的暴动是针对放荡不羁的生活作风,而并非针对阶级敌人,并且带着合乎逻辑的幼稚,由阿德里亚诺的私人家庭争端引发

---

① 选自《黎恩济》第二幕,第一场。
②③ 选自《黎恩济》第一幕,第二场。
④ 选自《黎恩济》第五幕,第一场。

了轰动的政治事件。当革命者黎恩济听到对抗方的口号"为了科隆纳——为了奥西尼！"时，作为极权主义意识形态的先知，他回击的口号是"为了罗马！"，他从一开始就是要将这些进行整合。作为大团体的第一号仆人，独裁者黎恩济拒绝了国王的头衔，就像罗恩格林（Lohengrin）①后来拒绝了公爵头衔一样。作为回报，他当然乐于接受预支的桂冠（Vorschusslorbeeren），就像他自己捐出桂冠一样。一则导演提示再次从利己主义和自由运动的范畴[1]的意义上描述道："黎恩济登场，他看上去像是一个器宇不凡又穿着华丽长袍的民众领袖。"②在这部历史闹剧中，一种对英雄真正本性进行自省的批判意识几乎就要觉醒了。自我夸赞和浮夸——这是瓦格纳所有作品和法西斯主义实存的特点——源于资产阶级恐怖主义对世事无常的预感，源于对自吹自擂的英雄主义的死亡奉献的预感。他在有生之年寻求死后的荣耀，他怀疑自己的成就是否能幸存下来，于是就用节日的盛装来庆祝自己的葬礼。在瓦格纳的自由舞台布景之后，死亡与毁灭蓄势待发：国会大厦的历史废墟，埋葬了盛装的和平卫士，这些形而上学式的废墟模式吞没了失势的神灵和满是罪恶的指环世界。

瓦格纳后来评论自己，他在早期"平衡了两种倾向"，即放纵的性欲和禁欲的理想，这种平衡造就了他"后续艺术上得到进一步发展的作品"，然而这是以死亡的名义实现的。欢愉与死亡合而为一：就像布伦希尔德（Brünnhilde）③在第三幕结束时，她用"微笑的死亡"为爱人齐格弗里德（Siegfried）④而牺牲，因为她认为自己会复活。伊索尔德（Isolde）⑤也经历了作为"最高的欢愉"的肉体之死。即使在性欲与禁欲主义的对立直接被主题化时，如在《唐豪塞》（Tannhäuser）中，唐豪塞也在死亡中表现出这样的交错形式。他对"清教徒的伪善"敌意尚存。

----

① 罗恩格林是瓦格纳另一部歌剧《罗恩格林》中的主角。
② 选自《黎恩济》第二幕，第一场。
③ 她是瓦格纳歌剧《尼伯龙根的指环》中的一位女武神，是齐格弗里德的爱人。这里提到的情节是《齐格弗里德》的第三部。
④ 瓦格纳歌剧《尼伯龙根的指环》中的男主人公。
⑤ 瓦格纳歌剧《特里斯坦与伊索尔德》中的人物。

骑士们违背叛变的唐豪塞的意愿,把他重新拉回他们的道德圈子,想要由愤慨的道义出发杀掉唐豪塞,因为他经历了"极左"的东西,这是他们上层社会的中层人士禁止他知晓的,群众对黎恩济的民众团体报以"汹涌的掌声",但这其实与这部作品并不协调。圣洁的伊丽莎白在某种程度上与固执的享乐主义者是一致的。她反抗秩序,为了保护黎恩济而死去,以此来证明这一点。禁欲主义和反叛联合起来,共同反对常规。自此以后,瓦格纳对骑士、工匠行会和所有中产阶级都进行了严厉的抨击:野蛮的男人洪丁(Hunding)①就轻易地被送进了地狱。但沃坦(Wotan)②用轻蔑的手势斥退洪丁,这本身就是一种恐怖主义的姿态。这种对公民的诽谤在《名歌手》③中,为了极权时代中相同的目的,而迅速死灰复燃。已被改变人的概念不应该取而代之,而是应该免除附着在中产阶级身上的义务。瓦格纳吊死无足轻重的人,却让显赫之人逍遥法外。至少在《指环》④中是这样的。诚然,沃坦似乎也为反叛者辩护,但他这样做只是为了他帝国主义世界计划的意愿,并且是在行动自由的范畴之内:"他没有用带着忠诚符文的契约,把邪恶的你与我捆绑在一起",以及在违反契约的范畴中:"在权力肆无忌惮地煽动之处,我公开建议发动战争。"⑤这位至高无上的神抛弃了进行挑唆的被保护者,他不知道该如何摆脱所处的世界政治的矛盾,只能突然中断与给他提建议的人⑥的讨论,并且在她(布伦希尔德)执行他最初的计划时狠狠地惩罚她,最后却带着父爱式的感伤离开了她。

据纽曼所说,瓦格纳对自己第一次在巴黎期间拍摄的照片表示憎恶,他说:"这让我看起来像多愁善感的马拉。"[2]美德伤感地反照出它散布出的恐惧。这种多愁善感在瓦格纳的面容上呈现出一种不幸的特征,也就是一种寻求同情的特征。与他前辈牧师和官员的儿子相比,瓦

①　《女武神》中的角色,野蛮人洪丁。
②　瓦格纳歌剧中的万神之王。
③　瓦格纳歌剧《纽伦堡的名歌手》的简称。
④　这里指瓦格纳的系列歌剧《尼伯龙根的指环》。
⑤　选自《齐格弗里德》第二幕,第一场;《女武神》第二幕,第一场。
⑥　这里指的是布伦希尔德。

格纳来自一个德国新兴的放荡不羁的业余艺术家家庭，这并非没有产生影响①；他声名鹊起的时期，也正是经济变得萧条的时期，这至关重要，因为歌剧制作已经不再享有宫廷资助的保障，又尚未获得资产阶级的法律保护和规定的版税收入。[3]在一个像洛兹②这样成功的作曲家都饿死了的职业世界里，瓦格纳必须完善精湛的技艺，以牺牲自己市民阶级的尊严为代价，来实现市民阶级的目标。瓦格纳带头参与了巴枯宁起义，而逃离德累斯顿几周后，他写信给李斯特，请求为自己从魏玛大公爵夫人、科堡公爵和普鲁士公主那里讨一笔薪水。[4]尽管用不着对瓦格纳的意志薄弱义愤填膺，但这却可以引出对他作品的深刻理解。齐格蒙德(Siegmund)③就表现出这一点。作为一个不安分的流浪者，他呼唤同情，并以此为手段去赢得女人和武器。在此，他发生了道德上的转变：他声称自己是在为被迫害的无辜和被压抑的爱而战；他是一个革命家，对那些被轻视的中产阶级市民们友好地讲述自己过去的英雄事迹。这里具有决定性的不是姿态上装腔作势的欺骗。他的罪行并不是他欺骗了这些人，而是通过唤起同情来认可统治者，与他们打成一片。乞讨时的肆无忌惮，这似乎可以从中产阶级的作风中诱发出特殊的独立性。但它具有相反的含义。秩序对抗议者产生的力量已然如此之大，以至于他完全无法真正与之分离，甚至无法对整体进行任何抵抗：同样地，瓦格纳的和声在导音的带领下，从属音下沉到主音，无力反抗。这就像是向妈妈谄媚的宝贝儿子的态度，他让自己和其他人都相信，善良的父亲似乎是不能拒绝他的，而他这么做也正是为了让其他人不去拒绝他。瓦格纳在流亡的最初几周中受到的震动，使得他非常接近这种心态。1849 年 6 月 5 日，这位 36 岁的作曲家完成了《罗恩格林》的创作，已经开始写《指环》，他写信给李斯特："我像一个被家乡宠坏的孩子④一样

---

① 瓦格纳的生父是莱比锡一个警察局的文书，去世后，他母亲再嫁了一个演员和诗人路德维希·盖尔(Ludwig Geyer, 1779—1821)。
② 阿尔贝特·洛兹(Albert Lortzing, 1801—1851)，德国歌剧作曲家。
③ 歌剧《女武神》中的角色，沃坦的儿子，齐格林德的爱人兼兄弟。
④ 这里德语原文的 verzogen 一词除了有"被宠坏"的意思，还有"迁居"的意思，暗指瓦格纳远走他乡。

惊呼道:啊,如果我坐在森林里的一所小房子中,就可以远离这邪恶的大世界了,我从未想去征服这个世界,把世界作为自己的财产比仅仅瞥见她而更令我厌恶!"[5]在同一封信中,他还说:"我常像一只牛犊一样,对着牛圈和哺乳母牛的乳房哞哞叫……虽然我用尽所有的勇气,可我常常是最可悲的懦夫!尽管你慷慨解囊,我还是常常带着一种强烈的恐惧看待我的财产流失。"[6]市民阶级权利对瓦格纳是如此权威,以至于作为一个市民,他发现自己无法满足市民阶级体面的条件。通过对同情的诉求,利益对抗明显地被消除了,被压迫者把自己的事情变成了压迫者的事情:即使在瓦格纳那些看起来显然是革命性的文章中,国王也扮演着正面的角色。乞丐瓦格纳违反了市民阶级的职业道德的禁忌,但他的祝福却有益于掌权者。在他这里,早早地就显现出了市民阶级个体范畴的功能变化。在与社会机关无望的斗争中,他试图通过认同这种机关,然后将这种斗争的转变合理化为真正的个人发展,来避免自己的毁灭。无能的祈求者变成了悲剧的赞颂人。在之后的历史时期,当暴君在危机中用自杀作威胁,当众恸哭、泣不成声时,这些性格获得了最大的价值。而正是市民阶级性格中的腐朽不堪,就其自身道德而言,是其在极权主义时代进行转变的原型。

即使在后期,瓦格纳也表现出嫉妒、多愁善感和具有毁灭冲动的样子。他的追随者格拉森纳普①谈起最后在威尼斯的时光,瓦格纳在"看到无数关闭起来的不知名的宫殿"时曾惊呼道:"这就是财富!是所有腐败的根源!蒲鲁东②对这些东西的看法太过物质化地流于表面了,因为他认为对财产的处心积虑迄今为止还决定了大多数的联姻,种族就是因此而退化的。"[7]这就是整个机制:对统治的财产关系毫无意义的看法被转移到对享乐欲求的愤怒上去,通过"太过极端"的姿态去政治化,用更具有生物性的概念来取代社会概念的被遮蔽化。瓦格纳其人在拜

---

① 卡尔·弗里德里希·格拉森纳普(Carl Friedrich Glasenapp,1847—1915),俄罗斯政客与著名瓦格纳研究者,著有《瓦格纳百科全书》《瓦格纳的一生》。

② 皮埃尔-约瑟夫·蒲鲁东(Pierre-Joseph Proudhon,1809—1865),法国政论家,经济学家,小资产阶级社会主义者,无政府主义奠基人之一。

17　罗伊特时期表现出专横的态度。可靠的格拉森纳普再一次为此作证："我们还注意到了另一个特性,这种特性不仅仅出现在他生命的最后阶段。据说什么都瞒不过他的眼睛,他总是无所不知。当瓦格纳太太想给他一个惊喜的时候,他在前一天晚上就梦到这些,并且在第二天早上告诉了她。"这就像谚语所说的那样:在你的汤里吐口水。①格拉森纳普接着说:"这种洞察力经常显得很邪恶,特别是在不熟悉的人看来:他用洞察一切的敏锐目光一眼就能看出面前之人的弱点。而且即使他不想冒犯一个人,却仍会触碰到此人的痛处。"[8]在瓦格纳对待《帕西法尔》(Parsifal)的犹太指挥家时,这种倾向尤其明显。那些宽容地奉迎瓦格纳的作者经常用他与赫尔曼·列维(Hermann Levi)②的友谊来证明瓦格纳的反犹太主义是无害的。但格拉森纳普的编年史,本来旨在彰显瓦格纳的人道和慷慨,也无意中透露出这种反犹太主义来。1881年6月18日,列维迟了十分钟到达万弗里德赴午餐。瓦格纳斥责他说:"您迟到了十分钟:不守时仅次于不忠诚",随后让他在桌前读了一封来自慕尼黑的匿名信,在信中有人恳请瓦格纳不要让一个犹太人来指挥《帕西法尔》。列维坐在桌旁一声不吭,瓦格纳问他为什么这么安静。根据列维自己的说法,他反问道,他不明白为什么瓦格纳不干脆把信撕碎。列维也回溯道,瓦格纳的回答是:"我想告诉您,……如果我没有把这封信给任何人看,而把它销毁,那么某些内容可能会滞留在我心中。现在我可以向您保证,我一点也记不得这件事了。"列维不辞而别去了班贝尔格,从那里敦促瓦格纳解除他指挥《帕西法尔》的职务。瓦格纳回电报说:"朋友,我最恳切地请求您尽快回到我们这里来;最重要的是把事情处理

18　妥当。"列维坚持要辞职,于是他收到一封信,信中写着:"最亲爱的朋友!我尊重您所有的感受,但您让自己和我们都很难堪! 正是因为你内心的阴暗,才会给我们的交往蒙上阴影! 我们一致认为,全世界都应该知晓这件糟糕的事情,但只要您不离开我们,不要让人们产生无端的猜测。

---

① 形容当其他人兴致勃勃时,不配合地扫人兴致的行为。
② 德国犹太管弦乐队指挥。

看在上帝的份上,您快回到我们身边吧,您最终会了解我们是什么样的人!您一点儿也不会丢失您的信仰,而且您也会为此赢得强大的勇气!——也许——这将成为您人生的一个重要的转折——但无论如何——您是我的《帕西法尔》的指挥。"[9] 这种虐待狂式的羞辱人的欲望,多愁善感的和解,最重要的是,他想把受虐者从情感上控制起来,所有这些都聚集在瓦格纳举止的诡辩中;这确实与格拉森纳普以为的邪恶迥然不同。每一个和解的词语都新伴随着一根伤人的利刺。瓦格纳还没有完全注册入学时,他曾加入一群学生团体,抢劫了莱比锡的两家妓院。当瓦格纳在自己的传记中回忆起当时的情景时,他自己也觉得这是邪恶的,即使在后来对这件事的辩解中,他也无法完全摆脱用来掩盖这场清洗行动的道德面纱:"我不相信,这种真的对道德感情产生严重威胁的所谓的表面动机对我有任何影响;恰恰相反,它是由这些民众爆发出的愤怒所带来的纯粹的邪恶性,把我像一个疯子一样卷入它的漩涡中。"[10]

瓦格纳作为受害者乞求同情,同时又投奔了统治者,他倾向于去嘲讽其他受害者。他与列维之间猫捉老鼠的游戏在他的作品中也有相对应之处:沃坦跟米梅(Mime)①以米梅的头来打赌,却既不和米梅配合,也违背了他的意愿:侏儒受神的摆布,就像瓦恩弗里德别墅②的客人受它主人的摆布一样。整个齐格弗里德的行为构成都多多少少取决于这一事件,因为米梅之所以想让齐格弗里德死掉,完全是由于沃坦把米梅在被胁迫的赌局中输掉的头抵押给了齐格弗里德。失败者不愁没人落井下石:瓦格纳在此之前就是这么看待劣等人种的。"挠着头的"阿尔贝里奇(Alberich)③被他追求的自然精灵们④嘲笑为一个"黑黝黝的、

19

---

① 这里提到了两个《尼伯龙根的指环》中的角色:沃坦是众神之首,侏儒族的米梅把齐格弗里德养大,是为了让他帮助自己获得指环,而后被齐格弗里德所杀。这里讲的是《齐格弗里德》第一幕的情节:沃坦变化成"漫游者"与米梅用项上人头打赌,各问对方三个问题,输了就要以命相抵。米梅输掉了,但沃坦愿意暂存米梅的人头,随后飘然隐去。

② 瓦恩弗里德(Wahfried)是瓦格纳在拜罗伊特的别墅。这里指上文列维与瓦格纳在这个别墅中碰面,但是遭到了瓦格纳捉弄的事件。

③ 阿尔贝里奇是《指环》中的侏儒,是米梅的哥哥,他从莱茵河中偷走了指环。

④ 这里指守护莱茵河黄金的莱茵河三仙女。阿尔贝里奇被她们的美貌吸引想追求她们,却被无情地拒绝和嘲讽。

皮糙肉厚的、硫磺味的侏儒"。在尼伯龙王国里,沃坦和洛格(Loge)①嘲笑米梅的痛苦。齐格弗里德折磨侏儒是因为"无法忍受他",虽然齐格弗里德带着崇高与尊贵的光环,但这不妨碍他对别人的无能为力肆意玩弄。对老处女莲娜(Lene)②的嘲讽是对贞洁崇拜的反转。贝克梅瑟(Beckmesser)③也是一个牺牲品:为了赢得市民阶级的尊敬和富有的新娘,他被迫参加非市民阶级的化装舞会,即一种演奏小夜曲和赞歌的贵族假面舞会,市民如此急需这种假面舞会的景象,正如他们已经准备好要去肆意破坏它一样。科林索(Klingsor)④,这个基督教世界中的阿尔贝里奇,被孔德丽(Kundry)⑤嘲讽地问道:"你是处子之身吗?"圣杯骑士们与地狱玫瑰⑥一起嘲笑科林索:

> 他把不义之手施与己身,
> 带着对守护者的不屑,
> 把手伸向圣杯。⑦

狄都雷尔(Titurel)⑧对待阉割自己的忏悔者⑨,就像教皇对待唐豪塞一样。但在成熟的瓦格纳那里,没有再去推翻这一审判。

取代这种审判的是瓦格纳的幽默。他笔下的恶人作为告密的牺牲品,变成了可笑的人物:像阿格贝里奇和米梅这样失败的侏儒,像贝克梅瑟那样受虐的老单身汉。瓦格纳的幽默残酷地进行转变。他引用早期市民阶级那种快被遗忘的幽默,这种幽默曾经自魔鬼面具(Teufels-fratzen)那里遗留下来,模棱两可地被束缚在怜悯和诅咒之间。马瓦利

---

① 剧中的角色火神洛格。
②③ 瓦格纳《纽伦堡的名歌手》中的人物。
④ 瓦格纳歌剧《帕西法尔》中的巫师。
⑤ 《帕西法尔》中的妖女。
⑥ 即上文所说的孔德丽。
⑦ 《帕西法尔》第一幕。
⑧ 《帕西法尔》中的骑士之王的父亲。
⑨ 这里指科林索。

奥(Malvolio)①和夏洛克(Shylock)②是他的舞台榜样。不仅可怜的魔鬼被人嘲笑,在嘲笑魔鬼引发的喧闹中,他遭受的不公正之事的记忆被抹去。在嘲笑中,抹杀正义被降低成认可不公正。当沃坦欺骗了他用弗莱娅(Freia)为筹码达成契约的巨人时,他开玩笑地提示道:

> 我们开玩笑所定之事,
> 你狡猾地煞有介事!③

　　把这当成一个纯粹的玩笑,总是有利于把最坏的事情合理化。这是瓦格纳从德国传统童话中找到的。没有什么比"荆棘丛中的犹太人"④这个童话更贴切的了。"他(犹太人——译者注)钻到荆棘丛中,善良的小伙计心生一个恶作剧,他拿起他的小提琴开始演奏。犹太人也立刻开始抬起脚来,蹦蹦跳跳;小伙计拉得越久,犹太人的舞跳得越好。"瓦格纳的音乐也像这个小伙计一样针对他认为的那些恶人,恶意折磨人的喜剧不仅给实施这种痛苦的小伙计带来乐趣,也扼杀了所有的质疑,把沉默的执行宣告为令人尊敬的权威(Instanz)。在人际交往中,这种瓦格纳幽默的组合冲撞到了李斯特和尼采。尼采自己能够证明这一点:"瓦格纳曾对尼采的妹妹说:'您哥哥就跟李斯特一样,他也不喜欢我的笑话。'"[11]在一个臭名昭著的场景中,瓦格纳曾对尼采大发雷霆,而尼采保持沉默。瓦格纳曾说,尼采的举止十分优雅,他将来一定会前途似锦;而他自己,瓦格纳,一辈子都缺乏这样的品质。这种玩笑话把它针对的对象不由分说地置身于他引发的不公正中,把温柔贬低成追逐名利,把粗鲁美化成天才般的淳朴。这还不够。瓦格纳幽默最黑暗的秘密是,他不仅针对他的受害者,而且也针对他自己。过早地用嘲讽阻止公正,是要付出高昂代价的:时钟敲 20

---

① 莎士比亚戏剧《第十二夜》中的管家。
② 莎士比亚戏剧《威尼斯商人》中的犹太奸商商人。
③ 中文译本参考鲁路译:《尼伯龙根的指环》,安徽人民出版社,第12页。
④ 这里指格林童话中的一则。

响，丑陋的笑脸停滞下来。这不是某人治愈性的玩世不恭，通过突然提醒人们自身的动物相似性，来再次唤起对错乱的创世的记忆；而是一种道德败坏的玩世不恭，它认为自然统一性就是所有的人和动物、牺牲者和审判者都应该一起沉沦。这种玩世不恭通过某人自己的道德毁灭，狞笑着把牺牲者的沉沦合法化。希尔德布兰特（Hildebrandt）把对幽默的不信任归功于乔治学派①，他认为瓦格那自我诋毁式的玩世不恭是他与尼采之间冲突的真正原因："当时，瓦格纳的一句话深深地伤害了尼采。也就是有一次"——当瓦格纳和尼采最后一次共处时，在索伦托——"在谈到拜罗伊特音乐节上出席人数不多时，尼采的妹妹回忆道，瓦格纳愤怒地说：'德国人现在不再想听到与异教徒的神和英雄有关的东西，他们想看到的是一些基督教的东西。'"[12] 至于一个重要的问题，《帕西法尔》的演出是否真的与拜罗伊特音乐节创始人的经济盈利相关，他做出一副自暴自弃的姿态：他无耻地去乞讨；还想要承认自己的欺诈行为，并且以此差不多故意把致命的武器递到尼采手中。②《帕西法尔》的作者③承认自己就像科林索，而救赎救世主的口号带有邪恶的隐意。当然，这是否会让尼采，尤其是其乔治学派的后人对这样的胜利感到高兴，是一个悬而未决的问题。当瓦格纳背叛了他自己梦想的幸福时——他始终潜在地背叛了这部作品④——有那么一瞬间，瓦格纳承认了世界的不幸，和世界需要这种梦想："他们想看一些基督教的东西。"

对牺牲者的嘲讽与自我诋毁之间的矛盾定义了瓦格纳的反犹主义。那个抢夺莱茵河黄金、隐身又匿名的掠夺者阿尔贝里奇，那个耸着肩膀、喋喋不休、满脑子自我夸赞和阴谋诡计的米梅，那个软弱无能的

---

① 这里指斯特凡·格奥尔格（Stefan George），德国 20 世纪初最重要的诗人之一，倡导"为艺术而艺术"的创作理念。

② 这里致命的武器指瓦格纳把反犹太主义的思想传递给了尼采。需要说明的是，阿多诺在此时尚不知晓所谓的尼采反犹主义的文本实际上是由他的妹妹伊丽莎白·福斯特-尼采（1846—1935）所作。

③ 指瓦格纳。

④ 指《帕西法尔》。

知识分子评论家汉斯里克-贝克梅瑟(Hanslick-Beckmesser)①,在瓦格纳作品中所有不被人接受的形象都是犹太人的讽刺画。它们激起了德国人对犹太人最古老的仇恨,名歌手的浪漫主义似乎已经时不时预见到了60年后才会在街头听到的辱骂性的诗句:

> 高贵的浸礼者啊,
> 基督的先驱者啊,
> 在约旦河那儿,
> 亲切地接纳我们。②

与马克思所说的1848年左右所谓德国社会主义的其他代表人物一样,瓦格纳也具有相同的反犹主义倾向。但他的反犹主义因一种个人化的强烈厌恶而臭名昭著,固执地避开了所有的交涉。这就是瓦格纳式幽默的基础。憎恶和笑柄在言语冲突中聚集一处。齐格弗里德对米梅说:

> 我眼见你,蹒跚而行,
> 卑躬屈膝,挤眉弄眼:
> 我想一把抓住你点头的脖子,
> 终结你那讨厌的眨眼!③

不久之后,他说道: 22

> 我没法忍受你,
> 别那么容易就忘记!④

---

① 这里指瓦格纳用贝克梅瑟这个角色来讥讽音乐评论家爱德华·汉斯里克(Eduard Hanslick)。
②③④ 《齐格弗里德》第一幕,第一节。

　　还有一些听起来像是关于犹太人的文章中对犹太语言的描述,让人对米梅和阿尔贝里奇这对怪物的来历不容置疑:"对我们的耳朵来说,犹太人说话发出的一种嘶嘶的、刺耳的、嗡嗡的、嘟嘟囔囔的声音实在陌生和令人难忍:再加上一些与我们民族的语言完全不同的用法,以及对词与短语结构的任意扭曲,给这种发声带来一种完全让人难以忍受的含糊不清又喋喋不休的特点。在听到这种语言时,我们的注意力就不由自主地停留在它令人厌恶的表达方式上,而不是犹太人谈论的内在内容上"[13],犹太人说的话因此被贬低了。然而,对于这种特殊的仇视,就是本杰明所定义的,把厌恶等同于恐惧,即把令人厌恶的对象与自己等同起来。纽曼特别强调了那些在后期被压制下去的对米梅的描述,但它在《齐格弗里德》的原版中出现过:"米梅,尼伯龙人,孤身。他矮小又驼背,有点畸形又步履蹒跚。他的头大得病态,他的脸是深灰色的,又布满皱纹,他的眼睛又小又刻薄,边沿通红,他的灰色胡须又长又邋遢,秃头上戴着一顶红色的帽子……这一切都并不接近讽刺画:当他安静的时候,他的样子一定很诡异;只有在极度兴奋的时刻,他才变得让人啼笑皆非,但又绝不太过粗鄙;他的声音沙哑刺耳,但这本身又不会引起听众的笑声。"[14]瓦格纳对讽刺画心怀恐惧——这幅讽刺画其实可以与严肃的黑暗世界的神灵阿尔贝里奇形成戏剧化的对比。去掉这条导演说明,也表明瓦格纳觉察到了米梅形象和他自己的相似之处。瓦格纳自己天生外形特别矮小,头过大,下巴向前突出,几乎是不正常的,只有名声使他免于被人嘲笑。他的第一任妻子注意到他那种难以控制的唠唠叨叨,就算这没有像他过于夸张的动作那样被广为流传,也很容易从他的散文作品中被轻易复原。瓦格纳对受害者的迫害深入到了他们生理上的不足中,因为他觉得自己勉强摆脱了侏儒的形象。然而,根据纽曼的论证,所有关于瓦格纳有犹太血统的谣言都可以追溯到拥护瓦格纳反犹主义的尼采那里①,这也就一目了然了。尼采

23

---

① 阿多诺并不知道尼采所谓的反犹主义的文章实为尼采妹妹而作,因而在此将尼采定义为反犹主义者。

知道瓦格纳特殊的秘密,并通过公之于众来打破其吸引力。在瓦格纳看来,特殊的一面是最具有个性化的一面,也恰恰是一个从社会性来看最为普遍的层面。盲目地对"忍无可忍"(Nicht-leiden-Können)的讳莫如深,根植于对社会进程的讳莫如深。这种社会进程在被排斥者身上留下烙印,让人反感而避让不及。然后,社会背景在那些投奔真正的罪魁祸首的人看来,是神秘阴谋的产物。对犹太人的反感就属于对其世界霸权的妄想。瓦格纳在《关于音乐中的犹太性的说明》一文中将对他作品一切形式的抵制都归因于妄想出来的犹太阴谋;他的事业曾经得到梅耶贝尔长期积极的支持,然而瓦格纳认为梅耶贝尔是这些阴谋的罪魁祸首,直到瓦格纳公开地抨击了梅耶贝尔。种族主义把厌恶和对阴谋的妄想结合起来。市民阶级的瓦格纳在这个问题上不需要学习戈宾诺①,他晚年时曾与这位没落贵族交好。早在《齐格弗里德》中就有:

> 万物皆有其物种,
> 你可不能改变它。
> 我把这里让给你,
> 要知道:
> 与你兄弟米梅在一起;
> 同类相处会更好。
> 还有别的那些事,
> 你会很快学到它![15]

整个指环的故事都服从于这个内容:阿尔贝里奇偷了戒指,诅咒了爱情,因为莱茵河仙女拒绝服从他。欲望和支配的辩证关系被简化为"物种"的不同,而不是社会运动。尽管存在着明显的故事结构,不同物种

---

① 约瑟夫·阿瑟·戈宾诺(Joseph Arthur Comte de Gobineau, 1816—1882),法国外交官、作家、人种学者和社会思想家。他提倡的种族理论对后来欧洲种族主义理论及其实践活动曾产生巨大影响。

的绝对区别在《指环》中成为生存危机的原因,这也很可能作为故事的生存危机发展开来。如果说在社会性的生命进程的图景中,"僵化的关系"构成了一种第二自然,那么瓦格纳就被它深深吸引,并认为它是第一自然。从一开始,也就是 1850 年起,瓦格纳的反犹主义就表现在自然范畴中,即表现在直接的自然范畴和民族的自然范畴上,并且已经把它放到了"自由主义"的对立面上:"当我们为犹太人的解放而争论时,我们实际上更多地成为了一种抽象原则的拥护者,而不是具体案例的拥护者:正如我们所有的自由主义都不曾是一种非常清醒的精神游戏,因为我们虽然追求民族的自由,但却又不了解这个民族,不愿意与其有任何真正的接触,所以我们对犹太人的权利平等的热情,远不是因为一种真正的同情,而是受到了普遍思想的驱使;而在所有支持犹太人解放的言论和文字中,我们总是不由自主地对与犹太人有关的实际和积极的接触感到反感。"[16]瓦格纳的反犹主义汇集了其后反犹主义的所有成分。这种仇恨是如此之深,据格拉森纳普所说,以至于四百名犹太人在维也纳环形剧院火灾中丧生的消息还启发了瓦格纳去开玩笑。[17]他甚至已经萌发了灭绝犹太人的想法。而与其意识形态追随者的不同之处在于,他把灭绝和救赎等同了起来。因此,这篇文章结尾部分包含的关于犹太人的句子一如既往地模棱两可,让人想起另一篇关于犹太人问题的文章:"我们必须提到另一个犹太人,他以作家的身份出现在我们中间。由于犹太人的特殊地位,他来到我们中间寻求救赎。他没有找到它,并且必然知道,他只有通过我们才能获得真正的人性的救赎,才能找到它。然而,与我们同时成为真正的人,对犹太人来说,首先意味着不再是犹太人。伯恩那①做到了这一点。然而,伯恩那说明了这种救赎不可能在安逸与冷漠的舒适中实现,而是要与我们一样,付出汗水、面临危机,以及承受对苦难与痛苦的恐惧。想一想,通过自我毁灭去参与到这个重生的救赎中去,那我们就会是一体的,毫无差

---

① 卡尔·路德维希·伯恩那(Carl Ludwig Börne, 1786—1837),德国文学批评先驱。他出生于犹太家庭,但在 1818 年,受洗成为新教徒。

别的！但要记住，只有一件事能救你们脱离诅咒的重担，那就是亚哈 25
苏鲁的救赎①，就是灭亡！"[18]在此，马克思主义的社会解放思想，即
将犹太人的社会解放作为犹太人典型代表的利益动机，和灭绝犹太人
的思想被交织在了一起。而后者在瓦格纳这里并不限于被仇视的民
族："如果我们的文化被摧毁，那也根本不算什么损失；但如果它被犹太
人摧毁，就将是一种灾难。"[19]此在的建构，它渴望毁灭犹太人，而它
知道它本身就是无可救药的。因此，犹太人的末日就被解读成了世界
的末日，犹太人被视为末日的执行者。资产阶级虚无主义在这个高度
上也是消灭资产阶级的愿望。在瓦格纳反动观点的险恶魅力下，他的
作品也被刻画上了他性格的印记。

注释

[1] Max Horkheimer, Egoismus und Freiheitsbewegung, in: Zeitschrift für Sozialforschung 5(1936), S. 161ff.

[2] Ernest Newman, The Life of Richard Wagner, Bd. 1, London 1933, S. 18.

[3] Newman, a.a.O., Bd. 1, S. 135ff., insbesondere S. 137.

[4] Briefwechsel zwischen Wagner und Liszt, Bd. 1, Leipzig 1887, S. 25.

[5] a.a.O., S. 20.

[6] a.a.O., S. 23.

[7] Carl Fr. Glasenapp, Das Leben Richard Wagners, Bd. 6, Leipzig 1911, S. 764.

[8] a.a.O., S. 771.

[9] a.a.O., S. 500—502.

[10] Richard Wagner, Mein Leben, Bd. 1, München 1911, S. 54; vgl. Newman, a.a.O., Bd. 1, S. 87.

[11] Kurt Hildebrandt, Wagner und Nietzsche, Breslau 1924, S. 291.

[12] Kurt Hildebrandt, Wagner und Nietzsche, Breslau 1924, S. 344.

[13] Wagner, Gesammelte Schriften und Dichtungen, 2. Aufl., Leipzig 1888, Bd. 5, S. 71.

[14] Newman, a.a.O., Bd. 2, London 1937, S. 321.

① 亚哈苏鲁是基督教传说中"永远的犹太人"，因为他的过错，必须在地上流浪，直到审判日。

［15］Wagner，Gesammelte Schriften und Dichtungen，a.a.O.，Bd. 5，S. 67.

［16］Wagner，Gesammelte Schriften und Dichtungen，a.a.O.，Bd. 5，S. 67.

［17］Vgl. Glasenapp，a.a.O.，Bd. 6，S. 551.

［18］Wagner，Gesammelte Schriften und Dichtungen，a.a.O.，Bd. 5，S. 85.

［19］Glasenapp，a.a.O.，Bd. 6，S. 435.

二、姿　　态

　　尝试去关注那些垃圾、碎石和龌龊之物是大有裨益的，重要艺术家
的作品似乎都建立在这些东西之上，尽管他们自己只是设法逃过一劫，
但仍然要感谢他们的生活习惯。舒伯特是酒馆游戏的常客，肖邦（还不
太能确定）是"沙龙"之友，舒曼是印刷商人，勃拉姆斯是音乐教授：他们
的创造力与他们的模仿力紧密相连，他们的伟大之处正是在于他们与
这些原型之间的微小距离，而同时这些原型吸引着集体性的能量。对
瓦格纳来说，要找到一个这样类型的模子却并不容易。但是，当托马
斯·曼把瓦格纳的名字与"半吊子"（Dilettanten）这个词联系起来时，
瓦格纳对托马斯·曼的愤怒之情溢于言表，表明这触动到了他的一根
神经。"他与创作'整体艺术'（Gesamtkunstwerk）所依托的各门艺术之
间的关系是值得深思的；其中有一些特殊的业余的东西，类似于尼采在
他吹捧瓦格纳的《第四个不合时宜的沉思》（*Die vierte unzeitgemäße
Betrachtung*）中谈到瓦格纳的童年和青年时代时说的：'他年轻时是一
个多才多艺的半吊子，一事无成。他没有受到任何严格的传统或家庭
式的艺术训练的约束。绘画、诗歌、表演、音乐与他的学术教育和未来
关系密切；一个肤浅的观察者可能会得出这样的结论，瓦格纳生来就是
一个半吊子'。——事实上，如果你不只是从表面上看，而是带着激情
和钦佩去看的话，就可以冒着被误解的风险说，瓦格纳的艺术是一种带
着最高意志力和智慧的里程碑式的、天才式的业余爱好。把所有的艺
术结合起来的想法本身就带有些许外行的特性，而如果没有使所有艺

术都服从于他那压倒性的表达天赋所需要的最勤勉的努力,它也只能被保持在业余水平上;他与艺术的关系有些令人疑惑;这虽然听起来很荒唐,但这其中带有一些非艺术性的东西。"[1]事实上,乐句与和弦连接中出现的笨拙错误直到《罗恩格林》才得以消除;而转调、和声平衡方面的失误在《名歌手》中仍然可以被找到。瓦格纳发现自己很难达到"优秀音乐家"的标准——他作品中的原型"细胞"与其材料没有达到一种必要的关联。《劳伊巴德》和《仙女》,《恋禁》和《黎恩济》都同出一辙,这个高中生①在油纸本上写下了曲名、人物表和"第一幕"这样的标题。如果有人反对说,这样的开头是普通的,特别对戏剧作家来说是普通的,那就应该去反驳说,瓦格纳一生都忠于创作这样的宏大形式,并且抱有业余剧院似的对戏装的梦想:他在一开始就已经完成了脚本,而其他人通常只写出标题,他的确是实现了这些梦想。在他的所有作品中,对童年时期梦想的忠诚与幼稚是密不可分的。从第一天开始,他就已经可以肩负起他所有的作品了。如果有人读到他在拜罗伊特时期的一份极为详细的读物清单,就难免会得出这样的结论:直到生命最后,瓦格纳对阅读的全部乐趣都离不开一排金灿灿的经典著作的封皮。即使是他最大胆的杰作也无法超越半吊子的基本立场,即狂热的崇拜。他的发展道路是从狂热的半吊子到面对舞台灯光的超越性的狂热大逃亡,就像他逃离受害者的世界一样,而自己却身处其中;他总是保持着一种自以为是的求知欲,去模仿那些已被认可的东西。同时,他也以一个管弦乐团指挥的形象出现。——"虽然不是皇帝也不是国王,但站在那里指挥。"[2]——这反映了他在童年时期决定性的经历之一。作为一个专家,乐队指挥就实现了观众席里业余爱好者的愿望,并且通过激发自己高昂的情绪去抓住观众的次要热情。指挥"虽然不是皇帝也不是国王",只是广大公民中的一员,但对他们享有完全的、象征性的统治权。他从平淡无奇的日常生活中退却到那种被舞台宣传册逼迫得无法继续前进的地步,一刻也没有停止过想要去切断与外行人的联系,他想

———————————
① 指年轻的瓦格纳。

给他们留下深刻印象。瓦格纳具有的半吊子特性与他顺应时事的性格，与对公众的坚决纵容也是密不可分的。他以指挥的身份上台，能够在固执己见地对立的伪装下，坚持这种纵容，并从审美上确立自己无能的权力。他不仅从事的是指挥家这种市民阶级的职业，而且他还是第一位以宏大风格创作了指挥家音乐的作曲家。这并非为了重复对非原创的蹩脚指责，也不是为了过分去强调瓦格纳管弦乐作曲的技巧老练——必须承认瓦格纳的配器艺术是极为卓越的。这里要指出，他的音乐是以"打拍子"（Schlagen）的动作来构思的，并且被节拍的概念统治着。通过这种动作，瓦格纳的社会冲动被转化为技巧冲动。即使在瓦格纳的时代，作曲家与听众也已经从感情的抒发上疏远了，因此瓦格纳音乐的倾向是去弥补这种疏离，疏离作为作品的"效果"元素被融入作品中，将听众包围。作为效果代言人的指挥家，也是作品的听众代言人。然而作为一个打拍子的人，作为作曲家的指挥对听众的要求给予了令人恐怖的强调。对听众的民主化关注转化成了对纪律权力的赞同：以听众的名义，只要在音乐节拍以外的任何标准都会被压制。在瓦格纳的作品中，从一开始，与观众的疏离就与对听众施加效果的计算密不可分；只有在高度资本主义的情况下，听众的社会与美学先验性与艺术家的先验性才会如此相去甚远，这样的听众才会被物化成艺术行为的计算对象。

在主导动机的功能中，除了审美功能外，还有一种商品化的功能， 29 它类似于广告的功能：就像在之后的大众文化中普遍存在的那样，因为被设计成能被人们记住的内容，就是预先为了不被忘记而做好了准备。如果广义地说，理解音乐的能力等同于记忆和展望未来的能力，那么在此，旧时反瓦格纳的口号，即他为不懂音乐的人而作曲，除去其中一些保守的元素之外，其批判是不无道理的。柏辽兹的"固定乐思"（idée fixe）是主导动机的直接前身，它在《幻想交响曲》（*Symphonie Fantastique*）中是一种强迫症般的标志，随后它出现在波德莱尔的作品《巴黎的忧郁》（*Le Spleen de Paris*）的中心。它令人无从逃避。面对其非理性的优势与不可忽略的印记，主体只能偃旗息鼓。根据柏辽兹的标题，

"固定乐思"出现在一个被鸦片麻醉的人那里。这是一种自身隐密主观的,同时又是自我疏离的东西的外在投射,自我在此迷失在幻影中。瓦格纳的主导动机根植于这种起源,它决定了一种在联想过程中缺乏的真正的动机构建。这就是一个世纪之后的心理学中所说的"自我软弱"(Ichschwäche),即瓦格纳的处理方法。斯特尔曼(Steuermann)富于启发性的评论认为,瓦格纳的音乐与维也纳古典主义相比,是为座位距离较远的听众而考虑的,就像印象派绘画相比早期绘画,要从更远的距离来观看的道理是一样的。从更远的地方去聆听也意味着听得不那么专注。观众在这些庞大的、持续多个小时的作品中无法总是集中注意力,这与市民在闲暇时间的疲劳感不无关系。当听众允许自己随波逐流时,音乐作为他的经纪人,带着咆哮和无休止的反复向他袭来。这有可能是从乐队指挥的听觉角度去构思的。早在 17 世纪,指挥就用一根沉重的棍子跺出节奏来:打击乐效果和指挥都可以回溯到未开化的起源上去,而没有指挥的管弦乐队的想法也并非没有其批判性的经验根据。然而,在瓦格纳的作品中,指挥的首要地位是毋庸置疑的。阿尔弗雷德·洛伦兹(Alfred Lorenz)是第一个认真解决瓦格纳曲式问题的人,他无意中极为接近这个事实:"请允许我在这一点上发表个人的观点。通过在指挥台上的实践经验,使得我更容易理解在此所表述的内容。对一个从在家研习乐谱状态中解脱出来的指挥管弦乐队的艺术家来说,去解决作品曲式与作品想要表达的意义之间的问题,就变得显而易见了。首先是从艺术性和情绪化上,利用作品本身在音乐上的呼吸律动;然后是在理性上,必须通过记忆来完全掌控住曲谱。"[3] 如果是这样的话,那么瓦格纳曲式的关键就在于,指挥家必须要把作品背下来:曲式分析有助于记忆。然而,瓦格纳的作品实际上为这样的假设提供了依据:作为一个分析作品和再现音乐的指挥家,他所走过的道路与瓦格纳在创作音乐时所走过的道路相同,但方向却是相反的。他的大部头歌剧被节拍概念分割开来。整部音乐作品似乎是先被通篇安排好了节拍,然后再被填写出来的;在很长的时间中,特别是在实际的乐剧风格的初期,节拍的想法似乎是一个抽象的框架。整个《罗恩格林》除了一个非常小的部分外,都是按固定不变的节拍写的,时间上的均匀度似乎让整个情节一目了然,就像是用"消除"来简化分数一样。以这种方式构建的作曲蓝图是一览无遗的,它激发了洛伦兹作出这样的惊人评论:"如果完全掌握并且熟记了一部宏大作品中的所有细节,那有时就会体验到片刻之间,时间的意识突然消失了,而整个作品——我想说——所有的内容同时从'空间上'以最为精确的方式出现在意识中。"[4]这种空间化和可视化意味着,从指挥家的角度来看,瓦格纳式的曲式起着帮助记忆的作用。当然,洛伦兹的评论远远超出了瓦格纳的意图,在贝多芬身上才能找到它真正的对象。与交响乐的时间控制相反,瓦格纳用节拍来控制时间的方式是抽象的,它只不过是把表达出来的时间通过节拍投射到"宏大的乐段(Periode)"上去。数节拍的作曲家并没有注意到这段时间内发生的事。如果乐段式的曲式分析对于演奏者来说是一种手段,因为这可以将具体的音乐整体有序地进行划分,那么对于作曲家来说这种节拍理念就是错误的,因为他对时间的测量并不是从音乐内容中获得的,而是来自具体的时间秩序本身,在一开始还没有音的时间中,一切都在他的掌控下。因此,洛伦兹假设的瓦格纳时间延伸的空间化完全是一种幻觉:对节拍理念的完全支配只能维持在依赖性的、不具特色的部分,而对瓦格纳的旋律弱点的诸多抱怨,这都不是因为他单纯缺乏"灵感",而是在于他作品中占主导地位的打节拍的动作。

　　这种动作在作品中留下的痕迹是,炫耀性的断断续续的舞台配乐、响亮的吹奏声、信号声和开场曲。在贯穿式的风格中,它们保持着瓦格纳的风格,同时也在风格中沉淀了自己。乐队指挥在乐池中征服了舞台:实际上,整部《黎恩济》可以在舞台上作为一首单独的开场曲被吹奏下来。保罗·贝克尔①提到了荷兰人的主题具有的信号特性。[5]瓦格纳的舞台插曲(Bühnenmusik)②和其衍生物在实践创作上可以被追溯

---

① 保罗·贝克尔(Paul Bekker, 1882—1937),20世纪德国最重要的音乐评论家。

② Bühnenmusik是一个具有多重含义的概念,可以指在舞台作品中台上或幕后演奏的音乐,也可以指在演员表演时作为伴奏出现的背景音乐,或是间奏、序曲、插曲。在此处的语境下,指的是在瓦格纳歌剧中的唱段和表演中插入的过渡性的管弦乐队的插曲。

到一个关键层面,例如《沃尔夫拉姆·冯·埃申巴赫,开始了!》
(*Wolfram von Eschenbach,beginne*)之后管弦乐团的姿态上。实际上,
在《罗恩格林》第三幕第三场的序曲那里,中期的瓦格纳创作了一个由
开场曲构成的完整的曲式。这种曲式很可能是《诸神的黄昏》中《齐格
32 弗里德的莱茵河之旅》的原型:即使是根植于绝对音乐的赋格原则,也
仍然没有与动作行为式的舞台插曲失去关联。在瓦格纳那里,只要抽
象的节拍理念相对音乐内容占据优势时,舞台插曲的公式就会被引用,
在他的后期作品中,它们构成了对半音体系的真正对抗。由于缺乏清
晰的旋律,在完全由和声构成的演绎中,宣叙调式的说唱也加入其中。
这种未能融合的元素穿插在高度组织化的风格中。瓦格纳的音乐意识
表现出一种特殊的倒退:它似乎是对模仿的厌恶,随着西方理性化的发
展,这种厌恶变得越来越强烈,并且凝聚成一种音乐的自主性与类语言
性的逻辑,又好像对这种模仿并没有完全抗拒。他的创作重新回到了
一种前语言的状态中,而同时却不能完全脱离类语言的东西。瓦格纳
式的"戏剧性"是他作品中令人厌恶的一个方面,保罗·贝克尔正确地
将其总结为瓦格纳艺术作品的核心,这一点根植于其退化性之中。他
音乐中作曲技巧的缺陷总是源于这样一个事实,即他那个时代的材料
所预设的音乐逻辑,它被弱化并且被一种动作行为方式所取代,就像宣
讲人会用语言手势来代替想法去推动内容的发展一样。毫无疑问,所
有的音乐都根植于这种动作,并把它隐藏在自身之中。然而,它在西方
被升华和内化为一种表现,同时建构了音乐的逻辑性综合的整体过程,
伟大的音乐力求两者的平衡。而瓦格纳的立场却与此背道而驰,他的
音乐自身没有任何的历史传统,这与叔本华哲学的意向(Gesinnung)是
相似的。这种抑制不住地增长的表达瞬间,在内心、时间意识中几乎无
法被遏制,只能作为外在的动作被释放出来。正是这一点让听众感到
尴尬,就好像有人一直在拽着他的袖子一样。构建元素的力量被这种
33 外在的、类似于物理性的强度消耗掉了。这种外在化与物化、商品特性
相融合,正如在后期与文化的脱节,都与弗洛伊德理论的想法是一致
的,它是导致文化复古的原因。瓦格纳认为的姿态要素,并不像他所宣

称的那样,是对未被分化的人的表述,是一种对物化之物、异化之物的反省式的模仿。正是通过这种方式,姿态(Gestik)被吸引到相互作用中,被吸引到与观众的关系中。瓦格纳的动作总是对想象中观众的反应进行转移,将人们的低语、掌声、自我肯定的胜利,或热情的浪潮,转移到舞台上去。在这个过程中,动作具有的原始缄默性和失语性,证明了自己是一种高度现代化的统治工具,这种工具越是与观众专横地对立,它就越是与观众保持一致。会作曲的指挥家既代表又抑制了市民阶级的个人要求。他是所有人的代言人,又提倡所有人都要无言地服从自己。由此他必须努力让动作变得生动,并将动作中精神性的东西客观化。但异化的外在性与内在性,这两者是不可调和的,内在性作为瓦格纳的表达粉碎了根本主体性的形式。由此,瓦格纳的音乐遇到了它最内在的矛盾:既有作曲技巧上的矛盾,也有社会上的矛盾。

就技巧而言,动机是矛盾的载体。从历史上看,舞台插曲和主导动机是由间奏(Ritornell)促成的,它从老式的歌剧中一直延续到韦伯那里。在宣叙调中插入管弦乐段落具有一种姿态性的作用。与舞台插曲一样,它们打断了歌唱,甚至打断了创作上的织体,并且模仿了场景中人物的动作。因此,它们具有间歇性的特点。但是由于它们不是在舞台上移动,而是在管弦乐队中响起的,因此也构成了乐曲的一部分,而不仅仅是动作的一部分。莫扎特以及特别是韦伯,都曾用它们来进行音乐表达。瓦格纳也以这种形式继承了它。在瓦格纳的作品中,间断的动作成为创作的基本原则;舞台插曲和表达方式合二为一,它失去了那种插入的特点,而蔓延到整部作品中,作为一种集体性的、政治性的、客观性的"国家行为"的继承者,它展现了瓦格纳批评过的大歌剧的外在性。瓦格纳将赋神化(Beseelung)和客观性统一起来的手段是模进 34 (Sequenz)。模进从时间上让抽象的和结构上一览无遗的对称关系保持下去。同时,用强化来调和其内容与主观上的动力。瓦格纳的动作一旦可以被模进,就立刻会成为"动机"。吉多·阿德勒正确地将他对瓦格纳曲式的批评集中在这一点上。洛伦兹的辩护仍然是形式主义的,因为他从静态建构上去定义模进的概念,这样就相应地将瓦格纳的音乐排除在外,而正是由于静态的模进原理被引入到了动态功能的和声中,表达和动作的叠加才能成立。瓦格纳的模进与贝多芬交响乐中的模进形成了最鲜明的对比。它从原则上排除了维也纳古典主义的"突破"手法。动作可以被重复和强化,但实际上并没有进行"发展"。维也纳的应答(Antiphonie)已经把所有动作上的东西转化为了精神上的发展原则,而瓦格纳只能将其强行转换成舞蹈,或是它的"神化",就像奏鸣曲曲式起源于更古老的组曲序曲一样,其随后的组曲乐句由此相互区别,因为它本身并不是作为一种成规式的舞蹈形式出现的。奏鸣曲和交响乐都把时间批判性地作为他们的对象;它们迫使时间显现在它们赋予时间的内容中。然而,如果是在交响乐中,时间进行被转换成一个瞬间,那么相比之下,瓦格纳的动作本质上是不变的,是非时间的。这种动作无力地重复着它自己,屈服于它在交响乐中掌握的时间本身。

　　这些重复的动作随波逐流,它们只能通过唯一的转变而得以拯救:变化,通过变化它们就不再是动作了。因此,通过重复充满表现力的姿态来构建形式,这种尝试完全是一条死胡同。动作的每一次重复都回
35　避了创造音乐性时间的必要性;它们只是自己排列起来而已,成为一个非历史性的、计时精密的体系,并且从时间连续性中分离出来,而它自身却似乎属于这种连续性。或许,在瓦格纳成熟时期的作品中,未经训练的听众反映出的无聊,不仅是平庸意识在崇高的主张面前放弃的表现,也是受到乐剧(Musikdrama)本身时间体验的缺陷的制约。更加困难的是,在模进中从一个动作到下一个动作的表达情景——在最著名的地方,即《特里斯坦》(Tristan und Isolde)的开场处,是"痛苦的渴望"的情景——不带舞蹈性的同音反复,取代以一种干预其中的变奏,这种变奏是姿态般的动作特征所抵制的,并且被瓦格纳的"心理变化"原则以高度理性的、对音乐内容粗暴强加的方式所取代。重复的动作是强迫性的;而重复的表达就是赘述性的。瓦格纳乐曲的长度,带着喋喋不休的个人恳求和劝说的态度,在曲式中的微观结构中也能被找到。由于重复和动作的再现,表达本身就被扭曲了。模仿性的冲动被构建在整体中,它物化和退化成了单纯的模仿,最后变成了一个谎言。因此,

瓦格纳表达中的非真实性的情景可以追溯到他创作的源头中去。曲式出现的错误，也会影响到内容。瓦格纳曲式依存在姿态、表现力和结构性元素的隐秘交换中，想要显现出一种内在与外在的完整一致，借用了叙事的整体。瓦格纳的音乐模拟了内在与外在、主体与客体的统一性，而没有构建它们之间的断裂。这样一来，创作过程自身就成为意识形态的代理人，甚至意识形态被文学化地引入了乐剧中。这一点最明显的莫过于在一些段落中，音乐表达颂扬了剧中人物崇高的纯洁性和天真。而特征性的意图将音乐性的姿态转化为这种表达的载体，即反思带来的一种必要的因素，这总是表现成纯洁和天真，就好像它在镜子中欣赏自己一样，又由此将肉身抵消掉。然而，这绝不能只从心理学的角度出发，用作曲家令人质疑的"感觉"来进行解释，因为这是由事实糟糕的逻辑决定的。为了像瓦格纳的方式所要求的那样，以一种引人注目的方式将自己作为姿态感性地外在化，那这种表达就绝不能自谦，而必须有针对性地设定自己，然后通过不断增加的重复来夸大自己。以同样的形式重复的要素，就已经包含了一种反思要素；当表达的冲动第二次出现时，它就变成了对它自己的一种强调性的评论。相反，外在的、舞台插曲式的元素具有的主观装饰，恰恰造成了一种无谓的琐谈，而尼采对此与对纯洁性一样毫不信任。这在所有的夸夸其谈中消散而去，假面舞会被出卖给了舞台献祭仪式。

　　然而，瓦格纳的力量在他解决矛盾的过程中证明了自己，这种矛盾在技巧经验的每一步中都显露出来。如果瓦格纳有一个"曲式的奥秘"的话，那么它就是一种绝望的、从未被承认和完全缄默的努力。洛伦兹根据"巴尔曲式"①的原则发现了这样的曲式奥秘，即一种主要由两个相等的起首诗节和一个与此不同的终曲组成的 a-a-b 结构。这一成规以古老的方式支配着名歌手和他们的美学辩论。但瓦格纳的巴尔原则并没有局限于有限的、相对独立的段落，如即兴颂歌(Preislied)，洛伦兹

36

————————

① "巴尔曲式"是一种 a-a-b 的曲式，包含起首诗节—起首诗节—终曲(Stollen-Stollen-Abgesang)三个部分，通常还会在终曲后再次重复起首诗节，构成 a-a-b-a 的曲式。

能够通过曲式的宏大结构来追溯它,并且如此忘乎所以地认为,由于前两幕出现的相似性,整部《名歌手》可以被看作一部独立的"巨大的巴尔曲式"。[6]同样,这也可以从动机式的单元中被找到。正是在此处,巴尔曲式的姿态特征就显现出来了。它的起源在瓦格纳早期的作品中就可以被清楚地看到了。回顾一下《唐豪塞》第二幕第二场的开头,它直接出现在"殿堂咏叹调"之后。在那里,经过一段漫长的前奏性和弦,出现了一个八小节的"巴尔"。第一段起首诗节是一个羞涩的、试探性的两小节长的动机,它稍作变化,又延了半小节,成为第二个起首诗节,并出现在一个较高的音域上,这与之后瓦格纳的动机模式的第一个模进很相似,当然这种动机模式在展开的乐剧风格中很少出现这样的变化,特别是在《特里斯坦》中,瓦格纳完全满足于向更高音域的转位。而终曲也延长了半个小节,由一个"非常活泼"的十六分音符的音型构成,它超越了起始诗节的攀升向上而去,但到了一个管乐停滞的地方就迅速崩塌。这个段落的戏剧性意义在于,唐豪塞害羞又犹豫、不被人注意地靠近他心爱的人,然后在沃夫兰姆(Wolfram)的鼓励下,"狂热地扑倒在伊丽莎白的脚下",待在那里直到她叫他站起来。第三个终曲的姿态是至关重要的。它大幅度跳跃着,以便能回到起点,就像歌手在伊丽莎白身边时张开的双臂垂下,一动不动,默默地转过身来。在延续的五级的三四和弦上,出现了一个停顿:这是一种奇怪的停顿模式,尽管如此还是充满活力的,并且正是由此再次决定了瓦格纳的音乐。这个夸张的动作被还原到身体上。它的崩塌就像波浪的崩塌。这也许就是为什么瓦格纳的音乐动作让人联想到舞蹈,以及为什么动机的重复会篡改舞蹈的对称性,因为只有作为舞者,人才能去模仿波浪。早在瓦格纳用叔本华哲学来合理化它之前,瓦格纳就使用过波浪的形式原则,用音乐来解决表达和姿态之间的矛盾。由于姿态本身具有的自我撤销,他想调和姿态的缺乏发展性和表达的不可重复性。自身与时间——如果说瓦格纳不像贝多芬那样掌握时间,那么他也不会像舒伯特那样去实现它。他取缔了时间。瓦格纳音乐的永恒,正如指环之诗的永恒性一样,是一种"一切未曾发生"的永恒性;它是一种恒定的永恒,用无言的自然来反驳一切历史。莱茵河仙女在歌剧开始把玩莱茵河黄金，并且在结束时将黄金收回，这是瓦格纳智慧和音乐的最终体现。什么都没有改变；正是个体的动态恢复到了无定形的原始状态上；力量的释放只是为了维持恒定性，这恒定性即是统治权，它却正是这些力量所抗争的。这一点在瓦格纳的曲式感中比在他的哲学观点中更透彻地体现出来。然而，与叔本华相反的是，作为一种美学上的曲式原则，那些在瓦格纳的作品中想要逃离的现实社会世界让人难以忍受的东西，被美化并且被塑造成了一种令人慰藉的平衡。

《名歌手》为"曲式的奥秘"具有的意识形态本质提供了一种惊人的证据。其中由受过教育的成员演唱的歌曲，也就是反面派沃尔特和贝克梅瑟唱的歌是巴尔曲式的。然而，来自"人民"的萨克斯保留并代表了反对的势力，他自己模棱两可地声称："我作的多是街头小调"，他唱的是一首完全段落式的歌曲。最能证明瓦格纳自我意识的名歌手们，将巴尔曲式分派给了名人和统治的上层阶级。然而，如果按照洛伦兹的分析的话，用巴尔曲式来描述整部作品，那么整部《名歌手》中上层阶级就是有理的，这与《指环》中的莱茵河仙女一样，她们是大海寓言中的上层阶级，就像瓦格纳梦想倒退回的那样，与暴发户阿尔贝里奇是对立的。

这种对巴尔曲式功能的洞察里包含了对瓦格纳曲式的批判。洛伦兹对自尼采以来认为的，瓦格纳缺乏形式的、反动地盲目照搬的空话提出了强烈的质疑，他对宏大曲式的组织安排，比对"主题处理"更感兴趣。他认为，通过沃尔佐根①和其他所谓的指导性文献，动机分析已经被充分完成了。但是，他不应该对音乐动机分析抱有任何幻想，这种分析将宏大的曲式置于主题单元的发展和变化中来进行理解，这与列举诗化的主导动机是无关的，而在文章的每个段落中都提出了它们音乐上的对应之处。洛伦兹对瓦格纳的"细节工作"缺乏兴趣的理由在于作品本身。在他书的第一卷的相关章节中，洛伦兹说："其主要特点是，这

① 汉斯·冯·沃尔佐根（Hans von Wolzogen, 1888—1954），德国文学家、编辑和出版商。他以与理查德·瓦格纳的关系而闻名。

种安排"——即瓦格纳对主题模式的阐述——"总是以这样的方式进行……频繁的重复使动机清晰地印在我们的脑海中。"[7]在瓦格纳"主题"的框架内,无论是保持相同的动机,还是一级级挪动动机进行反复,这就是其事实所在。而洛伦兹由于事件的规律性,就免去了类似于贝尔格对勋伯格的分析那样的义务。但这种免除意味着,在细微之处的曲式层面上,瓦格纳的音乐实际上没有什么可分析的。瓦格纳只知道动机和宏大的曲式,却不知道主题是什么,自以为重复就是发展,自以为转位就是主题处理,而相反,从抒情上看不可重复的歌曲却被视为舞曲。使用巴尔曲式作为姿态退出,其意义在于将所有未解决的矛盾化解为虚无。当瓦格纳的音乐不断地唤起人们对新事物的表现、期望和需求时,从最严格的意义上来说,却根本没有什么是新的。这个经验是对缺乏形式的指控的真理核心。但缺乏形式并不是混乱的产物,而是虚伪的等同的产物。相同的事物出现了,仿佛它是新的一样,从而用小节构成抽象的时间序列来代替他音乐具有的内容与辩证的过程,即其音乐的内在历史性。瓦格纳的曲式构成是一个空壳:它所宣称的在时间中的展开是不真实的。洛伦兹发现的瓦格纳音乐的宏大曲式只是从外部叠加而成的,而当它们在一开始表达出抽象的节拍时间时,就变成了毫无意义的样板。洛伦兹的分析可以被登记成表格,这并非偶然。从原则上看,表格与瓦格纳的曲式安排本身一样不适合于时间。尽管极其缜密,但它们不过是一个图形游戏,而面对真正的音乐则毫无力量。瓦格纳的曲式,即使是在时间进行上否定了这一点的悖论式的巴尔曲式,也在时间面前一败涂地。狡猾刻毒的"就像一切都未发生一样,这简直太好了"最后胜出。因此,对期望的失望和不满就必然被私自违背诺言的人打破,就像热衷曲式的艺术家喜欢的那样。他的音乐表现得就像时间没有尽头一样,而它只是通过将它们引向起点,来否认其持续的时间而已。

40

注释

[1] Thomas Mann, Leiden und Größe Richard Wagners, in: Adel des

Geistes, Stockholm 1948, S. 402.

［ 2 ］Hildebrandt, a.a.O., S. 9.

［ 3 ］Alfred Lorenz, Das Geheimnis der Form bei Richard Wagner, Bd. 1: Der musikalische Aufbau des Bühnenfestspieles Der Ring des Nibelungen, Berlin 1924, S. 10.

［ 4 ］a.a.O., S. 292.

［ 5 ］Vgl. Paul Bekker, Wagner. Das Leben im Werke, Berlin, Leipzig 1924, S. 130.

［ 6 ］Lorenz, a.a.O., Bd. 3: Der musikalische Aufbau von Richard Wagners »Die Meistersinger von Nürnberg«, Berlin 1931, S. 10.

［ 7 ］Lorenz, a.a.O., Bd. 1, S. 75.

三、动　　机

　　那不可阻挡的前行过程，还无法创造出任何新的质，就不断流入到旧事物中去了；这不断倒退的动力赋予了瓦格纳作品一种神秘的东西，即使在今天，与几乎所有其他音乐相比，听众仍然会感受到一种盲点，尽管他对这音乐很熟悉，但还能感受到一些未解决的东西。瓦格纳否认与他相伴的听觉有一个明确的目的，即让听觉去怀疑，它是否正确理解了某一刻的曲式意义。萨克斯说"不能保留——也无法忘怀"，正是对这一点的暗示。没有什么是明确的。曾经在他身上体会到的那种现代人的烦躁，那种用神经质、易怒等词语来命名的东西，与音乐在一定程度上格格不入，这正是基于音乐意向上的模棱两可性。当然，与之相对应的还有意识形态上的模棱两可，从众所周知的性欲与禁欲之间的矛盾，到诸如既是"骑士"又是叛徒的哈根、既是忏悔者又是诱惑者的孔德丽，甚至特里斯坦和齐格弗里德这样的英雄，都是并不忠诚的信徒。对于浪漫主义的作曲传统来说，模糊性并不陌生：舒伯特模棱两可的变调和弦就是这样的存在，虽然瓦格纳的作品似乎与舒伯特的作品没有什么共同之处，但是他也很喜欢这种和弦。然而在瓦格纳那里，模糊性被提升成了一种风格化原则（principium stilisationis），与音乐语言的一致性逻辑相比，趣味性的范畴已经成为主导。这就让波德莱尔——拥有当时最先进的思想，尽管他显然连特里斯坦的音乐都不知道——兴奋不已，更不用说它对尼采的影响了。这样的在交替中持续下去的音
乐一致性，其实并不新颖。维也纳古典主义在此已是尽善尽美了，尤其

是贝多芬,他在多样性中构建了音乐全面的统一性,并且将这种原则发挥到了极致。但它始终与一个社会中被牢固确立的音乐语言逻辑相一致,即使这个社会在一切对立中依旧保持着团结。作为非理性而躲避这种逻辑的、偶然出现并且带有个人个性化的冲动与古典主义是格格不入的,之前的音乐语言逻辑之所以避开这种冲动,因为它是非理性的,或者说这种冲动至少曾通过曲式的综合而被驯化,并且自柏辽兹一鸣惊人以来,这种逻辑与意料之外的东西相对立起来。瓦格纳的艺术缺乏这样的力量:单纯的个体性越是显得专断,自我在社会上就越是薄弱,因而同时作为一种审美的构建原则,它也就越不能外显为一种完全一致的客观性。自我通过反思和展示出自己的弱点来无限地分化自己,但这个弱点同时又倒向了"前我"的层面。因此,在瓦格纳的"心理学的"、含糊有趣的因素的支配下,出现了一种历史性的因素。然而,瓦格纳作品所标识出的断层,是面对技术矛盾及其背后社会矛盾的无力感,简而言之,是一切他同时代人谈论的"颓废"的东西,同时也是艺术进步的进阶。

保罗·贝克尔曾认为"表现"(Ausdruck)是瓦格纳的基本范畴。但是,在瓦格纳独立的作品风格中,在严密织就的表面之下,没有什么比"表现"更能同时隐藏在脆弱与深不可测之下了。如果在主导动机中,姿态与表现无法统一,如果动机作为表现的载体,总是同时坚持戏剧性姿态的特征,那么这就无异于说,姿态永远不可能直接赋予自己灵魂。它更多地是呈现出一种精神性的东西。瓦格纳表现的特点在于其意向因素:动机作为一种符号,传达了一种凝固的意义。瓦格纳的音乐在所有的强调与强度上就像字母之于词汇,几乎没有什么缺失,很难让人不去怀疑,它只需要用其作品的表现强度去掩盖这一点。这种音乐的表现并非是自主的,而是被动的。攫取那些从被精神化的整体性中脱离出来的东西,即那些只是用来表现其意义的外在之物,并且能够被轻易地交换掉——就像其表现出来的那样——把瓦格纳的主导动机塑造成了寓言。因此,《名歌手》中的寓言艺术,即贯穿始终的、强制性的名字的寓言,还有整个《指环》背后的抽象意义背景,都不是单纯的表面现象:正是这种看似古怪的特征,才指出了核心所在。主导动机在柏辽兹之前可以一直追溯到 17 世纪的标题音乐（Programmmusik）中去，当时还不存在一种具有约束力的音乐逻辑，只有在寓言式的观念下，才能更好地理解这一起源，它是一种带有回声效果的幼稚噱头，或是类似的东西。正统的瓦格纳注释，虽然忠于象征性的普通概念，但还是不由自主地强调了主导动机的寓言特征，它给每一个主导动机以严格的识别性的名字，它与格言类似，可以解开寓言形象的含义。如果说瓦格纳的音乐从宏观上没有运动，因为它取消了自己的时间进程，那么它的僵化已经在最小的细节中存在了。主导动机都是些小画面，而所谓的心理变化只是让它们暴露在不同的灯光下而已。它们在字面上对柏辽兹的"固定乐思"的忠诚超出想象，而这些心理变化的僵化给心理动态设置了限制，往往使其成为谎言。在《诸神的黄昏》中，充满动感的创作风格被运用到一个最具寓言性的不堪一击的老式动机材料上，这种矛盾就显而易见了。虽然主导动机本来应该服务于乐剧的形而上学的意图，作为所谓无限思想的有限标志，但它却成了自己的敌人：在瓦格纳晚期浪漫主义的怀抱中，一种实证主义的元素成长起来，这与叔本华的形而上学将康德的唯心主义转化为实证主义和自然科学性是相类似的。在瓦格纳的时代，观众就已经把主导动机和它们所描述的人物粗略地联系在了一起，这正是因为它们并没有完全融入它们所宣称的精神意义的统一中去：评注的必要性已经宣告瓦格纳自己的完全同一美学的破产。主导动机的衰败在这一点上是固有的：通过理查德·施特劳斯巧妙的插图技巧，它直指电影音乐。在此，主导动机只宣布英雄的到来或情节的开始，以帮助观众能更快地找到方向。

　　寓言式的僵化像疾病一样传染了动机。动作冻结成了表现的图像。但恰恰是这样，才使单纯的滑行停止下来，释放出具有建设性的阻力。只有在一种明确表达出来的和声语境中，动机才能站稳脚跟，持续编织下去的模进技巧才有可能产生主导动机所要求的那种寓意，而这种寓意在很大程度上是在巴尔曲式的三段式中才具有其范式。这一点即使在纯半音模式下也可以看到，例如在已经被分析过无数次的《特里斯坦》的开场处。在此，一种能够使形式上的意义逐渐展开的表达方式是必要的,它迫使半音和声和纯粹模进放弃被强化的调性和变奏的对立倾向。在开场动机的第一次模进中,大六度取代了原型中的小六度:h-升 g 取代了 a-f。这种偏离产生自整个乐段中虚设的主调关系,即 a 和声小调音阶,其中的 f 被改成了升 g。这是由对典型的对角音(Ecknoten)的选择来限定的。在半音转调过程中,这种对一个相同固定的调式进行转述的意义在于,将其与一个和声上的统一因素相联系和组织起来。但是,这就在模进中导致了构建性的后果:和声上的统一避免了两个旋律模进部分的机械性等同。原型和第一个模进在决定性的音程中彼此偏离:它们像一个主题与它的基本变奏一样。在没有进行变奏的情况下,模进音组将属调七和弦放在 h 音上,而当变化出现时,它从 C 大调的和弦进行到了平行调 a 小调的七和弦上。这样就加强了与主调的关系。正是通过保持 a 小调的一致性,从而拒绝了无节制的进一步转调,半音模进的平庸性就被消除了,半音二度的自主性被建立起来,而在勋伯格那里,这对调性的危险性比简单的音色要大得多。如果敢于大胆地将巴尔曲式与三段论的辩证式的范式进行比较,那么模进组合的第三个部分,即"终曲"(Abgesang),可以与合题(synthesis)相对应。为了进一步保证调性的统一,它不是以二度出现,而是比第一个模进高了一个小三度;然后,一个关键性的音程被改变了。同时,终曲的开头作为第二个模进部分的余音,保留了大六度 d-h 这个音程,但通过插入第二个下行的二度,从原型意义上恢复了初始音本来的旋律关系。作为否定之否定,并且作为对第二部分偏离的回撤,第三部分肯定了整体的统一性,并通过在 a 小调交替属音上的终止,带入了和声上的解释。在随后的强音起奏中,它实际上被带回到了 a 小调,因为瓦格纳把保留的动机残余升 e-升 f 放在了第一个属音的下面,尽管在此通过欺骗性的六度进行避过了主音:这就是勋伯格后来称之为"限定调性"(die umschriebene Tonalität)的教学案例。与库尔特相反,当洛伦兹强调瓦格纳的全音—构造性的因素是对表现性—半音的一种制衡时,这样的结构就不应该被理解为一种日耳曼式的、不祥的病态,这种病态只在《特里斯坦》的失控中出现过一次。更确切地说,瓦格纳在他最伟大

45

的时刻,从不可调和的矛盾中汲取了创造力,从姿态的、倒退的因素中取得了进步的建设性。这远远超出了单纯的主观表达,以至于在黑格尔的双重意义上摒弃了主观表达。

46   由此清楚地表明了,瓦格纳音乐中的进步和反动是不能像绵羊和山羊那样被区分开的,相反两者几乎密不可分。在连绵不断进行的薄薄面纱下,瓦格纳把作品分割成了相互串联起来的寓言式的主导动机。它们既抵制音乐形式整体性的要求,也抵制"象征主义"的美学主张。简言之,就是要抵制德国唯心主义的整个传统。尽管要强调瓦格纳的音乐从整体上是作为一种风格来构建的,但这种风格并不是一种逻辑上一致的整体,不是整体和局部的纯粹内在关联。但这恰恰是其革命性的一面。在艺术中,就像在哲学中一样,不同的体系都努力创造出多样性内容的合题。事实上,它们自己总是与一个既有的,但令人怀疑的整体保持一致,它们都否定这个整体的直接存在权,以便再次以自身之中产生它。这在瓦格纳处被终结了。他对市民阶级抱有歉意的退缩立场背后,是他不再能全心全意地接受市民阶级的形式世界了。从整体曲式开始,从他蔑视"歌剧"(Oper)的名称开始,直到对动机的安排,从特质上拒绝任何类似形象的东西,任何既有的东西都是不可容忍的,不再有"标准形式"。与瓦格纳的"堕落"(décadence)相对,现如今开始出现了一种颓废,不仅仅是音乐家们已经丧失了这种敏感性,他们实际上是在渴望摆脱那些典型的束缚,这些束缚是瓦格纳力求摒弃的。没有什么比他在行事方式的冲动更能说明他的态度了,有时他在听莫扎特时会在脑海中听到伴随着宴会音乐发出的餐具脆响。当代人对音乐"遗产"的态度受到这样一个事实的影响,即没有人敢于表现出对其的不尊重。瓦格纳对标准曲式的敌视和戏谑般的曲式构建,不仅消除了音乐材料的封建残余,而且使材料比以往任何时候都更加符合作曲家的意

47 愿。这种对曲式的态度在《名歌手》的美学对话中被精炼地加以定义:

    我该如何遵照规则起步?
    ——你自己制定规则,并遵循它吧。

在同样的语境中,瓦格纳呼吁一种与意义相呼应的唱词的宣言。它是反浪漫主义和反封建的:音乐散文的理念打破了对称性的魔咒,将其阴影投向前方。音乐的语言相似性,在很大程度上归功于音乐的形而上学的诉求,它突然被颠倒过来,成为一种音乐启蒙的手段。诚然,在瓦格纳的创作风格中,对称乐段的支配地位仍旧被保持着。对"自然的"宣言的要求既指向瓦格纳对标准的敌意,也指向对媒介融合的需求;但就主导动机的构思而言,这也为技巧性的、理性的艺术工作奠定了基础。

后者与动机技巧的关系最明显的莫过于材料的原子化了,即将材料分解成尽可能小的动机部分,这就让按照齐格弗里德的计划进行整合成为可能:

> 我已把那耀眼的豪华剁成碎糠,
> 用那碎屑在坩埚里熬汤。

这一方案在《特里斯坦》中得到最完整的遵循。把工业劳动过程的量化分解为尽可能小的单位,这是很困难的,因为把一种物质生产方式作为这一原则的寓言并不是偶然的。整体通过被细分成最小的单位而变得可控,乖乖地去服从主体的意志,而主体已经将自己从所有预设中解放出来了。瓦格纳在没有意识到的情况下,发展出这种与印象派画法相类似的理论,这有力地证明了时代生产力的统一性,正如通过分工所带来的各个领域之间的相互弱化。顺便说一下,瓦格纳并没有从动机技巧潜在的印象主义中,或者只在具有自然氛围的情节中汲取出完整的结果,这既可以解释为对观众的猜测,也可以解释为一种审美的情趣。从社会性上来看,新旧交织意味着,尽管随时会出现新鲜的刺激,但却绝不能冷落了潜移默化的倾听习惯。在瓦格纳的音乐氛围中,一些愤怒的市侩之气已经隐约地在燃烧,这后来导致了对所有"主义"的禁令。艺术作品的技术化进程越快,处理方式和效果的合理规划越是进步,他的音乐就越是急于表现出自己是自发的、直接的、自然的,并且去隐藏自己的控制欲。与他的实践相矛盾的是,他的意识形态否认所

1200

1600

有类似于消融和分解的方式,就像当时科西玛在与纳粹张伯伦(Houston Stewart Chamberlain)的通信中,她残酷而野蛮地表达了对一切新艺术的全然否定。瓦格纳曾经与印象派画家马格里·吕(Malgre Lui)类似,这符合19世纪中叶德国人文和技术生产力的落后状态,以及由此产生的美学学说的落后状态。不仅在传统的迷信中,美学思想的伟大体现在选取对象的伟大和艺术作品的纪念性上,而且一种前批判性的、与瓦格纳自身地位不相称的对旋律的观点也在此体现出来。瓦格纳与印象派的比较时时刻刻提醒我们,他所有的技巧成就所遵从的普遍象征主义的信条属于皮维·德·夏凡纳①,而不是莫奈②。在瓦格纳那里,原子化的极权专制的因素已经占据了主导地位;单一因素相对于整体性的贬值,排除了真正的、辩证的互动。然而,个体的虚无不仅仅让瓦格纳的整体性变得无益,而且原子这个特性化的动机必须总是为了特征而显现出来,好像它是某种东西,并且是一种总是不能满足这一要求的东西。这样,主题和动机就结合起来形成了一种伪历史。在瓦格纳的音乐中,晚期市民阶级意识的发展趋势已经被揭示出来,在其强迫下,个人越是强调自己,他在现实中就越是虚伪和无能。在瓦格纳的许多动机核心中都能听到这种不真实的东西,其可悲的姿态并非自身的实质所能及的,而有时动机的特征却无可置疑地是成功的。曲式的范畴,动机的单纯设定的无效性,个体化本身的短暂性,这些都是瓦格纳和维也纳古典主义之间的共同特点。但是,行事方式的意义已经被颠覆了,因此它的审美权利也被颠覆。在贝多芬那里,单一的东西,即"灵感"在艺术上是微不足道的,整体性观念在此占据优势;动机本身作为一种非常抽象的东西被引入其中,仅仅作为纯粹的生成原则,当整体从中展开时,淹没在整体中的个体,同时也在整体中被具体化和被确定下来。而在瓦格纳的作品中,过度膨胀的个体否定了虚无性,这虚无性却是它前语言的姿态。作为惩罚,它被自己无法创造出来的进步所否定,

---

① 皮维·德·夏凡纳(Pierre Puvis de Chavannes,1824—1898),法国19世纪后期的重要壁画家。
② 克劳德·莫奈(Claude Monet,1840—1926),法国印象派画家。

而它却要不断地假装把进步当作模式进行下去。表面上不可阻拦的整体性,由于它的存在而消灭了质上的个体,结果只不过是一种假象,一种提升到了绝对上的矛盾。

瓦格纳的音乐越是稳操胜券,它就越不知道自己内部有一个应该要征服的敌人;资产阶级的胜利总是盖过了英雄事迹的谎言。恰恰是由于缺乏一种可以证明自己的辩证性的材料,才使瓦格纳的整体性仅限于持续时间而已。很明显,诸如剑或是齐格弗里德的号角这样的动机是无法被任何艺术形式所左右的:对他缺乏旋律创造力的批评与其说是对缺乏主观能力,不如说是对缺乏客观能力的批评。姿态的处理方法必须一再被迫在自然泛音上的旋律中进行。但是,主体的能动性在此是有它的极限的,它却自以为自己是全能的。因此,不断地去考虑直白性和可理解性,使得瓦格纳采用了类似于信号的动机,这也就导致了处理方法的不可塑性和技术上的不一致性。这一点早在《罗恩格林》的序曲中就可以看到了。在四个小节的引子之后,它的主题用了一个八小节的短句来进行阐述。前半部分显得语焉不详:"悬停"的诗性观 50念似乎阻碍了音乐上清晰的进行,而从技术上讲,模糊的美学观念需要的却是最明确的表述。这部作品前半部分缺乏可塑性,不仅是因为它与后半部的关系,其曲式的意义无论是旋律的延续还是结束,都并不完全清晰。就连起始乐句的旋律本身都令人难以理解,因为它在 e-升 f 这两个音符上纠缠不已,而没有将它们的重复明确地设定为主题。其原因首先是和声类型。起始乐句只用了很少的音级,附属音级只用了第六级,它在乐句的关联中是附属性的,只是第一级的替代品而已。第一级和第六级之间不确定的和声关系体现在 e-升 f 的旋律非确定性中,这两个音在高声部上总是一再回落。但是,这种音级上的贫乏本身就是由于这个段落的简洁而强制形成的。瓦格纳把附属音级,或者说它们在转调偏离中的等价物,简单地说,就是低声部中新出现的音符,留给了终结乐句,它必须用与起始乐句相同的动机材料制造出来。在这其中就产生了旋律,虽然旋律是依附在与起始乐句相同的 e 和升 f 音上的,但通过与升 f 小调、E 大调和 h 小调的接触打开的和声的视

角,让旋律突然获得了可塑性。然而,瓦格纳必须尽量少地使用和声视
角的手段去塑造旋律,这不仅是因为他总是必须要考虑时间维度可能
过长的问题,而且也是因为他偏爱从乐队指挥家的听觉角度出发,从整
体效果上去考虑需求;矛盾的是,在理论上和自身处理上一样,除了在
《特里斯坦》之外,半音主义者瓦格纳从来没有完全摆脱掉面对转调时
的某种胆怯心态。如果没有像起始乐句中那样的全音阶乐段带来的平
衡,丰富的音级与半音声部进行就会造成瓦格纳特别担心的那种神秘
51 主义。它们的嘲讽并不是《名歌手》论战的最终意图,在此,被人为化的
工匠诗歌与之后释放出来的健康的民众情绪的本能形成了反差:自我
退缩的理念延伸到瓦格纳自己的作品史中,延伸到他的创作核心中去,
即《特里斯坦》那里,这有点像康斯坦茨湖上的骑士。①在瓦格纳的作品
中,对理解性提出了社会性和时代顺应性的要求,还有对塑造艺术性的
要求。这些原本在瓦格纳那里被结合在一起,现在却出现了分歧。它
们的对立,即要求一切都应该既是可以理解的,又是独特的,同样地适
用于瓦格纳材料的两个层面,即全音和半音的动机。《特里斯坦》中令
人感到刺激的半音进行是一种"独特的"东西,它们在此不能被彼此区
分。而相反,表现原始性的开场曲却可以作为旋律被保留下来,尤其是
这种开场曲倾向于无定形,就像它在《莱茵的黄金》序曲中带着完全的
必然性有意构写出来的(auskomponiert②)一样。这种断裂延伸到灵感
(Einfall)自身中去。灵感是一种年轻的音乐范畴。在 17 世纪和 18 世
纪早期,人们对它并不熟悉,就像对某些旋律的所有权不熟悉一样。直
到作为个人的作曲家想要在音乐材料中作为独特的形象而留下一些痕
迹时,才出现了灵感。然而,瓦格纳的作品却试图把这些刻画出来的特
征融入自然材料中,令它们消失。而与灵感的力量一起出现的申诉的

①　这里是指《骑手与博登湖》(*Der Reiter und der Bodensee*),这是古斯塔夫·施瓦布于
　　1826 年创作的一首民谣。

②　"Auskomponieren"是一个作曲专用术语,指一种音乐效果不通过演奏说明,例如"渐
　　强""渐弱""渐慢"等直接被制造出来,而是通过旋律、和声或是配器上对音高、和声
　　紧张度、配器密度等等手法,间接被制造出来的创作手法。

力量，在他的作品中被废止了，作曲家越是学会如何支配材料中被异化的自在存在（An-Sich-Sein），最终就越是无力去面对它，这种申诉的力量被作为一种绝望的答复，提升到了本质的地位上。他用本质的头衔来颂扬它。瓦格纳的作曲技巧和他的歌词都倾向于把所有确定的和具体的东西置于"唯一"和"所有"中去解决。无论是"原始的"三和弦，还是半音（Chroma）。他对样式的敌视荒诞地以无名的、不具体的和抽象的方式结束，就像在马克斯·雷格的作品中，人们最终可以将每部作品中的每一个主题和每一个小节移植到另一部作品中，而他的新德国主义的继任者施特劳斯和普菲茨纳的动机材料内在的薄弱性，在极端自夸的平庸和无助的模糊性中变得清晰可见。

　　这些最细小之处的薄弱性反映在宏观层面上：被拜罗伊特学派称 52 为"无终旋律"（die unendliche Melodie）。比起任何其他地方，这里都更少会出现新事物：这浮夸的溢美之词想要掩盖住一个弱点。无终旋律作为一条"红线"，它是主题声部牢固和连贯的关联，它也曾出现在维也纳古典主义中；在那里，旋律从一个部分跳跃到另一个部分，给断断续续的内容带来内涵。瓦格纳以一种独特的方式对风俗画般的分段和令人感到舒适的一览无遗提出了抗议，他所有的作品都带着灵感的"高级风格"，以及他小市民式的音乐"小确幸"（Glück im Winkel），他还对勃拉姆斯感到恼火，因为在他与尼采的争吵中，提到了"胜利或命运的小曲"。由于外部尽可能不中断的旋律进行剥夺了听众记忆中对小段音乐内容的所有权，听众就更不可阻挡地被夹在整体的有效关联中。无终旋律证明，它自己与那些不连续的、分割开的、难以结合起来的乐段相比是进步的。在这些乐段中，听天由命的浪漫主义喜欢造就一种亲密的关系，并且做好了准备，让奏鸣曲受制于谎言的理想。部分受制于意志，部分受制于需求，他的德国前辈的旋律受到了局限，更不用说在19世纪上半叶最受欢迎的歌剧中的旋律了，与之相反，瓦格纳扩张性的旋律部分是一种进步。在类似的，甚至是令人怀疑的意义上，就像俾斯麦时代的工业跃进与（从1815—1848年德国的——译者注）三月革命前的世界相比一样。在《名歌手》最成功的几个乐段中、在《齐格弗里德》的第三幕中,还有在《女武神》的一些地方,瓦格纳确实达到了一种前所未有的旋律灵活性:仿佛旋律的驱动力摆脱了小乐段的束缚,仿佛渴求和表达的暴力超越了传统的结构和对称关系。但作为动机技巧的补充,无终旋律也仍然是虚幻的。这并不是说它缺乏清晰的表达;即使是尼采,当他认为瓦格纳缺乏形式时,也还在用毕德麦雅式的耳朵①来倾听瓦格纳。首先,正是因为担心从贝多芬那里继承而来的"红线"不会被切断,导致了旋律进行中的差异性的丧失。尽管如此,在瓦格纳和他的浪漫主义前辈那里,这仍然局限于舒舒服服就能把握的音乐中的前景和上声部,而不是在维也纳古典主义中习来的室内乐的乐句。备受关注的器乐旋律分布在展开的旋律线条上,从色彩上制造了细微的差别,而不是让旋律本身通过真正的决裂式的处理方式在其自身中产生辩证性,并在张力中消解。这种原始性被节奏的原始性所强化,瓦格纳本人在《罗恩格林》和《莱茵的黄金》之间的几年里,用大量批判性的看法来抵制这种节奏原始性。它源自时间维度过度延伸的"无终性"。很多个小节才会形成一个小节单位,就像在《维纳斯堡》中一样,对于瓦格纳的音乐来说,七年就等于一天。只有宏大的节奏才会是丰富多彩的。总是着眼于宏大节奏,而没有力量稍作停留,细节由此而变得单调无聊,尤其是在《罗恩格林》中极为严重。在许多地方,也在《特里斯坦》极富灵感的第二幕中,类似于交响曲的乐句由很长的段落累加起来,每一段都由一个主动机担当,直到完全耗尽为止。最后,引入下一个动机时,其效果与其说是一种结论式的效果,倒不如说是一种转换的效果,而且与最简单的莫扎特乐曲相比,这些乐段在结构上令人惊异地差劲。主声部不耐烦地想要达到宏伟乐段的目标,也已然否认了真正的复调,

---

① 毕德麦雅指的是1815年维也纳会议结束到1848年德意志联邦各州资产阶级革命开始的时期,同时在文化史上也指这一时期出现的市民阶级的文化艺术。毕德麦雅作为音乐术语则较为罕见,主要指早期浪漫主义时期的音乐,带有市民阶级的品位并且轻松易于欣赏。例如舒伯特、舒曼等人的音乐,以及维也纳华尔兹舞曲。而被贴上"毕德麦雅"标签的作曲家一般指路德维希·伯格尔(Ludwig Berger)、克里斯蒂安·海因里希·林克(Christian Heinrich Rinck)和利奥波德·舍费尔(Leopold Schefer)。

尽管带有新德意志式的断言,但实际上这却是真正的复调。唯一严格意义上的对位段落是主题的组合。就像在最著名的作品,例如《名歌手》序曲中一样,它们从旋律自相矛盾的同时性中,获得了高度的文学效果,而这些旋律原本从构思上是相当连贯的,并且需要和弦伴奏;它们只是通过把动机进行合成升华来确认根本的单声部性。即使是备受推崇的管弦乐中声部的独立性,也曾被早期的勋伯格视为典范,至少在瓦格纳自己的作品中是和谐的。中间声部带来了和弦内部的相互运动,将它们转换,并且遵循学院派的规则,在四声部和声乐句中只进行小步的移动,尽可能不跳进。由此,中声部的独立化也满足了表达的需要。它们要尽可能变得"有意义",就像有经验的管弦乐实践者所说的那样,以便他能用恰当的表达方式将其演奏出来,从而创造出整体的效果。不可否认,瓦格纳的和声复调对真正复调的解放产生了决定性的作用。在《特里斯坦》《诸神的黄昏》和《帕西法尔》中,瓦格纳极其尊重的、稳固的四部和声的成规,有时也会在复调的反压下颤抖。然而,无终旋律本身总是依赖和弦的发展,而几乎没有自主性,从这一切中并没有得到什么好处。强制放弃作曲手法的整个层面,是对任何自以为是的"风格意志"的补充,它迫使瓦格纳对这些作曲手法进行重复、延续和展开,这些最终都是由一个动机实体来承载的,而它本身也只是以无终性为目标设定的。这一点是造成早期瓦格纳听众认为的,他的作品不成比例而缺乏形式的原因,而并不是因为他从可识别的休止中解放了旋律线条。瓦格纳的旋律线条无法兑现它承诺的无终性,因为它没有以一种真正自由的、无拘无束的方式展开,而只是反复地落在短小的模式上,通过将这些短小的模式串联起来,以代替自身的发展。在无终旋律的旋律结尾处这表现得太过于明显。它们几乎没有被刻板的谬误所掩盖[1],例如,把属音七和弦置于重属和弦的三四和弦上去解决。宣称的无终性只是一个有限旋律的外壳而已,无终旋律之所以敢继续下去,只是因为它在每一个乐段的模进模式中都太过安全,实际上,它知道自己是无从改变的。

因此,无终旋律的概念仍然没有产生任何持久的影响。而与之密切相关的一种修辞手法诵唱（Sprechgesang）①则产生了更为强烈的影响。诵唱的前提是，传统的旋律结构不再被认可，横向进行摆脱了常规的诗句和段落结构的掌控，这种脱离被延续到了对歌词本身的音乐处理上。这使我们面临一个社会性的事实。众所周知，瓦格纳的诵读通常被认为起源于伴奏式的宣叙调，尽管从一开始，瓦格纳就反对将诵唱与宣叙调混为一谈。在《禁恋》中，可以偶尔发现从喜歌剧（Spieloper）中借用来的习惯：把旋律性的主声部交给管弦乐队，而歌唱声部则在"朗诵"——例如停留在一个音上。人们可能会去猜测，像罗西尼和奥伯这样的歌剧作曲家机智的名声正是得益于这样的特质。这可能是指，喜歌剧在不牺牲其纯粹的音乐织体的前提下，能够通过这种方式，让词义贯通，并松动大型歌剧的一些风格化的约束，而有利于经验性的存在。瓦格纳可能从他原本斥责为冷漠又肤浅的手法中借用了对唱腔的朗诵性的处理手法；他努力将喜歌剧（Opera buffa）和正歌剧（Opera seria）融合在一起，就像以前维也纳古典主义对"风流偶傥"和"深奥博学"的风格所做的那样。动机内容来自浪漫又悲情的内容，语言、歌曲和管弦乐队的关系来自喜歌剧，而乐剧的风格则建立在将分歧性的歌剧类型统一起来的基础之上，就像在《魔笛》《唐璜》《费德里奥》中已经尝试过的那样。然而，正歌剧属于宫廷和封建的礼仪，喜歌剧在佩尔戈莱西②那里属于资产阶级反对派。瓦格纳在市民阶级的特权之下调和了这两者，但却放弃了参与到其对立冲突中去。准确地说，这被诵唱汲取下来了。在后期的作品中，《禁恋》的朗诵调放弃了讽刺性的特征，放弃揭穿统治者的假慈悲，而这种品质曾经为它赢得了聪慧的名声；瓦格纳歌手的吼叫正是这桩门不当户不对的婚姻（mésalliance）的孩子。这种被市民阶级化的，因而也是近乎荒唐的悲怆，在瓦格纳那里以典故的形式创造了其语言手段。这与进步的散文倾向是类似的。就像音乐本

56

---

① 诵唱是一种特殊的介于朗诵和演唱之间的表现形式，在近现代歌剧中多有使用，最具代表性的作品是德彪西的歌剧《佩里亚斯与梅利桑德》和勋伯格的《月迷比埃罗》。
② 佩尔戈莱西（Giovanni Battista Pergolesi, 1710—1736），意大利作曲家、小提琴家、管风琴家。

身摆脱了条条框框一样,它也不愿意在歌词中去容忍这些条条框框了。资产阶级反对派要求对语言进行除魅。然而,这个无能的逃兵却以古老的方式,从被除魅的内容中重新获得了新的魅术:被资产阶级化了的语言听起来应该像存在本身在其中发出的声音一样。进步的瓦格纳对被束缚的语言形式进行了如此大的修改,以至于它不再受到音乐音调的干扰,并且像散文一样,贴切地融入到思想和音乐中去;而作为一个反动派的瓦格纳,则在其中加入了一种神秘的元素,并作出一种语言的姿态,去模拟诗歌和散文分化之前的一种状态。

　　总体而言,瓦格纳的音乐对语言采取了一种截然不同的态度。它不再回应语言,也没有像舒伯特那样徘徊在文字的森林和洞穴里。相反,作为音乐的寓意形象和主导动机的诠释者,语言被允许以一种外来的、物化的方式通过铁丝网过滤出来。对此,瓦格纳要感谢一个鲜为人知的层面:一种能够解决所有自我物化的、平淡无奇的、枯燥无味的、与音乐格格不入的东西的能力。在对贝克梅瑟和米梅的人物塑造中,表达的局限性远远超出了诗歌的主观性,而没有陷入纯粹的幻觉中;在这部作品中,瓦格纳最接近一位完全不为他所知的作曲家:穆索尔斯基[1]。随着高雅风格在低微的日常生活中,以及在已经变成消极意义上的市民阶级中蔓延开来,全新的音乐形象被凝结出来。这种元素的发展比任何其他的元素都更要感谢雨果·沃尔夫[2]的风格;在施特劳斯的笑话中,这一元素已经消亡。同样是瓦格纳,他的弱点曾经是纯粹地去创造音乐形象,但他证明自己在将表现形象转化为音乐方面是无与伦比的。然后,它们也反映在他的整个音乐语言的综合体中。拜罗伊特的凯旋者告诫道:"孩子们,创造新事物吧!"这很可能宣告了对这种新的表现形象的需求。事实上,自瓦格纳以来,除了马勒以外,为了内在的作曲技巧的形式手段已经被荒废了。而这种能力的消亡无疑造成新音乐最杰出的代表人物的特殊性。但是,这种总是留出时间给自

---

① 穆捷斯特·彼得洛维奇·穆索尔斯基(Mussorgsky Modest Petrovich, 1839—1881),俄国作曲家。

② 雨果·沃尔夫(Hugo Wolf, 1860—1903),奥地利作曲家,音乐评论家。

己填充色彩的能力，在本质上决不是戏剧性的，正如瓦格纳主要是场剧作家（Theatraliker），而并不是戏剧作家（Dramatiker）一样。自《特里斯坦》以来的作品中异想天开的体裁名称——《名歌手》完全不属于任何体裁——表明了瓦格纳自己已经意识到这一点了。对于戏剧来说，他似乎太过意识形态化：他无法让精神退回到事件本身之后，只去叙述事件，而作为一个艺术家，他总觉得自己处于一个必须亲口去讲述的辩护人的角色中。瓦格纳的音乐与浪漫主义传统有着同样的史诗因素：它通过去叙述太古时期的事件，而向其靠拢。有时它采用了叙述话语本身的措辞，例如齐格弗里德在第三幕中的情景，他在沉睡的布伦希尔德那里学会了什么是恐惧。被表达出来的感情不是戏剧演员的感情，而是反思中的作者的感情（当然不包括在后期作品中）。然而，音乐的这种功能，却起到了让时间倒流的作用。沃坦在《女武神》的第二幕，或齐格弗里德在他临死前的长篇叙述，从戏剧学上说并不成立。它们无法产生在剧情中没有发生过的任何新的事件。它们出现在决定性的时刻中，沃坦否定了意志，唯一的希望破灭了，剧情本身变成了过去时，就像巴尔曲式的姿态按照它自己曲式意义回归到了自身上一样。瓦格纳的叙事把剧情作为社会的生命过程加以制止。这些叙事让剧情静止下来，将它引向死亡的领域，即瓦格纳音乐的原型领域。瓦格纳音乐的史诗性的指导意义在于，当它与它的英雄们一起欢呼或悲伤时，它就预示着社会的裁决。但越是想要去劝说听众，就好像这是他们自己决定的一样，音乐就越是要装作与音乐中的形象融为一体，甚至在歌者与英雄区分开之前，从根本上这就是等同的。因此，穿着"大师"的戏装来演说的诗人，必须坚持他与被自己创造的人物形象具有神秘的等同性，必须作为他们的演员在音乐上模仿他的人物。这解释了他音乐行为的模糊性，混淆了戏剧人物的抒情反思和指挥家的手势与情感的直接性。这一点在瓦格纳给李斯特的一封信中有所体现，在信中，瓦格纳告诉李斯特他中断了《指环》的创作，他把年轻的齐格弗里德领到椴树下，并在那里含着许多心酸的眼泪向他告别。然而，在他的音乐中，为自己的孩子流下的这些眼泪，其实是为了哭泣者自己而流的。为了让观众被这个

50

情节所感动,就要接受悔改的浪子。他们的共同点并不是对共同生活的和解,而是两人同样都落入了牺牲品的宿命。

注释

[1] Vgl. Lorenz, a.a.O., Bd. 1, S. 66, und Ernst Kurth, Romantische Harmonik und ihre Krise in Wagners »Tristan«, 3. Aufl., Berlin 1923, S. 260 und S. 456.

四、声　　音

59　　　　瓦格纳的曲式和旋律结构的基本矛盾——这是技巧上的薄弱环节
产生的必要条件——一般是由以下事实决定的：倒退性的总是相同的
东西呈现为不断创新的东西，静态的东西呈现为动态的东西，或者反过
来说，根据自己的感觉，动态的范畴与非历史性的、前主体的人物形象
等同起来。瓦格纳的创作并不是不一致的，因为甚至在 20 世纪中叶的
本体意识形态的意义上，它也直接呈现为寂静，与斯特拉文斯基一样。
斯特拉文斯基尽管与史前的元素有着很深的渊源，但正是因为这种渊
源，他知道自己是瓦格纳的完全对立者。斯特拉文斯基在倒退中不断
释放着新的姿态，正如法西斯的意识形态一样，进步的概念在他的美学
中已经被抛弃了。而另一方面，一百年前的那个根植于自由主义，但又
预见到了自己的倒退，仍然想把倒退的因素断言为进步的因素，把静态
的因素看成动态的因素，表现为一个客观上已经受到历史趋势威胁的
阶级，没有根据自己的意识去体验到自己被历史性地进行了谴责，而是
将自己动态的可预见的结局作为一种形而上学的灾难投射到存在的基
础上。事实上，瓦格纳倒退的时刻也总是创造力得以释放的时刻。这
种在音乐中第一次被社会危机所影响的主体，不仅在这种弱点中无限
地获得了具体的充实、表现力和细微的变化，而且与崛起时代占统治地
60　位的资产阶级主体相比，还具有放任自流、不固守自我和僵化的特征，
这些特征超出了它所属的秩序。

　　　　瓦格纳的这些特性最幸运的地方，莫过于他的倒退摆脱了谎言的

52

定位,并且以动态的方式存在;在那里,社会主体在音乐中直面自己的倒退,经受住了它,并通过在其材料中坦然地实现它,来书写自己的历史。因此,瓦格纳实际上的生产要素正是出现在主体放弃主权上,被动地把自己交给过时的东西,即本能欲望;这个要素正是由于它的解放,放弃了已经无法实现的诉求,将时间进程作为有意义的来进行塑造。而这个要素,在其和声学与色彩学的两个维度上,体现为乐音。透过乐音,时间仿佛被定格在空间中,正如它作为和声"填满"了空间一样,音乐理论所知的唯一的音色之名,本身就是从光学和空间的范畴中借用而来的。同时,正是单纯的乐音,恰恰表达了瓦格纳所溶入的那种未经雕琢的自然情境。然而,瓦格纳的音乐回归到声音的非时间性的媒介中去,这恰恰是它自身与时间的疏离,使它能够不断地发展下去,而不受倾向的影响,这些倾向让其产物在时间维度上一次次陷入瘫痪。作为一种表现形式,主观创造力在和声的层面上取得了最大胆的进展:《指环》中沉睡的动机这样的创意就像是魔法配方一样,能够从十二音的连续进行中引出所有后来的和声新发现。与原子化的倾向相比,瓦格纳甚至在和声上更多地预见到了印象派。《特里斯坦》中著名的证据可以用极端的例子来进行补充:《女武神》已经从增三和弦中发展出了全音的部分;《齐格弗里德》甚至还出现了一段话,在米梅说"这曾是你母亲给我的"(das gab mir deine Mutter)之前,即使不是和谐的调式,在C大调和f小调之间产生了摇摆的、多调性的效果,在此也应该再提一下那个以增四度音程为基础的流浪者与巨人法夫纳的短暂场景,以及法夫纳与齐格弗里德之间的大部分场景。在那里,和声进行的概念在德彪西的意义上完全被架空了,取而代之的是和弦构成的层面被进行平移。尽管如此,如果把瓦格纳的和弦倾向无条件地与印象派联系起来,那就大错特错了。如果说雷诺阿所描画的瓦格纳的肖像①拒绝了绘画上的印象主义——同样是印象主义,其技巧手段后来被德彪西转

————————

① 皮埃尔·奥古斯特·雷诺阿(Pierre Auguste Renoir, 1841—1919)曾到意大利拜访瓦格纳,并请求为其创作一幅肖像。而瓦格纳看到这幅肖像时说:"啊! 啊! 我看上去像一个新教牧师!"

移到了音乐上——对提香的赞美是以牺牲"涂鸦者"为目的的,这就是
毋庸置疑的了。毫无疑问,瓦格纳在他最接近的专业能力范围之外的
一切事情上,都有站在权威经典一边而去反对"现代的东西"的倾向:在
《特里斯坦》作者那里,尼采不合时宜的口号已经被扭曲成了恶意的自
以为是,而《特里斯坦》则是巴黎象征主义直至马拉美①的偶像。但与
此同时,他自己的和声新发现至少超越了德国瓦格纳继承者的印象主
义。如果说理查德·施特劳斯将瓦格纳的不协和音,以及从瓦格纳那
里发展而来的不协和音仅仅作为一种刺激,实际上是零零星星地被插
入到一种落后于瓦格纳的倒退的、原始的和声结构中去,那么在更早的
作曲家那里,新和弦有时会破坏基本结构本身。它们获得了建设性的
力量。即使在细节上,作为不协和音,它们也超越了印象主义。在《女
武神》中沃坦的大爆发那里,在"啊,神圣的耻辱"这句话之前,使用了一
个包含六个不同音的和弦(c-f-as-des-ces-eses),它实际上并未被解决
掉;齐格弗里德在"一切负担都是我的报应"这句话中使用了一个同样
尖锐而不协和的九和弦;在最后两部歌剧中,减七和弦与叠置在它上面
的根音的小九度,作为一个五音的结构,获得了独立的、主导动机式的
意义;特别是当它就像在《帕西法尔》中经常出现的那样,以单音而不是
解决这个和声的方式延续下去时,就显得尤为明显。然而,比单纯出现
这种声音更重要的是它们的功能。它只会被通常的解释遗漏掉,这些
解释完全是基于导音概念、半音阶和非协和的变音记号为导向的。本
来,浪漫主义乐段的半音阶发展倾向是渐进式的。在瓦格纳不加反抗
的完全的导音性中,它首先表现为平缓和静止的。但即使在这里,反作
用力也被释放出来了:恰恰是作为一个整体,半音阶自身产生了阻力,
强大的附属音级绝不仅仅取代了主音和属音。库尔特在这一点上作出
了不公正的评判。他当然注意到了不协和音从其解决中获得的解放,
注意到了它在之前只是作为临时变音记号、之后独立化的基本事
实。[1]但在此,他把不协和音设想为"绝对的音响效果",而不是同时作

---

① 斯特芳·马拉美(Stéphane Mallarmé,1842—1898),法国象征主义诗人和散文家。

为构成音级的和声来看,从而形成了与施特劳斯创作中那种不相关的不协和点状进行完全相同的理论。[2]"音响效果"(Klangwirkung)一词在 20 世纪前几十年成为最廉价的新闻报道内容,这不是没有道理的。库尔特当然不希望卷入其中。他对和声的解释是"有能量的",而不仅仅是发出的声响,这种解释就似乎变得具有先锋性了,并有助于去了解和声维度的主要动态特征。库尔特把不协和与协和的和声关系解释为一种张力与消解。用和声事件之间的张力关系的概念,来代替在数字低音模式中它们的静态记录,这对过时的理论残余进行了清算,反对了黎曼(Riemann)①的和声功能概念。但实际上,库尔特把张力只掩盖和解释成了"为了"它们所代表和由此而决定的解决目标。因此,他剥夺了张力概念的成果,冒所有主观心理学的言说之大不韪,或许也正是为此,他还是坚守着"非和声"这个学院派的范畴。他忽略了一个事实,那就是特里斯坦和弦这样的"临时变音",已经在作曲技巧的权利分配中成为了主要内容。在瓦格纳风格的乐段中,这些不协和音相比自主主体性特征的解决,已经有了解决方案:它们对制定规则的社会权威提出了抗议。所有的能量都站在不协和的一边;以它为衡量标准,个别解决方案就变得越来越薄弱,还有多余的装饰或是保守的抗议。张力成为一种总原则,正是因为否定之否定,即对所有不协和音欠下的债务进行完全解决,它就被无限期地延迟了,这样张力就变成了一个绝对的信用体系。但库尔特无视这一点;他强迫不协和音向与它们相矛盾的协和音低头,而这种协和只存在于不协和音之外,他设法通过对和声学中"现代的"动态因素的仁慈,偷换了一种独断的传统主义的内容。但是,无论不协和音是如何嘲弄这种诠释的,库尔特都必须将它们降低到单纯是音响效果的水平上去,这与他自己对声音概念的强烈批评是相互矛盾的。只有在极为少见的地方,例如在对黎曼和塞西特②的和声理

63

---

① 雨果・黎曼(Hugo Riemann, 1849—1919),德国著名音乐学家。

② 西蒙・塞西特(Simon Sechter, 1788—1867),奥地利音乐理论家、教师、管风琴家、指挥家和作曲家。他是有史以来最多产的作曲家之一,不过他的音乐基本被人遗忘。他还是一位严格的音乐教师,他最著名的学生是安东・布鲁克纳。

论对立的讨论中[3]，他才会接近于一种对浪漫主义和声学的辩证解读。除此之外，他一直陷入在非辩证的和声功能的思维中。

当然，瓦格纳自己也提倡这一点，他将著名的对音乐的定义看作一种过渡的艺术[4]，这种语焉不详的自然材料寓言化的倒退倾向给他带来了最后的正义。让任何已经成立的东西都不能成立，让一切都流动起来，让每一个边界都变得模糊，这种冲动在技术上转化为对不断调解的关注。但功能性，即调解张力和解决的能力，不允许有任何盈余，它并不是什么外在的东西——这种处理方式不能解释得太过于原始、太字面化或太短视。瓦格纳的和声实践决不是在过渡的概念中被耗尽的。在这里它不能被看作全音阶，就像洛伦兹轻易地用它来反驳库尔特那样。相反，这一点给几乎全新的《名歌手》带来了古老的风格化，相当于勃拉姆斯的调式，附属音级的加强限制了属音的优先性，同时也丰富了调性本身；古老的风格成了现代内容的酵素。然而，这种反倾向性的、和声个体的独立性带来的最重要的结果，恰恰是把不协和音从各自的解决中解放出来。它被通过重音凸显出来。在和声进行的部分中，重音始终在不协和音上，而不是在解决上。在《帕西法尔》中，所有只要是装饰性的音乐成分都受到了初步的批评，不协和音第一次公开地赢得了胜利，它们打破了解决的惯例，并在解决的位置上构成赤裸裸的单旋律。当瓦格纳让帕西法尔呼喊"安福塔斯！——伤口！"时，超过了特里斯坦对爱情的诅咒力量，他在作品的中心安排了八个小节，根据其整个织体，直接踩到了无调性的门槛上。不过只是门槛而已。瓦格纳的模棱两可也决定了他的和声具有雅努斯的性格（Janus-Charakter）①。再加上对不协和音的解放，这不仅提高了表现力，而且扩大了表现力的范围。模棱两可本身就成为了一种表达元素。从贝多芬开始一直到浪漫主义高峰时期，和声的表现价值是固定的：不协和音代表消极和痛苦，协和音代表积极和满足。这在瓦格纳那里，在和声感情色彩的主观

---

① 雅努斯（Janus）是门神与开始之神，他有两张脸，分别看向相反的方向，因此也被作为模糊、矛盾的象征。

差异化上产生了变化。这个具有特色的和弦,其寓言式的解说词是:"伦泽斯的戒律,甜蜜的痛苦",在《名歌手》中,它代表了情欲冲动,因而也是动因,它宣布了不满足的痛苦以及在紧张中的快乐,不满足自身在于:它是甜蜜的,同时也是痛苦的。这种表达方式的中间层面,实际上是19世纪的音乐现代主义的缩影,它在瓦格纳之前并不存在。苦难也可以是甜蜜的,快乐与不快乐的两极并不是僵化地相互对立,而是被加以调节的,这是作曲家和听众唯一从他那里学到的东西,而正是这种体验才使不协和音在整个音乐语言中得以传播。然而,瓦格纳的音乐很少有像痛苦的快感那样诱人的东西。虽然在成熟的作品中强调将不协和音作为表现的载体,但它的表现价值本身总是需要与三和弦来进行对比;和弦证明自己的表现力不是绝对的,而只是在它们与它们所衡量的协和音的隐性差异中证明自己,在那里它们还是被隐藏了起来。对于整体的构想来说,调性至高无上的地位仍然是不容置疑的,如果只要出现新颖的和弦构成,就把和声进步的概念轻易地应用到瓦格纳那里,那么就过于简单了。瓦格纳的音乐很少废除资产阶级社会的内在性及其与资产阶级社会的相互关系,它也很少认真地抛弃当时的音乐习惯,它的革新化被其提前吸收掉,其后果最终还瓦解了这种习惯体系。只有以调性空间的扩大为介质,而不是将其直接停滞,瓦格纳的成就才能改变音乐语言。尽管洛伦兹对瓦格纳的整个行为和作品的调式计划赞不绝口,但是这些对瓦格纳自己的作品组织的影响却出乎意料地轻微。缺乏真正的主题结构也影响到了和声结构。虽然其处处都有黎曼所谓的和声功能,但却没有勋伯格理论意义上的那种"功能和声";无论是在对个别事件还是对交替出现的调性层面的处理上,都没有产生什么想法。瓦格纳对调式的厌恶,是一种奇怪的保守式的残余,却又如此轻易地与单纯倒退性的导音进行相连接,这剥夺了瓦格纳和声的最佳可能性,也就是曲式上的深层次的建构可能性,就像在表面上过于笨拙的塞西特的学生布鲁克纳想做的那样。当瓦格纳有一次真的决定要摆脱调式时,就像在《名歌手》的序曲中那样,他想要摆脱太过执着的C大调,而这种从来没有完全摆脱倒退的转调,就会呈现出一种特殊的任意性、

65

不平衡性,这在它的突兀性中,很容易与前面长长的音阶段落失去形式上的平衡。当然,它又会从这些段落中汲取富有效果的刺激。瓦格纳的曲式设计的极限也是他和声的极限。

66 　　与他的其他创作元素不可分割,和声完全参与到了瓦格纳风格的矛盾之中去。首先应该要记住一个在他的影响中几乎被完全忽视的事实:瓦格纳的成熟作品,即使是在他最丰富的管弦乐作品中,也都是以近乎学究式的四部和声乐句为基础的。这种作品最经常是这样的:主旋律的上声部——持续的、交替地展现出来的低音——从和声上进行转换或是进行半音滑行的中声部。四部和声乐句可以从浅显易懂的角度解释为和声理论中常规的"四声部合唱",但或许也可以解释为圆滑的作曲家的一种行为。这种四声部合唱提供了已执行的数节拍式的和声范式,其中每一拍都有一个和弦落下。这方面的典范是《齐格弗里德》中的流浪者的和声。至少在这一乐句的范式几乎没有变化的情况下,有节奏的单声部与一种协和的和声是相呼应的:和声及其背景,但并非和声的运用方式,都渗透着瓦格纳的解放意图,这可能常常会让人觉得,这位和声革命者是想要通过学院派的规则,把反学院派的和弦与他的学说进行调和。和声规则被固定的低音平息下来:从整体上看,低音比和声进行少。这就造成了一定的笨拙感,即一种乐句进行上的特别的停滞感。这大概是继承了年轻瓦格纳的外行式的音级上的贫乏,如在黎恩济唱的"阿德利亚诺,是你吗? 一个科罗娜家族的人?"这一句之前,在"不是很快的快板"(Allegro non tanto)的序曲中。成熟的瓦格纳知道如何发挥出和声的模糊性的优点。不协和的元素在他这里获得了高度矛盾的意义。从它的前史中可以更好地解读这一点,而不是从《特里斯坦》那里的展开方式中。在《荷兰人》的序曲中已经可以找到,从 d 小调到降 A 大调的转调是通过重新解释以前与 a 小调有关的减七和弦带来的。罗恩格林在埃尔莎(Elsa)的视野中这一段,瓦格纳作为

67 范例引用的那八个小节得到了充分的发展,从降 A 大调到降 C 大调、h 小调、D 大调、d 小调、F 大调—小调再转回到降 A 大调上。高潮是将降 c 音改写为 h 音。非和声性的混乱具有出人意料的效果,这就是柏

辽兹意义上的"意外"（Imprévu）的效果。这种出其不意的效果，和在例如"我认为你是高贵的，自由的，伟大的！"这一句后出现的降 g 的效果一样，急促而突兀地突破了《黎恩济》的内部结构。然而通过非协和音，它又被拉进了作品的情节中，如在《罗恩格林》的段落中那样。新的东西同时也是旧的：在新的东西中，它重新认识到自己，并变得容易理解。"它听起来如此古老，却又如此新奇"：这可能是瓦格纳非协和的规则，也是瓦格纳和声的整体规则。如《名歌手》序曲第三小节第一拍的和弦、特里斯坦和弦、《诸神的黄昏》中莱茵仙女的警告和弦等等，都可以追溯到这样的"古老"要素，追溯到过渡、变奏、悬留音构成等概念中。但是，通过一种逆转，它们占据了音乐进行的中心地位，获得了从未有过的力量。它们只有从当代音乐最先进的材料中出发，才被人完全理解，而正是这样的音乐打破了瓦格纳式的过渡的连续性。

注释

［1］Vgl. Kurth, a.a.O., S. 297f.

［2］Vgl. a.a.O., S. 302f.

［3］Vgl. a.a.O., S. 308(Anm.) und S. 311.

［4］Wagner, Brief vom 29. 10. 1859 an Mathilde Wesendonk；zitiert Kurth, a.a.O., S. 454(Anm.).

五、色　　彩

68　　虽然瓦格纳的和声在过去和未来之间摇摆不定,但色彩主义的维度事实是他自己发现的。精确意义上的配器艺术,作为在音乐事件中音色的创造性部分参与到其中,"以这种方式使音色本身成为一种行为"[1],这在他之前并不存在。瓦格纳是第一个通过色彩化的创作,使最微妙的创作上的差异之处以及创作综合体的统一性变得可以理解的人:理查德·施特劳斯在他新版的柏辽兹的《配器法》中指出,瓦格纳的每一部作品都有自己的配器风格,甚至有自己的乐队,瓦格纳的配器风格化能力发展到了这种高度,以至于就算在《指环》的风格统一性中,其中的四部歌剧也都根据各自独特的音响特征而相互区别。瓦格纳的配器艺术已经赶上了融合与过渡的和声艺术,但没有拘泥于之前的和谐的全音阶方式的材料范围。与此相比,柏辽兹的成就仍然只是素材上的。他虽然发现了明亮的管弦乐音响的要素,和其中单一音色的价值,但他并没有把作曲的色彩学的发现应用到作品创作中去。如果说瓦格纳从柏辽兹那里学到了从线条中解放音色,那么他就从线条中找回了被解放的音色,并且废除了色彩与线条之间的旧的分歧。在这里,他真正地战胜了任何范式。正如在瓦格纳之前没有配器艺术一样,直到今天也不可能有和声学和对位学的正统意义上的配器理论,而只能单纯

69　地去表述声音和经验性的规则提示。音色的选择并不取决于任何规则,它完全是由特殊创作背景的具体要求来决定的,就像和声的维度一样,甚至直到当代音乐,才规定了旋律的构成。瓦格纳从完全的自由中

提炼出音色要素,而音色要素首先是他主观主义的认知领域,瓦格纳作为配器者具有的对音色的敏感性,是一种曾给清洁女工写信带来的感官上的兴奋的补充。尽管配器的规模扩大了,尽管有了独立的配器技巧,但管弦乐队是瓦格纳最亲密的领地:这个逃到指挥台上的作曲家,只有在管弦乐队里算是回家,在这里乐器的声音吸引了他,既神奇又熟悉,就像颜料吸引了孩子一样。事实上,瓦格纳的管弦乐艺术观念本身就是在《罗恩格林》中转向亲密的。施特劳斯在对瓦格纳的配器理论上唯一有用的提示中说道,他强烈建议学习者去研究其中的"更细致的木管乐组合"。《荷兰人》《唐豪塞》具有高超的配器直觉。而他作品中重要的混声原则,则直到《罗恩格林》那里才出现。

　　《罗恩格林》中木管乐器的特殊地位和木管乐的组合,与剧中婚礼的诗歌性的理念有关,它规定了整部歌剧的风格,而不仅仅是新娘队伍和洞房风格。施特劳斯曾一度提请人们注意对管风琴声的模仿,它以寓言的方式服务于这一诗歌性的理念:在《罗恩格林》中使用到管风琴的同时,瓦格纳也给自己设定了一个作曲任务,即把与曲式格格不入的、在大歌剧的创作方式中难以忍受的管风琴声,与管弦乐队的声音融合在一起。此后,即使是在瓦格纳的配器技巧中,矛盾的元素也会被结合在一起。在浪漫的中世纪的礼拜堂和起居室里,管风琴被用来唤起一种无所不包的、被神性确定的宇宙愿景,木管乐器则描画出了这幅古老的图像。木管乐应该为主观的弦乐表现力量提供一种客观的平衡力量。但同时,为了构成瓦格纳那种不间断的整体形式的思想——这是他反对传统歌剧的论战内容——木管乐要尽可能地与弦乐声贴合,自己不带有跳进的进行。施特劳斯谈到木管乐的"黏合"的功能,它们通过模仿管风琴,却将管风琴本身的僵化解除了。为了产生混合的声音,在一方面用上了管风琴的音栓,在另一方面弦乐融合在一起的可能性成为了一种样板。

　　只有通过对作品的配器分析,才能对瓦格纳的配器艺术的功能有一个全面的了解,这对他的管弦乐理念具有决定性的意义。在《罗恩格林》第一幕第二场的开头,说道:"瞧! 她来了,那个冷酷的被告人!"[2]这里出现了一段八小节的管乐合奏。这一乐段在主题上与埃尔莎梦境

70

叙事中的不协和的段落关系最为密切。它分为两个四小节乐句。在起始乐句中，双倍的木管声部用弱奏(piano)贯穿了整个乐句。直接的起因想要完成纠正某种异质性的任务。长笛一方面承受力较弱，另一方面比单簧管更难融合；它们实在太弱了，这样一来，它们就脱离了整体色彩。然而，从瓦格纳的配器带来的对声音的微妙批判上来看，双簧管作为被双倍配置的乐器，基本上只能在强奏(forte)中使用。在弱奏中，它的音色由于其表现的动作半径太过简单和狭窄了，就不能被当作双簧管的音色立即引起人们的注意；如果与长笛齐奏，它们就会遮盖住长笛，而不能与之融合。从否定的意义上，改变双簧管的运用是瓦格纳相对传统的作曲手法中最重要的创新之一。在传统的总谱中，双簧管的位置高于单簧管，而在维也纳古典主义中，双簧管的位置通常也高于单簧管，以便能与单簧管中声区暗淡的色彩结合在一起，这往往导致古典木管合奏的声音明显是不平衡的和随意的，瓦格纳认为这令人无法容忍。因此，他从原则上只用双簧管作为独奏，或在强的齐奏中才使用它，而不再随意地将它作为管乐合奏中天生的第二女高音来使用了。在《罗恩格林》的乐段的起始乐句中，他一方面从对长笛声音的批判，另一方面从对双簧管声音的批判中得出这样的结论，在上声部的长笛旋律中，第二女高音声部的位置上用单簧管与一支长笛叠置起来。然而，这种叠置，就像贝多芬的弱奏中弦乐的叠置一样，不只是一种加强，它更多地是改变了音色。长笛和单簧管齐奏，会产生一种浮动、振动的干扰声。在这样的干扰声中，这两种乐器的特殊音色就消失了，让人无法辨认，无法听出这样的声音是如何产生的。这样一来，它更接近于管风琴的声音。但与此同时——这也是瓦格纳配器艺术的双重性格的最大特征——通过这种客观化，有利于整体获得更大的灵活性。单一的乐器通过叠置而失去了的特殊声音特征，却可能被无缝整合到管弦乐音色的整体性所抵消。如果它不太能表达自己的演奏方式，而演奏者的主观局部行为被整体声音所吸收，那么在这样的统一中，它就成了作曲家要求它表达的意愿媒介。物化的程度越高，主观主义就越强；这不仅适用于认知，也适用于配器法。如果说单簧管弥补了长笛古老的非理性,那么低音单簧管则帮助了老式陈旧的木管低音乐器,即巴松。而巴松管也就此成了一件不合格的齐奏乐器,或者是被保留下来作为一种特殊效果,比如米梅的三度音。作为这样的管乐合奏中的低音[3],第三巴松管与低音单簧管叠置起来;第一巴松管与第三长笛齐奏,演奏的多为保持音,还有从配器上看故意没有意义的声部。

平衡声音同时进行的声音融合通过利用乐器"余音"的技巧,连续 72
地去对应过渡段落中的精确的配器,这种技术不仅在后来的《特里斯坦》中被提高到了极致,而且一直到勋伯格,特别是在阿尔班·贝尔格那里,都成为了必不可少的作曲技巧。《罗恩格林》乐段的起始乐句和终结乐句之间的关系,为我们提供了一个基本的、具有指导意义的模式。这两个乐句如此紧密地交织在一起,而终结乐句由一个新的配器组合构成:两支双簧管、一支英国管和之前未曾使用过的第二巴松管,终结乐句与起始乐句的结束是重合的。然而,这个结尾被完全交给了长笛们,而迄今为止一直与它们齐奏的乐器——两支单簧管和第一巴松管却陷入了沉默。这样一来,之前声音的"余音"就会融入到新的声音中去,而不会出现声音上的断裂。恰恰是前面声音中较弱的部分作为余音起了作用,它们并非是独立出现的;这是由动态的布局作为支撑的,因为长笛在很弱(pianissimo)中渐渐消失,而新的乐器组则在弱奏(piano)中进入。在器乐变化的瞬间,长笛、双簧管和英国管融合在一起,以感性的方式被演奏出来,根本就不允许听见实实在在的"起奏"(Einsatz),而只有声音的转变。这样,起始和终结乐句就在一个像旋律小二度那样接近的过渡中被结合在一起,在其中终结乐句与起始乐句相连接,但又有意义地被区别开来。如此,配器技巧就变成了作曲的一个组成部分。前后乐句在起奏与独奏的关系中得到了升华。起始乐句的姿态是恳切而舒展的;终结乐句的姿态是虔诚又隐忍的。起始乐句包含了渐强和渐弱,而终结乐句仅有渐弱。如果这种关系仅仅通过演奏的动态来表达,那么它就会在剧场内在所有音乐性内容的粗放化中消失。通过配器的安排,它的可理解性得到了挽救。起始乐句通过双音以齐奏形式奏出;它由八件乐器演奏,终结乐句一开始只有四件乐 73

器,但不仅如此,起始乐句与终结乐句关系的形式上的意义,本身就是通过器乐色彩的选择来实现的。取代长笛和单簧管的干扰声,双簧管进行了独奏。从某种意义上说,它介于笛子和单簧管之间,前者有着古老的田园风格,后者的音色在音域上与双簧管接近。双簧管的音色没有长笛那样摇摆不定的孤独,但也没有单簧管那样合群,它的田园气息是一种等待着从魔咒中被解放出来的纯真。这也是为什么双簧管本身就是模棱两可的,注定要继承前面暧昧的干扰音,却不会与之粗暴地针锋相对的原因。因为整个乐段在音乐上以及姿态上形成了一个统一体,由于时间维度大,瓦格纳在配器上也只是尽可能少地使用强烈的对比,而用长笛和弦来进行加固。但与此同时,双簧管仅仅因为没有被叠置,就只能独奏了。它的声音特点适合于瓦格纳在导演说明中提到的结束乐句的"羞涩"。在音色进行极小的变化时,要严格地避免所有外部的对比,在双簧管对长笛与单簧管合体的继承中,起始乐句和终结乐句之间的关系在最狭小的框架内,以齐奏和独奏的关系出现。配器为起始乐句和终结乐句纯粹的对称性增加了一个新的创作维度,并将八小节乐段从刻板模式中分离出来。曲式的潜在意图是精心配器出来的。如果作品想在没有配器艺术的情况下达到同样的效果,那就得让乐句的小的局部承受紧张的压力。配器设置的作曲功能是由作曲经济性本身的要求而产生的。

长笛和单簧管同时出现的组合,让人无法听到它们是如何变幻出声音的。当它们的具体特征消失,无法被放到一种真正的乐器演奏方式中时,就触及了瓦格纳配器法的一个基本要素。这在他对圆号的处理中最为明显。圆号在瓦格纳管弦乐队中的核心地位已经被施特劳斯指出来了。在贝多芬之前的很长一段时间里,作为开场曲和信号的载体,圆号原本是一种姿态性的乐器。它在瓦格纳这里具有的一种表现力,是与伴奏宣叙调的管弦乐的姿态截然不同的。这种功能上的变化表现在用带有半音的阀门号代替了被限制在全音的自然号上。尽管阀门号在瓦格纳小时候就已经被发明出来了,但是他显然很难决定将其引入到交响乐团中去。在一份《特里斯坦》总谱的笔记中,瓦格纳写道:

"毫无疑问,阀门的引入带来了很多好处,以至于很难忽视这一改进,尽管号无疑失去了它的音色之美,尤其是柔和地连接音符的能力。然而,在这种巨大的损失下,一位不得不使用阀门号的作曲家,就必须去关心如何保持号真正的音色特点,而一旦他有了这样的经验,作为优秀的艺术家通过特别用心的处理,就能够把上述的缺点几乎抵消到不可察觉的地步,这样的话,在音色和连接方面几乎也就会感觉不到任何差别。"这些句子证实了纽曼曾说过的一句话:瓦格纳总是以最大的理性来谈论纯粹的音乐问题,但当他一超出自己的经验范围,就会变得不负责任,而这个范围是令人厌恶的工作分工为他划定的。他的浪漫情怀并没有阻止他具体的洞察力,在威胁到"真正的特性"的同一合理化过程中,各种力量——即有意识的人——也在不断成熟,从而抵消了这种"不利因素"。因此,他表现出远胜于"失去实质"的这一说法,在合理化的后期阶段,他总结性地否定了这一说法,而因此变得更加认同规定合理化的权力。然而,瓦格纳和政治经济学的批评者一样,都认识到了进步需要付出代价。任何一个人,如果他曾经听过自然号与阀门圆号一起吹奏过,都不会去怀疑,瓦格纳要去何处寻找所痛惜的自然号的"真正特征"。这种特征正是自然号被吹响发出的音所留下的痕迹,一种"听起来像是圆号"的音色,只要人们还能听出来这是圆号声:发出的音,带着吹不准的危险,被带入到这种现象的质中去。这种痕迹是阀门圆号不具备的。人们常认为瓦格纳的圆号声部可以与钢琴的踏板相比较。尽管会有对于李斯特的钢琴风格和瓦格纳的管弦乐风格优先权的争论,但是毫无疑问的是,钢琴上的踏板音和非踏板音的区别在于,前者消除了锤击琴弦时听到的敲击产生的痕迹。同样的事情也会发生在圆号上,由于启动了阀门装置,它产生的音就被改变了。圆号在不同层次上演奏出自己的存在感,这要归功于瓦格纳的管弦乐团。当一些声部同时发出声音时,并非所有的乐器都在同等程度上是"在场"的,并且不仅仅是要消除突出的主要声部与后退的次要声音。在他的作品中,有一些器乐部分能完全被听见,但它们似乎是在明显的创作表象之下进行,就像梦境中有各种层次的存在一样。阀门圆号的音色往往是含

75

而不露的,它总是演奏必要的声部。它在展现模式上的解放,使它甚至比灵活的单簧管更容易地承担起管弦乐中"黏合剂"的任务。它丧失了自己的"个性",这却使它与其他器乐的声音更加接近,就像这些声音反过来与圆号和彼此之间的声音更加接近了一样。瓦格纳的管弦乐旨在产生一种连续的音色,因此他开创了一种趋势,这种趋势带来了在今天创作中的两种极端。就像在勋伯格学派中,乐器之间变得可以相互替代,从而摆脱了它们本来的分类;或者就像阿尔班·贝尔格说的,配器者必须像木匠检查桌子上的钉子是否凸出,胶水的气味是否隐约残留一样。因此在爵士乐中,被静音的小号的声音听起来可以像萨克斯管,反之亦然,甚至低语的声音或通过扬声器传递的声音也与它们相似。一种能让所有可能出现的音色成为电子合成音式的连续的音色理念,使这种倾向产生了另一种极端,即机械的套路。当然,瓦格纳试图将这种技术性的倾向重新解释为一种自然事件,用乐器"家族"取代了单个的管弦乐器,尤其是单簧管和大号的家族,然后它们就构成了他想象中的亲和力。人们确实可以认为,瓦格纳的配器艺术与人的身体的观念是交织在一起的:他所赋予的舞台形象似乎是肉身化了的管弦乐器,孔德丽形象的反差很容易从单簧管音域的对比中产生出来,尽管这些反差只是偶尔由单簧管演奏出来的,却让人联想到孔德丽的主题。但是,对音色富有创造性想象力的发现也给作品带来了负面的影响。在瓦格纳那里,它滋养,甚至创造了本质的假象,同时也是艺术作品向外展现的一方面,即"效果"。不仅表象成为本质的东西,而且在与表象的统一中,本质也必然变得显而易见;不同元素的整合是以牺牲作品的完整性为代价的。如果,在赤裸裸的乐器声音产生的特质性的反抗中,将其产生的声音进行叠加——而在齐奏中的叠加则是瓦格纳混合声响的典型现象,那么同时,恰恰通过叠加,一种多余的、虚假的、被美化的元素进入到配器中,它阻碍了作品和管弦乐声音的统一,毕竟,配器艺术就是为了它而发展的。即使在瓦格纳这里,也已经有一种过度配器化的倾向,即让事件听起来比它们在音乐上更为强烈,更不用说那些新德国学派那里了。有时,声音和结构的合理差异也会随之而来,尤其是在"填

充声部"中。填充声部都是由混合的倾向产生的,从而使作曲结构获得
天衣无缝的音乐表达,但它本身并不与之相吻合,并由此获得了一种欺
骗的独立性,产生了过于明显的和声,以及没有可塑性的对位乐句。因
此,《帕西法尔》在配器中备受关注的"简洁",与《特里斯坦》《名歌手》和
《指环》相比,不仅仅是反动的、带有虚伪的宗教色彩的,而且还对瓦格
纳独特的配器风格中的装饰性成分带来了合理的批评。《帕西法尔》中
不仅仅有道貌岸然的铜管合奏,同时也有阴郁暗淡的声音,它将在马勒
最后一部作品和此后的维也纳学派中成为主导。禁欲主义理想在艺术
上是辩证的。今天,它披着实事求是的外衣,主要是为蒙昧主义和针对
感官享受的怨恨而服务,就像为精神享受而服务一样。它的另一面是
对审美假象的颠覆,通过消除审美对象中的虚幻实现,以自身的否定性
去表达现实与可能之事出现的矛盾,并且以此帮助实现艺术的承诺。

　　瓦格纳在配器方面的成就并不限于管乐。施特劳斯谈到了在《火
魔》(Feuerzauber)中弦乐产生的湿壁画(al fresco)一样的效果,其中写
出的音型没有任何一把小提琴可以按照节奏准确地演奏出来,但是它
们在合奏时却能令人"入耳",因为个体演奏的不恰当性在此消失了。
在弦乐合唱般的配器中,能找到瓦格纳对管乐混声发明的典范之处。
它们的创作意义不是瓦格纳所特有的。牺牲了弦乐的个体自发性,同
样牺牲了声音的自然形式,古典管弦乐队却换取到了广阔的视野,即整
体过程的视野;它通过获得自己带来的有限成就,而成为无限的隐喻,
它具有的全人类的理念,抹杀了活生生的劳动的痕迹,抹杀了作为个体
的人性的东西的痕迹。也许,瓦格纳传统中的作曲家对管弦乐队中独
奏乐器赤裸裸的声音感到一种特殊的畏惧,害怕被人想起,也害怕回想
起在整体性中不公正的因素本身。施莱克①在 1919 年发表于《开端》
(Anbruch)②的一篇文章中,最为清楚地表达了这种特殊性:"没有什么
会令人更加不安了,例如这强加于我的钢片琴……我拒绝……那种过

① 弗朗茨·施莱克(Franz Schreker,1878—1934)是奥地利作曲家、指挥家。
② 这是 20 世纪 20 年代奥地利的一份著名前卫音乐杂志,阿多诺曾为其主笔。

于明显、可区分的声音,我只承认一种为歌剧服务的乐器:即管弦乐队本身。"[4]后来常见的要求使用一种忠于材料、避免混音和伪装的配器法,与其说是以诚实的名义克服了这种胆怯,不如说是变得麻木了,但无论如何,在创作的广度上降低了配器的水平。很快,这种需求的批评权就已经变成了一种法利赛式的庸俗主义,变成了对不值当的配器艺术的离弃。艺术性的听觉有理由去反抗一段弦乐部分,它的配器是如此虚弱,以至于人们可以听到个别小提琴的声音;管弦乐队凭借在齐奏中个别弓法带来的合唱般的协调,诱发了超然的距离。对瓦格纳的管弦乐理论来说,这种倾向被上升为一种原则,为了解他理论的前史提供了关键。然而,比起弦乐的合唱般的配器,我们更要思考的是管乐带给弦乐的古典主义式的叠加,它在弱奏中同样已经起到了黏合的作用。在旧的连奏实践中,这种叠加肯定已经出现过了,并且将有分歧的乐器与和声进行的统一体相关联。然而,在海顿和莫扎特那里,不仅是多样性的统一,还有统一的多样性本身也变得很重要。小提琴和长笛、大提琴和巴松管,不同的乐器会演奏同样的东西,这在整体的组织中是具有

79 意义的。传统的答案是将声音的融合与曼海姆学派管弦乐渐强的连续性联系在一起,而这个答案是不充分的,因为莫扎特的创作风格根本就不注重连续性,而是将原子般的单元并列放在一起,让它们相互平衡,用老式的协奏曲的风格来对比弦乐和管乐。尽管如此,莫扎特还是偏爱这种在齐奏或八度中出现的双音。此后,无非是赤裸裸的配器、小提琴的运弓、圆号的呼吸,管弦乐队在这里都已经是令人无法忍受了,因为在原则上这与管弦乐的综合性是对立的,正如市民阶级个人的单一利益与社会的整体利益相冲突一样。管弦乐声音的"主观化",即把毫无关联的器乐合奏变成作曲家温顺的调色板,同时也是去主观化,因为它倾向于让声音产生的所有要素都让人听不见。如果说这个原则首先是在弦乐合唱般的配器中实现的,而在瓦格纳处,通过混声传递到管乐,那么这其中的原因无非是因为,僵硬的管乐不像弦乐那样,带有主观产生的痕迹,灵动的小提琴声被看作笛卡尔时代的伟大创新之一,也不是没有道理的。瓦格纳细致入微的管弦乐艺术是器乐实践中物化的

胜利:客观的声音在作曲主体的支配下,已经把乐音直接创造的部分从审美形象中驱逐出去了。如果说瓦格纳作品的历史是对平庸的逃离的历史,根据其色彩—音色的维度,就恰恰是作曲家希望以此来逃避歌剧成为商品的标准化市场需求,这条逃脱的路线只会越发深入到商品中去。那对它的生产视而不见的、被绝对化的声音,它的理念指导着瓦格纳的配器技巧,其商品特性并不亚于它所试图回避的平庸的声音。叔本华关于人的生命自身的说法,也适用于瓦格纳的声音:在它身上,"就像在每一件劣质商品中一样,外面都覆盖着虚假的光辉:总是隐藏着一些痛苦的东西"[5],即使这痛苦被表现出来了。

80

　　作为一种资产阶级的艺术,音乐是年轻的,但随着配器的发展,它的最新枝丫开始成长。然而,它并不像宙斯头上的雅典娜那样是现成的,而是缩短和重复了整个音乐体裁的历史。资产阶级实践的史前特征在它身上再次显露出来。谁要是完全理解了海顿为什么要在弱奏中将小提琴与长笛叠置起来,他也许就会瞬间明了,几千年前的人类为什么要放弃吃生谷物而开始烤面包,或者说为什么他们要将工具磨平和抛光。艺术作品的存在(Dasein)归功于社会分工,归功于脑力劳动和体力劳动的分离。但同时,它们本身也作为存在而出现;它们的媒介不是为自己而存在的纯粹的精神,而是返回到了存在中去,并凭借这种运动,将分离的看作统一的。这种矛盾迫使艺术作品忘记了它们是被制造出来的:它们的存在主张,以及由此对存在本身的意义的主张,越是不去提醒它们是被制造出来的,它们作为处于自身之外的存在的精神,就越是令人信服。如果,艺术面对这样的欺骗和它们自身的原则不再有良知,那么它就已经消解了只有它才能实现的元素。在瓦格纳那里,那份良知已经消失了,然而他的艺术却回溯性地坚持着自为存在的主张。因此,它必须夸大这种诉求,它越是脱离对审美的自然成长的反思,就越是凸显了产品的虚假自然特性,变得矫揉造作。因此,瓦格纳的全集变得与19世纪的消费品一样,除了掩盖劳动的每一个痕迹之外,没有什么更高的野心了——也许是因为在那个时候,这种痕迹仍然会让人强烈地联想到被感受到的不公正,联想到对他人劳动的侵占。

如果说不掩盖劳动,就不可能想到艺术的任何自主性,那么在高度资本主义下,在交换价值的全面支配下,以及正是由于这种支配而滋生的矛盾下,艺术就成了问题和解决方案。这就是心理学上所说的瓦格纳的谎言的客观原因。艺术作品的魔幻化,就导致了人们崇拜自己的劳动,因为他们不能认识到自己的作品是一种劳动。因此,这种艺术作品是纯粹的假象:是绝对当下的,就像空间现象一样。只有瓦格纳的晚期艺术,才对古典主义美学进行了检验,从而无意中给自己的不真实定了罪。当艺术作品的观赏者处于被动状态时,就被从"劳动"中解脱出来,并在这种被动状态中沦为艺术效果纯粹的对象,这种解脱本身就已经不能使他感知到艺术作品中所包含的劳动意识了。艺术作品肯定了意识形态所否定的东西:劳动是"有污点的"。从劳动的概念来看,瓦格纳明确地将艺术家排除在外。"除了他的创作目的之外,艺术家已经从这种创作中,从对材料的处理和塑造中获得了自身的快乐;他的创作对他来说,本身就是一种愉悦和满足的活动,而不是劳动。"[6]但是,艺术作品对其自身生产的社会盲目性,也是衡量其内在进步的标准,即艺术性地掌控材料的标准。高度资本主义艺术的所有悖论——它的存在自身也是悖论——集中体现在这里:这些艺术会讲述人性之物的物化,唯有终结它的假象特征,它才能参与到真理中去。

注释

[1] Wagner, Gesammelte Schriften und Dichtungen, a.a.O., Bd. 7, S. 122.

[2] Lohengrin, kleine Partitur, ed. Breitkopf und Härtel, Leipzig 1906, S. 55f.

[3] a.a.O., S. 55.

[4] Franz Schreker, Meine musikdramatische Idee, neu abgedruckt in: H. H. Stuckenschmidt, Neue Musik, Berlin 1951, S. 357.

[5] Arthur Schopenhauer, Sämmtliche Werke (Großherzog Wilhelm Ernst Ausgabe), Bd. 1: Die Welt als Wille und Vorstellung I, Leipzig o.J., S. 431.

[6] Carl Fr. Glasenapp und Heinrich von Stein, Wagner-Lexikon, Stuttgart 1883, S. 30.

六、幻　　境

以产品的表象来掩盖生产,是理查德·瓦格纳的形式原则。产品
把自身作为自我产生的东西而呈现出来;因此,也就有了导音和音色
(Chroma)的首要性。由于审美表象已经无法窥见其真实的"被生产的
存在"所具有的力量和条件,所以其假象是无间隙的存在主张。假象的
完美同时也是艺术作品的幻觉形象,作为一种自成一格(sui generis)的
真实形象的完美,它在绝对表象的领域中构建自身,但又不放弃摹像性
(Abbildlichkeit)。瓦格纳的歌剧倾向于幻象,正如叔本华所说的"劣质
商品的外表":倾向于幻境(Phantasmagorie)。这就构建了他作品中和
声与器乐声音首要性的基础。瓦格纳的作品中反复出现大型的幻境;
在这样的幻境中产生了作品的运动,所有的运动同时从其中涌现出来,
都与声音的媒介有关。"美好的远方传来甜美的声音,它告诫着我们",
在《唐豪塞》的《维纳斯堡》(Venusberg)一幕中已经说道,这完全就是幻
境。直到它在施莱克(Schreker)那里自我解体前,新德国学派一直坚持
着"遥远的声音"的理念,将其作为声响上的炫技之作;音乐在这样的声
音中以空间化的方式停顿下来,近与远被欺骗性地融合在一起,如同给
人带来慰藉的海市蜃楼,将城市和大篷车从远处作为自然奇观移到近
处,使社会模式自身神奇地根植到自然之中去。《维纳斯堡》中描绘的音
乐幻境的形象可以从作曲技巧的类别中来加以定义。它通过减弱的手
段创造出它特有的声音。一段被缩小的强奏占了上风,好像是远处的琉
特琴的形象。它是由轻盈的木管演奏的。其中短笛占了主导地位,它是

所有管弦乐器中最古老的一种,几乎完全不受乐器技术发展的影响。这是一个音乐仙境,与年轻的门德尔松所设计的音乐仙境无有不同,后期的瓦格纳对其青睐有加。《维纳斯堡》就好像是小一号的《唐豪塞》。这让人联想到在塔纳格拉剧院(Tanagratheater)中的镜面装置,这在今天的集市和郊区歌舞厅中有时仍会出现。在从自己的身体中出现的梦境舞台上,唐豪塞将史前的异教徒时代庆祝的酒神节反映出来。这里缺少了标志出和声进行的低音乐器,而由此却指出了这音乐的时间特征:这里的音乐作为一种被浓缩的音乐,它同时也展现出一个无法触及的过去模式的图景。但是,在序曲中的维纳斯堡部分中,在字母 B 处,大提琴和低音提琴以渐慢(ritardando)进入,它们标志着梦中人意识到自己的身体,并在梦中伸展开来的时刻。用不带低音地将音乐减弱下来的技巧,在《罗恩格林》中的另一个段落表现了幻境,它比在《唐豪塞》中更不明显,却决定了整部作品的特点。这就是埃尔莎的幻觉,在其中,埃尔莎作为梦中人,在梦中唤起了骑士和所有的行为。她对骑士的描述类似于奥伯龙(Oberon)①的形象:她内心的罗恩格林是一个小小的精灵王子。

> 那盔甲闪闪发光,一个骑士向我走来,
>
> 如此高尚纯洁,我从未亲眼看见:
>
> 金色号角挂在腰间,偎靠在他剑上,
>
> ——他凌空向我走来,这尊贵的骑士。②

本应是低音出现的地方,在此处却被分配给了声音空灵的乐器——低音单簧管和竖琴。低音单簧管的声音特别透明,它不会比小字组的降 e 更低。对于文中描述的号角,在音乐中被弱化,用很弱的小号来演奏。在"带着贞洁的举止"(mit züchtigem Gebahren)这句话中增加的低音与《唐豪塞》段落中的低音类似,并将漂浮在空中的音乐与

---

① 奥伯龙是德国作曲家卡尔·玛利亚·冯·韦伯的三幕歌剧《奥伯龙》的主角神仙之王。

② 《罗恩格林》第一幕,第二场。

梦中人的身体联系了起来。这是一种来自海市蜃楼的安慰："他给我带来慰藉"。作为安慰,幻境是圣杯本身带来的幻境,由于埃尔莎的幻觉与圣杯主题有动机上的联系,所以《罗恩格林》序曲对圣杯的寓言式的表达,与埃尔莎的幻觉具有相同的作曲技巧上的幻境特征。即使是《罗恩格林》序曲开头的那个断断续续的和声进行,也是在幻境的名义下才变得有意义的。没有任何真正的和声发展,就引起了时间的幻境般的停滞。唐豪塞在《维纳斯堡》中说: ₈₄

> 我在这里停留的时间,无法估量:
> ——时过境迁,我也不曾知晓;
> 而我再不见太阳,再不见天上友好的星光;
> 我再也看不到,那新鲜青翠的草茎,
> 崭新的太阳携它而来。①

　　时间的停滞和幻境对自然的完全掩盖,就这样一起被看作对古风的回忆,这种古风不识时间,不以星辰为据。时间的瞬间是生产的决定性的瞬间,而幻境误以为它是永恒的欺骗游戏。在幻境中,日夜在瞬间中彼此交融,同时能把瞬间想象成永恒。《漂泊的荷兰人》②(*Der fliegende Holländer*)就是这样的。它最初是作为一出独幕剧来构思的,并从《森萨叙事曲》(*Sentaballade*)中产生。即使作为一部完整的作品,它也可以被简化为荷兰人从他的画像之下走出来的那一刻——人们愿意认为:他是从他的图像中走出来的,像埃尔莎把骑士召唤出来一样,森塔(Senta)把荷兰人召唤出来,与他面对面站在一起。整部歌剧无非是在试图从时间上展开这一瞬间,在其中较弱的部分,尤其是在埃里克这个戏剧性的辅助人物身上,仍然可以发现这种努力的痕迹。后期的作品则更加完美地显示出对幻境的戏剧性阐释,而且从未否认过

---

① 《罗恩格林》第一幕,第二场。

② 以下简称《荷兰人》。

它。在《帕西法尔》中，幻境的假象被转移到了圣域中去，其魔法保留了幻觉的特征。这段对话发生在去往圣杯的路上：

> 古内曼兹：
> 我以为，我知道你的所想：没有一条路可以通向它（圣杯），
> 要穿越这片土地，却无人能踏上它，只要它不情愿。
> 帕西法尔：
> 我不用行走，就已经走得很远了。
> 古内曼兹：
> 你看，我的孩子，时间在这里变成了空间。①

85   一旦生者踏入非实质的境界，人们自己就失去了他们经验性的时间定位。如果晚期的瓦格纳玩起了灵魂轮回的心思，那就不需要将其归因于叔本华佛教同情心的暗示。在幻境中，维纳斯女士，那异教的女神，已经形象地转化到了基督教的时代，她转世成了孔德丽，克林索在蓝色的光辉中于睡梦中恳请她：

> 你曾是希罗底亚斯吗，还是谁？
> 贡德里吉亚在那儿，孔德丽在这儿！②

甚至《指环》也见证了这一意图，布伦希尔德对齐格弗里德的爱属于他前世的形象，而不是经验性的人物：

> 在你出生之前，我就温柔地养育了你；
> 在你出生之前，我的盾牌就保护着你；
> 我爱你如此之久了，齐格弗里德！③

---

① 《帕西法尔》第一幕，第一场。
② 《帕西法尔》第二幕。
③ 《齐格弗里德》第三幕，第三场。

瓦格纳的人物只能作为象征符号被随意使用,因为他们的存在像雾一样融化在幻境中了。

　　身处时间之外的、像孔德丽一样沉睡的布伦希尔德,在突然被魔法之火召唤的幻境中成为戒指的主导者,最终从音乐上衍生出了诸神的黄昏的形象。如果说在它的弦乐音型中生产方式完全被隐蔽起来,那么在和声上,它的进行同时也是最具有艺术性的一种停滞不前:随着不断出现的和声变化,不仅实际上达到了新的音级,而且在不同调性变化的水平面上,通过一种回避性的体系,盘旋在各自恒定的基本和声上:就像火苗不停地闪动,却不会从原地移动开来。作为火的隐喻,《女武神》的最后 60 个小节提供了关于幻境的决定性的说明。如果说瓦格纳的追随者将其冠以魔法之名,那么它们只是在幻觉事件的非现实的意义上才是这样的,它属于自然奇观的系列,《荷兰人》就首先转达了这种奇观。然后,它出现在《女武神之骑》的雷雨隐喻中,从情绪背景转入到剧情中去,最后沉淀在《帕西法尔》的耶稣受难节音乐中。在那里,除了"森林和草地在晨光中闪耀"之外,没有更多关于奇迹的说法了,这让它们作为自然现象,拥有了露水和泪水一样的和解。但是,瓦格纳的幻境 [86] 一般来说都远离这种假象的不引人瞩目性。这就追溯到更早的浪漫主义时期中音乐的魔法公式(Zauberformeln)那里去,就像在门德尔松的《仲夏夜之梦》的音乐和《欧里安特》(卡尔·韦伯的——译者注)中鬼魂的出现,《奥伯龙》的声音表情,特别是舒伯特的地狱般的第二主题中。这种魔法公式存在于清醒和梦幻的音乐的二元论中,它决定了《唐豪塞》的序曲,为了显现出维纳斯堡就像在睡梦中一样,其朝圣队伍渐渐消失,这样的浪漫主义遗产肯定是存在的。然而,瓦格纳的幻境只有从浪漫主义的魔幻音乐中分离出来,才能获得它的轮廓,保罗·贝克尔曾提出过一个极其重要的意见,即瓦格纳与老一辈的浪漫主义相比,已经不知道什么是"真正的灵魂"了:"他把奇迹放在人的灵魂中,在艺术内涵上去标记它的现实性,他把传说和童话的观念提升到虚幻的绝对现实的幻觉上去。"[1]抛开"艺术内涵上的真相"和瓦格纳不恰当的内化的范畴,幻觉概念作为虚幻的绝对现实性的概念就显得如此丰富了。

它总结了幻境具有的非浪漫主义的一面。在它的身上,审美假象被商品的特性所攫取。作为商品,它是虚幻的,虚幻的绝对现实性无非是现象的绝对现实性,它不仅要注意在劳动中不断放逐自己从劳动中的起源,而且要与之一致,在交换价值的支配下,必须有意地指出,它的使用价值是真正的现实性,是"不可模仿的",只是为了去维护交换价值。正如瓦格纳时代展示出来的消费品一样,只是将其令人惊叹的一面诱人地展现在广大购买者面前,从而使他们忘记了这仅仅是令人惊叹的特征,即其不可获得性,瓦格纳的歌剧在幻境中也往往就变成了商品。它们的舞台造型具有一种展览的特征:当《汉斯·海林》①(Hans Heiling)中的浪漫主义的小火苗成长为巨大的火魔法,它就成了未来霓虹灯广告的原型。沃坦的口号是:

87
　　　　　谁害怕我的矛尖,
　　　　　谁就永远别想从火中穿过!②

这句话可以很容易地用来推广一种设备,它可以让谨慎但果断的买家从火灾中逃生。瓦格纳的幻境跻身于最早的"技术的奇迹"中,伟大的艺术允许这么做,而沃坦不仅是否定自身的生命意志的隐喻,也是技术上无懈可击的模仿性和主宰自然的值得信赖的示范者。幻境的风格延续了浪漫主义和真实主义之间的瞬间。它的奇妙之处已经和物化社会的日常生活一样,变得不可捉摸,因此也就承担了被浪漫地归于超凡权力的神奇力量的传承。然而,在这种魔力下,它们同时满足了文化市场需要的商品。《维纳斯堡》是瓦格纳在《特里斯坦》的巅峰时期创作的,但仍然在《帕西法尔》的花童场景中被苍白地重复,它是从芭蕾舞剧的戏剧需求中产生的。这些场景是瓦格纳的作品受到商品生产条件直接影响的独特场景;同时在这些场景中,音乐最小心翼翼地把它的生产隐

---

① 德国早期浪漫主义作曲家马施纳(Heinrich Marschner,1795—1861)的代表歌剧。
② 《女武神》第三幕,第三节。

藏在消极的、幻影般的场景中。梦境最高之处,就最接近商品。幻境倾向于梦境,不仅仅是为了欺骗性地满足购买者的愿望,还恰恰是为了掩盖劳动:它通过向主体性展示自己的劳动产品,却无法去确认劳动,从而体现出主体性。梦中人无力地遇到了自己的复制品,仿佛这是一个奇迹,而且还残留在自己劳动的不可避免的循环中,仿佛它是永恒的;他已经忘记了是他自己制造了这些,却试图去相信它是一个绝对的表象。

　　在梦境的法则下,幻境屈从于其特有的辩证法。这一点在《唐豪塞》中被展开得尤其充分。唐豪塞的第一句话,就把这种幻觉称为梦境:

　　　　够了! 够了!
　　　　哦,我要醒来!①

　　情节的主题就存在于这种"够了"中:像被压迫的人一样,唐豪塞没 88
有让自己的欲求得到满足。他禁欲主义的转变无非是以自由的理想为理由的:

　　　　但我必须去往人间世界,
　　　　与你一起,我只能屈身为奴;
　　　　而我渴望得到自由,
　　　　为了自由,我渴望自由。②

唐豪塞通过维纳斯,回应了费尔巴哈对情欲的承诺:

　　　　你不要向她献上怯懦的祭品,
　　　　不! ——与爱的女神狂欢结合吧!③

---

①②③ 《唐豪塞》第一幕,第二场。

他想把欲望的形象从维纳斯堡带到人间去：他对维纳斯的告别是瓦格纳作品中真正的政治观点之一。但他恰恰变得模棱两可。因为对维纳斯的忠诚不是对欲望的忠诚，而是对幻境的忠诚。当他离开时发誓道：

> 为了战斗与争端，我将至死不渝，
> 哪怕死亡和毁灭！①

而他更好地遵守了另一条承诺：

> 只为你，只为你，
> 我的歌声才会响起。②

他的背叛并不在于他回到骑士们身边，而是他不谙世事地、如痴如醉地向他们唱起了赞美维纳斯的歌谣——同样的赞歌，这是第二次去责难他是这个世界的牺牲品，而第一次的时候，他曾经从这个世界逃入幻境中去。他的逃亡本身就是一个假象：他从维纳斯堡到歌唱比赛，从梦境到歌曲，而驱使他反叛的痕迹，只保留在牧羊人美妙的歌声中，他颂扬了自然本身的创造力，超越梦境和囚禁，作为同一种力量的作品在祈求着，而这种力量对囚徒来说是纯粹的非自由。维纳斯得救是因为有了"霍尔达夫人从山里出来了"③这句话，而不是因为唐豪塞背信弃义的赞美。社会决定的欲望体验是一种束缚，它将驱动力本身转变成了一种疾病，就像唐豪塞在维纳斯的领地里已经意识到，自己的享乐好像是一种弱点，并发出"够了！"的呼喊。作为疾病的欲望体验贯穿了瓦格纳的全部作品。那些拒不放弃的角色：唐豪塞、特里斯坦、安福塔斯，全都"病入膏肓"。在小说叙事中，用一种最暴力的音乐来叙说，只有瓦格纳在《特里斯坦》的诅咒中超越过它：

---

① ② 《唐豪塞》第一幕，第二场。
③ 《唐豪塞》第一幕，第三场。

> 我也走近那里；
>
> 将头低向大地，
>
> 哀叹着，邪恶的欲望带着哀怨的表情，
>
> 它感受到我的欲望，
>
> 那冷酷的渴求，却毫不悔改。①

疾病和欲望混淆了一种看法，认为生命体只有压迫自己的生活才能维持下去。在瓦格纳的舞台上，欲望已经成了一幅讽刺画：那种臃肿苍白的形象，与阉人男高音般的体格完全相当。在这种从市民阶级的教育中熟知的、长期以来被精神分析学解释为"梅毒恐惧症"的倒退中，性与性病被看作是近似的，瓦格纳竭力反对动物活体解剖实验，认为从这种实验中获得的知识，可能会让那些由于"恶习"而感染的疾病被治愈。将欲求转化为疾病，是对幻境的谴责之作。如果说瓦格纳的两个幻境"维纳斯堡"和"克林索尔的魔法花园"让人联想到了梦境中的妓院，那么妓院同时也被污蔑为一个没有人能健康离开的地方。当然，瓦格纳的所有深刻事件都是为了与花园魔女们（Blumenmädchen）②进行和解，他从一开始就将她们抛弃，将其作为"毫无价值的漂亮生物"[2]。有人曾指出，在瓦格纳的作品中，响彻维纳斯堡的长笛后来很少再作为独奏乐器出现了。它们沦为幻境对欲望的诋毁的受害者，它们在幻境中本身就代表着欲望。尼采深知这一点："当我承受音乐的命运时，我在承受什么呢？是音乐已经失去了解释世界的、肯定的特性，它是颓废的音乐（Décadence-Musik），而不再是酒神的长笛了。"[3]瓦格纳的笛子是哈美恩捕鼠人的笛子。然而，它也由此就成了禁忌。

　　随着欲望察觉到自己是被禁止的，幻境从一开始就加入了自身衰败的因素。幻觉存在于幻灭之中。在瓦格纳的作品中，它有其非常隐蔽的模式：那就是唐吉诃德的模式，瓦格纳把他放在特别高的位置上。

---

① 《特里斯坦》第三幕，第三场。

② 指《帕西法尔》第二幕中，巫师变幻的魔法花园中的魔女们。

90　在《名歌手》幻境的第二幕中,幻境将主人公设置成一个与风车战斗的角色。瓦尔特·斯托尔金(Walther Stolzing)在面对行会的资产阶级劳动分工时,想要恢复旧的封建社会的直接性,在资产阶级世界的面前,他成为一个潜在的喜剧人物,因为这个世界对他来说变成了一个神话般的世界。在守夜人的召唤下,他"用强硬的姿态把手放在剑上,疯狂地凝视着前方",而市民阶级的夏娃则教训他:

> 亲爱的,不要恼怒!
> 那不过是守夜人的号声。①

　　贝克梅瑟的场景,以及随后打斗的场面,起初还停留在日常生活的范围内,只有像唐吉诃德的瓦尔特才体会到这是一种困扰和梦境。然而,资产阶级世界本身产生的瞬间,客观上就具有其假象的特征,这是主观上从浪漫主义的抗议的梦境舞台上产生的。在单子(Monade)中具有一种预定和谐,这是主人公因为害怕而回到有城堡、宫廷、吟游诗人的前史的和谐,因为主人公无法接受资产阶级世界,所以借用了前史式的表达。当各行会之间不再互相谅解,互相指责对方不诚实时,这就成了他们的共同特点,一次野蛮的无政府的街头斗殴再次发生了,这是可怜的政治行动的替代品,就像在瓦特堡的歌手比赛一样,这也是《名歌手》最初想要模仿的。资产阶级革新和倒退的野蛮性的东西在幻境中相遇,骑士的梦想仍然是客观的。在第三幕中,幻境经过的诡异特征得到了萨克斯的证实,达到了梦境的根本:

> 一定是妖精帮了忙!
> 萤火虫没找到它的配偶;
> 是它带来了麻烦。②

---

① 《名歌手》第二幕,第五场。
② 《名歌手》第三幕,第一场。

第二幕的梦被萨克斯解释为压抑的产物。然而,萤火虫就像自然界的
灯笼一样:当现代的东西在自己的束缚下,在其最新的产品中被迫接近
早已存在的东西时,幻境就产生了。每向前走一步,同时也是在走进遥
远的过去。进步中的资产阶级社会为了能继续存在,就需要自己虚幻
的掩饰。它不敢以任何其他方式面对新的事物,只能承认它就是旧的。
那句"听起来很老,却又很新"的说辞,就是社会现实的密码。当慷慨的
波格纳自诩是上帝让他成了一个富人时,他是想要美化自己的小资产
阶级的褊狭主义,美化对自己狭隘和吝啬的指责,他只能利用传说中的
歌手比赛的闹剧了。在幻境中,市民那枯燥无味的世界被作为景象展
示出来,并且瓦格纳的艺术作品就是为这种景象服务的,同时也是为这
样的市民服务的。因此,作为市民的原始时期的蓝图,《名歌手》是瓦格
纳的核心作品:"因此,在我完成和演出《名歌手》的过程中——我首先
甚至希望能在纽伦堡上演它——指引我的想法是,通过这部作品,我将
向德国公众展示一个迄今为止只是拙劣呈现出的、符合他们自己真正
天性的形象,我希望,从更高尚、更坚毅的德国市民阶级的心中赢得一
个衷心的回敬。"[4]然而,这种回敬,既是对梦境的感激,也是对梦境的
毁灭,唐豪塞为了自由而采取的禁欲主义,最终却与梦境背道而驰。随
着他对圣母玛利亚的召唤,他摧毁了美的形象,这种美的形象承诺了比
现有多得多的内容,当圣矛在帕西法尔头上幻化盘旋时,他用它来诅
咒道:

91

> 在哀伤和废墟中,
> 他陷入了谎言的辉煌!①

这就是那个叛逆者的诅咒,他在年轻时曾冲进那座令人难忘的妓院。②

---

① 《名歌手》第二幕。
② 这里暗指瓦格纳年轻时曾经闯进妓院。

注释

[1] Bekker, a.a.O., S. 128.

[2] Hildebrandt, a.a.O., S. 377.

[3] Zitiert bei Hildebrandt, a.a.O., S. 440.

[4] Wagner, Gesammelte Schriften und Dichtungen, a.a.O., Bd. 10, S. 119f.

七、乐　　剧

　　瓦格纳的美学理念并不满足于让世界站在幻境的入口处。幻境就
像它消亡的节奏一样，应该在史诗般扩展开来的艺术作品中被表现出
来。它的综合组织形式是整体艺术(Gesamtkunstwerk)，也就是瓦格纳
所称的"未来的戏剧"(Drama der Zukunft)，它将诗歌、音乐和模仿性的
元素融为一体。尽管他的意图是想要以一种作用于一切的无限性的名
义，抹去各种单一艺术的界限，就像通感(Synästhesie)体验是浪漫主义
的基石一样，但整体艺术与五十年前的、实际上属于浪漫主义的观念是
格格不入的。因为它建立于审美媒介的互换性上，这种互换性应该通
过人为的完美来掩盖制造品所有的缝合线，但这却是在掩盖它与自然
本身的差异，它预设了与一切自然生长出来的东西的根本疏离，试图把
自己设定为第二自然，即想要遗忘统一性的产物。令人惊奇的是，瓦格
纳在讨论"整体艺术"本身的统一性时，自己也意识到了隐藏的幻境动
机，并且在此，对这个艺术作品所要产生的"诗性的刻意"进行了描述：
"这样的表达方式应该在每一个时刻都包含了诗性的刻意，但在每一个
时刻也都对情感隐藏了这种诗性的刻意，也就是说，实现了它。但即使
对于有语调的语言来说，完全要把诗性的刻意隐藏起来也是不可能的，
如果不能在它的基础上增加第二个、共同发音的发音器官(而无论何
处，只要语调语言作为诗性的刻意最直接的藏匿者，就能在表达上做到
这一点)，为了使这种刻意与普通生活的情绪产生牢不可破的联系，它
就必然要在表达中深深地放低自己的身段，只能用近乎透明的声音面

纱来掩饰自己,来完美地维持一种感情表达的平衡。"[1]为了其刻意性,即理性、对诗性生产过程的隐瞒,以及艺术作品与"普通生活"的构成关联,"歌剧与戏剧"一直不厌其烦地在提醒我们[2],瓦格纳本人将其置于定义幻境的构架中。那么,"第二语言器官"正是瓦格纳的幻境媒介——管弦乐队。这支乐团所实现的色彩本身的解放,通过将重音从本质、音乐事件本身转移到了表象和声音上,强化了幻觉的要素。诸如音色层面的构成和创新,只能以牺牲时间的清晰度为代价,去满足炫目的当下,而瓦格纳作曲中的建构要素的衰弱更有利于幻境的实现。通过音乐去"隐藏刻意",整体艺术努力追求一种绝对现象的理想,这种理想是幻境试图让它相信的:"因此,我们把最完美的统一艺术形式指定为人类生活现象的最广泛的联系——作为内容——能够以一种完全可以被理解的表达方式传达给感觉,这种内容在其所有要素中都表现为一种完全激发出来的和完全得到满足的情感内容。因此,内容必须始终存在于表达中,并且这种表达由此必须始终使内容存在于它的范围内;因为只有思想才能抓住非当下的东西,而只有情感才能抓住当下的东西。"[3]尽管这样的假设在"纯粹情感"的感性审美中听起来一定很有道理,因为早在赫尔曼·科恩(Hermann Cohen)给它命名之前,19 世纪的市民阶级就已经把它当成了理所当然的事情,但这并不符合音乐的真相。后者只有在回忆和预见的极度张力中才将音乐凝结为当下——这种实际主题活动的张力在瓦格纳的作品中,通过音乐之外的记忆支持技巧,即寓言式的动机,回避了这种紧张。这种美学及其实践的最内在的弱点在于,审美过程中的事物和片段的元素,而并非纯粹具有现实意义的元素都太强大了,使得它无法去应对这些,反而被否定和驱赶。音乐本应以牺牲音乐时间为代价,对诗歌进行永久的当下化,它所追求的目的是把诗歌中一切僵化的对象化的东西,以及商品世界在艺术作品中的反射,通过将其流畅化和生动化,转化成纯粹的主观现实性的假象。"科学为我们揭示了语言的有机体;但它向我们展示的是一个已经死去了的有机体,只有最高级的诗人的情怀才能使它复活,而且是通过重新缝合那种解剖刀在语言的'身体'上划开的伤口,并向它注

94

人能使它自我运动起来的气息。这种气息就是——音乐。"[4] 因此,音乐要做的事情不过是收回语言的历史倾向,使之趋于符号化而有利于去表达。在瓦格纳那里,审美媒介发展的非同时性,也就是非理性本身第一次被进行了理性的规划,尽管暂时只是在美学的背景下。最近在一部关于电影美学的文章中说道:"对资产阶级的理性秩序和高度工业化秩序的适应,是由眼睛完成的,因为眼睛习惯于把现实设想为一种物的现实,基本上是商品的现实,但耳朵却不是这样的。听觉与视觉相比,是'古老的',它已经落后于技术了。也许有人会说,从根本上应该要用忘却自我的耳朵,而不是用灵活和上下打量的眼睛来作出反应,这在某种程度上是与晚期工业时代相悖的……眼睛始终是一个努力的、活动的、专注的器官,它清楚地把握着某种事物。相比之下,耳朵就显得没那么专注,并且是被动的。它不需要像眼睛一样先睁开。与眼睛相比,听觉有一些懒散和沉闷。然而,在这种懒散上,却犯了社会对懒惰的普遍禁忌。音乐一直在试图战胜这种禁忌。"在今天,如果说懒散是以科学—心理技术的方式进行管理的话,那瓦格纳则紧跟这一思想,这也是他自己天赋的迫切需要,才率先发现了这个效果,而尼采也已经正确地怀疑到这一点。瓦格纳从叔本华的形而上学中学到的"无意识"的概念,在他那里已经成了一种意识形态:音乐的任务就是要温暖人们被疏离和物化的关系,让他们听起来好像还有人性一样。这种技术上对意识的敌视,就是乐剧的先天。它把不同的艺术统一起来,把它们令人陶醉地混合在一起。瓦格纳那贪婪的、理想主义的语言把乐句带入了性爱的比喻之下:"必然要奉献自己的种子,只有在最热烈的爱的刺激中才会从它最崇高的力量中凝结出来——它只有出于冲动才能奉献自己,也就是说,为了受精,这可能就是被具像化的冲动本身。这孕育生命的种子就是诗性的刻意,它为美妙的爱情中的女人——即音乐——提供了分娩的材料。"[5] 瓦格纳的实践热情地贯彻了这个隐喻。不仅乐剧的高潮部分出现在一些令人陶醉的段落中,例如伊索尔德的最后一首歌、《齐格弗里德》结尾处齐格弗里德和布伦希尔德的场景,或者《诸神的黄昏》中布伦希尔德的哀歌,乐剧形式本身在其元素的无序中,每时每刻都作为

"地中海式的退化"(thalassaler Regression)让人陶醉。《诸神的黄昏》无休止的持续仿佛将听众带入一次海上航行,整个世界似乎都被淹没在音乐之中,尽管它并没有成功地将大量的材料融为抒情诗,但是海浪冲刷着坚硬和僵化的轮廓。在瓦格纳晚期,不仅是媒介的界限,而且作品本身的界限也变得灵活起来。他成了一个寓言家,而且似乎一切都可以意味着一切。形象和符号相互作用,直到萨克斯变成了一个品牌,圣杯变成了尼伯龙根藏金,尼伯龙根也就是威伯龙根(Wibelungen)。只有让思维奔逸(Gedankenflucht)极尽所能,放弃任何含糊的东西,否定一切孤立的东西,乐剧的理念才能在绝不仅仅是音乐的范畴中被展开来。

这是一个整体性的问题:《指环》追求的是,不费吹灰之力就能把世界进程作为一个整体来把握住。瓦格纳对孤立的、被局限在自身之中的僵化的、仅仅是为自己存在的东西都感到不耐烦,幻境—乐剧的处理方法就由此获得了滋养。这种不耐烦是对艺术的资产阶级化的抗议,这把自己变成一种顽固的自我保护的寓言。瓦格纳的作品处处离不开模糊的边界,材料以及作品的巨大规模都是对"宏大风格"的渴望,这已经包含在指挥家领袖般的姿态中了。瓦格纳的整体性与流派艺术背道而驰。他和波德莱尔一样,从市民阶级所处的高级资本主义中,在毕德麦雅时期①的毁灭中,读出了反市民阶级的、英雄主义的品质。他憎恶对最后的社会本质风格的摒弃,它为了在个人主义时代中得以保存,而放弃了艺术性的处理手法。他对社会运动规律有深刻的认识,以至于意识到选择原则的无能,而选择原则的存在正是由于对这些规律的顽固不化的放弃。他反抗一种虚假的安全感,但被另一种可能性所蒙蔽,并预料其是危险的生活。就像尼采和后来的新艺术(Jugendstil)一样,他在很多方面都预见到了新艺术,他想让审美整体性以一己之力,通过施咒般的行动,执拗地对它缺乏社会先决条件的事实不屑一顾。与艺术作品的技术性概念一样,"风格意志"(Stilwillen)这个概念可能也是

---

① 毕德麦雅时期(Biedermeier)是指德意志邦联诸国在 1815 年(《维也纳公约》签订)至 1848 年(资产阶级革命开始)的历史时期,在文化史上指的是市民阶级的艺术时期。在这个时期中市民阶级充分发展了自己的艺术风格,成为社会文化的新主流。

随着瓦格纳的作品来到这个世界上的。他对客观精神的狭隘性表示抗
议,其社会主体和审美主体已经萎缩到私人个体上。然而,他自己的开
端恰恰仍然只是审美的,仍然被归入到那种个体的倾听角度去,归入到
它自己能够创造什么,取决于它想以整体的名义去实现的超越。因此,
瓦格纳的整体性,即整体艺术,注定要失败。它自身夸张地要将所有元
素相互交融,至少带着欺骗的功能。乐剧作为一种风格越是不成功,就
越要努力地使自己风格化。整体不再是由一种特定的、即使只是表现
元素之间的常规协调性来构成统一体。相反,那些彼此疏远、从任何意
义上都无法联系起来的媒介,在单个艺术家的支配下,任意地被拧在一
起。取代内部组织的形式先验性,出现了一种无间隙的,但又是外部
的、将不同的运行方式进行补充的原则。然而,这个原则看起来好像具
有集体约束力。私人个体的特征,即想象中的观察者,篡夺了风格的统
一性。他所有的感觉器官记录下来的刺激总和就成为了风格。能赋予
其感官世界的整体,创造了一个完整的感性整体,为充实生命奉献自
己:因此,瓦格纳的风格具有虚构性。因为在个别的市民阶级存在的偶
然经验中,个人的感觉器官并没有被赋予一种整体性,没有一个自身一
致的、保证是真实的世界;这种感官世界的统一性是否曾经存在过,这
是值得怀疑的,而瓦格纳的幻灭的意识状态就是指的这个世界。恰恰
相反,各器官在发展过程中不尽相同,甚至最终相去甚远,这是现实性
日益具体化的结果,也是分工原则的结果,它不仅使人与人之间彼此分
开,而且使每个人的内在产生分化。因此,乐剧无法赋予各个媒介有意
义的功能。这是一种虚假身份的形式。音乐、场景和文字完全由作者
整合——"诗人作曲家"(Dichterkomponist)这个词很好地暗示了他立
场的怪异——把它们当作同一事物来处理,仿佛它们都融合在一起了。
但他这样做是在对其施暴,并且令整体变得畸形。它变成了一种重言
式,一种持续的确定化。音乐把文字所说的东西再次反复表达,而音乐
越是要彰显自己,相对它应该表达的意思来说,它就越是多余。但这触
及了音乐的纯洁性本身。试图将各种媒介相互契合起来,这本身就违
反了作曲结构的统一性。瓦格纳设计了"诵唱"的风格手法,来保证这

种统一性:仿佛借助了自然的语调,音乐和语言就能结合在一起了,而不会对它们中的任何一个造成伤害。这样一来,在歌剧舞台上,音乐行为中明显的载体,即唱腔,作为人们关注的焦点,与实际的音乐内容割裂开来。坦率地说,除了少数由绝对音乐占据了首要地位的段落之外,唱腔与音乐的动机性的存在及其合法性是分离的:被演唱出来的动机与要求发出的语调的自然性是相矛盾的,并与语言的艺术风格相疏离。在瓦格纳的音乐结构中,它们最重要的元素,即歌唱和乐队,不可避免地出现了分歧。最明显的是,歌唱并没有参与到本质的、主题性的结构中去,而是以一种相当抽象的、歌唱声部以乐队和声为导向的非关联性出现。为了实现所有媒介的综合,最具有决定性的音乐的一致性就被忽略了。音乐伪装和凝结成语言,从表现风格(stile rappresentativo)开始,就不可阻挡地发展下去,音乐的解放也要归功于此,一旦它堕落为语言的寄生虫,并且去模仿语言意图的曲线,就会暴露出它消极的一面。同时,音乐就成为舞台上的注脚,因为作者站在这样的立场上违反了形式的内在性,而乐剧正是为了其理想而构思的。这就是乐句断断续续、拖拖拉拉的原因,其实它就像电影一样。而利用音乐说出来的语句,每时每刻都会保留自己的身影。诗人瓦格纳的表演与诗歌的结语(terminus ad quem)是密不可分的,它必须不断地在极端中运动,才能保持自身作为音乐存在。然而,音乐通过其铺垫功能,被剥夺了所有的力量,作为一种没有意义的语言,作为纯粹的响声,与人类的符号语言形成对比,并通过这种对比才完全变得有人性。而舞台最终被迫顺应了乐队中发生的事情;歌唱家幼稚的举止——歌剧院往往是作为一个被遗忘已久的姿势博物馆出现——是由于它们适应了音乐进程造成的。他们虚伪地模仿音乐;他们变成了漫画人物,因为每个动作都一再出现,就好像是指挥家的手势一样。越是接近这些,分离的媒介之间就越是鲁莽地相互推搡,乐剧的意志就越是对它们漠视,它们之间就越是相互干扰。瓦格纳指责老式歌剧从对感性媒介的整合角度看,缺乏审美统一性,但至少比他高明的是,老式歌剧不是在同化中寻求统一,而是在顺从中反对任何材料领域的要求。莫扎特的统一性是结构上的统一,而不是辨识度上的统一。然而在瓦格纳那里,刻意去强调激进整合,就为瓦解作了掩护。可感知的宇宙,在他那里应该是要代表本质的,因为被孤立的个人审美观只能相信那些对他来说曾是感官上确定之物的缩影,而不能依靠其他东西——但这个宇宙并不存在。除了每个人存在的随机性之外,没有任何别的东西能把宇宙支撑起来。作为篡夺了必然存在的一种偶然性的东西,整体艺术在历史哲学方面必然失败。因为在发达的资产阶级社会中,甚至即使在相同的时间中,每一个感觉器官能感知到一个不同的世界。因此,乐剧风格不能把自己托付给其中任何一个感官,而必须把一种感官转化为另一种感官,以便通过这种方式使自己产生它们所缺乏的某种和谐。然而,这对瓦格纳来说是不可能的,只要感官以意识为标准来衡量自己,就只能从不同的实例中倒退出来,表现为完全原始的举动。在整体艺术中,狂喜(Rausch)作为风格化原则(principiumstilisationis)是不可避免的:艺术作品在自我知觉的一瞬间,就足以粉碎其理想的统一性的假象。

然而,整体艺术风格化的激情,不仅仅是针对毕德麦雅时期的那些温和的流派,同样也是针对瓦格纳自己的工业时代的艺术形式。在这些艺术形式中,那些类似流派的元素被转化成了消费品。诸神、英雄和惊天动地的行动,对审美的渴望承诺了一种救赎——逃离平庸;早期浪漫主义不需要伟大的形象,因为它还不必面对商品特性步步逼近的威胁,这种威胁最后也抓住了瓦格纳的英雄范式本身。为了感觉器官的整体性,他率先断然要求解放"又不是孩子"(kein Kind)[6]的听觉,同时反对让"听觉成为其语言工业产品包裹的奴隶般的搬运工"[7]。但是,由于激发了乐剧的整体性观念,它并不与普通生活进行单纯对立,而是从伟大的动机出发,它知道自己必须接受那种存在,也就是艺术家出于同样伟大的动机而必须同时避免的那种存在。因此,在平庸中进行的纠缠与逃离平庸是普遍的。在《特里斯坦》中,这种"普通生活"绝不仅仅是由"白昼"的世界中想象出来的,它想用"情节"来换取黑夜的领域。剧情的高潮是对死亡的决心。这种决心想把面临无限欲求的、在有限性中遭受折磨的有限个体,带回到存在的本源中去。然而这种

100

决心的形象自身是平庸的,意味着个人的"救赎"不仅仅是来自白昼,而且是来自自己的个体性。因为音乐意象世界与孤独的单子作为形而上

101 矛盾被设定,这来自它所否定的社会。看似单纯个体性的修正,在音乐上却是被认可的语言,而选择了"黑夜"的个体,既违背了自己的意志,也违背了审美的意志,将自己规定成现有的。任何一个不偏不倚的人在第一次听到《特里斯坦》中的热情洋溢的"死亡决心的动机"时,都无法摆脱它轻浮的欢快带来的印象。从个人主义的视野出发,本质性,也就是普遍的东西,只被当成完全普遍的东西驱逐掉了。特里斯坦的形而上的心理学建构,为了从它所抹杀的个体化中证明合理性,就必须将死亡与快乐等同起来。然而,作为一种实证性,快乐的形象也渐渐滑入平庸。它成了个人的意愿,它就是想要这样,在这样的意愿中参与到生命中,并在这种参与中体现了他对生命的赞许。这样一来,瓦格纳的死亡形而上学也向愉悦的不可实现性表达了敬意,这一点适用于贝多芬以来的所有伟大音乐。悲剧性的决心过渡到一种"这世界价值几何?"(Was kost' die Welt)的必要性上,最后悲壮的爱情之死过渡到独奏家的热门曲目上,都是不可避免的。作曲家忠于单子论式的个人,他从这样的角度出发进行创作,而并不是与社会绝对对立的:它的结构跟随着社会自身的原则。孤独的社会命运,无情的富于表现力的自我表达,以及庸俗的自我主张和自我崇拜的元素,这些彼此都是相通的;即使在瓦格纳有生之年,诸如《火魔》和《沃坦的告别》《女武神的骑行》《爱的死亡》和《耶稣受难日音乐》等出色的乐曲,也公然违背他的规划,它们被人从整部作品中分离出来,被改编并且广泛普及,而这并不是存在于乐剧之外的,乐剧巧妙地平衡分配了这些部分;能被分解成片段,也就证明了整体性的脆弱。

这在风格范畴上可以表现为浪漫主义和实证主义元素之间的冲突。一个内在完备而又在自身中展开的总体性的观念,即一个存在于感性知觉中的观念,是伟大的形而上学体系中的后起之秀,自瓦格纳所熟悉的费尔巴哈以来,其冲动在哲学上已经停滞,但却以审美的形式得

102 以拯救。也许有人会相信瓦格纳所说的,当他终于读到叔本华时,只是

觉得受到了叔本华的肯定,而不是一般意义上的"影响";在《作为意志和表象的世界》的第三卷中,形而上学向艺术上的转变是很明显的。但是,正如这种转变受到实证主义的制约,这种实证主义在叔本华的决断中否定了一切自然存在的"意义",让盲目的意志来决定意义,而瓦格纳的处理方式中蕴含的形而上学,也与世界的除魅密切相关。在乐剧的整体性中加入感官的所有反应形式,其前提条件不仅缺乏一种有效的风格,更是对形而上学的消解。在整体艺术中,形而上学既不想表达自己,又不想被生产出来。这种被完成的亵渎想从自身中产生出一个圣域:在这一点上,帕西法尔只是把整个开端的倾向升华到了自我意识上。整体艺术的虚幻性就来自这样一个事件的本质。艺术作品不再服从其黑格尔式的定义,即作为理念的感性显现,而是将感性的东西安排成好像是理念的力量:这就是瓦格纳的寓言特征的真正原因,即唤起不可挽回的存在。技术的狂喜源于对近在咫尺的清醒的恐惧。因此,歌剧向艺术家自主权的过渡,与文化工业的起源交织在一起。年轻的尼采热情地误判了未来的艺术作品:在其中,电影从音乐的精神中诞生了。在瓦格纳最亲近的圈子里,很早就有一份可靠的证词。1890 年 3 月 23 日,早在电影摄影发明之前,张伯伦就给柯西玛写信,谈及李斯特的《但丁交响曲》(Dantesymphonie),这里的《但丁交响曲》代表了整个领域:"如果您在一个黑暗的房间里,用一个下沉的管弦乐队来演奏这首交响曲,在背景中播放画面——您会看到,所有的列维①和所有我冷漠的邻居,他们会用冷酷无情来折磨可怜的心灵,全部沉醉在狂喜之中。"[8]几乎没有别的什么可以更露骨地证明,大众文化从外部对艺术产生的作用是多么微不足道啊:由于其自身的解放,艺术已经转变成了它的对立面。

乐剧概念的脆弱性,最明显地表现在它最接近自身基础的地方,即生产过程的遮蔽性:在瓦格纳对劳动分工的敌对态度中,文化工业被承认是以劳动分工为基础的。从理论上和艺术作品的意识形态上,他用

————————

① 即赫尔曼·列维,参见第一章的注释。

91

口号去反对劳动分工,这让人想起国家社会主义的个人利益要服从共同利益的口号。瓦格纳作为管弦乐和戏剧效果的行家,同时在反犹太的漫画中把贝克梅瑟和米姆描画成了某种行家。他们的喜剧性被认为在于他们的专业化,而他们并不能执行令自己专业化的任务。贝克梅瑟作为行会的裁判员,既听不懂赞歌,又满脑子只有写着唱歌规则的小黑板,甚至自己也无法唱出任何连贯的东西来;而铁匠米梅"太聪明了",无法锻造出他唯一需要的剑。在这两个人物中,瓦格纳都在贬损进行反思的理性。对他来说,他反对将瓦尔特和齐格弗里德看作本源未分裂时的世界原点。它应该是非理性的,根据整体艺术的设想,音乐在其中的作用也是如此。瓦尔特将自然称为他想要偷听知识的老师,还有宫廷恋歌的"老前辈"瓦尔特·冯·德·福格尔魏德①,顺便说一句,在他的诗歌中,就如同在他那个时代一样,几乎完全缺乏自工业革命以来被称为"自然抒情诗"(Naturlyrik)的诗歌。瓦格纳的理想主义在处理事实内容时是毫无顾忌的,而整体艺术却非常喜欢去利用事实内容的光环。但是,虽然诗人、歌手和哑剧的神话统一性被与劳动分工相提并论了,并使自己具有了能够实现这种统一性的气质,但劳动分工并没有被处理方式消除掉,相反被强化了。《名歌手》的唱词对矛盾的概念并不陌生,就像它对黑格尔的自我表达要求一样。最后,"歌手"瓦尔特向"大师"萨克斯鞠躬,并且学会了不要去"鄙视"专业的"行会"。当然,封建与资产阶级秩序的调和,与年轻贵族理所当然地去害怕的那个被物化的世界达成了一致。尽管如此,在瓦格纳身上,最具进步性的东西莫过于他在矛盾上的努力,这在理性上超越了被盲目的理性带来的条件。一些迷信文化、敌视文明的瓦格纳的反对者们,其中就有希尔德布兰特(Hildebrandt),他责备瓦格纳,因为瓦格纳在他所谓的"与19世纪的斗争"中,却毫不犹豫地采用了19世纪的技术成果。他们把拜罗伊特"机械大师"的重要性算到他头上,如果他们能读懂乐谱,肯定

---

① 瓦尔特·冯·德·福格尔魏德(Walther von der Vogelweide,约1170—1230),中世纪德国宫廷恋歌乐人。

会得出更令人沮丧的结论。瓦格纳的意图是让单一艺术服从于整体艺术,随着这种统一的组织,劳动过程的分工就把他之前的音乐所有的知识都抛在脑后了。"伤口只有用击中它的长矛才能治愈"(Die Wunde schließt der Speer nur, der sie schlug):至少在瓦格纳的创作过程中是这样的。尤其是神圣的《帕西法尔》,它使用了类似电影的移动式布景(Wandeldekoration)技术,表现了这种辩证法的最高境界:神话类的艺术作品梦想着它完美的反面形象——机械类的艺术作品。著名作曲家的工作过程总是包含着技术理性化的特征:只要去想想贝多芬手稿里的缩写和密码就知道了。后期的瓦格纳在这一点上走得特别远。在作曲手稿和完成的乐谱之间,还有第三种东西:所谓的配器草图(Instrumentationsskizze)。其中,音符部分是用墨水写出来的,而不是铅笔手写体,从而在一定程度上使其客观化了;同时,还增加了完整的配器,这样瓦格纳在《帕西法尔》的工作就可以说:在配器草图之后,别人就可以将乐谱印刷了。这种配器草图——今天人们称其为"缩谱"(Particell)——它与作曲手稿是同时被确定下来的,总是与之相隔几天才被完成。这就明确地区分出了两种工作方式,并且防止了声音被孤立——在柏辽兹的意义上来看,其控制权被保留在作曲过程中。另一方面,由于两个过程之间的时间间隔很短,那些在创作中作为基础的音色构思,仍然可以被保留下来。瓦格纳就是这样巧妙地组织音乐的劳动分工的。它包含了他创作的所有层次,并允许其将各种元素相互契合,填补间隙,并产生了绝对的统一和存在的表现。这神奇的效果本身是离不开它合理的创作过程的,而它却要像驱魔一样,逃离这种创作过程。

　　瓦格纳的劳动分工是一种个体化的工作。这就设定了它的局限性,这也许就是为什么它必须如此极力否定自己的原因。对乐剧的反对,并不是因为它触及了个别艺术表面的绝对正当权利。这种应有的权利确实是对劳动分工形成的体系的一种崇拜。当瓦格纳以"现实的"名义去攻击它,即以完整和自由的人性的名义来攻击它时,要求艺术的合作与联合,因为在被解放的人身上,感觉器官不再残缺,有一天它们或许可以走到一起。他由此提出了现实的人文主义的要求。这种要求对他来说,却变成了狂喜和妄想,而不是去合理控制劳动的过程来协助自由。然而,这可以用这样一个事实来解释,即整体艺术是由市民阶级的"个人"及其灵魂所承载的,它的起源和实质正应归功于"个人"的异化,而这种异化是整体艺术所反对的。整体艺术不是在它的名字中带有的"整体"这个词来决定的,而是由个体们作为前提和内容构建起来的。它尖锐地宣称自己是整体性的化身。在瓦格纳的理论构想中,"天才"的强调作用就落在了诗人身上,他主张诗人的首要地位,也许是作为一个音乐的专家去怀疑自身、怀疑音乐。他很清楚地认识到了整体艺术和个人主义之间存在的矛盾的痛苦;但狂喜应该能消除或改变这种矛盾:"目前还不会有两个人会想到联合在一起,去实现完美的戏剧,因为两个人在交流这种想法时,他们不得不以必要的诚意向公众承认这是不可能实现的,而这种承认将使他们的事业被扼杀在萌芽状态。只有一个孤独的人在自己的坚持下,才能够把这种忏悔的苦涩转化为一种醉人的快感,以狂热的勇气驱使他去让不可能的事成为可能,因为只有他独自一人,被两种他无法抗拒的艺术力量所驱使,并在这种力量的驱使下,心甘情愿地牺牲自我。"[9] 尽管这些句子中包含着许多真理,但其结果不会指向整体艺术,而是指向它批判性的禁止。瓦格纳之所以会说到自我牺牲,与其说是福楼拜式的创作痛苦的主题,不如说是对此事无望的思考。这段话的目的超过了对个体化的狂喜的背叛。在乐剧中牺牲的不是他自己,而是结构的一致性:作为一个孤立的人,他无法真正废除劳动分工,他所取得的一切成就都归功于它,因此只能克服这种短暂的假象。但是,他也无法让自己成为乐剧所需要的所有媒介的专家。穿着天鹅绒夹克、戴着贝雷帽的艺术家,自诩为"大师",以典型的艺术家的姿态出现,而半专业的诗人永远也无法完全达到戏剧学和语言的要求——两者是相通的,尽管它们是相互矛盾的。个体所设想的有机、有灵魂的统一体,在客观上呈现为一个单纯的聚集物。瓦格纳在音乐材料上最胜任的是技巧的理性,但在其他地方却都失败了。一种有约束力的、将虚假的认同净化了的整体艺术需要一个由专家组成的策划集体。同样作为戏剧作曲家的勋伯格天真地保持着对瓦格纳

美学的忠实，他曾经设想过建立一个"作曲家工作室"的乌托邦，在这个　107
工作室里，一个人将在另一个人不得不放弃的地方准确地接手工作。
然而，集体工作在瓦格纳那里被排除在外，不仅仅是因为 19 世纪中叶
的时代状况，还因为他的工作内容，即向往的、狂喜的和救赎的形而上
学。它否定了整体艺术的组织，而这种组织只能被想象成集体的：一种
对照式的组织。错误认同的原则不允许从相互异化的艺术矛盾中构建
其统一性。如果说，在资产阶级歌剧史上，音乐有权反抗去执行无声与
无意义的命运——就像在蒙特威尔第(Monteverdi)那里哀叹的阿里阿
德涅(Ariadne)的抗议中那样，以及在地牢里的费德里奥的开场曲的抗
议中那样——那么在瓦格纳那里，音乐却已经出卖了它的抗争权。作
为一种不可回避的因果联系，音乐仍然像瓦格纳所信奉的哲学一样是
决定论的，并且作为一种盲目的厄运终结自己。因此，纯粹的形式内在
性的假象，就像深刻的反形式的内容一样，就像在瓦格纳的批评家之中
那些负责任的人所保留的那样。乐剧形式本身的无断裂性，即瓦格纳
的"风格"，就是断裂的风格。音乐不再具有决定性的力量：不能在行动
中脱离监禁。因此它屏住呼吸，一定要用主观上的激情和兴奋来征服
听众。倍增的美学是反对的代名词，是对主观表达要素的纯粹增强，而
主观表达要素恰恰是凭借这种增强而被逼到虚无中去的。然而，被瓦
格纳的魔法实施暴力的各种媒介，通过嘲笑统一和强调作品未能取得成
果，对他进行报复。在乐剧中，往往因为必须不惜任何代价地保持织体，
所以平淡无奇的材料多于音乐，甚至在宣叙调中也是这样，而宣叙调完
全不打算音乐性地去掌握材料；然后，这种过剩在音乐上继续发挥作用，
在精心设计的动机关系中，它给了瓦格纳"当下性"(Gegenwärtigkeit)的
假设一记响亮的耳光。谁不了解在《诸神的黄昏》的结尾会出现一个救
赎的动机，那么他就无法理解音乐和诗歌是如何被贯彻下去的。这也　108
是乐剧放弃纯音乐逻辑的内在时间架构所要付出的代价。出于非理性
的情绪，它屈服于理性主义。当下与反思被分离开来，乐剧对自身进行
了一种判断，它类似于理论家瓦格纳所表达的，将诗歌描述为理性的东
西，将音乐描述为感性的东西，而整体艺术则希望将两者结合起来——

各种媒介的区别使它们置于喜闻乐见之下，以便之后能够更方便地将它们结合起来。乐剧的创造力量源于整个人类的梦想："正如有人以最充分、最令人满意的确定性向我们展示自己，同时有人让我们的眼睛和耳朵了解自己，同样，内在的人的交流器官也只有当它以同样令人满意的方式，向这种听觉的'眼睛和耳朵'交流时，才能使我们的听觉获得最充分的确定性。"[10]但整体艺术的设定和实践却沦落到瓦格纳自己的批判性见解中："现在没有人比我更清楚，我心目中的戏剧的实现取决于一些条件，这些条件不在于个人的意志，甚至不在于个人的能力，不管这些比我的意志和能力大多少，而只在于一种共同的状态，和由它所促成的共同作用，但现在却只有完全相反的东西。"[11]

注释

［1］Wagner, Gesammelte Schriften und Dichtungen, a.a.O., Bd. 4, S. 199.

［2］a.a.O., S. 193.

［3］a.a.O., S. 202f.

［4］a.a.O., S. 127.

［5］a.a.O., S. 103.

［6］a.a.O., S. 133.

［7］a.a.O., S. 132.

［8］Cosima Wagner und Houston Stewart Chamberlain im Briefwechsel 1888 bis 1908, hrsg. von P. Pretzsch, Leipzig 1934, S. 146.

［9］Wagner, Gesammelte Schriften und Dichtungen, a.a.O., Bd. 4, S. 209.

［10］a.a.O., S. 136.

［11］a.a.O., S. 210(Anm.).

八、神　　话

在风格史的概念中,乐剧论战的双重立场可以这样来表述:它不仅反对流派上风俗式地被可爱化的浪漫主义歌剧,而且也反对宏大的、音乐性的国家事件。如果以人性的内容为名,把超自然的东西驱逐出舞台,或者将它平移到自然之物的隐喻中去,那么全人类的主张也就清除掉了魔幻式的对立面,即事实—历史的材料。幻境的狂喜把所有的政治都赶出了歌剧,顺便说一句,即使在梅耶贝尔的作品中,政治题材也已经被中和了,变成了单纯的展示品,就像今天文化工业投放到市场中的彩色电影或名人传记一样。瓦格纳的作品消除了政治因素,这毫无疑问是1848年后资产阶级失望的结果,这在他的书信中被直言不讳地反映出来。但是,在年轻的瓦格纳写下的冒险题材中,他的同时代人就已经注意到了其中蕴含的反动潜力,这种潜力在他后来的作品中才得以体现出来。根据纽曼的说法,阿道夫·伯恩哈德·马克斯①在反对《罗恩格林》时说:"这部戏剧是未来的戏剧吗? ……中世纪会是我们未来的写照吗? 这种被淘汰的、已完结的东西,会是我们希望的孩子吗? 不可能! 这些传奇和寓言……对我们来说,只是作为早已逝去的时代回声,这对我们的精神来说是相当陌生的。"[1]可以想象,瓦格纳回想起年轻的德国时,想要迎合这样的反对意见,不亚于他对歌剧童话的厌

---

① 阿道夫·伯恩哈德·马克斯(Adolf Bernhard Marx, 1795—1866),德国19世纪著名音乐理论家、评论家、教育家。

恶。但他曾经进行了反抗,被诗歌束缚在幼稚的成规上,尽管所有的人都在谈论"普通的生活",他还是利用具体社会条件下脆弱的清醒,危及了歌剧的魅力。诗歌与音乐的教条身份,使他害怕一切与之不融合的
110 东西,就好像只有在与音乐构成对立时才能把握它们。(贝多芬的)《费德里奥》在对待音乐与唱词的间歇性处理上,其政治性比乐剧强得多。瓦格纳始终表明自己完全属于市民阶级,因为表演的审美深度与对历史价值的省略在他那里不谋而合。他刻画的普遍的人物形象要求消解所谓的相对性,而支持人性恒定的理念。对他来说,实质性的东西就是一种残留物而已。因此,他认为自己被强迫去涉及一个材料的层面,它既不知晓历史,也不认识超自然的东西,甚至也不了解实际上的自然之物,而是被认为处于所有这些范畴之外。存在被吸引到一切重要的内在性中去,内在性被符号的魔咒所控制。但这个模棱两可的层面是神话的层面。它缺乏明确性;它的两重光(Zwielicht)引诱着不可调和的因素,即实证主义和形而上学因素的交融。因为在它那里,先验性与单纯的事实性一样少。神与人在同一个舞台上互动。在《罗恩格林》之后,瓦格纳实际上将历史冲突排除在了他的作品之外;《特里斯坦》和《帕西法尔》里的骑士精神只提供了遥远的悲情色彩,《名歌手》的例外才真正证实了这一规律。神话乐剧集世俗性和魔幻性于一身:因此,幻境的谜题就被解开了。

然而,试图根据神话的多意性来让混合形式变得合理,却遇到了一个限制。如果说瓦格纳关于恒定人性的观念被证明是一种意识形态上的谬误,那么神话本身的暴力就摧毁了这种谬误,因为它们在瓦格纳的作品中违背了他的意愿。驱使他走向神话的亲和力,也摧毁了他仍然相信的人性:他作为一个不折不扣的公民,自己的概念却已经在脚下摇摇欲坠了。诚然,他的无能从一定程度上被归于消极的真理,归于资产阶级秩序下的混沌意识——但他恰恰是在那里被拉回来的,这就是瓦
111 格纳倒退的客观原因。他已经把野蛮人、把最终从市民中脱颖而出的人投射在纯粹的人身上,并且把他形而上地美化得好像是纯粹的人一样。人们有很多理由可以称瓦格纳的音乐为心理上的,所以在歌词中,

很少去原始又直白地述说在心理主体中作为想象而存在的东西。《指环》以及所有成熟时期的剧作家,都不屑于去"展开"人物。瓦格纳的外化倾向,把主观的赋灵放在了姿态的感性和效果之前,从而使人们短暂地看到了某种赋灵本身。而动机表现得极为激烈。人物的行为在一瞬间就会发生变化。他们很难与自己保持一致,齐格弗里德甚至还没有完整的身份认同意识,而是经常用非人称代词来作人称代词——"它在说话"(da redet's ja)。比如在《荷兰人》中,还有在齐格蒙德和齐格林德、瓦尔特和伊娃之间的爱情都只是一见钟情,根本没有从内心发出的痴迷;瓦格纳尽管有着一切德意志民族主义的理想,但始终没有受到陈腐的正派气质的影响,这要归功于他对性的一种未受破坏的看法,只有这一点才让他写出了感人的场景:布伦希尔德为了爱人,想要保存自己少女时代的形象,却又义无反顾地献出了自己。虽然,她的爱后来变成了恨。没有反思能让她看透阴谋的机制;后来在齐格弗里德死后,仇恨又同样突兀地变成了爱,在此彻底放弃了对戏剧化结点的解决。古特露妮(Gutrune)将遗忘药水的事情告诉她之后,她没有再多说一句话。仿佛瓦格纳也预见到了弗洛伊德的观点,这种观点认为,在古代人那里,一切都以突兀、粗暴的行动来表达自己,而在文明人那里,这种行动只是作为一种内在的情感上的战栗出现,只有在梦中和处于疯狂状态时才会做出古代人的行为。

但同时,瓦格纳对个人"灵魂生活"的漠视,也展示了一种政治认知的痕迹,即个人是由物质现实来决定的。他和伟大的哲学一样,都不信 112
任私人的东西。他对整体的看法不仅仅是总体性支配的,还表现出一种普遍的纠缠。在这种纠缠中,个人越是无情,他就越没有能力。世界的变革失败了,但要去改变世界才是问题的关键。齐格弗里德并没有受到俄狄浦斯情结的影响,而是击碎了沃坦的长矛。如果说原始的行为最终在有生命力的、历史性的世界中升华成了一个梦,那么在《诸神的黄昏》中的阿尔贝里希与哈根的场景中,这样的过渡就在舞台上发生了,这本身就是有意义的事情。但这种意义及其与内化的对比,更为历史性地塑造了神话题材,超过了瓦格纳美学所认为的内容。神话与文化互为阶段性跟随,由此文化本身的神话起源也就出现了。瓦格纳作为剧作家认识到神话与法律的交融。《指环》中的"契约"让人联想到叔本华,它如此重要,是以无政府主义为前提的。所有人对所有人的斗争,只是通过由此产生的法律制度来勉强解决。只要没有明确的契约制度去阻止它,它就会重新爆发。沃坦只要不受成文契约的约束,他就会准备采取任何暴力行动。此外,沃坦的这些契约恰恰对未开化的自然状态进行了限制,它同时也是一种束缚,剥夺了他回避行动的自由,从而助长了混乱的重新出现。在瓦格纳那里,权利被揭示成不守法的等同形式。海德格尔最近解释的阿那克西曼德(Anaximander)的箴言可以被放在《指环》的开头,他作为语言神话学者从与瓦格纳不一样角度出发,对其进行了诠释。在尼采的翻译中,这句话是这样说的:"凡是事物在哪里起源,它们就必然在哪里毁灭,因为按照时间的顺序,它们必须为自己的不公正进行忏悔,并且接受审判。"法律决定了对不公正的处罚,同时也由此将自己变成了不公正,秩序变成了毁灭:但这就是113 神话的本质,正如它在前苏格拉底思想中回响的那样,瓦格纳不仅在物质上沉湎于它,而且在审美执行的最内在的地方也是这样。在整体艺术中,不间断的内在关联基于古老的命运观念,就像"过渡艺术"的那种音乐形式原则一样,是一种普遍性的调解。瓦格纳的音乐屈服于这样的法则:张力和解决必须在整体上相互对应,任何东西都不能失去平衡,任何突兀的、孤立的东西都不允许存在:对他来说,所有的音乐存在都是为了他者的存在,都是在创作中本身"被社会化"的存在。如果说,所有的市民阶级的音乐实践中的不和谐与和谐都是以此为目标的话,那么在瓦格纳那里,张力与解决的平等法则就成了特定的技术典范。勋伯格作为作曲家,第一个质疑了这一原则。然而同时,他作为理论家却从严格的瓦格纳精神中找到了这一原则的可靠公式:"每一个加在开头音后的音,都会使该音的意义受到质疑。例如,如果 G 音跟在 C 音之后,耳朵可能无法确定这到底是表达 C 大调还是 G 大调,甚至是 F 大调还是 e 小调;而添加上其他音有可能会,也有可能不会澄清这个问题。这样,就产生了一种不稳定、不平衡的状态,这种状态出现在整个乐曲的大部分中,并通过类似的节奏功能进一步加强。在我看来,恢复这种平衡的方法才是作曲的真正思路。"[2] 在这种"平衡"的产生中,命运的平衡也被打破了;一切已经发生的事情都被撤销了,审美的法则秩序就是去恢复原始的状态。并且附带地说一句,带着对作曲过程的严肃性极为深刻的理解,勋伯格与瓦格纳颇为一致地,在其他地方也谈到了一部展开的作品应该要满足动机与和声的义务。[3] 由此,就确立了交换对艺术作品本身的组织和内在过程的首要地位:它成为整个社会交换过程的缩影。通过向神话的倒退,资产阶级社会以瓦格纳的名义向自己致敬:音乐进步中的所有新事件都是以前面的事件为标准的,而抹去这些事件,也就会抹去新事件。起源是随着整体的清算而达到的。114 晚期资产阶级社会的无政府主义特征的觉醒意识,将总体性解读为前世界的无政府主义。它仍然受到瓦格纳这样的公民的谴责,却已经被作为音乐人的瓦格纳所期望。当神话中的暴力与契约在《指环》中混淆一气时,不仅仅是对法律起源的直觉被认同,更是贯彻了一个以法律为名的契约和财产支配的社会的不公正体验。诚然,对瓦格纳的美学指责是存在的,他作为一个现代主义者,冒犯了最古老的东西、亵渎了神话,但审美过程的倒退并不取决于个人的偏好,也不取决于心理上的偶然。他属于这样的一代人,在一个彻底社会化了的世界里,第一次意识到人们头上发生的事情不可能被个人扭转过来。然而,他却拒绝去呼唤具有决定意义的整体性。因此,他将其转化为神话。社会进程的不透明性和全能性被个人美化为一种形而上的神秘,个人经历了社会进程,却把自己等同于这个进程的统治力量。瓦格纳设计了持续性灾难的仪式。他释放出来的个人主义宣告了对个人及其秩序的死刑判决。

当他在世界根本上去寻求自身状况的纠葛时,就在当下和神话之间建立起一种默许。瓦格纳并没有把神话仅仅作为隐喻来引用:在他的眼中,一切都是神话的,当然这也是他唯一处理过的现代性材料。名歌手们卖弄着老旧绘画的那种习惯,把空间和时间上已是遥远的习惯转移到后来出生的本地人身上。从纽伦堡来的女人被派到约旦河边与施洗约翰会合。无尽的俗套传统以二手的方式,附庸在这种瓦格纳的寓言之上。但这种不合时宜的做法不仅仅是假装的天真和工艺美术上
115 的仿古风。在这部轻松欢快的歌剧中,每一个当下听起来都仿佛是一种回忆。甜蜜憧憬的表达与熟悉的旧事物的诱惑相融合,在故乡中的安全承诺与"我曾经到过那里"的感觉融合起来,市民阶级的原型被远古的圣光所包围。最终,作品之所以吸引了它的听众,与其说是因为其民族主义的自我崇拜和兽性的幽默,倒不如说是这一点:每个听众都有一种感觉,仿佛这是他一个人的财产,他被遗忘的童年的信息,在似曾相识中共同构成了集体的幻境。在巫婆的厨房里蒸腾出的香味是不可抗拒的,因为它能激起、满足,甚至在意识形态上使一种冲动合法化,而这种冲动是成人费尽心思却从未完全学会去驯服的。不只是对萨克斯一人而言,它放松了所有人的四肢,作为感情的煽动者,作曲家让所有人都作出了一致的反应。瓦格纳最具有神话色彩的地方,莫过于将这种吸引力现代化了。他紧靠在这种极致的个体分化上,为个体状态之前的无形幸福作好了准备。姜饼盒为纽伦堡人带来的承诺,被确认为一种神圣的思想境界。然而,它的真实性却受制于谎言。瓦格纳把德意志过去的历史存在强调为本质。因此,他把那种绝对性注入到诸如人民和祖先的本质的概念中去,这种绝对性在绝对恐怖中被释放出来。被操纵的记忆处于启蒙的对立面,正如斯皮茨威格的诗歌无法摆脱文化景观对不合群者和异类的嘲讽一样,瓦格纳也将16世纪欧洲还不为人知的月夜和丁香,与暴虐狂的粗鲁融合在一起。音乐闪烁着柔和的光芒,维纳斯堡的音调鼓励人们将人性与白昼的秩序抛开,让毁灭顺其自然。在第二幕结尾的打斗中,剧院观众体会到那种无法脱离幽默感的恶魔般的快感,欣赏着暴力行为预言性的缩影。

116 　　瓦格纳所有的模糊性都源于他与远古形象的关系。他自身的思想天赋沿着内在的情感波动,一直流淌到它们的现实原型那里,从而照亮了倒退的元素;但同时,他又把自己托付给这种元素作为起源的真理,并使自己也倒退了。在美学上,他预见到了张力,它在理论上最初出现在弗洛伊德和荣格之间的冲突中。他的"精神分析的"动机,如乱伦、对

父亲的仇恨、阉割，已经被经常提到了；而萨克森关于"真实梦的解析"的格言，似乎使整个艺术作品更接近于一种分析学的理想，这接近于让无意识的东西意识化。在意识形成的瞬间，瓦格纳的语言形式先于尼采的《查拉图斯特拉如是说》三十年：

> 本源之母——恐惧！
> 本源的——悲哀！
> 永远长眠下去，长眠下去！

　从同样的角度，齐格弗里德回答道：

> 是勇敢，还是狂妄自大，
> ——我怎能知晓呢！

然而，这个公式本身就是神话。"是勇敢还是狂妄自大"以挑战自我的姿态与古老的权力相类似，而在固执己见的沉闷中，"我怎能知晓"却再次消沉下去。齐格弗里德不仅是一个把自己从自然界的无意识语境中挣脱出来的主体，而且已经是在《帕西法尔》中被充分美化了的一个傻瓜，是"幼稚的英雄"，是"白痴"，他在自我觉醒之后，并没有失去恐惧，只是"不知道"何为恐惧，他之后从性中学会了恐惧，又忘记了恐惧。当沃坦拒绝了埃尔达(Erda)和本源之母时，她们并没有丧失力量，而他也没有获得自由。而在诺拉女神们的场景中，沃坦违背了自己的意愿，中了她们的咒语，当命运之绳断裂时，诺拉们下降到了原始之母中。意识只是有利于完成无意识的循环。宇宙起源论学者克拉格斯(Klages)①并不接受瓦格纳，但他的思想动机比以往的"精神分析"的思想动机更充分地集合在埃尔达的范围内。甚至他的认识论，即处于自发的圆满思想对立面的繁茂生长着(vegetabilisch)的驱动性的形

---

① 　路德维希·克拉格斯(Ludwig Klages，1872—1956)，德国心理学家、哲学家。

象,也基本被包含在《齐格弗里德》中:瓦拉的沉睡被称为"沉思的"(sinnend),她自己说:

> 我的沉睡是梦,我的梦是沉思,
> 我的沉思是对知识的支配。

117 正如在克拉格斯那里,大地丧失权力意味着一种形而上的灾难:

> 一觉醒来,我很困惑:
> 这个世界在旋转,
> 变得狂野又混乱!

精神与盲目的命运作对,它被斥责为灵魂的恶魔般的对手:世界之树(Weltesche)被沃坦从树上割下长矛而受到致命的伤害。瓦格纳已经开始将叔本华的形而上学的意志进行了转化,变为更容易管理的集体无意识学说。这最终成了"民族之魂"(Volksseele),在它之中,从专横的个人那里借来的残暴,与无定形的大众的力量相结合,小心翼翼地远离对抗性的社会思想。因此,瓦格纳的神话贯彻到了威廉二世时代的图像世界中:甚至皇帝的号角发出的信号也是《指环》中雷鸣动机的简化版。

瓦格纳的神话与这样的图像世界的关系从整体上而言是不可能被误解的,模仿式的假骑士城堡的建筑物,以及新德国繁荣时期的咄咄逼人的理想模式,其范围从巴伐利亚的皇家城堡,延伸到了柏林餐厅"莱茵黄金"(Rheingold)的名称。但真实性的问题在这里和其他地方一样毫无结果。正如发达资本主义制度的优越性在集体意识面前被堆砌成神话一样,同时现代意识寻求避难的神话区域也带有自己的痕迹:主观上曾经的梦想,在客观上却是一场噩梦。因此可以说,图像世界是不真实的,后人发现在他们自己身上反映出来的神话也是扭曲的,也是他们的真相。面对一个疏离地、无法交流地将自己的阴影投在主体上的、高不可攀的事物,主体以沉默的姿态与神话的东西有着密切的联系。然而,这对于瓦格纳来说是具有决定性的,也许正是因为他的夸夸其谈。纽曼曾提请人们注意《指环》诗歌与维舍尔(F. Th. Vischer)①的《批判的漫步》(*Kritischen Gängen*)中《对歌剧的建议》之间的相似性。[4]这位美学家假设一部尼伯龙根歌剧,他以尼伯龙根神话为基础,浪漫地赋予了德意志民族性格所有的实质性,由于其中人物沉默寡言的特性而抵制了话剧。他认为,这种沉默寡言既可以通过音乐来保存,也可以通过音乐被克服。如果我们把《指环》看作对维舍尔建议的执行——根据纽曼的说法,可以肯定瓦格纳知道维舍尔——因此,瓦格纳把音乐引向了神话般的缄默,而不是去打破这种缄默。这部有四个部分的作品具有的"引导"功能不仅仅是一种风格原则,还是为了戏剧人物本身的需要。作为这种理念的表达者,他们太过空虚,实际上无法去"表达",因此利用服装道具的储备上对典型形象进行表达。这不是没有原因的。这位作曲家将他的人物从义务中解脱出来,无论是作为主体,还是本应是生机勃勃的存在:他们不用唱歌,而是用宣叙调背诵他们的角色。就像蹦蹦跳跳的牵线木偶在世界精神导演的手中,他用技术管理他们,而木偶们就像《尼伯龙根之歌》里的物品一样没有灵魂。在那里,叙述者用引导的姿态站在高于那些在前景中表现出来的人物的地方。表达和被赋予灵魂可根本不是同一种东西,有时候自我沉淀、自我反省的表达似乎想通过模仿再次召唤出已经消失的东西。瓦格纳的"有表情的"(Espressivo)表达,从主人公身上夺走了一些他们本来就极少拥有的东西,就像后来银幕上的人物一样,"诗人说到……",是因为命运阻止他们去说话。但正因为如此,音乐追随着强加在无能者身上的命运,放弃了自歌剧形式被发明以来,在整个资产阶级上升时代所固有的最深刻的批判:对神话的批判。错误的认同,最终就是音乐对神话的认同。在瓦格纳的乐剧中,奥菲斯的形象是不可想象的,就像在他的《尼伯龙根

①　弗里德里希·西奥多·维舍尔(Friedrich Theodor Vischer,1807—1887),德国文学家和美学哲学家,也是作家和政治家。

的指环》版本中没有给沃尔克留下位置一样,而在《叙事诗》一场中,当吟游诗人把勃艮第人骗入到最后一夜的睡眠中时,这场景应该比其他任何场景都更能产生音乐。歌剧的真正理念,即在冥界之门打开面前的安慰,已经荡然无存了。在瓦格纳的形式上的意义构思出这种安慰的地方,仅仅是事件过程中的间隙而已,如在《名歌手》第三幕的五重奏,一个新的主题开始了,而艺术创作力却神秘地枯竭了;在几小节柔美明亮的美丽音乐之后,乐曲又回到了赞歌的动机式的套路上,而并没有从新的思想中展开,只是似乎集合成了一种曲式而已:无能的曲式,当然因此就更显凄美了。除此之外,音乐只是跟着情节走,却没有超越情节。乐剧确实不是歌剧;祭祀般的时刻,一直适合这样的曲式,比如在《费德里奥》中,它被提升为资产阶级自由的仪式,但它仍然是孤独的,"舞台庆典"(Bühnenfestspiel)和"舞台献祭庆典"(Bühnenweihfestspiel)这样的表述说明了瓦格纳自己对它的认识。正因为歌剧通过"献身"从张力中被释放出来,并且表现成了可重复的敬拜行为,所以它们把自己交给了其过程中纯粹的内在性,并且根除了任何其他的东西,即自由。瓦格纳更为神话式的、更为异教徒式的地方是献祭,这是一种对神话戏剧徒劳的求助。在瓦格纳那里,音乐和歌词的含义是一样的,这在后面会作出相应的解释。维舍尔以惊人的洞察力将贝多芬排除在他的神话歌剧计划之外,因为其"太过交响乐化了":正如在"啊,希望,放弃那最后的星辰"(O Hoffnung, lass den letzten Stern)①具有的性格,摧毁了所有的神话,正如贝多芬的每一个小节都超越了它所产生的自然背景,并与之相协调。因此一般地来说,交响乐的形式,即被勋伯格称为"发展中的变奏"的原则,是最优秀的反神话的原则。然而在瓦格纳那里,自然不可调和地被主宰了,因此自然自己的裁决具有最后的决定权。尽管所有的理论著作都在抗议,但他音乐最核心的内涵却并没有什么交响性,这与他的动机处理是一样的:任何艺术内容的关键都在于它的技巧。

瓦格纳的诗歌尖锐地反映了音乐在内容上与童话的关系立场产生

---

① 贝多芬《费德里奥》,第一幕。

了变化。童话属于神话。这些歌词充满了童话故事的特征,比如从一幅图画中走出来的人——在《荷兰人》中,或者从故事中出现的人——《诸神的黄昏》第一幕中的罗恩格林和齐格弗里德。比如在格林童话 120 《强盗新郎》中,人们也会遇到这种情况。打破这种图画般的假象,无非是对神话内在性的悬置。这样的冲动是如此强烈,以至于挫败了《罗恩格林》中的戏剧性构思;在《荷兰人》中,在主人公与森塔相遇的那一刻,这部作品的第一幕就已经是"完整的"了,第二幕并不是第一幕的幻境般产生的气氛的延续,而是叙事的延续。成熟的瓦格纳的戏剧性以一种"叙事戏剧"的方式贯穿下去。放弃了音乐与神话的对抗,就意味着任何悲剧性的想法都会被提前牺牲。形式和情节的决定论只知道冲突是一种假象,是偏颇的人物的自欺欺人。正因为如此,音乐的流动才能够不分青红皂白地吸收掉一切发生的事情。在这一点上,尤其与从音乐上去组织唱词是一致的。但这是一种神话面对童话的胜利。在"不知恐惧为何物的人"的材料动机的讲述中,这一点变得非常明显。纽曼认为[5],瓦格纳在德累斯顿的革命时期曾想过要创作完全基于格林童话素材的作品。然后,他突然把格林童话中的英雄和神话中的齐格弗里德融合在了一起。[6]童话元素给瓦格纳造成了极大的困难,尤其是在《指环》的创作中,这些困难在《齐格弗里德》第一幕的三个版本中都无法被克服,并且在最后版本中仍然出现了某些令人难以理解的内容。[7]从戏剧性上来看,齐格弗里德无所畏惧的自发性——作为一个不识恐惧之人,无论是父亲的咒语,还是自然的家族世代秩序,都对他无能为力——这与米梅的算计和计划并不相符。无论米梅这个愚蠢而狡猾的命运工具,是渴望还是想要去利用齐格弗里德的恐惧或无畏,结构上都无法自圆其说。童话世界的超验,用沃坦的话来说"是不同的",并且不是一成不变的,它拒绝融入自然与社会的关系中去。只有在盲点中才能偷偷进来。这一点在《齐格弗里德》的第一幕中就能找到:米梅的恐惧幻觉,这是一个薄弱的动机,没有安全感,又被过度渲染了。121 童话倒退成了神话,在后者身上留下了创伤和疤痕,它们见证了被阻碍的突破。

在把童话出卖给一直既有的东西的过程中,资产阶级特征完全强占了瓦格纳的作品。神话变成了神话化;纯粹存在的暴力变成了它的合法化。资产阶级和神话的组合可以在《罗恩格林》中被最清楚地看到。在那里,神圣领域的建立,从所有世俗的掌控中撤离出来,与不可捉摸的资产阶级关系的转变直接吻合。在真实可信的意识形态精神中,妇女在婚姻中的屈服被掩饰为谦卑,被掩盖为纯粹的爱的执行。男性职业生活对女性私人的体验是不可理解的,是与之严格区分的,也显得很神秘。天鹅骑士赐予的荣耀,只在于丈夫给了钱;荷兰人已经算是个很好的伴侣了。女性受虐狂将丈夫粗暴的"这不关你的事",变成了亲密的"不,上帝,我不想去知道这是为何"。丈夫的心情、专横的命令,尤其是被瓦格纳有意识地批判的劳动分工,在不知不觉中得到了印证,在外面"打拼"的男人成了英雄,就像瓦格纳之后无数的女士可能把自己的丈夫看作罗恩格林一样。在剧情的发展过程中,埃尔莎屈从于这样的理想化,她的幻想却一无所获。她原本反抗的是男性职业生活的责任,她无法理解这种责任——这是在类似于"圣杯盼望着拖延"这样可怜的模式中糟糕地产生了共鸣。为此,她受到了惩罚,自己却心甘情愿:"你惩罚我吧,我就躺在你面前。"不受约束的本性残余,在女性的抗议中显露出来,以激起女人天性的神奇之事的名义被打破,而由此神奇之事本身被证明是一个谎言。因此,瓦格纳的神话以顺应潮流而结束。恰恰是在这里,所有防御性的嘲讽都变得正当起来。如果说神话强化了资产阶级性,那么后者则谴责神话的主张是荒谬的。当他进行严厉谴责时,瓦格纳就将强烈的厌恶(Idiosynkrasie)作为最后的决定手段。而命运迫使他要在私人偶然性的、平庸的,或是幼稚的自身特点中,去挑起自己的特殊反应。闹洞房算是一种亲密的事件,如果在那里没有笑声,就必须要有厌恶。无耻放纵的打斗,是对市民阶级自律的一种补充,是莱茵少女和女武神的嬉闹的自然声响,汉斯·萨克森说的"哎呀!特拉莱!哦嘿",以及"发情的"性感的人物,如布伦希尔德自封为一个"狂野愤怒的女人",或是在那些段落中,如"你在那儿向我展示了娇俏的脸儿,甜美的嘴角含着笑的牙",甚至萨克森说"走吧,去草地上去,脚步要快"。对这类段落的反应,对不再是公民的人来说,是难堪的。从那时起,瓦格纳作品中随处可见的矫揉造作和自鸣得意的道路就离得不远了。煽动者对追随者吹得天花乱坠,就像无终旋律那样。这样的特点与亲密性融合在一起,沃坦,甚至古内曼兹都表现得很"随和"。在家庭般的环境下,所有早已为人所知的秘密都被揭开了,齐格蒙德可怜兮兮地承认维尔萨(Wälse)是他的父亲,以前他也是这样称呼他的;齐格蒙德和齐格林德之间的相似之处一下子就被洪丁注意到了,随后在揭示其兄妹关系时发挥了很大的作用。所有这一切都试图用这样的观点来证明,对于原始的思维来说,一个事实只有凭借它的名称才会成为现实。然而事实上,瓦格纳为自己的舒适致敬,它原本就是萨克森式的。他对自己是满意的。如果说乐剧缺乏救赎的字眼,那么它的人物则不停地宣称自己是被救赎的,不仅伊丽莎白希望自己死得"纯洁得像天使一样",夏娃在对萨克斯的感谢中也暗示:"只有通过你,我才敢想到高贵、自由和勇敢。"资产阶级世界最著名的情色艺术家的姿态对自己的影响不是没有:那就是自恋。在瓦格纳对神话的召唤中,对已存在者的崇拜和对个体的崇拜是重叠的。《尼伯龙根的指环》就见证了这一点。

注释

[1] Newman, a.a.O., Bd. 1, S. 333.

[2] Arnold Schoenberg, Style and Idea, New York 1950, S. 49.

[3] Vgl. a.a.O., S. 67.

[4] Vgl. Newman, a.a.O., Bd. 2, S. 30ff.

[5] Vgl. a.a.O., S. 313(Anm.).

[6] Vgl. a.a.O., S. 314.

[7] Vgl. a.a.O., S. 312.

九、神 和 乞 丐

123   如果说《指环》的形式是世界历史的整体性隐喻,在自我意识中完善了它自身一直以来具有的东西,那么它让人想起黑格尔的程度就不亚于叔本华了,《指环》从叔本华那里借用了隐喻的内容,而此外,它在特定时刻中与黑格尔的历史哲学也是相吻合的。这就是理性的诡计。无论在与"总体"的对立中发生了什么,无论在与沃坦的世界意愿的对立中发生了什么,都会在这个意义上同时发生,因为沃坦的绝对精神只想着自己的毁灭。早在齐格蒙德那里,我们就已经发现了:"需要这样一位英雄,不受神灵保佑,不尊神界规则。因此,只有他才适合做这事,无论这事对神灵多么必要,他们却无法做到它。"这一点在《齐格弗里德》中反复出现:只有那些不受契约和财产的神话束缚的人,那些无知的人,才能实现世界历史的理想,才能裁决世界历史。

> 我不供奉国家,也不供奉人民,
>
> 不供奉父亲的房子和田地:
>
> 我只接纳自己的身体;
>
> 在活着时,将其消耗殆尽。

无产阶级具有的浪漫色彩的概念,将其看作是"拯救之举",因为这被认为是站在罪恶的社会背景之外的,并且削弱了无产阶级对社会机制的依赖性——这种浪漫的概念被同样浪漫的社会再生能力的看法所补充,只要它能找到回到那些不受干扰的起源的方法。在《帕西法尔》中,再生的学说最终作为君主种姓的再生学说被展开。然而,这在即使是反封建的《指环》中也不言而喻地存在着,把它可疑的一面暴露无遗。恰恰是作为一个拥有未受腐蚀的天性的人,齐格弗里德能够并愿意去遵守社会规范,而这规范并没有被他自己的不谙世故所否定和掩盖:瓦格纳把失去继承权的人的状况,从被压迫者的状况篡改为一个完整的人的状况。凭借着这种篡改,齐格弗里德放弃了自己作为狡猾的人①的仆人身份,并成为整体的帮凶,可以说:这个以樵夫为原型的无产阶级不仅把整体,也把自己推向了毁灭。齐格弗里德一旦被置于这个角色中,就不再是阶级的寓言式的代言人了;他把自己变成了"个人",并因此变成了一个没有历史的、纯粹的、直接的人的幻影。革命者就成了反叛者。他所有的反对意见都被禁锢在资产阶级社会系统性的强制力中,因为这些意见本身并不是从社会进程中发展而来的,而似乎是从外部与社会进程对立着,然后被卷进了漩涡之中。反对社会整体的个人冲动,决定了这个整体性形式的一种顽固利益:这在黑格尔那里是"激情",在叔本华那里是人类的"需求",是在个体化中意志的具体形式。如果整部《指环》都可以被理解为一个沃坦的自我意识的故事,他在认识到自己之后,退出了行为世界,并且否定了自己,那么它的对立面就像意志本身一样盲目,而这种盲目性为死做好了准备,就像认知向它屈服了一样。韦尔颂根(Wälsungen)的激情追求的是与现有整体不相容的特殊目的,但又为现有的整体——沃坦的统治——提供了唯一的机会。但是,由于黑格尔世界理性实现的落空,《指环》的结构就像诺纳女神们的命运之线一样变得纠缠不清。《诸神的黄昏》不仅仅是对叔本华形而上学论断的执行,也是一种历史哲学的飞跃,在这种历史哲学中,普遍与特殊的对立永远闪烁着欺骗性的光芒;它没有黑格尔掌握下的辩证式的阐述,也缺乏任何能改变状态的希望,在这种状态中,长久的对立自身就消失殆尽了。通过社会整体产生的抵抗的存在同时意味着

①　即米梅。

111

125 终结,即将抵抗与统治等同起来;在这一点上,《指环》对历史的诠释力触碰到了它的极限,并在此消失在冷漠的黑夜中。特定的反叛者成为整体的执行机关,成为整体的消灭者,而他的特殊性却没有找到新的整体和其他的整体;但整体本身是反叛作为无政府状态和无休止的自我毁灭的糟糕的永恒。在父神沃坦和齐格弗里德之间——齐格弗里德即是拯救他的对手,同时也是致命的救星——实际上也没有任何界限,在他们的结合中,《指环》庆祝了革命的投降,而这革命也不曾真的是革命。瓦格纳从德累斯顿出逃时的战友塞米格(Semmig),他以无与伦比的深度,观察到了瓦格纳在 1849 年起义失败的这种矛盾的心理:"这场突发事件持续了大概半个多小时;我被坐在我身边的这个人滔滔不绝的话语所淹没——我应该叫他沃坦还是齐格弗里德? ——面对他我一个字都说不出来。"[1]

齐格弗里德,这个"世界的支配者",毫不犹豫地成为吉比雄根(Gibichungen)和哈根的阴谋的仆人,又根据沃坦的"意愿",最终成了命运的仆人,而同时齐格弗里德又应该按照自己的意愿来扭转命运,这种困境和结构上的模棱两可是显而易见的。它表现在对这个四部曲创作的不断改变上。在第一个版本中,齐格弗里德死了,但实际上拯救了瓦尔哈拉,而在最后的版本中,则出现了一个令人绝望的结论:为了不只成为现有状况的受害者和仆人,但又无力去改变他从中带来的,并被瓦格纳式的听天由命召唤回来的现有事物,他在毁灭自己和毁灭个体化的同时,也毁灭了整体。这种无条件的听天由命,既是资产阶级革命的失败,也将世界进程表述为世界湮灭,这些都模糊不清地被糅合在一起。它们之间的关系,至少是失败的反抗和虚无主义的形而上学之间的关系,这自尼采以来并没有被人忽视。有一个明显的情节,它来自已经给出的材料,即《埃达》(Edda)和《尼伯龙根之歌》(Nibelungenlied)中神话式的迷惑性背景,但比之更深刻的,却是四部曲中的主人公沃坦的

126 背叛形象。在这个形象中,反叛者和神、神话和资产阶级社会都汇聚成了一个谜题。实际上,他的形象是这样的:一个流浪者,穿着深蓝色长斗篷,手里拿着一根长矛当拐杖,头上戴着一顶宽大的圆帽,帽檐低垂。

他一个接一个地找米梅、阿尔贝里希、埃尔达和齐格弗里德谈话。他的形象是一个市民阶级的形象，似乎从瓦格纳的作品中走出来，走进了后来的社会中去：一个精神抖擞的老人，戴着一顶懒散的帽子，穿着风衣——"哈维洛克式"风衣——他满脸的胡须，戴着象征性的独片眼镜。在一首后来流行于德国的《傻大哥托马》(*Simplizissimus-Thoma*)的嘲讽诗中，有一段关于种族(völkisch)①的小资产阶级的表述：

> 大胆迈步往前走，
>
> 呼儿，嘿呦，
>
> 大步走出办公室，
>
> ……
>
> 再冷我也不生疮，
>
> 嘿！

然而，这种漫画的集体冲击力不是来自作为市民阶级的瓦格纳的追随者，而是来自最初在乐剧"角色"中被浓缩为市民阶级的刻板形象。一切都说明，他们的标志就是那种被马克思讽刺为德国假革命者的标志，与体操之父雅恩(Jahn)和"学生联邦"(Burschenschaften)同为一丘之貉。老日耳曼人曾被看作自由的守护者，这种自由能恢复一种失落的原始状态。他们可笑的、家长式的专制姿态不允许自己的行为被人指手画脚。民族主义者的胡子是反对宫廷礼节，懒散的帽子是反对礼帽，而风衣则是在召唤它所藐视的自然，因为一个人假装自己是自然的元素存在。然而，如果"德国社会主义者"从一开始就只是名义上的社会主义者，那么，他们寓言式转变成《指环》中的沃坦，就意味着他们与资产阶级的和解：他们自己变成了父亲，他们的愤怒合理化为了父亲的惩罚，就像他们的和解显得像是父亲的和解一样，希望被压迫的孩子睡

---

① völkisch一词也因为其不可译性被直接写成"复克什"。这个词来源于19世纪七十年代的德国种族运动，主要指在德国成为一个统一国家后，在寻求"德意志民族"的身份认同过程中，展开了一系列的种族主义、反犹主义、极端民族主义的运动。

个好觉,希望世界一无所有。孩子的反叛除了它曾经发生过,就这样鬼
127 使神差地无处可寻了。沃坦是被埋葬的革命的幻境。他和他的同类在
他们失败的地方像幽灵一样出没,他们的戏服强迫又内疚地把资产阶
级社会中错过的瞬间记忆保留了下来,他们向资产阶级社会宣扬了原
始的过去是对错失的未来的一种诅咒。瓦格纳暗示了"流浪者"的鬼魅
特征,即旧神在人类世界被剥夺了权力,只能在此"作祟"而已。他已经
失去了名义和地位。因此,他的出现就像鬼魂一样突然,作为过去无所
不在的残余,他的出现还带着威胁,一旦出现,"就总是非常缓慢地一步
步靠近"。由于他的突然性,就引发了米梅的恐惧,后来米梅就像一个
奇怪的遗迹一样,引起了齐格弗里德的嘲笑。他的动机与睡眠的和声
相呼应,仿佛他古老的肉体像影子一样被归入了梦境,这与结尾时出现
的阿尔贝里希并无不同。他的和弦并不和谐,这是一种对矛盾的隐喻,
表现了不可改变的事物在震惊中被揭示出来。但是,流浪者作为被剥
夺了权力的旧神的精神,同时也是被剥夺了权力的新革命的精神。对
于这一点,《指环》的内容已经做好了准备。流浪者作为一个只说不做
的人,被排除在行动之外;他的光环来自他在社会之外的地位:因此他
象征性地成为对沉默的《诸神的黄昏》的观众的直接预示。然而因此,
他的知识——"理性"——被勤劳的米梅——(他代表实践性的、又愚蠢
又聪明的反思)认为是毫无价值的:"有人留着没用的知识。"这种没用
的旁观者就是乞丐。他自言自语道:"许多人对我的礼物心怀不满。"而
吝啬的米梅则希望用"我让游手好闲的人滚蛋"来吓走乞丐。"没有人
在衣衫褴褛的乞丐身上认出亲爱的神来。"在乞丐威胁性的形象中,出
现了反叛者的形象:作为一个祈求者,他把自己看作波希米亚的资产阶
级。然而,这个形象却演变成了神本身的形象,这首先想说明的是,作
为乞丐即被剥夺了权力的人,以前曾经是神,即他曾经有一个改变世界
的机会,但他却失去了这个机会;然后,反叛者在作为神出现时,自己就
128 变成了权威,并且代表了他应该去改变世界。因此,沃坦成了一个家里
令人害怕的吓唬小孩的人,就像《指环》从整体上可以被设想成一支资
产阶级的不羁的摇篮曲——其副歌唱道:"安静,安静,你这个神啊。"瓦

格纳本人在设计流浪者与齐格弗里德的场景时,令其加入到了儿童诗的语言领域中。齐格弗里德问旁观者,就像小红帽问狼一样:

> 你看起来像什么样啊?
> 你戴着那顶大帽子干什么?
> 为什么它在你脸上挂得这么低?

沃坦的回答是:

> 这是流浪者的风格,
> 因为他要逆风而行。

在此需要解决的是,这个答案与流浪者的答案的惬意程度是完全一样的。它模棱两可地将市民阶级的日常经验和神话般的史前时代折叠在一起:它们的形式让人想起与介于神谕和人的常识之间的谚语,这并非没有道理。以神话的和灾难性的方式,沃坦对自己真实本性的声明是为了欺骗,在流浪者动机的和声之后,音乐用英灵殿的动机揭示了这一点。然而与此同时,占卜的结果是真的,乞丐的真理来自乞丐的经验领域。有谚语说"理应如此"(das ist so),其原因在于穷人对世界进程的适应,对一直以来就"理应如此"的东西的适应,而无能为力的人在这种情况下只能听天由命。但是,一直以来都是如此的东西在神话中找到了其对应物,它为神明戴上了永恒的徽记。经验丰富的乞丐智慧为自己带来了史前的神的印记:一种"有用的"外衣,让穷人保护自己免受自然的伤害,这些外衣也是古老的。自莎士比亚的伊阿古(Jago)①以来,在公民和神话的相互伪装中,惬意完全成了背叛的真正气氛。它在流浪者与齐格弗里德的场景中得到了体现。如果想用简单的语言来表达《指环》的"理念",就可以这样说:人从自己出生的盲目的自然环境中解

---

① 《奥赛罗》中的角色,是一个阴险的旗官,他一心想除掉奥赛罗。

放出来,获得了掌握自然的力量,但最后还是屈服于这种力量。戒指的寓意表达了自然主宰和自然衰败的统一。将世界划分为自然和个体,

129 这是区分权威和反叛者之间的标志。在流浪者与齐格弗里德的场景中,形而上学二元论具有的凡俗的实质变得清晰可见。齐格弗里德说:"提问的老者,别说了!"然后流浪者说:"耐心点,你这个小伙子! 如果你觉得我老了,就要尊重我。"齐格弗里德回击道:"还真不赖啊! 只要我活着,就有一个老家伙挡住我的路,我已经让他滚到一边儿去了。"无礼的齐格弗里德似乎赢得了胜利。但获得胜利的同时,也就落入了指环的诅咒中。音乐让人对这一意图深信不疑。流浪者留下最后一句话:"走吧,我留不住你",在此响起了诸神黄昏的动机。支配自然的人陷入自然的衰败中,这个隐喻在《指环》的戏剧情节中具有其历史性的一面:随着资产阶级的胜利,尽管还能部分地支配自然,而社会的"命运"的自然生长性仍然是存在的。灾难在瞬间发生,在大肆宣扬"自然生长"的瞬间发生,它揭示了仅仅是漫无目的的社会进程的产物和耻辱,这是善意的权威的奴才。只有这样才能使瓦格纳的音乐姿态作为一种倒退,从社会性上让人理解。

背叛是造反本身固有的。晚期的瓦格纳没有必要对其叛逆主义的内容进行顺应性的转向,即对农民的信仰和对虚无的信仰。我们只需要考虑巴枯宁对他的影响。纽曼认为瓦格纳的特点是:"他引用了俄罗斯人对火的喜悦,既像孩子又像魔鬼,罗斯托普钦①从战略上焚烧莫斯科时就带着这样的喜悦",瓦格纳把无政府主义解释为并不是必须的,这不过是"掀起一场世界性的运动,以说服俄国农民——他们保持了受压迫的人性中的自然善意,以其最幼稚的形式——去烧毁他们领主的城堡,摧毁其中和周围的一切,这本身是完全正确的,在上帝看来是令

130 人愉快的,由此,必须毁灭一切,即使在文明的欧洲中最具哲学思想的思想家看来,也是正确的,这正是现代世界所有痛苦的真正来源。"[2]

---

① 费奥多尔·瓦西里耶维奇·罗斯托普钦(Fyodor Vasilievich Rostopchin,1763—1826)在法国入侵俄罗斯期间担任莫斯科总督,因为拒绝投降而下令将莫斯科烧成平地。

在瓦格纳这位政治家职业生涯的最前沿时期,仍然可以看到火的魔力和脚踏实地的精神。在《艺术与革命》(*Kunst und Revolution*)的导言中,他用一些诡辩的方式使自己远离了他所参加的起义的具体目标:"但是,如果本文作者想带着眼前这些艺术著作出现在巴黎,那他可能因为经常会吸引'共产主义'的注意而遇到极大危险;很明显,因为他站在'利己主义'的对立面,站在了最令人讨厌的类别的一边。我当然相信,好意的德国读者会立即理解这种概念上的对比,在是否应该把我看作最近的巴黎'公社'的支持者的问题上,他不会觉得特别困难。尽管如此我也不否认,如果不是我认为在这个概念中也出现了一个社会政治的理想来作为原则,那我就不会像我在这里所做的那样,精力充沛地用'共产主义'的称呼来反对'利己主义'(这与费尔巴哈的著作中提到的意义是相同的),根据这个概念,我从前史中所说的共同性,那种无可比拟的创造力的意义上去理解'人民'(das Volk),并认为,这将作为未来的普遍共同体存在,并以最完美的方式被重新建立起来。"[3]在这一点上,不是叛逆者在起作用,高尚的叛逆者的这句话只是冷酷地表达了资产阶级叛逆者粗暴语气中所隐藏的东西。瓦格纳的背叛是资产阶级革命本身的一个片段。而矛盾的是,《指环》的悲观主义本身就包含了这种批判的痕迹,因为它无意中承认了,崇尚自然的小伙子们的起义将再次进入自然生长的体系中去;就算《诸神的黄昏》中汹涌澎湃的管弦乐队已经让这种智慧表露出来,那这也是瓦格纳意识形态的后裔们和瓦格纳式的"起义"不愿听到的智慧。瓦格纳几乎在革命事件发生的同时就背弃了他对革命的参与,这一点已经很说明问题了[4];还很有启发性的是,根据纽曼的详细证据,对瓦格纳公开的诠释故意和仔细地伪造了这部分的内容。[5]叛逆和社会之间的冲突是有利于社会而预先决定的。在《指环》中,社会对反对派的优越性,以及社会功能为资产阶级的目的,被美化为一种超验的命运。这种美化使世界历史寓言与真实的历史格格不入:"他只想在其中表现世界发展在其必然衰落中的一种至今为止的历史阶段,而在《齐格弗里德》中,他想表现未来无畏又快乐的人;但他注意到,在执行上,实际上根本就是在对他的计划进行布局

131

117

时，他就已经不自觉地遵循一种完全不同的、更深刻的观点。这不是世界发展的单一阶段，而是世界的本质，在其所有可想象阶段的本质中，他在自己的诗歌内看到了这一点，并在他的虚妄中认识到了这一点。"[6]这是卢卡奇曾经称之为通过深度实现扁平化的教科书般的案例：即通过将普遍人及其"虚妄"同等化，那么真正的"本质"，即社会化的历史运动规律就被忽视了，一个历史时期的苦难被淡化成世界原则。同时，这种苦难作为具体的历史性苦难，塑造了《指环》中的反叛者，并且非常彻底。秩序的反对者是孤立的个体，没有任何真正的同情心，完全没有任何团结精神：未来的人——齐格弗里德，他是一个顽固不化的天真无邪的小流氓，带着帝国主义的风范，充其量与小市民阶级的狭隘性相比，带着大资产阶级的公正性那种令人怀疑的优点。在瓦格纳这里，除了模糊的"人民"之外，几乎没有任何人性化的集体主义了。如果说唐豪塞的歌手们、洪丁的氏族，以及在某种程度上名歌手的行会都被轻视了，那么帕西法尔荣耀的血缘关系则是后来的秘密社团和领袖集团的"阴谋者"的模式，这与瓦恩弗里德（Wahnfried）的圈子本身有很多共同之处；这是一个由邪恶的情欲和对暴君的恐惧凝聚起来的小集团，它对所有不从属它的人都感到恐怖而恼怒。作为秘密警察局长，格拉森纳普在他长长的传记中制定了所有曾经与瓦格纳接触过的人和狗的正式名单，甚至还对尼采进行了强词夺理的指责，说尼采把瓦格纳当成了他的朋友，因为瓦格纳称他为朋友。[7]所有的关系都被扭曲了，因为它们被分配到了统治和效命的维度中，被伪装成了崇敬和忠诚这样的概念。拜罗伊特已经有了从属政府的特征，让人想起后来党指挥国家的原则；它们可以解释瓦格纳对俾斯麦的敌意，以及对排他性的私人要求，把每一个偏离的运动都看作不忠诚的复仇。在自由主义文化中，要建立一种文化垄断：从其贪婪上来看，对精神上的商业企业的批评并不纯粹。根据纽曼的证据，拜罗伊特的构想不过是利益所驱，通过阴谋诡计去切断与上演固定节目的剧院之间的竞争。帕西法尔的遗愿凸显出从一开始就对革新的意愿不以为然。在瓦格纳的圈子里，越是产生有理由去扼杀自己小圈子里的僭越者和寄生者的想法，崇高就越是无情地去审判卑微之人。

同时,在这种扭曲的社会观中,无情的目光看到了社会的真实面貌。即使是《指环》中世界历史的神话纠缠,也不仅仅是决定论形而上学的表达,同时还设定了对糟糕的决定性世界的批判。瓦格纳对冲突的预先决定性针对的是资产阶级社会的盲目性,这一点在资产阶级意识似乎要上升到自我意识的层面上时,最为有力。在两个场景中,齐格弗里德对布伦希尔德的爱在他念出她名字的那一刻就消逝了。善解人意的布伦希尔德尽管知情,却对瓦尔特劳特(Waltraut)的警告充耳不闻,而齐格弗里德对莱茵仙女的警告也充耳不闻;这对反叛的爱人身上最强烈的冲动几乎就是自我毁灭,这使特里斯坦和伊索尔德远离了真相的世界,即他们准备去主宰的那个世界。正是在此,对资产阶级革命的批判在瓦格纳的背离中得到了突破。他认为,只要坚持私有财产,就没有办法摆脱社会的盲目性;在私有财产的标志下,主观的欲望——"爱恋"(Minne)——和社会生活的客观有组织的再生产是不可调和的。"权力"在瓦格纳这里处于"爱恋"的对立面,在《莱茵黄金》中只意味着对他人劳动的支配权,当然这只是对"贪婪的"资本的轻微贬低。当莱茵仙女们给齐格弗里德最后的机会时,他向她们提出了私有财产的套话作为最后的遮羞布;那些向他索要这枚拯救世界的戒指的人,都必须听他说:

> 如果在你们身上,浪费我的宝物,
> 那我的女人,定会对我恼怒。

此后,当她们嘲笑他的市民性并威胁他时,他的盲目性又恢复了,因为他还没有学会,在对一切都要心怀恐惧的世界中产生恐惧。在瓦格纳那里,市民阶级把自己的堕落幻想成了唯一的救赎,却没有看到除了纯粹的堕落以外,更多的是救赎。面对被物化的资产阶级世界,以及作为其道德倡导者的弗里卡(Fricka),革命被沃坦称为"那是自己主动产生的";然而,有机生命被看作纠正性的,它仍然漫无目的地被自己吞没。

只有命运的天意才会自动实现。在这一点上，在《指环》中，人类失去了
他们的希望。

注释

[1] Zitiert bei Newman，a.a.O.，Bd. 2，S. 95.

[2] Newman，a.a.O.，Bd. 2，S. 53.

[3] Wagner, Gesammelte Schriften und Dichtungen，a.a.O.，Bd. 3，S. 5.

[4] Vgl. Newman，a.a.O.，Bd. 2，S. 158，170，231 und passim.

[5] Vgl. a.a.O.，S. 9，14，18 und passim.

[6] Glasenapp，a.a.O.，Bd. 3，Leipzig 1905，S. 50.

[7] Vgl. Glasenapp，a.a.O.，Bd. 5，Leipzig 1907，S. 388.

十、奇　美　拉①

瓦格纳的悲观主义是叛变的造反者的态度。在造反中，他坚持洞 134
察"这个"世界的邪恶本性，根据邪恶现实的模式，并对其邪恶性质进行
了强迫性的复制。他叛逆地将这场反叛的过程提升到一个包罗万象和
形而上学的原则上去。作为永恒的和不可改变的，这个原则嘲笑所有
想去改变它的企图，并反映了它从人身上获得的尊严。这种无意义的
形而上学原则被假定为无意义的经验性存在，这与后来德国存在主义
哲学的开端无所不同。在个人利益与整体生活进程的对立面前，国旗
被丢弃，投降被当作国家行为来庆祝。诚然，帝国式的唯心主义已经放
弃了去"调和"根深蒂固的资产阶级反对派，而批判使这一点赤裸裸地
凸显出来。但是，就像欺骗性的和解一样，消除矛盾的观念也被放弃，
而后者又从错觉上被看成世界的基础。在叔本华那里，"永恒的正义"
已经具有一种值得考量的性质，因为它在"表象"的领域中，即在世界中
被审问，但同时它又在意志的领域被坚持下去，但它没有其他的衡量标
准，除了持久的苦难和恶魔般的信仰。一切存在的事物都是恶的，足以
配得上它的遭遇[1]——这种永恒的正义在瓦格纳那里被完全扭曲成
在命运面前的卑躬屈膝，甚至不再把自由留给事物自己，而是严重地将
它贬低为闹剧。当沃坦否定自己生命的意志时说：

---

① 奇美拉(Chimären)是希腊神话中的半人半兽的怪物，也泛指一种神话中的混种
生物。

> 若我放弃我的事业；
>
> 只有一件事要做：
>
> 结束,结束!

135 作为叔本华鲜明的对比,这是意志的自我否定,不再是一种自由的行为了。自由,即使只是叔本华意义上的"消极的决定",在瓦格纳那里也没有一席之地。沃坦的意志逆转属于决定论的世界计划,这个由埃尔达和诺纳女神们形而上学地、由社会契约经验性地说明的世界计划是：

> 利用契约,我成了主人,
>
> 根据契约,我成了仆人。

他的放弃并没有使他摆脱世界的纠缠,而是随着齐格弗里德的死亡而更深地陷入其中。如果叔本华宣布他对生活的判断是意志的盲目游戏,那么瓦格纳则顺从地向这个游戏鞠躬,并把它作为不可琢磨的崇高自然来进行崇拜。这使他能够在种族性地被强调的再生理论中,针对叔本华进行广受赞誉的"积极"转向,顺便说一下,这有助于将尼采从叔本华那里解脱出来。[2] 单纯的冲动被妖魔化为神圣和母性的大地的戒律。无论指环对此进行什么样的反对,它本身仍然是属于地下的和无能的。埃尔达和诸神黄昏的主题发出古老的自然之声,它肯定地取代了"转换"的位置,成为一种"镇静剂",这与叔本华非常不同。事实上,在瓦格纳那里被否定的不是意志,而是它在表象中的客观化。意志本身,即无导向的社会进程的本质,仍然温顺地令人钦佩地被接受。然后,个人忠实地接受自己的毁灭,认为这是意志的工作,意志不再把自己置于自然的对立面,而含糊不清地绕圈子:判断每一个存在之物的具体尺度都消失了。但这只有通过完全屈服于意志的否定,才能成为可能。在瓦格纳那里,自然法则根本不再在个人身上被加以考虑:它只是被个人执行了。在这一点上,瓦格纳在逻辑上与叔本华产生了根本的矛盾。对叔本华来说,意志转变为生活让表象意识到了自己。后者放

弃了自己生命的意志,承认意志不可避免地带来的不公正,并打破了盲
目的命运循环——叔本华提到,身处一圈炽热的煤炭之中,人必须从里
面走出来——带着希望,以为在这种行为的继承中,原本罪恶的世界会
得到安息。而第一个要放弃的需求,对他来说就是对性的禁止。瓦格
纳在《帕西法尔》中确实采用了这种假设,但只是为了利用圣杯团体
和圣杯骑士世俗的辉煌,根据叔本华的概念对其进行了最困难的妥
协。然而,在《指环》和《特里斯坦》中,禁欲主义的理想与性冲动本身
被混为一谈。在齐格弗里德和布伦希尔德的"含笑而亡"中,在被认
为能使人忘却生命的爱情之夜中,对冲动的满足和对生命意志的否
定在狂喜中交织在一起:

> 将我拥入怀中,
> 让我从尘世中解脱出来!

当特里斯坦最后诅咒爱恋时,诅咒的是个体化的贪得无厌的欲求,这可
以在死亡的平静中得到"安抚",就像在欢愉中一样。如果对瓦格纳来
说,情欲代表了破坏和死亡的形象,那么在作品的反照里,死亡就被赞
美成"最高的情欲"和最高的善。辉煌已经为死亡作了广告。而苦难在
叔本华那里正是在它的毫无意义中,以"单纯的表象"而显得非常严肃,
它的伟大让这种苦难显得微不足道;作为材料,它在瓦格纳那里只被留
给了不会说话的生物——帕西法尔的天鹅。一旦怜悯之心背弃人类,
对动物的保护就反而会变得多愁善感。在瓦格纳那里,无论何时遇到痛
苦,都会被淡化为意志本身永不满足的象征。瓦格纳的那些病态的、苍
白的英雄们,例如唐豪塞,第三幕中的特里斯坦,安福塔斯(Amfortas),
他们都是这样的象征,甚至他们的苍白也是被耗尽了的无限冲动的保
护色,而不是人类苦难有限的痛苦的标志。叔本华曾认为世界是一个
表象,"地狱"的现实性是不存在的。[3]瓦格纳的许多英雄都是在没有
肉体痛苦的情况下死去的,实际上除了理念上的原因外,这根本没有任
何理由:唐豪塞、伊丽莎白、埃尔莎、伊索尔德和孔德丽。齐格弗里德之

死的标志是他"睁着双眼,光芒四射",在他临死时,布伦希尔德的意识
137　清醒过来;布伦希尔德跳入火中作为寡妇陪葬的行为,完全是一种印
度—雅利安人的浮夸行为。尽管应该保护动物,但她甚至让她的马在
不得不跳入火中时欢快地嘶鸣。恐惧被压制下去,变成了喜剧;只有低
等人米梅在被打败时会"嗷,嗷"地叫喊。在理想化死亡的聚光灯下,怜
悯找不到庇护所,它被拒绝给那些要求被怜悯的人。取而代之的是完
全决定论对戏剧人物的开脱。多亏了爱情药水和遗忘药水,特里斯坦
和齐格弗里德就像被免除了他们的市民阶级的责任一样,作为公民,瓦
格纳从根本上免除了这个责任。他自觉和不自觉地接受了个人在现有
世界机制中的无能为力。作为一个自由地去进行体验的个人而陷入必
然的整体性中,这样的飞跃应该通过魔法来弥合,它也要变得确凿无
疑,而审美上的缺陷——即自然行为的过度激励——则是为了表达被
接受的对立。对个人的开脱有它的意识形态功能:因为个人是不自由
的,它被允许做任何想做的事,是因为他不能获得任何"永恒必然"(sub
specie aeterni),而资产阶级规范的整体性为个人的突破提供了理由,光
明人物的道德操守绝没出现问题。当"自由派的"公民,其中包括老叔
本华本人,对齐格蒙德和特里斯坦的通奸行为感到愤慨时,这不仅仅是
抱怨连天,同时也是由于一种肯定的认知,即对瓦格纳式自由的假象将
资产阶级的理想扭曲成了它的对立面的肯定。这里的自由,在表面上
是更高的必要性的标志,是强者在掠夺弱者财产。在这方面,即使是资
产阶级对马克国王(König Marke)的嘲弄也不完全是愚蠢的:他的理解
和宽容,被带上了明智的放弃和对狭隘占有欲的优越感的高帽子,实际
上意味着自由主义者对更现代的方法的顺从,并用巧妙的惊叹美化了
暴力:马克国王是绥靖主义的始祖。世界在本质上是恶的,这种学说对
世界的现状来说是一种祝福。瓦格纳作为晚期的公民,是接近早期的
公民的,尤其接近那个叔本华非常喜欢引用的霍布斯(Hobbes)。

138　　将死亡美化为狂喜,瓦格纳对他的哲学典范叔本华的背离诚然没
有人们想象的那么激进。无论叔本华是如何以禁欲主义的方式去思考
进入涅槃的过程,令人陶醉的特征对他来说也并不陌生:"然而如果坚

持认为,那些从哲学上只能反面地作为意志的否定表达出来的东西,要去表达一种正面的认知,那我们只能将其看作一种状态,这种状态表达了所有对意志的否定,人们称其为狂喜、出神、开悟、与上帝合为一体等;然而,这种状态实际上不能被称为认知,因为它不再有主观和客观的形式,是只能被自己达到,而不能被继续分享下去的体验。"[4] 在这里,叔本华与他自己的基本论点形成了对立,他说:"但是,一个人通过个体化原则(principium individuationis)看到了物自体的本质,从而认识到了整体,他就不再会感受到这种安慰:他在所有的地方都能看到自己,并且置身事外。——他的意志转身离去,不再肯定他自己在表象中反照出的存在,而是否认了它。"[5] 在意志的最高客观化中,取代意志洞察的自我意识建立起新的无意识、狂喜和神秘合一(unio mystica)的方式,而这在瓦格纳作品中却被贱卖了。在叔本华那里,死亡伪装成救赎,以及"世界救赎"[6] 的夸张的概念出现,这在瓦格纳那里构成了所有作品的意识形态的高度。在叔本华那里,谬论(peydos)正是基于此的:意志的个体性转向偶尔被归结为它本身作为物自体的一种力量,而根据叔本华的基本概念,这种力量恰恰不是由于它而产生的:对个体性生命的否定必须对叔本华的意志完全漠不关心,这种意志必须根据个体性原则不断产生新的痛苦,而不去考虑圣人的做法。有了世界救赎的概念,从个体反思、个人的自我意识中得到了一个纯理论上的、实质上的原则,这与叔本华反复指责黑格尔的做法没有多大区别。这种救赎的概念,产生于意识对无意识的漠视,在瓦格纳那里,这个概念看透了悲观主义的意识形态。在救赎的名义下,资产阶级世界的消极性和否定被不分青红皂白地冒充成积极的东西。《指环》最后的世界末日,同时也是一个圆满的结局。它符合死亡和转变的成规,在讣告、报纸讣告和墓志铭的措辞中揭示了它的商品性:甚至死亡的不可想象性也成了一种手段,它给糟糕的生活镀上了一层金。救赎的概念被剥夺了它神学上的意义,也被赋予了一种没有任何确切内容的安慰功能:它是一种没有故乡的归宿,一种没有永恒的安息,是和平的幻觉,却不包括和平的基础。被物化的生命也宣布了它对死亡的统治,因为它给了死人幸福,而这种幸福否定了活人,但它却为自己保留了生命的权利,没有生命,这种幸福的名字不过只是一个谎言,是卑鄙的行径。人们几乎可以说,在救赎的名义下,死者再一次被骗走了生命。《诸神黄昏》的结尾和古诺的《浮士德》的结尾——瓦格纳理所当然地痛恨它,其中格雷琴作为基督教的天使漂浮在德国中等城市的屋顶上,在原理上并没有什么不同的是,在《荷兰人》和其序曲的结尾处,粉色的明信片①是巨幅画的原型,它们共用了从教堂音乐中借来的附加效果。瓦格纳的救赎——它的"孟加拉之光"②在李斯特作品的无数尾声中,以及在沙龙音乐中完全占了上风——这是最后的幻境。取代先验,这幻境设置了一个活生生的、漂浮的主体的错觉,在其湮灭的瞬间逃脱出来。没有什么能与虚幻的和解相互调和,只有它完美的虚幻性,即在最荒谬的地方,在庸俗剧中和杂耍般的祭祀的最后一幕中对幸福作出承诺。在救赎构想的最内在的细胞里,居住着虚无。虚无也是空幻的。幻象是作为虚空表象的瓦格纳的幻境。这定义了瓦格纳的风格意志,即一种努力,它试图从纯粹的主观性中产生出一种有义务去超越主体性的存在,仿佛在其中反映出自己来是不够的。因此,瓦格纳成了青年风格(Jugendstil)的开创者之一,与他同时代的易卜生有相似之处,但他的宣言却是如此不同。遥不可及的意义上那无能与空洞的符号,头发上挂着藤叶死去,建筑大师索尔尼斯(Solness)毫无意义的塔楼,都与他的意象世界一样。就像易卜生的作品,它有一种奇美拉的特点。虚空本身在他的作品中成了形象:

我在哪里醒来——就不会在哪里停留:
在哪里停留,我却不能告诉你。
我不见太阳,也不见国家与人民:
看见了什么,我却不能告诉你。

① 在瓦格纳生活的时代的一种常用明信片,其颜色为粉红色。
② 这里指一种用于照明的火焰弹,比喻其光彩照人的音响效果。

我曾在那,我去过的地方,

我去往那:宇宙之夜的广阔天地。

这些形象的解决最终取决于瓦格纳的虚无主义的问题本身。

在瓦格纳的作品中,将"无"提升为"有",总是事先预示了一个情节,这个情节把被扭曲的力量的认同推向了极致,甚至于欣赏自己的堕落:叔本华的观点是:"如果对我们来说有可能的话……将符号进行交换,把对我们来说存在的东西显现为虚无,而将虚无显示为存在的"[7],这并不缺乏系统的理由。这就是"虚无的概念从本质上是相对的,并且总是指向一种特定的某物,这个某物是被虚无的概念否定的"[8]。关于绝对的无(nihil negativum)和相对的无(nihil privativum)的古老争论,叔本华选择支持后者。对他来说,就像他的对立者黑格尔一样,虚无只是存在运动中的一个瞬间,而存在则是整体。这一点在瓦格纳身上有所体现。虚无的形象不仅仅是试图去装饰虚无的深渊,它们同时还试图在虚无的确定中,推测性地去掌握形成某物的边界,并在否定性的符号中设计一种逃逸。特里斯坦说"他的领悟离我而去",这 [141] 种对虚无的知晓表现为一种对某物的知晓,抓住了一个时刻,此时在自身决定的框架中,完全的否定结束了乌托邦的妄想。这就是觉醒的时刻。《特里斯坦》第三幕开始时的那段话中,管弦乐队中的圆号捕捉到了悲伤的牧羊人的回声,仿佛跨越了无和有之间的界限,特里斯坦行动起来了——只要资产阶级时代的基本经验能够被人们执行,这段话就会一直存在——而另一段中,布伦希尔德的觉醒是作品中这种觉醒的痕迹,瓦格纳的音乐想暗示的是,没有虚无的概念本身,一切就都是不可想的。如果怜悯是留给动物的,那么动物就伴随着这个时刻。布伦希尔德的马,作为史前的幸存者,似乎进入了清醒的当下中;而叔本华认为的这种史前完全就是虚无。如果瓦格纳以虚无主义的方式,将历史召回自然中,那么反过来说对自然而言,虚无作为辩证的局部要素就属于自然的整体,而自然为虚无设定了界限。在瓦格纳那里,没有虚无不会被宣扬成生生不息的自然。为了表示这一点,莱茵仙女们欢天喜地地把夺回的戒指带回家,带入水底。然而,正是在水底的图景中,瓦格纳的虚无形象完成了自己的使命。在瓦格纳生命的最后几年中,他固执地关注着这种深处的混种生物,那些再次出现的、空虚和没有希望的人;花园中的魔女、歌德的迷娘(Mignon)、水之精灵温提娜(Undine),还有那些没有灵魂的人,他在临死前把科西玛比作他们。他们是将虚无渡到存在的使者,根据他们最深的意图,他的音乐就是想去拯救他们。瓦格纳在德累斯顿时期曾与画家兼诗人罗伯特·雷尼克(Robert Reinick)是朋友。也许他写的童话故事《芦苇岛》(*Die Schilfinsel*)曾为瓦格纳所知,故事讲述了一个渔夫的女儿赫拉(Hella)——这个名字极具暗示意义——是如何在一个漂浮的岛上被岛上孩子般的居民的咒语所迷住的。她无法摆脱他们歌声的魅力,当她站在湖中的一块岩石上为住在岸边的村民歌唱时,终于淹死了。这首歌的歌词是:

> 是时候了,是时候了,
> 快下到水里来吧!
> 地面会变黑暗,水里一片光明!

142

如果瓦格纳的音乐承担着一种责任,要从他那个时代堕落的丰富的寓言式动机中去解码虚无的信息,那么虚空的轮廓就成为乌托邦式的,成为他自己时代的轮廓的对立面。地面会变得黑暗,水里一片光明:瓦格纳作品中的仇恨和梦想在这个隐晦曲折的决定中一拍即合,在《莱茵的黄金》的最后几段中,回响起了指环作为一个伟大的体系闪亮的余晖,最后在其中留下的东西:荒谬的、可怜的、无望的希望,也是虚无给深陷其中的人带来的唯一希望:

> 莱茵的黄金!莱茵的黄金!纯粹的黄金啊!
> 哦,你在深渊中闪耀着明亮的光!
> 信任和忠诚,于深渊中独存,
> 虚妄和胆怯,在地面上狂欢!

这个深渊是一个庇护所，它同时容纳了这部"虚妄和胆怯"的作品所背叛的一切。如果在漫无目的地繁衍生息的社会那种糟糕的无限性中，自然的形象被扭曲并被推到虚无的形象中，成了密不透风的监禁中唯一的缺口，那么这种虚无就会成为某种以地狱为名的东西，这地狱将行动起来，反对工作和社会体系的欺骗性的封闭。在《女武神》的第二幕中，对这种体系、对其转变，甚至对其衰落的转变，都进行了宣判，这确实需要一个恐怖的神灵，让这部作品不会斩断对命运的忠诚。不是齐格弗里德，只有齐格蒙德是绝望而死的，但他仍然忠于自由的梦想。他拒绝追随英雄的理想，虽然他能比那些养尊处优的英雄们更好地完成这个理想，但那些英雄们在战斗之前就已经赢了。当绝对者要剥夺他个人的幸福时，他拒绝追随瓦尔哈拉，于是瓦格纳与叔本华就一起中伤他：

> 如果我必须倒下，
> 不要带我去瓦尔哈拉：
> 赫拉抱紧我啊！

地狱是阿尔贝里希的地盘，阿尔贝里希打算向瓦尔哈拉进攻。只有在这里，这种正义才会虚幻地发生；只有在这里，正义才会出现在瓦格纳的作品中；这不是叔本华的"永恒"，不只是从燃烧的煤圈中走出来，而是真正走出来；历史由这样的正义开始，它废除了作为前史的无意识的神话。

　　瓦格纳的作品见证了资产阶级腐朽的早期。它的破坏性冲动在隐 143
喻中预示着社会的破坏性冲动，在这个意义上，而且不是从生物学意义上，尼采对瓦格纳的颓废（décadence）的批评才是合理的。但是，如果腐朽的社会在其内部发展出有朝一日可能取代其地位的另一种可能性，那么尼采就像他之后的20世纪的俄国专制主义一样，错误地估计了随着资产阶级衰落早期而释放出来的力量。在瓦格纳的作品中，没有任何衰落的要素，而生产力却无法迫使它成为生成的要素。无法再应对单子情况,并且由此被动地屈服于总体性的压力而沉沦下去,这样的单子弱化对于一个注定要灭亡的社会来说,不仅具有代表性的效力,而且同时也软化了先前在单体中僵化的东西,并使它真正地成为叔本华所设想的"表象"。在瓦格纳作品软弱的孤立化中,社会进程更多地被迁移到审美主体中去,这种主体与社会更加合拍,因此面对社会也更加难以接近。自我的受虐性的背弃不只是受虐的。主观性把它的幸福交给了死亡,但正是由于这一点,才产生了它不完全属于自己的怀疑。单子是"病态的",在机械主义中它无力坚持自己的原则,即孤立的原则,并坚持自己。因此,它投降了。然而,它的投降不仅帮助邪恶的社会战胜自己的反抗,而且最终刺穿了邪恶的孤立本身的基础。在爱情中死去,这也意味着,意识到为人自身的财产秩序所设定的限制:了解到情欲的要求,如果这种要求曾经被考虑到,它会打破人作为一个自主的、将自己的生命贬低成一种东西的看法,他盲目地相信,要在对自己的占有中去寻找情欲,而这种占有又恰恰剥夺了情欲。的确,齐格弗里德吝啬地拒绝将戒指还给莱茵仙女们;但当他被困在妄想的囚笼中时,他摆出一种姿态,要离开故土,去追求个性化的生活,他不必再执着于那种他曾有过的稳定生活。因此,瓦格纳的作品不仅自愿成为帝国主义和晚期资产阶级恐怖的预言者和热心的奴仆,同时,他拥有一种神经症患者的力量,可以直视自己的堕落,并在经受住吮吸般注视的图景中超越这种堕落。有人很可能会问,尼采的健康缺陷与瓦格纳自大的弱点相比,是否在处理其自身堕落的无意识力量时会带来更多批判的意识。瓦格纳作为一个堕落者强大地直视自身,在意识受到吞噬威胁的黑夜中,他的意识锤炼着自己。帝国主义者梦想着帝国主义的灾难;资产阶级虚无主义者则看透了他之后时代的虚无主义。在后期的著作《宗教与艺术》的结尾处,瓦格纳写道:"不断进步的战争艺术越来越多地从道德力的动力出发,转而形成了机械力:在这里,自然界低级的力量,那最为粗犷的力被设定成一种人为的游戏,尽管有一切数学和计算,以及盲目的意志,一旦以它的方式从根本的力量中挣脱出来,就可能干涉其中。铁甲舰(Monitor)已经向我们展示出了令人毛骨悚然的景象,骄傲而华丽的帆船已经无法与之抗衡了:愚蠢地听天由命的人,看起来根本就不像人,他们操纵着这些怪物般的铁甲舰,甚至在可怕的锅炉房里也不会想着当逃兵。但正如自然界中万物都有毁灭性的敌人一样,艺术也为海洋发明了鱼雷,在其他地方发明了炸药之类的。人们会认为,所有这一切,包括艺术、科学、勇敢和荣誉、生命和财产,有一天会被一场不可预测的事故炸飞到天上去。"[9]但瓦格纳的音乐比他的话更能说明这一点。他引导无意识的音乐变成第一个有意识的被引导者:它是第一个由知识支配的被引导者,并且可以被知识运用于自己的目的。尽管如此,瓦格纳不无理由地宁愿把自己比作解梦者而不是梦想者。但是,只有那些足够软弱和足够强大的人,以及能够毫无保留地把自己交给梦想的人,才有能力去解释这个梦。特里斯坦不仅仅知晓梦境和死亡的醉人音乐,不仅仅知晓无意识的情欲,这情欲确实是"没有去赎罪,也不会冷却下来"(kein Büßen noch gekühlt),因为作为一种不自由和无意识的情欲,它是无法实现的,正如叔本华哲学中的幸福一样,因此它将自己伪装成了忏悔。《特里斯坦》第三幕狂热的部分包含了那种黑色的、粗犷的、参差不齐的音乐,它既强调又揭露出了一种幻象。音乐是最神奇的艺术,音乐学会了去打破它自己在所有人物周围施展的魔咒。特里斯坦对情爱的诅咒,不仅仅是狂喜对禁欲主义的无力牺牲:它是音乐对自身命运的反叛,即使这完全是徒劳的,只有在被它完全决定的情况下,才重新获得自省。在《特里斯坦》总谱中,在"可怕的药水"(der furchtbare Trank)这些词之后出现的那些音型已经站在了新音乐的门槛上,这是有道理的。在新音乐的第一部经典作品——勋伯格的《升f小调四重奏》中,出现了这样的话:

　　带走我的爱,
　　给我你的幸福!

他们说,在我们生活的世界里,爱和幸福都是虚假的,爱的所有力量都转移到了它的对立面。但是,无论谁能够把这黄金从瓦格纳的管弦乐

队的巨浪中带走,其改变后的声音也许能够帮助他获得安慰,尽管有狂
喜和幻境,但它一直在拒绝慰藉。通过表达无助者的恐惧,它可能意味
着对无助者的帮助,无论多么软弱和虚伪,都将使古老的音乐申诉中所
包含的承诺得到更新:那是一种没有恐惧的生活。

注释

[1] Vgl. Schopenhauer, a.a.O., S. 464.

[2] Vgl. Heinrich Rickert, Philosophie des Lebens, Tübingen 1922, S. 19.

[3] Vgl. Schopenhauer, a.a.O., S. 430 und S. 518.

[4] a.a.O., S. 536.

[5] a.a.O., S. 498.

[6] a.a.O., S. 477 und passim.

[7] a.a.O., S. 536.

[8] a.a.O., S. 534.

[9] Wagner, Gesammelte Schriften und Dichtungen, a.a.O., Bd. 10, S. 252.

附录

瓦格纳的现时性①

对一场演讲的形式来说不可避免的是,要从瓦格纳的作品所呈现出的无数个方面中进行挑选,于是我随意地挑选出下面这一个问题:瓦格纳的现时性②问题;这个问题也是当下对其作品的意识态度的问题,即使也可以存在一般性地谈论此类态度的其他方式。我在这里说的是一种进步的意识,它既是针对着瓦格纳的作品而逐渐生长起来的,反过来说也是在一种基于要求先进的(avanciert)立场而展开的进程中自行生长出来的。差不多三十年前,我写了一本关于瓦格纳的书。1939 年在《社会研究杂志》上发表了其中的四章;然而整部书出版的时间要晚了很多,是在 1952 年出版的,也就是我从流亡之地重返德国后不久③。今天,我对《试论瓦格纳》这本书中的许多东西有了不同的理解。其中的核心问题,即社会的、作曲内部的与审美的这几个方面之间的中介关系问题,可能就事实本身来说,要比当时所想的进行了更深入的阐释。但

---

① 1963 年 9 月 30 日,阿多诺在柏林艺术节上就"瓦格纳的现时性"这一话题进行了即兴演讲,后来这篇演讲出现在 1964 年拜罗伊特音乐节《特里斯坦与伊索尔德》的节目单中。1965 年,在《布伦瑞克戏剧 275 年》(*275 Jahre Theater in Braunschweig*)第 81—97 页中印刷出版,阿多诺对出版版本进行了一定程度的编辑与补充。本文译者为李显慧。

② Aktualität,通常译为"现实性",德语解释中也有"当前状况"之意。文章中阿多诺主要谈论的是瓦格纳作品中不过时、与当下现实联系密切的特质,因考虑"现实性"没有突出与现下的时代之间的联系,故译为"现时性"。

③ 1932 年阿多诺为了躲避纳粹逃到牛津大学,1938 年去到了纽约,1949 年才重返德国。

此刻我不是要脱离这本书，也不是要放弃那个构想。相反，倒是瓦格纳的情形在整体上发生了变化。因此，我并非想要对曾经的想法进行修改，而是考虑到瓦格纳新近出现的情况，我想提出一些与旧文不同的东西。

自三十年前开始，差异就加剧了。瓦格纳不再像我年轻时那样代表着父母的世界，而是代表了祖父母的世界。一个很简单的征兆是：我还清楚地记得从我小时候起母亲就抱怨，瓦格纳的演唱风格造成了意大利歌唱艺术的衰落。如今，瓦格纳的演唱风格已经开始消亡；随便哪位歌手想要再试着从这种风格中成长起来，这件事已经非常困难了。那被控诉的臭名远播又市侩俗气的客串机制：几位最著名的演唱瓦格纳的歌唱家可以说都是从新编排的剧目中借出来的，这并不是仅有的弊病。在瓦格纳看来那段时期已经被证实是过时了的，而歌剧剧场正开始往那个时期后退。他不再拥有彼时的无限权威。但反抗这种权威性的，与其说是一种与胜利者意见相左的批判性的干预意识，不如说是一种报复性的意识：一种针对曾经的挚爱，现在要不计代价地让其过时的矛盾心理。在这样的情形下，把瓦格纳当成一个对象的很大程度的自由就被争取到了：对他的情感关联已经消解了。

首先，由于这种自由，请允许我简单地谈一谈关于瓦格纳的艺术在历史上变化了的立场，而这样一来我就不得不考虑政治方面的因素；这些方面包含了太多对生者的伤害，以致针对他的所谓纯粹审美的沉思似乎都该被遮掩起来。但同样的，关于瓦格纳的意识态度在政治层面上也大可以发生改变。那些首先在瓦格纳作品之中，被他具体表露出来的民族主义形态，在国家社会主义中爆发，而后者似乎完全可以经由张伯伦和罗森伯格①，直接指向瓦格纳本人；随着各民族结合为整体的整合进程，国家社会主义不再如此迫在眉睫地受到威胁，因此民族主义的形态在瓦格纳作品中也就开始缓和了下来。但是，人们不应高估这

544

① Houston Stewart Chamberlain(1855—1927)，《牛津国家人物传记大辞典》中称他为"种族主义作家"，其著作《十九世纪的基础》(Die Grundlagen des neunzehnten Jahrhunderts)是纳粹种族政策的重要参考文献。1908年他与瓦格纳的女儿结婚；Alfred Rosenberg(1893—1946)，纳粹党党内的思想领袖，吸收了张伯伦的种族主义思想。

一点。正如在德国现实中,国家社会主义蓄势待发,危险一如既往地仍在酝酿加温,在瓦格纳那里,情形也一样如此鲜活;而在他对当前意识有效的作品功能之中,这般情形正捏住了至为严肃的困境之命门。比如说,在《名歌手》结束后人们总能碰到的雷鸣般的掌声;观众从瓦格纳那里听到的自我肯定,仍然还有一些陈腐的致命毒害;要不要演、要怎么演瓦格纳的问题,只有通过对这种煽动的洞察,才能勉强得以存留。当时我试图用纯粹音乐审美的形式来定位它们。但如果允许我多说几句个人见解的话,那么也许会通过我的批判也获得了一种权利,去指出在上述问题中所忽略的东西的重要性。我自己关于瓦格纳的体会不会穷竭在政治内容之中,这些内容本身也几乎不能让自己被洗清拯救,并 545
且对我来说,情况经常显得是这样,即我好不容易打发了这些政治内容,移除了一层,但在下面第二层它们又出现了,而我简直在这些层出不穷的政治内容中发现不了什么新东西。无论如何,那些私下里流传的对瓦格纳的为人和生活方式的非议,始终有一些说不清的陈污旧垢;谁把这些东西扯出来,谁的手就会变得黏糊糊的。虽然我当时确实是把这个人拉进了讨论圈,但我想到的是他的社会品格;想到的是,在这个圈子中单独的个人就是社会倾向的表达者和观测所;而不是想着那些有着心理偶然性的个体,许多人总是幻想能够对这些个体实施正义的裁决。那些针对瓦格纳的非议,只要没有在他身上那凝聚的艺术创造力与社会之间进行协调,就是纯粹庸俗化的,接近于那些可鄙的传记小说流派。说到对应的这类作品,应该想到的是那本著名的纽曼所写的半官方传记[1],鉴于一些事实,这本书充分地强调了,那些对于瓦格纳挥霍无度的愤慨是多么的虚伪,例如,在他移民生活的这些年里,剧院在他忍饥挨饿的时候从他身上赚了不少钱。我刻意提起纽曼的名字,因为我要从所有瓦格纳传记中最著名的,也是真正本真的一部作品中,译解出瓦格纳应时的现时性来。

　　内在审美上的反瓦格纳主义依托于政治上一点都不进步的所谓新古典主义运动,而这一运动早就与伊戈尔·斯特拉文斯基(Igor Straw-insky)的名字联系在一起了。这场运动不仅在时间上已成为过往;自身也殚精竭虑了。其投降的一个显著标志就是，晚期的斯特拉文斯基自己在晚年所运用的技巧（Technik），与其运动原本是针锋相对的，亦即勋伯格学派（Schönbergsche Schule）的技巧。这不仅是时代精神所致，也是因为新古典主义的不足；它的历史不可能性变成了一种作曲技巧上的缺陷。现在的流派则更通透，与之相比，新古典主义显得白璧微瑕，其所展现出的，更多的是与瓦格纳有关的东西，而不是与在过去三四十年间乐于与他作对的那些人有关的东西。新维也纳乐派①，也就是阿诺德·勋伯格学派，决定性地影响了最近的音乐运动，他们直接继承了瓦格纳。这正是早期人们喜欢指责勋伯格的地方，这是以卑劣的手段去诋毁这位成熟的音乐家。

但在此期间，关于瓦格纳所发生的改变不仅仅是他对别人的影响，还有他的作品本身。是他的作品奠定了其现时性；既不是死后的再次胜利，也不是新巴洛克主义应得的失败。作为一种精神产物，艺术作品自身是未完成的。它们创造了一个所有可能意向与力量的张力场域，那是内在倾向和与之抗衡的倾向，以及成功的和必然失败的元素的张力场域。客观上，新的层面由此更替，不断进步；其他层面则逐渐变得无关紧要然后相继消亡。人们与一个艺术作品之间的真正关系，不是像人们说的那样在于使作品适应于新形势，而是在作品本身中辨别出人们对哪些内容的态度发生了历史性的变化。对待瓦格纳的意识态度，一种是每当我想到他时感同身受的看法，而另一种不只是我那样的看法，可以被称为古老的矛盾，是一种吸引和排斥之间的摇摆。但是这种态度回指到事物本身的两面性特征。当然，每种重要的艺术都会表现出这样的特征，但瓦格纳尤其如此。正如进步与倒退的特征在他的作品中相互交织一样，对他的反应也是如此。在发生了那个事件之后，人们在政治上防备瓦格纳是理所当然的，甚至以前就已经是这样且一直如此，因为考虑到这些最好是继续沉睡的力量存在被再次唤醒的可

---

① 西方现代音乐流派，又称"十二音体系派"，代表人物是20世纪音乐家勋伯格和他的两个学生：韦伯恩和贝尔格。三位代表人物均出生于维也纳，同时又为将他们区别于18世纪的维也纳古典主义，故称为新维也纳乐派。

能性,就像女武神的守护者埃尔达①一样。在这一点上,现实是优于艺术的。悬而未决的是,必要的防备和演奏瓦格纳作品的可能性之间是如何相互结合的。另外——这里我要触及一个核心问题——人们不能如此简单地去设想,认为好像可以将瓦格纳中的意识形态元素分离出去,然后将纯粹艺术作为一种中规中矩的剩余物保留下来。因为煽动的、劝服的、集体自恋的姿态一直延伸到了他音乐的内在本质中;其中 547 的可疑因素与其对立因素相互合并了。但另一方面——这也是意识态度的矛盾中的一部分——在那些抵制瓦格纳的人当中,即使到今天,也没有人能在音乐上与他比肩,而其中就有他最大的批判者尼采。反瓦格纳运动是德国第一次大规模的针对现代艺术的抵触现象。于是这股反瓦格纳的情绪与所谓的民间音乐和青年音乐,与竖笛爱好者(Blockflötenanhänger)②及其同道者们,结成了灾难性的联盟:他们偏爱的策略是,将他与海因里希·舒茨③等新近被发掘出来的作曲家进行不利的比较,并动员反对他的力量,用简单化的方式来对抗他那高度差异化且复杂的艺术。有一种对瓦格纳的敌视来自右翼的小市民阶级。他可能受到的是一种好的资产阶级因素的抵制,即坚持个人的责任和自主权(Autonomie);但也可能受到一种坏因素的抵制,即瓦格纳坚决反对的那种沉闷、顽固、狭隘的思想。他的音乐在性欲上是如此自由,像那些极少被德意志的神殿所接受的事物一样。正统的观点,通过其自以为的纯洁,很早就开始指控瓦格纳这方面的罪过。

矛盾心理是人们与尚未克服之事的关系;人们对于自己无法应付的事情,就会表现出矛盾的心理。与此相对,眼下最需要做的事情很简单,就是需要对瓦格纳的作品进行全面的体验,尽管如今其作品已经取

---

① 埃尔达是智慧女神,女武神的母亲,在《齐格弗里德》第三幕第一场中,沉睡的埃尔达被众神之王沃坦唤醒。

② 在德国有一段时间有很多喜爱吹竖笛的人,他们不喜欢瓦格纳那样复杂的音乐,而崇尚更古典简洁的风格。

③ 舒茨(Heinrich Schütz, 1585—1672),德国 17 世纪作曲家,创作了第一部德国歌剧,是巴赫之前最重要的作曲家之一。但他死后长期被忽视,直到浪漫主义时期(19 世纪)才被门德尔松等人重新发现,加以推崇。

得种种外在的成功,但这件事仍未实现。《特里斯坦》《帕西法尔》,以及
《尼伯龙根的指环》中最著名的片段所受到的夸赞总是比实际所受到的
多。奇怪的是,在《尼伯龙根的指环》当中,由于包含了像"寒风消残,在
这五月间"这样的选段,"沃坦的告别"和"火魔法"①,也就是那些被维
也纳乐派称为"片段"(Stückerln)的东西,《女武神》始终是最叫座的戏。
这样的一些片段,跟瓦格纳的理念完全不符。而《齐格弗里德》那无可
比拟的宏伟得多的结构,却从未进入公众的意识;歌剧观众只把它作为
一种文化资产来接受。他那些没有被接受的作品,恰恰是最现代的作
548 品,即那些在技巧上最大胆先进的,因而也是最远离传统的作品。仅仅
因为这些作品比其他作品运用了更多的不协和音、等音以及半音,它们
的现代性就肤浅地按照其手段而被误解了,但不应如此。即使从等级
上讲,瓦格纳的"现代"也断然超越了落后于它的东西。若可以用哲学
用语的话:瓦格纳就是一以贯之的音乐唯名论的第一个案例,他的作品
第一次从根本上完全贯彻了单个作品的优势,贯彻了单个作品中精心
设计的具体人物相对于任何性质的图式、相对于任何外在强加的形式
的优势。他是第一个从一种矛盾之中去得出结论的人,这种矛盾是指
传统的形式,也就是整套音乐的传统形式语言与具体地设定的艺术任
务之间的矛盾。这种矛盾在贝多芬的作品中已经大有预兆,还从根本
上产生了他的晚期风格。而后,瓦格纳全然地意识到,音乐类艺术作品
的约束力、其真正的普遍性只有通过它的特殊化和具体化才有希望实
现,而并非通过对任何一个普遍类型的模仿。因此,与当今广为流传的
那本汉斯·加尔所写的关于瓦格纳的书②中观点相比,瓦格纳对歌剧
的批评是极具理论和艺术分量的。不能通过如下简单的断言来轻视这
种批评,即他是一个像其他同行一样的歌剧作曲家,他或许是为了宣传

---

① 分别为《尼伯龙根的指环》歌剧第二部《女武神》当中第一幕第三场、第三幕第三场其
中的曲目。
② 汉斯·加尔(Hans Gál,1890—1987),20世纪奥地利作曲家,此处提到的书为其著
作《理查德·瓦格纳》(Richard Wagner. *Versuch einer Würdigung*. Frankfurt A.M.:
Fischer,1963.;英文版:*Richard Wagner*,London:Gollancz/New York:Stein &
Day,1976)。

性的私用想出了一些辅助理论(Hilfstheorie)。他对于歌剧是幼稚的这一判定,对于音乐最终应当变得成熟的愿景,是不能被消除的。歌剧作为形式本身就是一个新兴的、暂时的东西。简单地把瓦格纳放到歌剧类型中,就回避了在这种形式的历史之中固有的动力。如斯特拉文斯基的《浪子的历程》这样的分段式歌剧,在今天的任何地方出现都不是没有理由的,它们只有在破碎的形式下,才有可能成为一种风格化的作品。即使是这般追溯分段式歌剧的反瓦格纳主义者们,也会在他们用以复兴分段式和仔细考虑过的个别选段的讽刺当中注意到或认识到,　549
瓦格纳作为理论家和艺术家对这些范畴作出的判定仍然是有效的。他正视了音乐中普遍性与特殊性之间的对立,而在他之前,这种对立只是无意识地凝结在音乐之中,他的才能(Ingenium)也确切无疑地确定了以下一点,即在特殊化的极端之外,是没有普遍的。

　　这不仅触碰到瓦格纳的艺术形式,也触碰到他的艺术内容。在他身上,关于一个对抗性的、本身就矛盾的世界的艺术意识已经变得激进起来。传统的形式与艺术意识之间契合度很低,就像其与批判知识之间僵化的关系一样。对此,瓦格纳处理得卓有成效,甚至更佳。在黑格尔以"历史中的理性"为题而广为流传的《历史哲学》的"导言"中,我发现了这样一句话:"纯粹的欲望,意志的野性和残暴(Roheit)处在世界历史的剧场和领域之外"。黑格尔不仅在审美上而且在哲学上都是古典主义者,而瓦格纳并未屈从于黑格尔的这句话,就这点来讲,众所周知,他在转信叔本华之前的青年时期,受到了费尔巴哈的决定性影响,是一个完全革命性的青年黑格尔主义者。他的音乐颤动着不减的暴力,这种暴力至今仍活在这个世界的秩序之中。人们可以千方百计地反驳瓦格纳的神话,揭露它是冒牌神话,斥责它是虚假老掉牙以及抒情叙事的浪漫主义。但同时,与所有温和的、淡泊的现实主义的,还有古典主义的艺术相比,他的神话,尤其是《尼伯龙根的指环》,又在那个神话性的因素中保留了它决定性的真理:在这种神话中,暴力作为法则爆发出来,在史前世界中,暴力曾是这同一种法则。在这部极其现代的作品中,史前世界就是现代本身。这就打碎了资产阶级表面的外衣,通过这外衣的裂缝可以看到许多今天才全面展开并被认识到的东西,仅此一点就足以证明瓦格纳的现时性。当然,他的姿态,即他的音乐所主张的——是瓦格纳的音乐而不仅仅是其歌词所坚持不渝地主张的——是
550 一种支持神话的姿态。可以说,他成了暴力的代言人,就像这部主要作品歌颂齐格弗里德这个暴力者一样。但由于他的作品中的暴力是纯粹的,完全没有掩饰暴力的可怕和纠结(Verstrickten),因此,尽管其作品有神话化的倾向,无论是否有意,这其实是对神话的控诉。这一点可以从《女武神》第二幕开头部分齐格蒙德那无法描述的流亡音乐(Emi-granten-Musik)中看出。如下具有预言性的说法来自理查德·施特劳斯,即瓦格纳曾试图通过主导动机(Leitmotiv)摆脱神话。从中可以解读出,这个类理性的、具有识别性的、促成了统一的主导动机,为瓦格纳起伏的音乐所描绘出的神话的盲目、混乱且致命的歧义画上了句号。通过自我意识,神话变成了一种在质上不同的东西;关于厄运的回忆性的表象标志着它的边界。

　　瓦格纳为神话辩护,却又通过创作完全对它进行控诉,这一点或许可以揭示出他的二重性。瓦格纳直接的现时性并不是指单纯艺术上的文艺复兴的冲击。他的现时性以尚未完成的东西滋养自身,就像 19 世纪的许多人,尤其是易卜生那样。这可以具体化为一系列的音乐时刻;我会提到其中的一些。首先是瓦格纳的和声。加尔在书中否认了瓦格纳的和声与现代和声以及无调性之间的关联,但现代和声是通过勋伯格自《升华之夜》开始,对瓦格纳的和声进一步改造发展而来的,这当中存在明显的矛盾。当然瓦格纳并不是无调性的,我也从来没有想过要主张这样的说法。他所有的音及其结合,即使在最大胆的情况下,仍然可以根据传统的和声理论来解释,尤其是在《特里斯坦》和《帕西法尔》两部作品中。但这涉及一种倾向,一种潜力;而不是音符间表面上所写的东西;涉及的是这首乐曲的目标是什么,而这一点与无调性有着决定性的关系。每个带有和声"筹码"(Spielmarke)的,即带有三和弦和七和弦的特殊的和声事件,其重要之处在于,它凸显出了在一致的无调性
551 中自身形成的东西,而无调性完全取消了"筹码"。在瓦格纳那里,不协

和音虽然在量上不占优,却在质上取胜。它比协和音更有力量,更有实质意义,这一点强有力地指向新音乐。海因里希·申克(Heinrich Schenker)在他的书中多次批评他不怎么喜欢的瓦格纳,称尽管瓦格纳的和声走向无可指摘,但他却破坏了原有的底线。申克用他奇怪的术语无非是想表明,在瓦格纳的音乐中缺失了整个音乐进行的框架化,这种框架化贯穿于通奏低音(Generalbass)通常的功能和声学的标准音级进行(Stufengang)之中,缺失的还有与之相配的旋律。这个发现是对的,但是申克的重点弄错了。作为乐曲中的框架和抽象普遍性之至高性的怀旧代言人,他忽略了一个事实,即恰恰是在所谓的破坏中,在音乐从它纯粹框架般的、抽象的组织中解放出来,并以它特有的形态表现出来的过程中,一种不可抗拒的"新"才得以实现,作为后来形成的一切事物之前提。离开坚实的土地、飘向不确定性的感觉,是瓦格纳音乐体验中使人兴奋又痴迷的地方。其最内在的构成,可以类比绘画语言而称其为它的"画意"(peinture),只有同样前往不确定性的听觉才能捕捉得到。在这里首先适用的是,那些还没有被正确认识的,因此也仍然没有被正确地应用的,就是现时的。

我想用一个技术细节来进一步说明这个原则,毕竟,如果人们没有至少开启具体技术方面的复杂性这一视角,就不可能做到对艺术现象进行讨论而非空谈。在瓦格纳成熟的作品中,人们往往非常重视模进原则(Sequenzprinzip);我之前也曾经这样做过。模进被理解为在更高的音级上重复简短的动机——在瓦格纳那里就是主导动机——通常具有动态、强化的效果。音乐的延续、真正的纤维(Fiber)、织体,或多或少地是随着对已经给定的东西的重复而运转,这与维也纳古典主义的真正的技巧形成对照,后者用阿诺德·勋伯格的表述可以描述为发展性变奏。然而,尽管瓦格纳的作品中有许多模进,但它们并不是唯一 552 的原则,最重要的是:它们已经在自身中发生了许多非常精妙的变化。最好的例子就是著名的《特里斯坦》的开头,对一个原型进行了两次模进。第三个模进部分是在第一个原型的基础上,以一种最小的,但在和声转调上决定性的方式进行了移位:这是在限定的主调a

小调的属音上①回到强音主题进入(Forte-Einsatz)的唯一方式。对瓦格纳来说,模进原则压根不是旧货(Krücke)。它来自半音化,即小二度进行的盛行,瓦格纳用它将整个音乐素材——至少在我已经谈到过的那类作品中,进行了反复处理。一方面,模进原则应该创造出由于半音化而消失的关联,即由于取消按照不同重要程度的和声音级进行音乐表达而消失的关联。然而,另一方面——瓦格纳如此紧密且如此现代地紧贴着自己的素材——半音本身已经包含一些类似于模进原则的东西:每个指定的单个音乐事件的序列,相当于类似模进的最小音程的重复。一个接一个的模进部分的同一性与半音音级的同一性是最相近的。因此,模进原则自身并不像我们音乐家操之过急地判断的那样是机械的,而是与瓦格纳音乐内部组织的问题和任务有着更深的联系,比我在三十年前所认识到的更深。

而在瓦格纳的其他作品中,自然是大不相同;在这些作品中,模进原则根本没有起到核心作用:这些作品的半音化比较少。瓦格纳那些看似应运而生且鲜活现实的知识,似乎是紧随这知识的结构要素而来的。在《名歌手》中,最大的音乐差异性伴随着大规模的半音缺失,通常也伴随着为了单个形态的多样变化而对模进的废除。在大的片段中,通过时时刻刻对戏剧性转折无拘无束的临摹,这种联结顺应了大的音乐片段。不可动摇的全音阶使我们可以抛弃掉表层的结合手段。这样一来音乐就获得了不规则的具体性,这是传统音乐做梦也没想到的。这种不规则的具体性仍然是勋伯格、贝尔格和最近的发展趋势的原型:也就是那些极其自由但同时仍然紧密的结构。形成一个不断变化的场景的统一体的理念如今还没有完全实现,这些场景在瓦格纳那里还是取决于情节的必要性。这个理念是非正式创作真正的典范,这样的创作由彼此分离但每个场景都要求的角色所构成。当然,瓦格纳作品中的这种东西已经不是单纯精敲细打或有意为之的了。对他来说,戏剧性的进程比构造性的结构更重要,但朝向后者的客观趋势是明显的。

---

① 音阶中的第五个音级,如在 C 大调音阶中,G 为属音。

通过触及这种棘手的结构要素，我就触及了所谓的瓦格纳那里的曲式问题。首先，做一些术语的整理可能会比较好，但我尽量不去学究式地过度强调这一点。很多音乐的概念，包括节奏的概念，尤其还有曲式的概念，都模糊地近似，又往往非常扁平，以致人们在这些概念之下既可以想到任何事又什么也想不到。当瓦格纳废除了预先给定的曲式，即众所周知的例如咏叹调、宣叙调、重唱曲这些歌剧样式时，并不意味着他的音乐就没有曲式了；并不意味着他的作品就像 19 世纪的人们所谴责的那样，是无曲式的。尽管尼采的权威为此反对意见作了担保，但它仍然是狭隘且反动的。其中说对了的是那种特殊的漂浮感，是音乐仿佛没有一个稳固的落脚点。在瓦格纳那里，曲式催动气根（Luftwurzel）；20 世纪的复辟行话可能会用本体论的方式去命名那种曲式因素，他早已对之产生了过敏反应。然而，似乎在空气中摇摆着的音乐，好像被一个秘密的木偶操纵者的手握住了，其中有一些静态的东西，就像瓦格纳所谓非常动态的模进原则终止于一种永恒同一（Immergleichheit）的感觉那样。与之相类，最近的音乐与绘画、图像艺术是如此接近，趋势都走向了静态，也是在这里，一种为瓦格纳所瞄准的东西完全实现出来。

其次，还有通过以下方式来指责无曲式的，即通过把那种不再以传统曲式为定准的东西，与根本毫无组织的东西混为一谈。事实上，除去 554 抽象的范式（Schema），瓦格纳的音乐是高度组织化、编排化的，且在构造上是高度系统化的。如今被不公正地遗忘的阿尔弗雷德·洛伦兹（Alfred Lorenz），他最大的功绩就是首先看到了这一点；像加尔那样否认瓦格纳存在曲式问题，是简单地消除问题，或者是通过忽视把问题化解了。当指向预先给定的曲式规范的方向不复存在的那一刻，在音乐自身内、外进行强制性组织的任务就变得不可避免。诚然，洛伦兹勾画的曲式类型本身太过抽象，它们即拱形曲式（Bogenform）①和巴尔曲式

---

① 也称为镜像结构或集中对称结构，一般是三个以上的乐段依次呈现后再按倒序再现，例如 ABCBA。

的概念(Begriff des Bar)①——尽管后者在瓦格纳那里并非无足轻重，但它显然被洛伦兹过度使用了；数学图型的轮廓，就在瓦格纳的发展原则当中，因而也在音乐的物质曲式理论当中。特别是被瓦格纳等同于作曲艺术的过渡艺术(der Kunst des Übergangs)，无法公正地被图表所描述。对于瓦格纳的理解，未解决的任务是逐个地阐述他的曲式如何在不去借鉴外部的情况下，从自身生长与制造出强制性来。这种情况或许最出色地发生在《齐格弗里德》中，其整体是一条上升的曲线，它们以如下方式得到表达：三幕中的每一幕在自身中都有一个上升，而第三幕的最顶峰，基本就是瓦格纳所有作品中的最高点。我想提一个相较他人而言属于异端的建议，人们应该尝试自己单独表演《齐格弗里德》的第三幕，这样就可以全神贯注地将自身沉浸在其结构当中；只有这样，人们才能理解这个作品中包含的丰富的内容。

　　关于曲式方面，我想说明几个有关音色和配器的问题。配器大师瓦格纳的精湛技艺是连对手都公认的。人们早就认识到了他作品当中极致配器(Ausinstrumentieren)的理念：将乐曲中最精巧的脉络转化为相匹配的乐器音色的脉络，从而使前者得以呈现。配器和音色成为使音乐进程直至最微妙的过程都变得可见的手段。就这方面来说，它们已经具有曲式建构性了。但还需要补充一点，也就是，瓦格纳的配器艺术不仅实现了最细微的东西，而且在很大程度上回答了我曾阐述过的曲式问题。也许可以这么说，全新的、高度个性化的配器的维度取代了那些在普遍范式(Schemata)中被瓦格纳所废除的东西。音色自身就变成构造性的。对此，《齐格弗里德》大概同样是最好的例证。单是音乐进程中无论高低的音高位置(Klanglage)，就已经被这样一种方式划分，即不仅在单独各幕里也在整体之中，曲式的上升都对应着由低到高的音高位置的上升。瓦格纳通过将音色分解到最细微的部分，在音色差异化方面所实现的东西，被他作了进一步扩充，他把最细微的音色构

① 源自中世纪的一种曲式，一般结构为 AAB，19 世纪瓦格纳在其歌剧《汤豪瑟》与《名歌手》中再次复兴该曲式。20 世纪的音乐评论家洛伦兹推断，这种曲式是瓦格纳音乐结构得以不朽的秘密。

造性地组合起来,从而创造出类似整体音色的东西。他倾向于从首先被分解成最小单元的声音中创造出像不间断的场域一样的大的乐音域面①(Klangfläche),并且像齐格弗里德在意味深长的剑歌中所说的那样,把那些由剑打破而成的碎片再次粘合成整个同质的统一体。只有无限小的东西才能没有任何缝隙地组合成这样的整体。任何熟悉绘画的形式问题的人,都会很容易注意到这种音乐上微分技术和整体技术的二重性与印象派之间的亲和性。奠基于音的分解之上的声镜完整性(die Geschlossenheit des Klangspiegels),是瓦格纳作品过程中最重要的特点之一。总体性的产生来自将其还原为特殊的最小原型,这些原型由于接近一个极限值,所以能够不断地相互进行组合,它们实际上就产生了大而密集的乐音域面。这就实现了瓦格纳声音中的完满与包罗万象,我曾用一种哲学的表达方式将这个要素称为总体性(Totalität)要素,也许在音乐技术层面上可以更好地将之称为声镜要素。再没有其他作曲家像瓦格纳那样,对声镜有如此完整又充满着丰富的细微差别的认识。整体声镜,即从差异的音到场的融合,如今只有在将声音纳入到总体构造的理念当中,才得以再次形成自身。

也正好在配器方面,很明显许多针对瓦格纳的常见反对意见,要 556 么一直都缺乏说服力,要么就是被历史淘汰了。我们的父母曾抗议称,他的音乐很喧闹;说来奇怪,这个控诉一直伴随着新音乐的发展史。同时有消息流传称,拜罗伊特隐藏乐团(verdecktes Orchester)②的理念是反对喧闹的。但在这里,最好从极端切入,从喧闹的东西(Lärmende)本身切入;最好要在这些地方强调瓦格纳乐声的独创性,即瓦格纳的乐声相反于以愉悦强度作为平均享受的衡量标准,它听起来完全不再是纯感官享受。瓦格纳偶尔会运用很特别的声音强度。但绝不经常使用,凡是对总谱有详细了解的人,都知道他是如何节省地使

---

① 一种作曲手法,运用类似的音乐元素铺垫出片状的声音层面,形成一片片静态而绵延的声音。

② 拜罗伊特剧院的乐池设计得很深,观众离舞台比较远,看不到乐队。这样专门针对瓦格纳的剧院设计被认为能更好地呈现他的作品,该剧院只演出瓦格纳的作品。

用"很强"记号(Fortissimo)①的。但是当记号一旦变为"很强"时,当然
还是发生了一些事情,诸如对中庸的文化默许(Einverständnis)的抗议,
这种默许是瓦格纳在《唐豪瑟》的骑士团中公开谴责、在《名歌手》的行
会中所嘲笑的东西。在他的作品中,人们不能把野蛮与响亮度互相等
同,就像不能将神话的描写直接等同于野蛮东西的表现一样。野蛮的
东西由于反映在上流艺术中而不再是野蛮的,而是变成了有距离感的,
如果愿意,它甚至可以是批判的。瓦格纳走向极端的地方,有其确切的
功能:将他的艺术作品毫无保留面对的那些混沌的、未被驯化的东西对
象化。瓦格纳乐声的暴力,在其出现的地方,是事物(Sache)的暴力。

瓦格纳对文化的独特超越性——他总是同时高于又低于文化标
准——是他身上显著的德国特色。而像上述乐声那样的事物,如此具
备审美功能,因而在自身中就变得正当了;在自身中就成为美的。最近
我观察到一个奇怪的现象,例如就在音调优美的卡拉扬版本的《诸神的
黄昏》在维也纳演出时:在《尼伯龙根的指环》的最后一曲中,只有那些
没在乐曲结构上被分解的段落才形成了喧闹的效果,即在音乐事件与
音量不完全对应的地方,比如《齐格弗里德的葬礼进行曲》中过度表现
的以及乐曲结构中平淡无事的高潮;总体上这应该是有问题的,它不免
让人想到李斯特。在瓦格纳之后,对极端立场的表达及构造的征服,都
在事后证明了他的巨大影响。并非偶然的是,新音乐初期的作品,如勋
伯格的《古雷之歌》和施特劳斯的《厄勒克特拉》,在偏好极强音②这一
点上与瓦格纳是具有亲缘性的。但与此同时,瓦格纳的配器艺术没有
一处是过分夸大的。乐章的每一处都是简明易懂的,一切都能被听懂,
不像施特劳斯中期的一些作品。如果瓦格纳的配器和音色艺术确实是
为实现乐曲结构的纤维服务的,那这就意味着,这一艺术的目标不是制
造晦涩或臃肿的乐声,而是为了澄清音乐事件,因为这些事件在程式中
不再是不言而喻的,所以需要额外的澄清手段。只有从这个角度听瓦

---

① 乐谱中写作"ff"的力度记号。
② 乐谱中标记力度记号"fff"的音。

格纳的人,才没有听错他。他早就以明晰性的配器理想为指导,然后这个配器理想再通过马勒引至勋伯格和新音乐那里。这一点来源于声音的结构实现原则。以室内乐独奏的形式呈现了《齐格弗里德》第三幕主题的《齐格弗里德牧歌》,即是对整体的试验。

　　这甚至也解释了今天瓦格纳的作曲中令人反感的那些怪癖,例如冗长的叙事、音乐上多舌造作的偏好等。鉴于埃达式①的《齐格弗里德》叙事中丰富的内容难以呈现到舞台上,那些对已发生过的和已知的事情的再现此刻就显得多余了,正如《女武神》第二幕中沃坦那大段的陈述,或在《齐格弗里德》第一幕中,沃坦与米梅互相猜谜的情节(Rätselszene)对早已为人所知的事情的重复。不容忽略的是一些长篇讲话中那令人感到烦扰和尴尬的特质,还有古内曼兹对安福塔斯和科林索②的讲述,从戏剧的角度看这些的确是不可或缺的。尽管圣杯的联合守护者们文化号叫不断(Kulturgeheul),我们也决不应预先判断,在和声结构允许的情况下,当代的瓦格纳诠释是否应该决定删去这些片段。但是,好比说沃坦对布伦希尔德的那段演说,这样杰出的片段如 558 果也惨遭删除,那就证实了当代意识对待瓦格纳的态度的难处:如我所说的,他作品中的宏大与可质疑之处并不能被干净利落地切割开,几乎是没有此就不会有彼,即其真实性与合理批判下所认定的其作品中可质疑的元素,两者是相互依存的。在一个意识到自身的表演实践中,对瓦格纳作品的不确定性同样是由于无法避免其作品中那种真实与虚假的相互交融而造成的。无论如何,是瓦格纳强烈的曲式感迫使这些叙事出现。《指环》的基本设想如原著一般是陪伴式的,叙事性的,实际并非戏剧性的。如果想激化出矛盾,人们可以把《指环》全集,甚至瓦格纳晚期的其他作品都称为史诗剧,尽管狂热的瓦格纳的反对者布莱希特也许不会喜欢听到这些话,他也许会掐住我的喉咙。瓦格纳的直觉恰

---

① 《埃达》是北欧经典神话,因被记载前以口头形式流传了数百年,存在许多赘述、重复的地方。

② 三个人物均为瓦格纳歌剧《帕西法尔》中的角色,在第一幕中,老骑士古内曼兹就国王安福塔斯和巫师科林索的故事进行了大段的讲述。

恰感到，史诗中的主体性、自由个体还不存在，主体性只有在命运的反
题中才会产生，史诗不允许真正意义上的戏剧化。在这一点上，瓦格纳
比自以为聪明得多且更有教养的希伯尔还要聪明。但史诗化倾向并不
仅仅决定于素材。毕竟可以反对说，阿提卡悲剧同样也与史诗素材有
关，而且它已经成功地将史诗的素材完全转化为戏剧形式了。《指环》
整体是以上帝的名义构思出来的杰作（chef-d'œuvre），至少最初人们应
该要如此看待它，它凭借着深入到音乐纤维最内部的叔本华主义，显示
出某种预先决定的、确定的东西。随着阶段的发展，那些可望而不可即
的东西就总是成为了现实。对于黑格尔来说，历史是自由意识的进步，
叔本华持相反观点，那么对于赞同叔本华的瓦格纳来说，《指环》就是命
运的《精神现象学》。因此，构成戏剧的自由、开放的元素，在他身上并
不存在。从《森塔叙事曲》到古内曼兹的长篇叙事，记述、叙事曲贯穿整
个作品，有时其篇幅就像是 19 世纪初鸿篇巨制的歌曲艺术一样——我
只顺便提一下，据我所知，迄今为止，瓦格纳与舒伯特在某些歌曲之间
的关联这一问题还未被作出极具成果的探究。叙事就意味着，发生的
事情被如实地讲述出来：正如已被预先决定的那样。这再次指向一个
见解，即与传统音乐以固态的、仿佛现存的形式进行创作相反，将自身
规定为动态的、永远在生成的瓦格纳音乐，突然变成了静态的音乐；说
到底，是因为它的绝对动态缺少他者（das Andere），即缺少反命题，在
反命题中，它才可以成为真正动态的；事实上，在瓦格纳身上可能很难
找到贝多芬意义上的对立主题（Kontrastthema）。与此相关的是对于
场域的组织。从逻辑学中人们已经知道，没有固态元素，就没有动态；
即，在一切流动的地方，就无事发生；赫拉克利特和其对立者爱利亚学
派的哲学之间的奇怪联系就说明了这个事实。

　　在瓦格纳那里，不断的变化——喜好与缺失的结合——终止于永
恒同一（Immergleichen）。这在他最突出的材料中已然是被决定了的。
那么半音，即动态的、不断过渡的、精益求精地展开的原则，正如瓦格纳
对其音乐过程的定义那样，自身就是非定性的（qualitätslos），无差别
的。一个半音阶与另一个是相似的。就此而言，半音音乐总是赞同同

一性的。如果人们允许自己有这样的历史哲学思辨——我可能是最后一个会打压这种思辨的人，那么人们就会陷入这样的想法，瓦格纳的作曲过程描绘了对一种过渡而升起的恐惧：一个完全动态的社会过渡到另一个再次僵化，且如今完全物化的社会；照韦伯伦的话说：预测了进入到一个新的封建主义。

同样关于这点，我想探究一些瓦格纳作品中可质疑的地方，这些地方证明了他的不足之处与伟大之处相互联系得有多么紧密。我再次想到了《诸神的黄昏》。难以否认，它的最后一幕比较差，达不到其主题的标准。瓦格纳并未完成他所允诺的末日音乐；作品背弃了这个承诺，它没有兑现联结于作品中对于最大灾难的期望，尽管一些部分非常凄惨，例如古特鲁妮在齐格弗里德的尸体被带回之前的场景。因此，就唤起最清晰的东西而言，布伦希尔德的终曲（Schlußgesang）相较于伊索尔德的一些相似歌曲来说，是不可比拟的差，也更加断裂。前文中，我用主导动机机制解释过了这个明显的弱点；出于必要性，去经营预先给定的、几十年前的动机素材，这是晚期瓦格纳的完全展开了的作曲风格远远超出的东西。但这个理解太浅显了。四部曲概念中自身循环的东西和绝望的东西，正如标题中"环"（Ring）这个词已经指出的那样，事先隔断了性质上的他者与新事物，而这些东西同时又会在关键节点上被审美所要求。在《名歌手》的五重唱中已经有类似的情况，瓦格纳的曲式感告诉他，在这里他必须走出循环，所以他提出了一个无法言喻的旋律构思，一个并非来自主导动机机制的构思；但是，他并没有前后一致地继续展开这个新的构思，没有进一步遵循这个新构思的推动力，而是再次沿用了赞美歌复合体中已经有些陈旧的主题。但是我现在以命题形式向诸位概述的《诸神的黄昏》第三幕的内容，从字面上看是适用于宏大哲学的，也就是我曾提过的黑格尔的《精神现象学》。这本著作的最后一章名为："绝对知识"。那已经吃透《精神现象学》的真诚读者，希望绝对知识最终真的能在主客同一性中揭露出自身，这样人们才总算获得了它。但如果读了这一章，人们就会黯然失望，并且可以想象得出黑格尔对这种放纵的希望的嘲讽，尽管是他的哲学助长了这种希望。绝

对知识被证实只不过是对前书的一种复述；是那种精神运动的缩影，在
561 这种运动中，据说精神在没有表达绝对自身的情况下形成了自身，当
然，按照黑格尔的说法，绝对自身也根本不能被当作结果表达出来。简
而言之，从音乐上讲，它是一个再现部（Reprise），有着一切再现部所特
有的令人失望的元素。在《诸神的黄昏》中也是如此。绝对，即摆脱神
话，即使是作为灾难，也只有作为再现部才是可能的。神话是永久的灾
难。对它进行废除，反而是在实施它，而死亡，是恶无限（schlechte Un-
endlichkeit）的终结，同时也是绝对的倒退。

如果说，我至少成功地传达了如下观点，即在这里审美缺点
（Schwäche）与概念核心相关，一个自身循环、注定封闭着的东西的核心，
这个核心同时禁止兑现它所承诺过的东西，那么就可以理解，为什么瓦
格纳所谓的审美缺陷（ästhetische Fehler）不是可以任意纠正的。瓦格
纳的个人缺点并不是造成这些缺陷的原因。只有超越审美，才能对其进
行批判。谈论缺陷听起来像是好为人师的，但一旦人们要面对最高级的
艺术作品来谈论真实，就必须也要谈谈缺陷：否则就是不负责的。瓦格
纳的审美缺点来自重复的形而上学，即事物如此这般，那么它将永远如
此，人们没有摆脱它，人们无法摆脱它。这就引出了如今表演瓦格纳作
品的问题，对此我起码还想再补充几句话。这个问题是二律背反的。正
如那些叙事，如《诸神的黄昏》的第三幕，如在瓦格纳那里难以忍受的所
有东西那样。它与事物最深处纠缠在一起。如果消除掉那个累赘，就会
触及事物，且必须要超越事物，然后就会渐渐地导致不一致，导致摩擦，
导致不满意。但如果不消除它，就不仅会落入古板，还必定会展现出一
切已不再可能的可能之物——这里的物不仅指丁香树，还指音乐，指从
模进到整体曲式部分的音乐成分。摆脱这些二律背反而躲避进所谓的
永恒（这种永恒无疑与瓦格纳的神话相当接近）中去，这一尝试完全是徒
562 劳的（aussichtslos）。瓦格纳作品中的一切都有其时间内核。他的精神
如蜘蛛一般栖身于 19 世纪交换关系（Tauschbeziehung）的巨大网络中。
甚至是《名歌手》第二幕中奉承的施皮茨韦格式的特质在事物中也有其
功能，去伪造德意志民族的神话近代史，以便他们可以迷醉其中，这属于

几乎不可抗拒，但有毒害的尝试。也许这就是为何，尽管二三十年代的超现实主义已经过时了，但超现实主义的尝试仍是适当的。他们并不想在永恒的意义上把瓦格纳神话化，而是要把他的时间内核破开来，将他作为一个历史的沉迷者展示出来，或者说，像人们如今过于不假思索地说的那样，要把他异化。马克斯·恩斯特让国王路德维希二世在维纳斯堡的山洞里自娱自乐，这个想法挺好。最近在拜罗伊特的那场对《名歌手》的第二幕具有模仿性和侵略性的演绎——我自己没观看过这场表演——似乎也是类似的。如果说对瓦格纳来说，人们怎么做都是错的，那么，强迫错误的、破裂的、二律背反的东西自己出现，而不是把它抹掉并创造出一种与瓦格纳最深层的东西相矛盾的和谐，对瓦格纳来说是裨益最大的。这就是为何当今只有实验性的解决方案才是合理的，只有违反正统瓦格纳理论的方案才是正确的。因此圣杯守护者们（Gralshüter）不该如此大动肝火；瓦格纳的精准准则是存在的，且因历史学家而得到了更远的流传。但这种干预（Eingriffe）所引发的狂怒证明它们击中了要害（Nervenpunkt），恰恰击中决定了瓦格纳现时性的那一层。人们也应该毫无疑问地去干预一些明显的民族主义片段，例如萨克斯（Sachs）①的最后一次演讲。同样，人们也应该至少通过舞台策划的重心，将音乐剧从对米梅（Mime）和贝克梅瑟（Beckmesser）②这种卑劣的犹太式讽刺描写的污点中解放出来。如果说瓦格纳的作品本身确实是矛盾的、破裂的，那么，只有一种正确的表演实践称得上是对其作品的公正对待，即对之作出说明并与之实现断裂，而不是将其粉饰。

　　应该要问的是，我曾试图从完全不同的角度阐述过的瓦格纳的现时性，是否如俗话所说，不纯粹是艺术性的，是否好像只是涉及技术情况。在此所隐含的一种可与真理内容相脱离的技术概念是肤浅的。而我想直接谈谈真理内容。如果要为其寻找一个表达方式，那就是那种尽管色彩斑斓却又阴森的音乐，它通过描绘灾难预示了世界的灾难。

563

---

①　《纽伦堡名歌手》歌剧中的主角，也是德国真实存在的一位16世纪的著名诗人。
②　米梅，《指环》中的角色；贝克梅瑟，《名歌手》中的角色。

瓦格纳毕生作品中野蛮的那些方面也表明了这一点：那破碎得好像被齐格弗里德砸碎的米梅铁匠铺的铁砧一样的文化，甚至不算是一种文化。世界精神确实表现得如瓦格纳对总体否定性（totale Negativität）的展开一般。今天仍然没有什么比这点更重要：因此瓦格纳的重要性依然存在。也许是最后一次，诗意的责难（无论成功与否）与乐曲事物之间深层的亲合性证实了上述那一点。这是此后任何一种伟大风格的艺术都没有达到过的亲合性；音乐变得专业化，而这是对音乐的历史哲学式的诅咒，即专业化过程不能任意地被撤销，尽管它损害了作品（Gebilde）的关联性和真实性。瓦格纳作品的断裂本身就是对总体性诉求的后果，这种诉求不满足于专业化的艺术作品，瓦格纳通过技法（Technologie）参与到了其中。他的艺术性，他的专业性，那些让尼采对他着迷的特质，是与沉闷的工坊（Handwerkerei）相对的，从中可以再次学会一切。在瓦格纳作品中它们服务于一个整体的观念，这个观念不仅批判了过去四分五裂的歌剧制度，也批判了一直存在到今天的行会与秩序的分工社会。因为在瓦格纳那里，整个历史都显现为自身循环的；所以作为历史尚未开始的地方，它恰恰对此提出了无声的抗议。这一点他的朋友巴枯宁从他的作品中听出来了，在听《荷兰人》时他说：这只是水而已①，一旦这音乐涉及火，它该变成怎样啊。瓦格纳无法用同样的方式成功地描绘火，这本身就是形而上学的一个片段：在自身的强迫下，音乐在自身之中取消了自己。但因为他的音乐最终没有实现其所承诺的东西，所以，那容易出错的音乐，就作为应当被继续推进的、自身未完成的东西，以未成熟的形态被交到我们手中。它等待着能继续将其推回到自身的东西。这也许就是瓦格纳音乐真正的现时性。

注释

[1] Ernest Newman, *The Life of Richard Wagner*. 4 Vols., New York：Alfred A. Knopf, 1933—1947.

---

① 《荷兰人》的故事发生在海上。

马　　勒

——一种音乐的面相

一、帷幕与开场曲

想要修改那些并不只是在希特勒政权时期，而且还有在古斯塔
夫·马勒去世后五十年间的音乐史强加给马勒的批判，这种困难超过
了另一种困难，即让音乐从整体上对立于概念，甚至是对立于哲学的概
念。正如马勒交响曲的内涵并不满足于关注对主题的分析，因为这种
分析虽然指出了此处的创作技巧，却忽略了作品本身；还有一种极为欠
缺的分析方式，即根据本真性的行话（Jargon der Eigentlichkeit），想要
把所作之曲变成实实在在的表述（Aussage）。想要去直接获得音乐所
呈现出来的内容，人们就会把马勒归入到那种公认的或默认的标题音
乐的领域中去，而马勒曾经很早就对这种标题音乐发起过抵制，而且从
此以后，一直认为标题音乐没有说服力。那些被艺术作品加工、表现和
刻意琢磨的理念，并非其理念，而是其材料；即使在"诗意的理念"中，人
们曾打算用它这种含糊不清的名称来摆脱标题音乐包含的粗糙的物质
性（Stofflichkeit）。马勒《第九交响曲》中插入的那段可笑而浮夸的《死
神告诉我》（Was mir der Tod erzählt），是一种对真理要素的歪曲，甚至
比他《第三交响曲》中浮现出的花朵和动物更令人尴尬。但马勒对理论
性的词汇特别冷漠，因为他根本不遵从这种技术和思想内涵的替代品。
在马勒那里，从纯音乐的立场来看，顽固地坚持着一种残余的思想，它
既不曾用过程也不曾用情绪来进行诠释。马勒执着于音乐的姿态
（Gestus）。他认为，谁能让音乐的结构性元素说话，就会从技术上让表
达（Ausdruck）闪现出的意向局部化。只有通过更加接近他，进入他的

152 内心,并且直面不可通约的东西,才能将马勒挪到视野中去,嘲讽标题音乐和绝对音乐的风格类别,就像嘲讽布鲁克纳的纯历史性的发展是一样的。他的交响乐通过其感性和音乐性的设定具有了一种强制的精神性,来帮助他做到这一点。与其说这交响乐是在阐释理念,不如说它从根本上注定要成为理念。它的每一个要素都决不容忍逃避到任何相近似的东西中去,以满足它的作曲功能,因此这不仅仅是其纯粹的定在(Dasein),这是一种文字,规定了自身的意义。这种胁迫的曲线可以经过思考描摹下来,而不是从一个假定为固定的观点来争论音乐,就像新即物主义的法利赛主义那样,它不屈不挠地摆弄着像宏伟的晚期浪漫主义那样的陈词滥调。

《第一交响曲》以弦乐一个长长的持续低音开始,所有的弦乐直到最低的第三倍大提琴都演奏着泛音,一直上升到达最高的 a 音,像老式蒸汽机发出的难听的呼啸声一样。这就像一块薄薄的幕布,从天空中垂挂下来,紧紧关闭着;而一片淡灰色的云层让敏感的眼睛生痛。在第三小节中,一个四度的主题被凸显出来,一只短笛为它增添了色彩;很弱(Pianissimo)带来的尖锐超越了感官的锋锐,听起来和七十年后斯特拉文斯基的老曲谱中类似的音色一模一样,那是配器大师对精湛的配器已经厌倦了。在第二次木管组插入之后,四度动机下行模进,想要停留在一个 b 音①上,然而 b 音与弦乐演奏的 a 音产生了摩擦。突然出现的"快一些"(più mosso):两支单簧管在低沉、苍凉的音域中发出很弱的开场乐声,微弱的低音单簧管在第三声部,虚弱得仿佛从幕布后响起一样,它徒劳地想要穿过幕布,但却没有力气。即使开场曲(Fanfare)交到了小号那里,也仍然如马勒对其位置要求一样,"距离非常远"[1]。在乐章的高潮处,即在主音 d 重新出现前的六小节,开场曲在小号、圆

153 号和高音木管乐中爆发出来[2],这打破了之前管弦乐队声音的所有比例,还冲破了引发这种声音的上升进行。这还不足以达到高潮,音乐无

---

① 注意:在德语音乐术语中,b 这个音实际上是英语中的降 b 音。而英语中的 b 音在德语中则被称为 h 音。

法带来一种身体上的抽搐。裂痕从外至内,从音乐本身运动之外的地
方到来,参与到这种运动中去。有那么几秒钟里,这交响乐以为一生都
将带着恐惧与向往,那些从地面朝向天空被期盼的东西,已经成为现
实。马勒的音乐一直忠于此事;这种经历上的转变就是马勒音乐的故
事。如果说,所有音乐都从其第一个音符上预言即将发生的事情,神秘
面纱将被揭开,但马勒的交响曲却是截然不同的,他终于不再放弃去直
面那神秘的面纱;戏剧开场曲想在音乐上超越《费德里奥》①中地牢的
场景,它跟随着 a 音,而 a 音则出现在贝多芬《第七交响曲》中进入诙谐
曲的三重奏前四个小节的间歇中。这就像在清晨五点,一个半梦半醒
的人可能会被一种巨大而低沉的声音惊醒,他会等待那个让他在半梦
半醒的刹那间感受到的、永远难忘的声音。在他的肉体面前,形而上的
思想显得如此苍白无力,就像一种美学。这种美学问道:此刻的形象是
成功的,还是仅仅是个想法而已? 对它来说,自身的撕裂是本质上的,
它对成功作品的假象进行了反抗。

如今,它将仇恨引向了马勒。这种仇恨把自己伪装成诚实的样子,
去反对那些冠冕堂皇的东西:反对艺术作品的狂妄,这不过是要去体现
那些单单是臆想出来,而没有实现的东西。在这种诚实的背后,潜伏着
嫉妒,它要去反对那些即将实现的东西。马勒的音乐怀疑地抱怨道:
"不应该是这样的",并恶意地将其看作一种戒条。认为在音乐中不应
该有比当下更多的东西,这种顽固掩盖了听众压抑的听天由命,同时
也掩盖了他的安逸,他放弃了将音乐概念作为一种形成中的、揭示性的
工作和努力。早在六人团时代②,头脑精明的反浪漫主义就已经卑鄙
地与娱乐领域结盟。马勒激发了那些安于现状的人的愤怒,因为他提
醒这些人,有一些东西必须进行自我纠正。在对现世不满的鼓舞下,马
勒的艺术不再符合现世的标准,而现世却在歌唱自己的胜利。《第一交
响曲》中的突破影响到了整个曲式。这种突破铺垫下的再现部,不能再

154

---

① 《费德里奥》是贝多芬唯一的一部歌剧。
② 六人团(Les Six)指 20 世纪前期的六位法国作曲家:路易·迪雷、阿尔蒂尔·奥涅
格、达律斯·米约、热尔梅娜·塔耶芙尔、弗朗西斯·普朗克、乔治·奥里克。

次恢复与对奏鸣曲的期望联系起来的平衡。它缩减成了一个仓促的尾声。这个年轻作曲家的曲式感把这个再现部当作一个尾声来看，而没有自主地进行主题式的展开；对主题思想的回忆被毫不停留地推进到了最后。不过，能够这样去缩短再现部，就必须潜在地得到呈示部的保护，它避免了形象的多样，也避免了传统的主题二元主义，因此也不再需要复杂的再现了。这种突破的理念指定了整个交响乐章的结构，让那些他仓促拟定下来的传统结构相形见绌。

但马勒那种主要的敌视艺术的经验，是需要艺术来表现自己的，艺术必须为了自己的责任自我提升。而向突破伸出双手的图景（das Bild)，仍然一无所获，因为这种突破像弥赛亚一样不存于世。在音乐上去实现弥赛亚，同时就意味着要见证它现实中的失败。本质上，这对音乐过分苛求了。音乐在其无人之地去拯救乌托邦。那些阻碍了社会内在性的东西，不能在它从社会那里借用而来的形式内在性上取得成功。而突破想要摧毁这两者。在音乐想要摆脱纠缠时，它作为艺术本身却被束缚住了，并通过参与到假象中来提升艺术。音乐作为艺术，就会愧对艺术的真相；然而，当它与艺术背道而驰时，即否定自己的概念时，这罪恶感也不会减少。马勒的交响曲发展性地试图摆脱这种命运。它们的根本是音乐想要超越的，是突破的对立面，而这却是由突破带来的。《第四交响曲》称其为"世间的动荡"（weltlich' Getümmel)[3]，黑格尔称其为倒置的"世界进程"[4]，它首先面对的是把意识作为一种"对峙和空虚"的意识。马勒是欧洲的"世界之痛"（Weltschmerz)传统的后期成员。对他来说，世界进程的寓言完全是一些漫无目的自我循环的、无法停止的乐章，它是一部永动机。不进行自决，空洞的运行就是一成不变的。在音乐上还不算太炙热的地狱里，隐藏着一种对新事物的禁忌。这地狱是绝对的空间。《第二交响曲》中的诙谐曲已经带有这样的感觉，在《第六交响曲》中它则来得尤为猛烈。在马勒那里，希望隐匿在差异中。曾经，积极的主体能动性是一种对社会有用的劳动的模仿，它启发了古典主义交响曲，当然，它已经在海顿那里，以及很大程度上在贝多芬那里影射地通过幽默表达出来了。行动（Tätigkeit)不只是像意识形态教导我们的那样，是自决的人拥有的一种有意义的生活，也是他们缺乏自由的虚荣行径。在资产阶级的后期，从中引发了盲目运作的恐怖景象。主体被卷入世界进程中，却无法在其中找到自我，无法去改变世界进程；在贝多芬活跃的生命中，希望仍然脉动着；在黑格尔的《精神现象学》中，希望曾允许将世界进程最终置于个体性之上，而个体性只有在世界进程中才会得以实现；但这希望自身发生了倒退，并且同时失去了无力的主体。这就是为什么马勒的交响乐一再主张反对世界进程的原因。他的交响乐以模仿世界进程来突破世界进程。而当交响乐突破世界进程之时，也是马勒的申诉之时。它在任何地方都不会去修补主客体之间的裂痕；它宁愿摧毁自身，也不愿假装和解成功。一开始，马勒就标题音乐式地勾勒出世界进程的外在性。《第二交响曲》中范例般的诙谐曲以《少年魔号之歌》（Des Knaben Wunderhorn）中的《圣安东尼向鱼传教》（Des Antonius von Padua Fischpredigt）为基础，在器乐绝望的呼喊中达到高潮。[5]音乐的自我，即在交响曲中唱响的"我们"（Wir），倒塌崩溃。呼吸出现在乐句与随后发出的渴望人性的歌声之间。然而即便如此，马勒当时也没有满足于超越（Transzendenz）与世界进程之间过于自信的诗意对比。音乐在不间歇的进行中，与粗粝的铜管合奏是同步的。[6]然而，黑格尔式的正义，完全通过作曲技巧延续的逻辑，牵引着作曲家的笔尖，让世界进程从再生的、不断连续的力量中，从生命与死亡抗争中不断成长起来，成为对坚定地进行抗争的主体的一种纠正；当主题到达第一小提琴那里时，声音与旋律的特征就抹去了粗犷的痕迹。[7]有一段来自娜塔莉·鲍尔-莱希纳的《马勒回忆录》的描述，其细节是如此的贴近事实，它具有从作曲家的视角去论证作曲问题的认识，让人对其真实性绝不质疑。这让人们可以去假设，主体与世界进程之间的双层关系可能会出现在马勒的反思中。马勒在提到著名的腓特烈大帝的轶事（die friderizianische Anekdote）①时说："如

①　这里指的是腓特烈大帝与磨坊主的故事：据说腓特烈大帝想要无忧宫旁的磨坊主拆掉磨坊，但磨坊主与他辩论，最终保护了自己的权益，这也赞扬了腓特烈大帝是一位依法治国的好君主。

159

果农民面对国王能获得自己的权益,这是件好事,但硬币也有它的反面。磨坊主和磨坊至少可以在他们自己的地盘上受到保护:如果石磨没有嘎吱作响,并且因此以最无礼的方式逾越腓特烈大帝的底线,就会在陌生的精神区域造成很多无法衡量的干扰和损害。"[8]主体遭遇的正义在客观上可以成为非正义,而主观性本身,即神经质的作曲家对噪音的敏感,从经验上告诉他,世界进程在这个轶事的场景中,在面对个人抽象保护时,绝对权力不仅仅应受谴责,还应该按照黑格尔的见解,世界进程并不像德行想象的那样糟糕。马勒从音乐上意识到世界进程与突破之间的对立具有一种粗略的抽象性,他通过其结构的内在构成,逐渐将其具体化,并由此将其传达出来。

《第三交响曲》的诙谐曲与《第二交响曲》的诙谐曲一样,其灵感来自一种动物象征主义。它的主题核心取自早期的钢琴曲《夏日更迭》(*Ablösung im Sommer*);与《鱼布道》一样,这首作品也包含了疯狂的喧嚣。但回答它的不是绝望,而是同情。音乐就像动物一样;对它所处的封闭世界产生的同情,就好像是想要去弥补一下它被关押的厄运一样。它用模仿无言的动物行为制造出的声音,惊吓到了自己,又像兔子一样小心谨慎地再次冒险出走[9],就像一个受惊的孩子把自己看作从饿狼那里幸存下来的、躲在座钟盒里最小的小羊。①当邮差的号角声响起时,窸窸窣窣的寂静也作为背景被写入乐曲中。在薄如蝉翼的弱奏的弦乐前变得人性化,其余的地方则是连贯的,奇怪的声音不想加入任何邪恶的东西。当两只圆号用歌唱般的声音来评论这段旋律[10],那么从艺术上看极为危险的要素就和解了不可调和的东西。但动物们发出威胁性的踩踏节奏,公牛们拉着蹄子跳着凯旋圆圈舞,预言性地嘲讽着文化是多么的单薄和软弱,只要文化孕育出灾难,就会匆匆地召唤来野林,吞噬掉那些被毁灭的城市。最后,动物音乐用一种被扩大的原始主题惊恐的顿悟[11],再一次文学性地夸耀自己。总的来说,原始主题

---

① 这里指格林童话《狼和七只小羊》中,最小的一只羊躲进座钟盒而未被狼发现的故事。

在人性和讥讽模仿之间摇摆不定。原始主题的光束照射到了那被混淆的人的本质上,这种本质在种群自我保护的咒语下,撕裂了自我,并打算用被灾难性地带有消灭意图的替代方式去迷惑人类。在动物身上,人类意识到自己内在受拘束的天性,人类的行为就是一部被蒙蔽的自然史:这就是为什么马勒对此进行深思的原因。正如在卡夫卡的寓言中,他认为动物就是人,动物从一种救世的立场上出现,而被接纳的自然史却阻止了这种立场。马勒的童话基调在动物和人的相似性中觉醒。绝望与安慰合二为一,自我反思的天性放弃了对两者绝对差异的迷信。然而,独立的艺术音乐到了马勒那里,却走向相反的方向。音乐越是学会去掌握对材料天性的必要掌控,音乐的姿态就越是变得专横。其整体的统一性使多者失去了掌控权;其暗示性的暴力切断了可能使人分心的东西。幸福的图像只保存在音乐的禁令中。在马勒那里,音乐动摇了,它想要与自然存在和平相处,却仍然必须执行旧的魔咒。

《第四交响曲》的诙谐曲,跟随前面两首的路线,把世界喧嚣的具体 158
比喻手法风格化成了死亡的舞蹈。刺耳的旧式提琴(Fiedel)①比小提琴高了整整一个全音,它令人厌恶地演奏着,带着奇异陌生的声音,耳朵并不明白其原理,因此倍感混乱。半音阶的偶然性让和声和旋律变得酸涩难忍;独奏式的音色,仿佛缺少了点什么:好像是室内乐寄生在了管弦乐队上一样。从低等之物的寓言而出,音乐迷失到不现实性中去,就像热闹的影子戏,在诱骗和啜泣之间来回暧昧,将悲伤的躁动与图像一闪而过的逃逸混合在一起。同样矛盾的还有木管乐和后来的小提琴旋律,这是一种从定旋律(cantus firmus)变成急促的主题[12]的方式,而在《第七交响曲》的诙谐曲中,它不再装作无害的样子。马勒将其形容为"哀怨的"(klagend),就像只有音乐才能做到的那样,它将世界进程的那种手摇风琴般的哼唱,与富于表现力的悲伤结合在一起。马勒在《第四交响曲》的诙谐曲中的曲式感,作为与鬼魅般的声音的对比

---

① 这里指一种15和16世纪期间流行于欧洲的弦乐器,它有5或7根以四度或五度间隔定音的弦。

构成了突破,这种突破有迹可循;作为即将成为现实的东西,被输送了生命的血液,正如三重奏的部分已经在寻求的那样,它们让人不禁联想到了那个主题带有的兰德勒舞曲①的特征。"变得更加宽广"(sich noch mehr ausbreitend)[13],一瞬间如此感性,在马勒那里很是少有;柴可夫斯基擦身而过,然后又抽身离去,乐章回到了鬼魅般的情绪中,越来越阴暗,最后终结在晚期贝多芬幻想的地平线那里。《第四交响曲》的欢乐被作为一个整体来考虑。它逐渐地蒸发殆尽,友好得几乎令人恐惧。

然后,站在《第五交响曲》的高度上,马勒在第二乐章中赞颂了世界进程的反命题,以及对作曲原则完全坚定的突破。保罗·贝克尔认为它是第二个第一乐章,是马勒最伟大的构思之一。[14]它不是一个诙谐曲,而是一个"最激昂的"完整的奏鸣曲乐章。[15]幽默在此荡然无存,因为幽默不能用一种无人能及的距离去嘲讽世界进程;这个乐章带着一切痛苦的语气,不可抗拒地放手,让人无法平静。它的比例,即是暴风骤雨般的快板部分与插入其中蔓延开来的缓慢的葬礼进行曲之间的关系,使得再现部变得极为困难。这个比例决不是因为在某次创作中存在"就这样吧"的巧合而出现的,全曲从一开始就必须为了对比而被安排得清清楚楚,以至于不会被卡在行板部分上;交替变化造就了形式。尤其重要的是,急板部分也要在速度上毫不让步,要清晰地、主题鲜明地被演奏出来,而不能迷失在漩涡中;这些急板部分平衡了葬礼进行曲的旋律。然而,奔流而去的急板(Presto)无处可引,这正是马勒的曲式理念。这个乐章,就其所有的力度和所有的细节塑造而言,没有过往,没有目的地,实际上也并不强调时间。因为它没有过去,就促使它去回忆;因为向前推进的能量被阻塞住,它就立刻流回原地。然而自那里,音乐向它走来。葬礼进行曲潜在的动力,尤其是它的第二首三重奏,只是在之后作为急板的副部,在整体的、奏鸣曲式的贯通全曲中展开。在第一乐章的稳定不变的曲式中被束缚的东西得到解放。但与此同时,

---

① 兰德勒舞曲(Ländler)是一种流行于德奥地区的农村三拍子的民间舞曲。

中断的回忆也为从这个乐章挣脱而出的圣歌的幻象（Choralvision）作好了铺垫。只有通过它与缓慢的插部之间形式上的对应，才能同化那些突如其来的内容，而不至于被打回到一片混沌中去。幻象与形式是相互依存的。这个形式在尾声中结束，而幻象不具有结束的力量。如果这个乐章的结尾是幻象，那它就不再是幻象了。但尾声屈服于已经发生的事情：旧的风暴成为它无力的回响。

突破的开场曲以圣歌的音乐形象出现，它不再是不受管制的，而是从整体上主题式地表现出来。但是，强大的效果并不纯粹归功于此时此地的所作之曲，而是重复了布鲁克纳《第五交响曲》结尾的草稿，并通过它揭示了圣歌本质的既定权威性，它揭示了在大师般的创作中可能出现的不可能性。显现出来的东西被假象扭曲了。那本应完全是自己的东西，却带有安慰和鼓励的印记，并不是当下存在的东西的保证。显现出来的权力与无力伴随左右，如果它曾是被许诺的，现在将不再被许诺，那它就不需要坚称自己是一种权力。对于马勒的音乐来说，在传统的曲式典范中没有任何东西是这样的无可争议，以至于它所要的悖论可能已经逃离开了。马勒后来无可比拟的配乐，《浮士德》的最后一幕的歌词出了问题。它并未取得成功。艺术与现实具有的乌托邦式的同一性令人失望。但更重要的是，马勒的音乐在作曲能力的进步上的严肃性，并不亚于他现实经历的进步性的严肃性。创作上的约束力带来了对成规化的盈余的拒绝，这就迫使马勒从音乐上建立突破口，放弃他的天真和艺术上的疏离，直到他自己变得形式内在化。但是相反，他自己的理念也不能独善其身。音乐创作逻辑批判了这些理念所要表现的东西；越是成功的作品，蕴含的希望就越少，因为这种希望超过了自身一致的作品的有限性。凡是被看作成熟的作品，都包含着这种辩证法，而这种无条件的赞美总是被放弃因而堕落。这就成了审美判断的必然。因为成功之事的不足，不足之事就被美学判断进行了审判：成功之事就成为不成功之事，成为一个事件（Ereignis）。不确定的是，是否因为世界进程与可能有所不同的他者之间的断裂而带来更多的真相，这种他者在此散发出光芒，主体在其作品中不具有这样的他者，在对其假

163

象的忏悔中抛弃了自己的虚幻性,比起作品的内在关联性佯装成感官的内在性,去坚持自己的真相,纯粹就是为了整个成为欺诈,尤其被它消灭的单独的虚幻之物所滋养。尽管如此,音乐不能违反自己的逻辑而变得固执。《第五交响曲》第二乐章中 D 大调的圣歌再次带来一种天堂幻象般的幻觉效果,这并不是偶然。其余在作曲上非约束性的内161 容削弱了圣歌所代表的过度审美:它保留了活动的瑕疵。为了粗暴地注入圣歌,圣歌被交给了铜管乐器,而自瓦格纳和布鲁克纳以来,铜管乐已经退化成了喧器。马勒是最后一个对此不予理睬的人。作曲创作上的整合,是对有目的的盈余(Überschuss)的清算,马勒对假象的这种批判,在勋伯格和他的学派中已经表现得很明确。这种进一步的精炼化(Sublimierung)也许并不能精确地去描述马勒的反应方式,就像他越来越坚持避免用铜管乐器以新日耳曼的方式去强调主题的做法。马勒作为最有经验的管弦乐指挥有可能在技术上被促使去这样做,因为马勒的手段——与所有有效的手段一样——被迅速地消耗殆尽,这甚至也出现在他自己的交响曲中;所有被铜管抛出的主题都严重相似,并危及交响乐中最重要的东西,即个体的"它自身存在"(Es selbst Sein)以及由此对进程的塑造。在晚期作品中,铜管的暴行变得短暂、惊恐或粉碎性的;它不再是整个音域的底部音区了。然而,基于技术的要求,突破的精炼化从目的性上来看,已经存在于其自身中了。为了使突破(Durchbruch)能真实地表现自己,必须以它为中心进行创作。那么,不仅作曲的"纤维"(Fiber)被模式化了,而且时机本身也不可避免地与这种纤维发生功能上的关联,从而更多地从表面的、从大致材料上征用了时机。这一点在《第一交响曲》中表现得很明显,它展现了而不是承载了马勒音乐的张力。在突破之后,再现部出现时,并不能简单地为了符合曲式而对主题进行重复。突破所唤起的回归必须是它的成果,即成为一种新的东西。为了在创作上作好准备,在展开部中出现了一个新的主题,其动机核心在一开始就被引入大提琴中。[16] 由此,形成了一个插入式的圆号乐句[17],然后,就像贝多芬的"原型"一样,它主导了后面的展开部,以便在主音重现时从一定程度上补充性地作为主题,去

显露自己,但这主题其实从未如此过。[18]要去成为一个新事物的义
务,即由开场曲起,悄悄地走过它漫长的历史,整体由此被"编织"出来, 162
既符合奏鸣曲的精神,但同时又反对这种精神。由于突破和他者,形式
内在性加强了自身,并且化解了绝对的反命题,而这反命题是由突破所
规定的。

这并不适合维也纳古典主义;哲学唯心主义的概念没有与之相匹
配的音乐态度。对贝多芬强大的一致性逻辑来说,音乐结合成了一个
完整无缺的同一性,并成为分析性的判断。与此相适应的哲学,在黑格
尔的高度上感受到了这种理念带来的刺痛。在《逻辑学》第二部分,根
据(Grund)理论的注解,科学思维的根据——并未提及康德——被指
责为"毫无作为"(nicht vom Fleck),并且是同义反复:因为"根据现在
通过这种办法依照现象来树立,它的规定也依靠现象,所以现象就当
然一路顺风地从根据流出去了。但认识由此却一丁点儿也得不到;
认识在一种形式的区别中兜圈子,而这种办法则颠倒并取消这种区
别"[19]。健全的人的认知从本就已经存在的事实中抽象出它的解释,
然后用其冒充认识,而被斥为愚蠢。马勒对此进行了反抗。如果说音
乐与辩证逻辑之间,比与推理逻辑有更多的共同点,那么马勒的音乐想
要像带着西西弗斯式的努力①的哲学那样,去推动习惯性的思维和太
过僵化的同一性那早已被石化了的概念。他的乌托邦是曾在的有所作
为(jenes Vom Fleck Kommen des Gewesenen),以及在生成中的尚未在
的(nicht Gewesenen im Werden)有所作为。就像对黑格尔来说已经在
同一命题中的批判[20]一样,对马勒来说,真理是他者,是非内在的,却
又从内在中升华而出:类似于康德的综合学说在黑格尔那里已经有所
体现。只有既成的(Gewordenes)才是某物,而不是单纯地去生成。传
统音乐的节约原则,其限定方式在一物换一物中被消耗殆尽,什么也没
有留下来。可以说,它毫无保留,但内的升华却未能领悟它。它回避

---

① 在此指希腊神话中的人物西西弗斯受到众神惩罚,要他把巨石推上山顶,然而巨石
永远都未及山顶就滚落下山。在此指代反复做一件无望的事情。

163 那些自己无法完全控制的新的东西。从这一点来看,伟大的音乐在马勒之前也是重言式的。那就是它的连贯性;那是一个没有矛盾的体系。它被马勒所斥责,断裂被当成了形式的法则。"凡是不同的东西,学习它就好了!"[21]

　　如果马勒在创作发展中调解了世界进程和其他可能性,那么这样的调解为了能足够深入下去,就已经应该在作曲材料中能够被人发现。这就是世界进程所把握的东西,世界进程由此开始运动,却又不完全像它一样;受制于此的东西已被期待,或者被推翻。在那里,以一种音乐语言自身受到刺激,并且因此激进化了的浪漫主义,马勒的音乐正期盼着直接的东西,一种抚慰异化的痛苦的普遍调解。最初,开场曲使用的是铜管乐器的自然音。在《第一交响曲》的引子中,单簧管预示了开场曲,自然的声响立即被加入其中;适用于它的向下运动的四度,还有向上扬起的双簧管带着刺耳的渐强和渐弱,木管乐发出的布谷鸟的叫声没有考虑到节拍和速度,它在马勒之后的作品中一次又一次地出现。他的交响乐追求生机勃勃的不受约束的声音,直至《大地之歌》(*Das Lied von der Erde*)的《送别》(*Der Abschied*),才被引入到无形中去。其自身的形式与尚未有形式的结为一体,是高于形式的,超自然的最后审判,在这样的意义中就消解了,这是由没有意义的自然事物的碎片组成的。但马勒的清醒的音乐非浪漫主义式地明白,这样的调解是普遍的。音乐追求的自然,正是音乐想要远离的自然的功能;如果没有调解意识,那么厄运、传说将保留最后的决定权。——从此之后,美学就忽视了自然之美,虽然康德仍然将崇高的范畴保留给自然之美,但黑格尔则轻视它,自然的概念在艺术中一直未被意识到。社会化的网络从来都编织得如此之密,以至于人们为了反对纯粹的反命题而保留了一个
164 秘密,这个秘密是不允许被谈论的。因为自然作为人类暴政的对立面,只要遭遇到不足和暴力,它本身就会被扭曲。但是,即使马勒音乐把自然作为风景进行联想,也没有在任何地方将其绝对化,而是从与它有分歧的对比中去解读它。从技巧上,通过与在马勒那里原本占据支配地位的句法规整性进行对比,自然声响变成了相对的:他的音乐散文首先

并不是散文,而是作为自由节奏在诗句中生长起来。作为对音乐的艺术性语言规定的某种否定,自然在马勒的作品中依附于艺术性语言之上。因此,《第一交响曲》开头痛苦的管风琴长音,就(故意——译者注)设定了公认理想中的恰当的配器,并以此来对其加以否定。管风琴长音的泛音在异化之后才找到了它的需求:"当我在佩斯(Pest)①听到在所有音域上的 A 音时,我觉它听起来太过于物质化了,就像是漂浮在我面前空气中的闪闪发光的东西。因此,我想到要给所有的弦乐加上泛音(加上对小提琴来说最高的泛音,以及对大提琴来说最低的泛音,大提琴也是有泛音的):终于我如愿以偿了。"[22]娜塔莉·鲍尔-莱希纳写的一份极有说服力的报告表明,这种积极否定的意识是如何在针对中庸的作曲的审美理想的抗议中,强烈地引导了马勒作曲技巧的处理方法的:"如果我想制造一种安静、克制的音色,那我不会让一种容易制造出它的乐器来演奏它,而是用那种只能通过努力和强迫,甚至往往是要过度努力和超过其自然极限的方式来演奏它。因此,大提琴和巴松管常常要在最高的音符上发出尖叫,而长笛则在深处吹奏。第四乐章中的段落也是这样的(你还记得中提琴的进入吗?)……我总是期待着这种效果,如果我把它交给在此相对讨喜的大提琴来演奏,那我永远也不会制造出压抑的、暴力的音色。"[23]正如相对于舒适的正常声音而言,马勒表达自然的段落从整体上被定义为,对音乐通用语言的一种夸张的分歧,就像自然美本身被定义为,与所谓品位上被净化过的形式范畴的对立,即是从第二自然中去除自然。之后,马勒自我批判中提到的音乐逻辑的污点,同时也是一种在荒诞与本质上新的事物之间的清晰界线上游走的东西。马勒已经在飘忽不定地利用偶然了。自然散落到艺术中,总是显得那么不自然:只有像马勒那样,通过处处去夸大创作出的音色,这种冲击了西方音乐的形式语言在马勒时代已经形成的惯例,虽然他在其中仍然感到熟悉自在。他剥夺了这种形式语言的无辜。用毁灭性的意向去针对这种音乐语言,后者出人意料地从一种先

———————
① 这里指匈牙利首都布达佩斯的东岸地区。

167

天转化为一种表现手段；类似于在卡夫卡那里，他从克莱斯特（Kleist）那里学到了非常保守的、叙事性的对象性的散文，通过与克莱斯特散文的对比来强调其内容。

在音乐与其语言之间逐渐明了的对抗中，一种社会的对抗显现出来。内外的互不相容，再也不能像古典主义时代那样，从精神上得到协调。由此，马勒音乐的意识再次变得不幸，这种意识在古典主义时代似乎已经被解决了。历史的时刻不再允许他在现有的条件下认为人的命运与制度权力是相适应的，如果他想获得自己想要的生活，就必须去反抗，而他在其中却迷失了自我。这位被局限在假期中才能创作的作曲家，被音乐行业逼到了肉体上无法承受的地步，即使作为维也纳歌剧院艺术总监和明星指挥家，他也无法脱身而出。被现实嘲讽的高尚，却堕落为意识形态。所以马勒与低俗之间的关系就成了辩证的。他写道："音乐必须永远包含着一种渴望，一种超越世间事物的渴望。"[24]但他的交响曲比他更能感觉到，这种渴望意味着什么，这渴望不能被表现为高超、高贵、被神化的，否则它就会成为一种礼拜日的宗教，成为对世界进程装饰性的申辩。如果不贱卖他者，那么就要隐姓埋名地去寻找失落的他者。根据这种构想，逃脱了罪恶感的，并不是认为自己凌驾于自我持存的常规行为之上而从中获利的人，而是那些受压迫的、不得不承受重负的人，他们由此唤醒了反抗马勒音乐的对立统一（coincidentia oppositorum），将这种反抗与乌托邦的"炸药"一并思考。马勒对自己的地位感到厌恶，但又不想放弃这个地位，因为他太了解世界进程了，为了不总是处于当下，世界进程缺乏可以剥夺他的人性决定所需要的自由的期限。但是，这位名人的社会主义的倾向属于一个无产阶级本身已经被整合了的时代。贩夫走卒的子孙具有的本能，并不能与那些更强者组成的阵营相持，而不管是绝望还是虚幻，他们只能处于社会的边缘。那些没有被驯化的，默许地沉入到马勒的音乐中的内容，同时也是古老的和过时的。因此，反妥协的东西将自己与传统的材料捆绑在一起。这让它想起了进步的牺牲品，也是音乐的牺牲品：那些牺牲品的语言元素，在合理化和掌握材料的过程中被淘汰了。马勒不想在那被世界进程扰乱的语言中寻找到安宁,但他利用它来抵抗暴行。胜利的破旧残余斥责着胜利者。马勒从那尚未开始的进步和不再误以为自己是起源的倒退中,勾勒出一幅谜图。

注释

[1] I. Symphonie, S. 4, letzter Takt(Partitur).
在此,马勒所有的管弦乐作品都引用自学习谱(Studienpartitur)。第一至第四交响曲、第八交响曲、第九交响曲和《大地之歌》由维也纳环球出版社(die Universale Edition)出版。在爱乐乐团乐谱系列(die Reihe der Philharmonia-Partituren)中,包括了《少年魔号之歌》《亡儿之歌》和所谓的最后的《七首歌曲》。第五交响曲的出版商是莱比锡的出版社彼得斯(Peters Verlag);第六交响曲的出版商是莱比锡的 C. F.卡恩特音乐出版社(C. F. Kahnt Nachfolger);第七交响曲的出版商是柏林的伯特和伯克出版社(Bote und Bock)。埃尔温·拉茨(Erwin Ratz)也于 1960 年在那里出版了这些作品被修订过的新版。早期钢琴曲三卷本由美因茨的朔特之子音乐出版社(Schott's Söhne)出版。——作者注

[2] a.a.O., S. 35.

[3] IV. Symphonie, S. 102.

[4] Hegel, Phänomenologie des Geistes, ed. Lasson, Leipzig 1921, S. 250.

[5] II. Symphonie, S. 116f.

[6] a.a.O., S. 94.

[7] a.a.O., S. 95, Takt 3.

[8] Natalie Bauer-Lechner, Erinnerungen an Gustav Mahler, Leipzig, Wien, Zürich 1923, S. 15.

[9] III. Symphonie, S. 156, bei Ziffer 16; S. 158, bei Ziffer 17.

[10] a.a.O., S. 156 und 157.

[11] a.a.O., S. 176f., Ziffer 31—32.

[12] VII. Symphonie, S. 121, von Ziffer 116 bis S. 122, von Ziffer 118, und S. 142, zwei Takte nach Ziffer 154 bis S. 143, einen Takt nach Ziffer 156.

[13] IV. Symphonie, S. 67, bei Ziffer 11.

[14] cf. Paul Bekker, Gustav Mahlers Sinfonien, Berlin 1921, S. 181.

[15] V. Symphonie, S. 47.

[16] I. Symphonie, S. 18, Takt 2 und Takt 4f.

[17] a.a.O., S. 20, einen Takt nach Ziffer 15ff.

[18] a.a.O., S. 36, bei Ziffer 26ff.

[19] Hegel, Sämtliche Werke, Band IV, ed. Glockner, Wissenschaft der Logik 1, Stuttgart 1928, S. 572. 中译参见黑格尔:《逻辑学》下,杨一之

译,商务印书馆 1982 年版,第 91 页。

[20] a.a.O., S. 510ff.

[21] Richard Wagner, Gesammelte Schriften und Dichtungen, 6. Band, Leipzig 1888, Der Ring des Nibelungen, S. 128.

[22] Bauer-Lechner, a.a.O., S. 152.

[23] a.a.O., S. 151; die Stelle der Violen: I. Symphonie, S. 147.

[24] a.a.O., S. 119.

二、音　色

　　马勒不是通过实实在在的创新和先锋式的材料获得进步的。以
反形式主义的方式，他更加偏爱作品，而不是创作的手段，他没有遵
循一条直线式的历史路径。即使在他的时代，这样的路径也已经恐
吓着要把个人素质，即他不想忘记的最好的东西，等同到组织起来的
完全的统一性中去。只有整体从音乐细节不可替代的特征中产生出
来，他才会满足于整体。就像他的交响曲怀疑音乐同一性的内在逻
辑一样，它们也违背了自《特里斯坦》以来，一元化地推动音乐的历史
审判：半音化是对材料的否定。马勒并非反动派，而是对进步的代价
感到畏惧，他坚持把全音阶理所当然地看作一种支柱，而全音阶已经
被独立创作的需求损耗殆尽了。尽管材料带有这样迟来的无关紧要
性，但马勒的作品从一开始，就被看作不雅的。对他的仇恨，附带有
反犹主义的色彩，这与对新音乐的仇恨如出一辙。他带给人的震撼
在嘲笑声中被释放出来，他被邪恶地轻视，这种轻视打压了知识，即
使其中有一定的内涵。几乎没有任何人与马勒一样，远远高于不足
以评判他的标准；音乐艺术的学院派用一向"纯洁"的品位面对马勒
音乐的突破，他们只能摇着头去怪罪他的音乐太过幼稚。马勒并没
有简单地屈服于瓦格纳的愿望——音乐最终应该成长。不可动摇的
梦想和一股子儿童般的天性在他那里没法干净利落地加以区分。当
德彪西离开《第二交响曲》的巴黎首演以示抗议时，这位誓死反业余
的人表现得像个十足的专家；对他来说，《第二交响曲》可能听起来像

亨利·卢梭(Henri Rousseau)①的画被放在巴黎网球场美术馆挂着的印象派画家之中去一样。马勒对"水平"这个概念的看法是不统一的；虽然他一开始并不肯定地拥有它，但随后又摇动了它，为了去毁坏这个概念带有的自负的偏见，最后打碎了文化恋物癖；而愤怒也同样对此作答。这一切都发生在调性之中。也许只有依靠某种还算值得信任的内容，才可能产生异化效应；当这种值得信任的东西完全被牺牲时，异化效应也就随之消解。马勒的和弦构成完全是三和弦和声，对调性的强调处处可见，没有一处排除了通常的调性习惯。有些东西是落后于（19世纪——译者注）九十年代的。他早期的交响曲，至少在音级丰富性方面并不如勃拉姆斯，在半音和等音方面又不如成熟的瓦格纳。马勒音乐的气氛是易懂的假象，而他者披上了这种假象的外衣。他用过去的手段猛然预料到了即将到来的音乐。

音色是崭新的。它给调性强加了一种它本身已经无法表达的表达。对调式的苛求，让它变得声嘶力竭：《第七交响曲》中诙谐曲的一个管乐部分，也是《雷维尔格》(*Revelge*)②的双簧管声部，在曲谱中被标记为"尖叫的"(kreischend)。被强迫的内容自身就表露无遗了。调性，这种伟大的音乐性的表述范畴，曾经把自己传统又文雅地塞在主观意向和审美现象之间。马勒从内在、从表达需要出发，将它点燃让它发光，让它仿佛是直截了当地去表现一样。调式爆发地实现了一些内容，这些内容在之后转换成了表现主义中被解放出来的不和谐。在《第五交响曲》中已经被加入了非常庞大的葬礼进行曲的第一个三重奏，它不再以抒情主观的哀怨来回应开场曲和进行曲中客观的哀愁。它作出一种姿态，向比死亡更可怕的东西发出了惊恐的呼喊。勋伯格的《期待》(Erwartung)中那种恐惧的形象并没能超越它。它的暴行荒谬地牵扯出一种还没有音乐语言表达过的体验。它用一种与无害的经验令人不安的对比，比把悲伤的不谐和音完全自由地释放出来并且对此习以为

169

---

① 亨利·卢梭(Henri Julien Félix Rousseau，1844—1910)，法国后期印象派画家。

② 马勒《少年魔法号角》中的一首歌曲。

常,更具有说服力。插入其中的割裂般的小号与不规则的小提琴组成
了二重奏,鼓励去进行谋杀的赫特曼(Hetmann)的姿态与遇难者的恸
哭相互混淆在一起:这是大屠杀的音乐,正如表现主义诗人预言的战争
一样。在从曲式上被掌控住的进行曲部分,即强调的升 c 小调之后,那
极端的、拒绝让形象处于安全的中庸的表达局势,把艺术作品推到了五
十年后勋伯格的《一个华沙的幸存者》(Ein Überlebender von Warschau)
一样的地位上。但与此同时,调性作为一种表现手段,已经被内省式地
把握住了。而在整个调性时代,在每一个重要的作曲家身上,尤其是在
贝多芬身上,这总是一再地发挥作用,那些主观意图必须总是被客观
化。但是,马勒让第二自然的语言来说话,使调性发生了质的变化。

他打乱了调性语言的平衡。在调性语言元素中,他绝不会刻意偏
爱去突出与其他元素并存的一种元素,除非充满表现力地、醒目地去运
用它。从早期钢琴伴奏的歌曲到《第十交响曲》的柔板(adagio)主题,
马勒坚持特立独行地游戏着大调和小调两种调性的交替。诗意的盈余
被加密成了技巧的公式:从大调和小调突然交替产生的单一转折,到
《第六交响曲》中选择从大调向小调过渡的动机构建,大三度向小三度
的下行作为整体的统一要素,再到大型曲式上的安排——最简洁的是
在《第九交响曲》的第一乐章中——由传统的大调和小调部分的二元论
组织起来。旋律也在大三度和小三度,或其他相当于大小调特征的音
程之间波动,动机被完全相同地保留了下来。马勒用此激起对风格
(Manier)的反抗。他面对的是对音乐中的表达方式的反思。这并不是 170
对某种被规定的东西的表达;"有表情的"(espressivo)成为被普遍运用
的表演术语可不是偶然的。它是为了表达明显的强度。这个术语让音
乐从其遥远的过去,即在合理性和有准确的符号的阶段之前生长起来。
作为富于表现力的音乐,音乐是模仿性的,是拟态的,就像用姿态来回
应一种刺激,这与反射性等同。在音乐中,这种模仿性的要素逐渐与理
性的、对材料的支配相融合;两者相互之间如何作用,就产生了它们的
历史。它们之间是不能被调和的:即使在音乐中,理性的原则,即构造
的原则也压制了模仿的原则。模仿的原则必须以论战的方式来主张自

己,来设定自己;"有表情的"是表达(Ausdruck)被允许的、被接受的反抗,是对其施下咒语的反抗。但是,合理性的音乐系统越是僵化,它就越是不会把它的位置让给表达。为了让表达在调性方式上发声,它必须突破个体手段,把它们提升到超越价值的理念上,就像周边的体系僵化了一样,它们也强烈地僵化成了表达的载体。风格(Manier)是表达在一种语言中留下的伤痕,它其实已经不足以去表达了。马勒的背离与语言姿态是密切相关的:他的一些特点像在行话中一样紧紧地结合在一起。从范式上看,在《第五交响曲》的《葬礼进行曲》的大调中,有一些反复抽搐的、既猛烈又抑制的重复的主题。[1]有时——绝不仅仅是在宣叙调中——马勒的音乐已经非常接近说话的姿态了,以至于听起来仿佛真的在说话,就像门德尔松的标题《无词歌》(*Lieder ohne Worte*)曾经在音乐的浪漫主义中预示到的那样。在《第七交响曲》诙谐曲的三重奏中,器乐演奏出的歌曲性的表达在一个大小调的片段中,唱出了一个虚构的歌词。[2]语言的极度相似性,是马勒的歌曲与交响曲共生的根源之一,即使在中期的器乐交响曲中也没有改变这一点。例如,《第五交响曲》在第一乐章中引用了《亡儿之歌》(*Kindertotenlieder*)中的一曲[3],诙谐曲的第二首三重奏在《当美妙的号角响起》(*Wo die schönen Trumpeten blasen*)中属于大调类型,小柔板(Adagietto)实际上是一首无词歌,与《我从这世界消失了》(*Ich bin der Welt abhanden gekommen*)有关,而在回旋终曲中,则摘录了《少年魔法号角》歌曲中的一个主要动机,以对抗批评者。歌曲和交响曲在一种模仿的氛围中相遇,在此它们是完全分离的音乐形式。歌曲旋律并没有将所唱的内容加倍,而似乎将其赠给了一种集体性的传统。在马勒的作品中,乐器和声乐的内容也并不是混杂的存在;乐器依偎在歌唱的声部上,歌声是前主体性的、每个音节中有多个音符,这只有在新音乐的后期才会再次出现。吉多·阿德勒(Guido Adler)①已经提到了"歌词对其音乐的伴

171

---

① 吉多·阿德勒(Guido Adler, 1855—1941),奥地利音乐学家,德奥音乐学的创始人之一。

奏"[4]，与"音乐对歌词的伴奏"形成鲜明对比，而这则是建立在这两者的具体化之上的。在马勒的作品中，所有的范畴都被啃噬掉了一些，没有一种范畴树立在毫无问题的界限中。它们的模糊并不是因为缺乏演奏表达（Artikulation），而是对表达进行了修正：无论是清晰的还是模糊的东西，都不会被定义为不可更改的，它们都是徘徊不定的。正如自我掩饰的表达在材料中挖掘出自己的轨迹，反过来在多愁善感中，物性的和传统的痕迹也夺走了它。当马勒从一个几乎是前批判的、还能被接受的，但不再持续下去的语言中，去要求属于自己的东西时，他就变得与古典主义不可通约。他的音乐的复杂化将无矛盾的综合体拒之门外。其对立面，即持续不可被消融的东西，就被称为风格；它代表着一种总是可重复的，以及总是可以被破坏的尝试。马勒音乐中物性的层面，无情地反对着对抗元素在不调和中和解的幻象，这并不是作曲缺陷带来的瑕疵，而是体现了一种拒绝被溶入形式中去的内容。马勒的大小调风格有它的功能。它通过一种"方言"破坏了根深蒂固的音乐语言。马勒的音色是有味道的，就像奥地利的雷司令葡萄被称为"有味道"（schmeckert）的一样。它的香气，既辛辣同时又易逝，有助于像匆匆流逝的东西一样变得精神化。在这种摇摆不定、带有矛盾情绪的音色之中，爱与悲伤总是并肩而行，就像在民谣的《自由射手》（*Der Freischütz*）①中一样，虽然在技术上以大调和小调的关系为前提，而这 172 种关系却总是摇摆不定。调性保持开放，仿佛它来自一个史前世界，在这个世界里，对立的原则还没有作为逻辑上的对立面被确立下来。分歧被痛苦浸泡着，即使在幸福的情绪中，就像在对马勒糟糕的看法里，也不应该把马勒贬低为一个心理学上的主体，这不是他的灵魂状态，而是在现实体验中的一种反应形式，一种对现实的态度，堪比绞刑架上的幽默，顺便说一句，绞刑架上的幽默对马勒来说并不陌生。人们一再猜测马勒的音乐是他灵魂的反映。最近，克莱茨基斯在《第九交响曲》唱

---

① 《自由射手》是德国作曲家卡尔·马利亚·冯·韦伯（Carl Maria von Weber）在 1819 年完成的一部歌剧，也被看作第一部德意志歌剧。

片的序言中,提到马勒在这部作品中表达了他"内心的、个人的问题",并且"当人们谈论自己的灵魂时,结果并不总是一律有利可图的"[5]。同样抨击性的"智慧"强调马勒是一个"悲剧性的人物",并带着不合时宜的优越感,对马勒所谓的内心矛盾流下了鳄鱼的眼泪,在欣赏的习惯中却始终在抱怨着。马勒的"内心的、个人的问题"也许并没有对他的音乐"总是有利的",但这带来的危害肯定比那张原本很不错的留声机唱片中,第二乐章中的野蛮的弦乐要小;关于这些问题的言论,大概更多地说明了精神史学家面对精神塑造之物时的无奈,而并未说明这些精神塑造之物本身。不言而喻的是,像所有的更新的音乐一样,马勒的音乐以充满灵性为前提;与那些墙纸花纹一样刻板进行的演奏不同,他的交响曲的特性是追求外在化和整体性,它们很少与私人身份关联在一起,实际上马勒不会把私人身份变成工具,用以生产交响曲。充满矛盾的马勒有一个负面的形象,他令人讨厌,并且创造了金发碧眼的齐格弗里德的音乐主体,齐格弗里德是一个与自己和谐相处的人,他像鸟儿一样歌唱,这也应该给他的听众带来很多幸福,就像虚假地对待自己那样。这种陈词滥调舒舒服服地与泰坦的对立面押韵,天知道贝多芬为什么与自己抗争,但他最终成功了。但在欢乐使者的不可靠的表现中,音乐质量却经不起考验。音乐质量的等级越高,就越是深入到世界的矛盾中去,也就是渗透到主体中去。当音乐通过审美综合把它所承载的张力转化为一个真正可能的同一形象时,它就不仅仅是矛盾的了。不只是马勒个人,甚至他的作品的内在主体都可能是没有冲突的。不能否认在马勒的音乐中伤痛的内容带有的音色,也就是崩溃的主观要素,这与"健全的精神在于健全的身体"(mens sana in corpore sano)的意识形态相对,他将其固定下来。但是,即使在音乐进程中出现了"自我",这也是他的参照点,类似于文学叙事中潜藏的客观的"自我",由于审美事物的深渊(Abgrund),与写下它的人分道扬镳。马勒并没有像瓦格纳在《特里斯坦》的第三幕中那样,把伤痕设计成表现性的内容。它被客观地表现在音乐的习惯用语和曲式中。由此在马勒的交响曲中,消极的影子就变得如此让人印象深刻。人的伤痕,也就是心理学语

173

言所说的神经质性格,同时也是一种历史性的伤痕,由此他的作品力图通过审美的手段,来实现审美上已经不可能的东西。他丝毫没有从缺陷本身汲取出创造力,把心理上的裂痕上升到客观的裂痕上,从而使自己变得合情合理。在他的音乐中还没有完全客观化的地方,主观的怪癖无可指责,但它不是灵魂的震波图,音乐只有在表现主义中才会变成这样。相反,马勒的主观想法似乎就像脑袋里物理学式的噪音,无法去对象地(entgegenständlicht)再次从概念上抓牢客观世界,但同时又是高度坚定和深刻的。虽然主观性并不是完全由音乐来传达或表达的,而在音乐中承载了一个客观的东西,就像在一个舞台上一样,其可识别的面孔被抹去了。与其说管弦乐队在音乐意识中进行演奏,不如说是这种意识把自己投射到乐队中去了。也许,这种音乐上内在的东西的外显性带给音乐一种功能,由此想从精神分析上去解释音乐,来抵御偏执,来安抚病态的自恋。这只是掩盖了同一事态的另一种转折,对于那些理解音乐语言的人来说,它的意思是:单纯的意义只会是那个主观性的形象,其声称的无所不能被摧毁了。马勒音乐语言的尊严在于,它允许自己被人充分地理解,并且也充分地去理解自身,但却逃脱了想要把理解的东西收拾起来的手。这不是靠它们个别的意图,而只是靠这些意图浮现出来和再沉下去的音乐织体,才能让这种介质在整体上为思想所触及。——马勒的音乐并不表达主观性,而这与他客观性的立场是相关的。在他的大调小调的风格中,集中体现了与世界进程的关系;对主体激烈地“拒绝”的东西的陌生感;想要将内在的和外在的东西进行和解。僵化的两极要素在音乐表象中被调和,它们的相互作用产生了音色。小调在西方音乐语言的句法中早已被中和,并作为一种形式元素沉淀下来,只有当与大调对比时,它作为一种模式才会被唤醒,这时小调才成为一种哀伤的缩写符号。小调的本质是一种背离,而它不能孤立地去发挥这种效果。作为背离,小调同时也将自己定义为未被融合的、未被接纳的,同时还是不安顿的元素。在马勒的作品中,两种调性的对比一劳永逸地凝结了特殊与普遍的分歧。小调是特殊的,大调是普遍的;小调,即背离的小调,与真理、与苦难画上了等号。因此,

174

在大调与小调的关系中,表现出的内容在感知上、音乐上都有所体现。这样做的代价是一种倒退:马勒对发达的音乐艺术语言再次提出要求,这无非是小孩子理解的大调和小调那样的。这种复兴是马勒音乐中新的形象。在持续的大调小调的游戏中被磨砺,调性成为现代性的媒介。大小调的矛盾性已经对调性进行了批判,因为它通过倒退来压迫调式,直到调式表达出它无法再表达的东西;在勋伯格那里,调式也不是被它的柔弱,而是被建设性的张力所打破。马勒的小三和弦否定了大三和弦,这些小三和弦是即将到来的不和谐的面具。然而,在小调中缩成一团无力的哭声,因为承认自己的无能而被伤感地加以责备,它消解了公式化的僵化,向他者敞开心扉,而他者的不可及性却令人哭泣。

　　马勒的表现手段从整体上看就是调性,并且首要的是大小调的二元论,因为背离,就催化了一种特殊的东西,这种特殊的东西在一般情况下是不会消失的,因此需要普遍的东西,需要相关体系,从中可以读出这种特殊的东西来,并且由此与之产生差异。在马勒的作品中,背离本身终究是普遍的。音色并不是如勃拉姆斯的范式的那样,通过所有可利用的手段来进行表达,而是通过对毫无争议的一贯如此的东西进行刺激而产生的闪现(Einsprengsel)。学院派的音乐理论讲的是“被归化的”(eingebürgert)和弦以及类似的东西。马勒的音乐中充斥着这些东西;充斥着被同化但又不完全是原生的东西,充斥着和谐的和旋律性的偶然性,半音阶式的过渡音级和过渡音,在大调位置中插入的小调,旋律中和声小调音阶的音程。他使用的艺术手段的工具,就像外来词一样,早已被全音阶所容忍了,但它们与全音阶并不是一体的,它们通过数量上的优势架空了全音阶,就好像音乐的理性秩序还没有完全建立起来时那样,或者说它好像又已经在波动了。在许多情况下,对这些要素的偏爱违反了良好的音乐规范。早期的马勒无视了学院派对音级强有力的进行的基本要求。他把管风琴长音堆积起来,低音提琴在主音级之间来回摇摆,就像在进行曲和民间舞曲中那样,和弦平行移动着,尤其喜欢用五度平移。通奏低音对他不再有任何真正的权威,就像后来对普契尼和德彪西那样。他对转调的厌恶也很明显,虽然他从来没有完全脱离过转调。本来,这可能是纯粹的无能为力,但在重要的艺术家那里,曾经的缺陷通过坚持不懈的努力,也会有所成就。在马勒的 176 转调中,除了相当多的例外,特别是在第六、第七和第九交响曲中,转调仍然是相对不太重要的,这从作曲技巧上来说是有意义的。马勒很少分析性地和区分性地去考虑纵向的进行。他并不是通过和声的细枝末节来组织内容,而是利用它们为整体提供光和影、前景和深度效果,以及透视。这就是为什么调式的层面对他来说,比它们无缝地进行过渡,或每个单独的层面自身进行和谐地相互衔接更为重要:他的和声是宏观的。移位比令人难以察觉的平滑的转调更受喜爱。宏观和声的理念甚至在整个交响曲的创作上也产生了影响。在《第七交响曲》中,第一乐章在调性规划上相当冗长的一段全奏之后,采用了 e 小调。中间的三个乐章——包括诙谐曲和夜曲在内的全部乐章——则沉入下属音的区域中去了。第一首夜曲盘踞在与 e 小调平行的 C 大调的下属调上;诙谐曲从 C 大调到 d 小调,进一步落入下属调的平行小调;最后,第二首夜曲仍在同一和声的层面上,但用它的平行大调 F 大调代替了 d 小调,使之明亮起来。终曲则恢复了第一乐章和中段之间的平衡。然而,这些都如此沉重,以至于终曲并不能完全平衡它们。一个属音必须保持在第一乐章的平行调之下,也就是第一首夜曲的 C 大调中。整个交响曲的和声内环境的动态平衡,应该是主调 C 大调,而《第七交响曲》就是一首 C 大调的交响曲。——在整体规划中,对调性突兀的处理与细节上的惊人意外相对应。它使大面积的调式层次之间形成透视关系,而不是平铺直叙的过渡,类似于贝多芬《英雄》和《第九交响曲》中的一些段落,以及布鲁克纳作品中的许多段落。即使是《第六交响曲》和《大地之歌》的成熟技巧,也常常为了和声层次的可塑性差异进行移位,而不担心交响曲中的静态要素。包括节奏在内的所有作曲维度都趋于背离。一般来说,马勒的作品以偶数小节数为主。然而,节奏 177 自由(agogisch)的转调、拉伸和缩短,都是带着乐趣创作而成的,尤其是相同的动机在不同的长度比例下,被加倍或减半地进一步编织下去的:这种被演奏激发出来的细微差别的数量构成了音乐本身的质量。

　　马勒曲式的宏大节奏，即整体的运动，仍然接近于大调与小调的交替；如同舒伯特一样，是一种悲哀与慰藉。这种规定在马勒的意味中有一个非同寻常的证明。他在《第三交响曲》的钟声合唱的歌词中增加了一些内容——在《魔号》中，它带着《可怜孩子的乞讨之歌》[6]（*Armer Kinder Bettlerlied*）的标题，马勒对此保持沉默，使它暗中更加耐人寻味；他的歌词，包括克洛普施托克（Klopstock）①的《复活赞美诗》（*Auferstehungshymnus*）、《谁写出这支甜蜜的小曲》（*Wer hat denn dies Liedlein erdacht*）、根据中文范本写的《离别》（*Abschied*），除了把那些易于理解的不断反复的歌曲旋律进行了变化，没有做其他的什么工作。在他形容为"苦涩的""仁慈的上帝啊，我岂能不哭泣"（Und sollt ich nicht weinen, du gütig Gott）[7]的这个段落中——"苦涩的"（bitterlich）这个词应有的音色在马勒那里与"哀怨"（kläglich）的音色是一样的——它出现在三个很弱（Pianissimo）中，带着刺耳的双簧管的音色，女高音用马勒自己的话唱道："你不要哭泣！不要哭泣！"（Du sollst ja nicht weinen! sollst ja nicht weinen.）音乐无言的意志穿透了语言。作为一种抗议，音乐用语言呼唤自己。意图在《第八交响曲》的赞美诗中，在对圣灵的召唤中，庄严地返回。但音乐呼唤安慰，并不是为了表达安慰，也不是为了安慰自己。在马勒那里，单纯安慰的徒劳无用的感觉总是掺杂在其中。抗议是有自知之明的：《第三交响曲》的钟声合奏与《第四交响曲》在主题上的联系并非平白无故，那是一种充斥着咩咩声和忧郁安慰的荒谬之梦。马勒的音乐流淌着母性，爱拂着它所看重的人的发丝。因此，在《亡儿之歌》中，最近处之人的温柔和最远处之人含糊的安慰交织在一起。他们把死者看作孩子。尚未实现之物的希望，作为神圣的假象围绕着那些早逝之人，它对成年人也不会熄灭。马勒的音乐给被毁灭的嘴带来食物，守望着那些不再醒来的沉睡之人。每一个死去的人，都像一个被活人谋杀的人，也是一个他们必须拯救的人。

178

---

① 弗里德里希·戈特利·克诺普施托克（Friedrich Gottlieb Klopstock，1724—1803），德国诗人。

"我常常觉得,他们只是出去走走而已",不是因为他们是孩子,而是因为迷失的爱只抓住了死亡,仿佛最后的出路是孩子,那些回家的孩子的出路。在马勒那里,安慰是悲伤的反射。在这里面,马勒的音乐颤抖着保留着那份舒缓的、治愈的力量,从太古时期以来,音乐就被归结为驱逐恶魔的力量,然而到了对世界除魅的程度上,这种力量就会消失殆尽,成为一种魅影。据说,马勒回答他小时候想成为什么人的问题时说:受难者。因为他的音乐更愿意成为圣灵本身,所以音乐承担起这一理想而变得不真实。这就是其整个曲式语言的构成。就像安慰上升为光芒四射的"犹如"(Als ob),马勒也用间接语气说话。这一直被认为是他的讽刺性的或滑稽模仿的要素。勋伯格用大多是短语式的、充满敌意的观察指出了它的真相:"他的《第九交响曲》最为奇怪。在其中,作者几乎不再作为一个个体说话了。就好像这部作品一定还有另一个隐蔽的作者,他只是把马勒当作他的代言人,当作他的喉舌。"[8]如果说真正的作曲家是隐蔽着的,那么在明处的则是乐队总监,他代表作品的客观性,与会犯错的作曲家对立起来。继瓦格纳的音乐之后,马勒的音乐是一流音乐中的第二个由乐队总监创作的音乐;它是一种展示自我的音乐。作品的社会地位已经发生了这么大的变化;它已经酝酿到了需要在作曲家与事件之间有一个媒介,作曲家不再是简单地传达自己,就像在电影中那样,导演成为事件的载体,旧式的作者被淘汰了。在这个中间层面,马勒的破碎性与历史性的形式问题交织在一起。在这个受到认可的交响乐形式从字面上已经不被允许的时代,马勒不屈不挠地沉溺于交响乐的客观性中,这就需要插入调解的机制。音乐本 179身所固有的主体,其表演的姿态依附其上,在框形小说的文学形式范畴中被揭示出来。马勒的音乐是一切幻觉的敌人,它强调主体的非真实性,强调虚构,去治愈非真理本身,而艺术由此开始成长。因此,从形式的力场(Kraftfeld)中,涌现出被认为是针对马勒的讽刺形象特征的东西。而音乐总监所写的音乐的特征,是把熟悉的音乐进行重新创造,这是每个愚蠢的人都能听出来的,但总监职责在作曲创作中的成就,却不是每个人都能发现的。破碎的、不真实的客观性,以牺牲作品和创作主体的自发统一性为代价,这就落到了总监职责的身上。最初的作曲构思那狭隘的思绪所具有的被假定的自然生长,被乐队总监的认知纠正过来,这些认知是所有他可以斟酌的可能性。这种认知带着反思,从技巧上渗透到了作曲过程中去,而这种反思被对马勒智性的不理解所承担。一位乐队总监作为作曲家,他不仅对管弦乐的声音耳熟能详,还了解管弦乐队的操作,了解乐器该如何演奏,了解乐队的意图所包括的张力、弱点,具有的夸张和呆板的方面。管弦乐队有一些极限的音域和特殊的情况,指挥家可能会因为失误而去研究它们,这就扩大了乐队的语言,就像管弦乐队的经验一样作为一种生动的游戏,去纠正每一个声音静态的演奏,这有助于音乐自发地表现出来,并且不断保持流动。在马勒那里,管弦乐实践在操作领域中的不幸是一种积极的、引人入胜的东西,它释放了作品的想象力。即使是在其超脱世俗的时刻,也可能从根本上制造出向前推进的运动,指挥家利用这种运动把握住他的乐队,就像斯佩德尔(Speidel)[9]在对马勒演绎《罗恩格林前奏曲》的乐评中所称赞的那样。当马勒总是要针对音乐的流向,将形象特征(Charaktere)设定为一种特殊的东西时,这位指挥家的演绎方式可能转移到他的创作中了。这种演绎方式从他的作品中消除了字面性,仿佛它们只是

180 自然而然地这样存在着一样。马勒作为一个浸淫在音乐文化语言中的大师,他聆听音乐文化,却又与音乐文化格格不入,这成为他语言的以太(Äther)。它既是地地道道的,又是一种陌生的音乐。它的陌生性被一个太过熟悉它的人强化了,他的作品与音乐的语言深深地结合在一起,以至于后者跟随前者的变化而辩证地改变着自身。在马勒的作品中,熟悉的和具体的东西进入了一种海涅式的德语的关联性中。[10]形式上的断裂并不能对他造成影响,因为他对断裂性有自己的想法。正如人们时常说的那样,也正如他自己曾说到的那样,在他的作品中,民间音乐和艺术音乐之间有一座桥梁,这个执着的想法不断发挥着作用。他希望在不牺牲任何差异化的东西,在不否认自己的意识状态的前提下,被集体性地倾听到。从客观上和从音乐性上来说,在这背后是对加强旋律线条的需要,这不是为了旋律本身——在伟大的交响乐中,旋律

总是次要的——而是因为乐章的巨大维度，它们对整体性、对"世界"的诉求，如果在其中没有其历史的基础，就会变得空洞无物；如果没有合成综合的多样性的东西，综合就会空洞无物；如果它不想要失去其意义，那就绝不能成为绝对的。但是，综合的需要在已经沉沦为庸俗音乐的民间旋律中得到了满足，就像在这个时代所有先进的艺术语言中得到了满足一样。民间音乐已经是它自己的幻象了；因此马勒必须从某种程度上给它注入交响乐的强度。又因为，他的断裂性表达了在曾经的分歧之间不可能有任何补偿。对民歌和民间音乐形式的借鉴，被带入到艺术语言中去，打上了无形的引号，并依然成了纯粹音乐建构的传动装置上的沙子。音乐的逻辑把对社会不公的反思搅和得手忙脚乱，艺术语言不可避免地对那些没有获得教育特权的人造成了不公。自工业革命以来，物化的客观社会进程，同时还有自然成长残余下来的事物消解的客观社会进程，任何艺术的意志都无法解决的高雅音乐与低俗音乐之争在美学上得到了反映，它在马勒的音乐中得到了革新。他的融合性选择了艺术语言。而这两个领域的断裂也成就了他自己的音色。纵观他的音乐，可以将其解读为一种假象（Pseudomorphose）；各种背离（Abweichung）是其本质（Inbegriff）。要做到这一点，他就必须直面布鲁克纳，仿佛单纯的作品长度是一个质的范畴，这在西方国家被人们如此轻率地与质放在了一起。马勒在无意义的东西中寻找意义，在意义中寻找无意义的东西。而在布鲁克纳的作品却中没有这些；他幼稚的坚持己见的演说也是如此。布鲁克纳的形式语言之所以变得脆弱，正是因为他不间断地使用它。即使是主观主义的元素，如瓦格纳的等音（Enharmonik），也被转换成一种具有前批判性、教条性的词汇。因此他自己想要某些东西，就把材料毫不犹豫地交代出来，这与后来的安东·冯·韦伯恩（Anton von Webern）相似。通过放弃审美主体，以及介入性地决定其材料，就像曾经在伟大的西方音乐中习以为常的那样，马勒的音乐抓住了违背小节线创作产生的音色。布鲁克纳交响乐的下行与把作曲信仰作为一种主观的创作行为的上升是相悖的。与此相反，马勒的语言是假象（Pseudomorphose），因为它同时远离了其语汇

181

183

的客观媒介。它对其施暴,是为了迫使其承担在自己身上问题的义务。一个外国人"说起"音乐来很流利,但好像带着口音。只有怪异的反动派妒忌地观察到这一点,勋伯格学派故意没有因为抗议而提出这些来,恰恰是在非本真(Uneigentlichen)的要素中,它揭开了本真(Uneigentlichen)的谎言,马勒有他的真理。背离(Abweichung)对围绕在它四周的音乐语言投下了或苍白或耀眼,或阴暗或过于尖锐的光芒,将其从理所应当中抽身而出:它仿佛来自外部。音乐中存在的东西变得一目了然。不可替代的独一无二是从非本真性中提炼出来的;有一种感觉,它总是在特殊之物想要将自己完全与真实之物等同起来的时候缺席。马勒的音乐客观地知道,并且在这之上构建起来:统一不仅仅包含着断裂,而且完全是穿越断裂而成的。

马勒让人听起来仿佛是在他自己所处时代之前的东西,与理念交织在一起。他的经验核心是断裂性,是音乐主体的异化感觉,这想在美学上实现自己,因为表象并非表现为直接的,也是断裂的,这是一种内涵的密码;被分离的表象又反向地对其产生了影响。在马勒那里,音乐现象与经验核心一样,可以直接地成为一种作曲结构,但这也不能从字面上来进行理解。如果说这个时代的其他所有伟大的音乐都倒退回属于它的本土领域,而不借用异族的现实或语言,那么马勒的音乐则支配着这种纯洁性具有的分离的、特别的、无能而私人的东西。在马勒那里,一种集体的东西,就像在最糟糕的电影中几秒内引发出得到千万人认同的暴力所带来的大众运动一样。马勒的音乐令人战栗地将自己变成了集体能量的舞台。能证明这一点的是:他后来甚至鄙视室内乐这一介质,而对一个每天都能观察到管弦乐器会粗糙地演奏作品的人来说,他应该是很喜欢室内乐的。马勒的音乐是不可阻挡的集体性的个人梦想。但同时,音乐也客观地表达出了对集体性的认同是不可能的。就像音乐知道孤立的自我,以及将自己作为绝对误判的自我的虚无性一样,它也知道,这个自我不能把自己直接当作集体性的主体来发挥。这在他之后的新古典主义等客观主义事件中没有留下任何痕迹,在他们的领域中,马勒是令人憎恶的。他的音乐既不以抒情的方式来表达音乐中的个体,也不把音乐膨胀成众人的声音,也不因为大众的缘故而简化音乐。它矛盾的张力在于两者的互不相让。即使在马勒的交响曲与集体运动相呼应的地方,它们也通过主体的声音去服从假象,主体与那些被无望的冲动所吸引的人孤独地交谈着。如果说马勒的音乐将自己视为与大众等同的,那么它同时也惧怕大众。大众集体性运动的极端方式,比如在《第六交响曲》第一乐章中,就是在众人盲目而暴力的行进之间出现的一些时刻:践踏的时刻。犹太人马勒和法西斯主义斗争了几十年,就像卡夫卡写的犹太教堂的戏剧作品中那样,这实际上刺激精力旺盛的年轻人去质疑,将一双稚嫩的眼睛推向广阔的世界。马勒将个人的立场相对化成了音乐的实质性载体的立场,而并没有叛逆地让积极的集体性泛滥而出。这也是他语言的棱面之一。从那曾经过时的,曾经无法实现的集体性的废墟之中,它带来音乐的第二个棱面。[11]同时,这种意向在先锋文学上已经从桑顿·怀尔德①蔓延到了欧仁·尤内斯库②。但凡马勒的音乐本身不作为断裂的形式出现,它就一定会中断。这也是受卡尔·克劳斯③思想的影响:一个画得好的路沿石,也比画得不好的宫殿要强。这种思想认可了马勒音乐的发展。技巧上的自我批评变成了理念上的自我批评。这就带来了进步音乐的意向的门槛:作曲没有机会是客观性的,除非作曲家在不超越作品的审美形态的情况下,毫无保留地把作品留给了他周围环境所能达到的东西,否则音乐不可能以任何其他方式承受住社会的真理。

在他生前,据勋伯格证实,一位受人尊敬的评论家曾指责马勒的交响曲不过是"巨型交响乐式的大杂烩"(gigantische symphonische Potpourris)[12]而已。尽管从今天对马勒构思的认识来看,这是荒谬的,但是它还是忠实地记录下了一些令人震惊的地方。就是它们的非常规和非程式化的地方。自柏辽兹以来,交响乐的整合过程一直伴随着作

① 桑顿·怀尔德(Thornton Wilder, 1897—1975),美国小说家、剧作家。
② 欧仁·尤内斯库(Eugène Ionesco, 1909—1994),罗马尼亚及法国剧作家,荒诞派戏剧最著名的代表之一。
③ 卡尔·克劳斯(Karl Kraus, 1874—1936),20世纪早期最著名的奥地利作家之一。

曲过程方式的不合理性,如影随形。在马勒那里,它不再隐藏自己,但同时也揭示出了自己的逻辑。与马勒的非程式化的步骤相比,他那个时代所有的音乐,包括早期勋伯格的音乐,都是传统主义的,因为这些音乐是由专业人士创作的。马勒的意义正是在于与专家作斗争。在这种大杂烩中,随机串联起了令人耳熟能详的旋律是必要的,但对马勒来说,这却变成了一种结构上的美德,它敏感地融化了对公认曲式类型的僵化分类。但这种曲式类型想要确保的关联,是由简洁主题和形象的断裂性造成的;是由已知的假象创造的,由此一切都比它更有意义。在后浪漫主义的交响乐中,尤其是在所谓的民族乐派中,柴可夫斯基或德沃夏克都对此作了准备。虚构的民歌化的主题特征明白可见,古典主义传统致力于的传播范畴,就被贬低成一种戏剧化的游乐场或填充物。它们身上带有的无意中的庸俗,在马勒那里却变成了对庸俗音乐进行挑战的联盟。他的交响曲肆无忌惮地巡游了每个人耳熟能详的东西,伟大音乐旋律的残余、陈腐的民间歌曲、街头小调和热门歌曲。即使在那些更晚创作出来的作品中也是如此,如《第一交响曲》中能找到马克西姆之歌,甚至在《第五交响曲》的第二乐章中能听到 20 世纪二十年代柏林的《当你看到我姑母》(*Wenn du meine Tante siehst*)这首歌。从大杂烩一样的后浪漫主义作品中,马勒撷取了其既吸引人又朗朗上口的个性特征,却剔除了那些已经变得毫无意义的中间作品。取而代之,他从这些形象特性中具体地发展出各种关联来。有时,他让这些关联毫无准备地碰撞在一起,这与勋伯格后来批评的,把作为介质的内容当成并不属于其中的装饰是相一致的。这种大杂烩足以满足马勒不止一个的欲望。它不对作曲家作出规定,什么必须引导出什么来;它并不提出要进行重复的命令,也不会通过其内容中预先被确定下来的顺序抹去时间。然而,它有助于将其占为己有的陈腐的主题在第二种音乐语言中延续下去。马勒人为地对此作出了准备。大杂烩对他来说,是通过其分散的元素之间具有的隐秘交流而成其形式的,这是一种本能的、不受约束的逻辑。这种低层次的音乐以雅各宾派的方式涌到上层。中间形象自以为是的圆滑,被军乐队和棕榈园管弦乐队的亭子里传来的毫无节制的声音给拆穿了。品味对于马勒来说,就像对于勋伯格一样没有什么权威性。[13]自音乐作为艺术被驯化以来,交响乐就只去挖掘那些在远处抢得飞快的定音鼓或人声才能带来的宝藏。交响乐想抓住那些想要去逃避有文化的音乐大众,但又不想强迫他们屈服于自己。然而没有"拐杖"(Krücken),这些大众就很难得跟上交响乐这个庞然大物,他们也就越对自己的文化缺失感到愤慨,这一点并没有被考虑到。这带来的后果就是,不同的层面无法从法规上被统一起来。未得升华的俗物在高级音乐中被当成酵母搅拌进去。一个音乐个体的百无禁忌和感性,既无法被交换,也不能被遗忘:名字的力量[14]在俗不可耐的艺术品和庸俗音乐中,往往比在高级音乐中更能得到好的保护,即使在极端结构的时代之前,高级音乐也为风格化的原则牺牲过这一切。这种力量被马勒调动了起来。就像唯一一个还没有被文化完全吞噬的自由之人,马勒向音乐上无家可归的个性伸出手来,拿起那乡间小路上的碎玻璃对着阳光,其中所有的色彩都碎裂开来。"就是他,这个无欲无求的他,这个'野蛮人'——我们常常这样叫他,因为他厌恶奢侈,厌恶生活中的舒适和点缀,但他却被这样的荣耀包围着。这对他来说,似乎是一种命运的讽刺,迫使他的脸上常常挂着自嘲的微笑。"[15]在被人贬低和冒犯的音乐材料中,他挖掘着不被允许的幸福。他怜悯那失落的东西,努力使其不被忘却,并且把其内容看作好的,保护它的自我等同性免于无法繁衍。《第三交响曲》中令人惊骇地大行其道的邮车号角独奏,证明了他是如何富有创造性地收集不同之物,以及为独立的形象去收集"沉淀物"的。马勒在其中谱写了主体的残余,即管乐的自由速度(rubato)。开场曲和歌曲相互缠绕着:歌曲的插入句[16]实际发生在属音上,好像在这之前,已经出现了一个人们听不见的旋律部分;契约(Vertrag)的延伸在此也改变了旋律的韵律,使它免于琐碎的八小节韵。和声在此不易被察觉地表现出来。如果说平庸是音乐具体化的缩影,那么它则被保留,并且同时通过富有生命力的即兴式的声音被减轻了,而这声音插入了具体的东西。还有那易碎的东西也被放入其中,却又不至于打破整体。当邮车号角第二次出现时,根据马勒给出的指示,小提琴跟随着它[17]，仿佛为之摇头哀叹。由于小提琴无法根据自己的判断去反思它的品位：如果小提琴肯定了这种可能性，肯定承诺的东西，而没有片刻喘息，就会变得庸俗不堪。

马勒从这其中读出了对市民阶级音乐的反抗。从海顿开始，一种平民性的东西就由此一直流传下来。在贝多芬那里，它隆隆作响，此外，浮士德与充满迂腐学究气的学生一起在复活节散步时，他也是这个层面的代言人，就好像这种反抗是自然一样。市民阶级的解放获得了音乐的回应。从审美上看，它和它所宣扬的人性在现实中却不尽相同。人性受到阶级关系的限制。由于被扣留了形式上的平等权利，这使他们的态度变得叛逆。只要公民还是粗人，他们的独立精神就不能被普遍实现。甚至在艺术作品中也是如此：在欢庆的环境中衣冠不整、无礼嬉闹，市民阶级的音乐进一步阐述了这绝对主义的图景。随着市民阶级的巩固，粗俗的因素已经逐渐缓和，成为一种民俗化的魅力。在马勒作品的一个阶段中，当压抑的现实已经无法被审美的感知能力调和时，其声音就变得尖锐起来。市民阶级的品位当年被赞赏地看作为自己再生的红血球，现在却努力要杀死它。即使是贝多芬也让平民化因素与古典主义因素的关系相互和解，成为一种多样化的东西，即被作为"材料"进行加工，但又没有独立不加修饰地脱身而出。但马勒的时代已经没有还能被看作朴实无华的平民了，也没有出于礼貌可以借用他的戏装参加音乐演奏的平民了。同样，对音乐材料掌握的程度也不再允许去吸收粗俗化的东西。因此在马勒的作品中，底层的元素并没有体现为基本元素和神话，也没有体现为自然化的东西，即使在那些他的音乐带来了牧铃的感觉这样令人浮想联翩的东西中也是如此；在那里，一种音乐屏住呼吸，它知道自己已无后路，而并非假装还有路可寻。在马勒那里寻求精神的远方不过是徒劳无功的。相反，他身上底层元素是失败的文化的否定。曲式、尺度、品位，最后还有形式独立性，这都漂浮在他的交响乐本身之中，被那些排斥异己的人打上了罪恶的烙印。这样一来，艺术作品就构成了一种连贯的意义，构成了将其与现实的耻辱隔离开的假象；它们精挑细选，不仅只从社会上基于对物质的利用和由此产生的教育,而且还带着"生人勿触"(noli me tangere)的特权进入它们的圣殿。在伟大的音乐中,精神越是独断专行地去赞美自己,它就越是鄙视别人低贱的体力劳动。马勒的音乐不想遵循这样的规则。因此,它把那些冒犯文化的东西引入自身,就像文化可怜地、受伤地、残缺地将这种东西赠予它那样。艺术作品被与文化锁在一处,想要打破这锁链,想要去怜悯那破旧的残余;马勒音乐的每一个小节都张开手臂。但是,被文化规范排斥的东西,即弗洛伊德提到的表象世界的残余,按照这种交响乐的理念,并没有完全穷尽与文化的共谋关系:弗洛伊德关于默认"它"(Es)和"超我"(Über-Ich)反对"自我"(das Ich)的学说,就像刻在马勒身上一样。残余(Abhub)应该推动艺术作品超越它在文化下的假象,并且恢复那种肉体性的东西,由此让音乐与其他审美媒介区分开来,因为音乐的演奏并没有表现出什么来。通过将底层之物作为社会之物来看待,马勒的音乐意味着超越作为意识形态的精神。几十年前,在阿尔班·贝尔格(Alban Berg)的住所里,《第八交响曲》的主题"一切无常事物,无非譬喻一场"(Alles Vergängliche ist nur ein Gleichnis)①第一次被记录在一张卫生纸上。马勒音乐具有的隐秘的冲动想要消灭上层建筑,以渗透到音乐文化内在隐藏的东西中去。但艺术作为纯粹直接性的形态,并不比任何真理的形式更有力量。不受本真和本质之物的浪漫主义的诱骗,马勒除了把自为存在的(an sich Seinendes)昭告天下之外,绝不宣扬任何以非隐喻的方式呈现出来的赤裸裸的东西。由此就出现了断裂性。在贝多芬那里还被伪装成有趣的东西:在溪畔一幕的结尾处,鸟儿像机械玩具一样唱歌②,瓦格纳《指环》中的原始符号无意的喜剧,这些都在马勒的音乐中成了一切的先天,而被称为自然。只有对这一点的洞察力,才能保护马勒不至于狂热地从一开始就用可怕的"宇宙般的"(kosmisch)这个词来概括,并且还去嘲弄那些在山间牧场用数小时来庆祝自己获得休憩的知识分子。然

188

---

① 这是歌德《浮士德》(1824/31)第二部分的结束句。此为董问樵译本。
② 此处指的是贝多芬《田园交响曲》第二乐章。

而,马勒和斯特拉文斯基一样,并没有去嘲笑他幼稚的模式。马勒的音乐对客观性的定位,与讥讽式的古风是格格不入的。他对无力的老者和无能的主体都不会愤愤不平。在他许多所谓的讽刺要素中,主体控诉自己付出的努力徒劳无功,而并没有去嘲笑失落和被想象出来的图像世界(Bilderwelt)。马勒在这样的要素中从未平静下来。从上层建筑走下来的主体,将它碰到的拉扯起来,并且去改变它。如果冒着立刻被误解的危险,想用心理学的思潮来比较马勒和斯特拉文斯基,那么就会把斯特拉文斯基与荣格的原型(Archetypen)相提并论,而马勒音乐中启蒙性的意识则让人想起弗洛伊德的宣泄法(die kathartische Methode)。弗洛伊德和马勒一样,都是德裔波希米亚犹太人,他在马勒人生的关键阶段与他相遇,出于对弗洛伊德事业的敬畏,马勒不愿意接受弗洛伊德的治疗,由此显示出,他与波德莱尔的母亲情结的诊断完全是一样的。马勒的创作主体并没有构成一种幼稚的层面,而是请它自己进来,以便对它进行去神话化的处理。在对退化为意识形态的音乐文化进行解构后,从残余和记忆碎片中分层出第二个整体。在这第二整体中,主观上组织性的力量让文化得以回归,而艺术对其进行反抗,却无法根除这种力量。每一部马勒的交响曲都在质疑,如何才能让音乐的物的世界(Dingwelt)的废墟成为一个鲜活的整体。即使难免流于世俗,但马勒的音乐仍然是伟大的,这是因为它的结构使得低俗之物变得侃侃而谈,从为低俗服务的纯粹商业剥削的渴望中解放出来。马勒交响乐章的进行通过去人性化,勾画出了救赎。

注释

[1] V. Symphonie, S. 16, vom Auftakt zum 5. Takt, nach Ziffer 5.
[2] VII. Symphonie, etwa S. 132, 5. und 6. Takt, nach Ziffer 134 mit Auftakt oder S. 133, zwei Takte vor Ziffer 137.
[3] V. Symphonie, S. 39, Takt 2 und 3.
[4] Guido Adler, Gustav Mahler, Wien 1916, S. 50.
[5] Columbia Long Playing Record 33 1/3 CX 1250.
[6] Des Knaben Wunderhorn, Leipzig 1906, S. 702.
[7] III. Symphonie, S. 198.

［8］III. Symphonie, S. 198.

［9］Arnold Schoenberg, Style and Idea, New York 1950, p.34.

［10］cf. Th. W. Adorno, Noten zur Literatur, Frankfurt a. Main 1958, S. 144ff. ［GS 11, s. S. 95ff.］

［11］cf. Th. W. Adorno, Dissonanzen, 2. Auflage, Göttingen 1958, S. 44 ［GS 14, s. S. 49f.］.

［12］Arnold Schoenberg, a.a.O., p. 23.

［13］cf. Arnold Schönberg, Briefe, ed. Erwin Stein, Mainz 1958, S. 271ff.

［14］cf. Th. W. Adorno, Klangfiguren, Frankfurt am Main 1959, S. 297 ［GS 16, s. S. 202］.

［15］Bauer-Lechner, a.a.O., S. 159.

［16］III. Symphonie, S. 154, Auftakt zum letzten Takt.

［17］a.a.O., S. 173, bei Ziffer 128.

三、形 象 特 征

190   马勒是如何行事的,这并不取决于流传下来的秩序原则,而是取决于具体的音乐内容和对整体进行的构想。马勒的曲式理念的基本类型是突破(Durchbruch)、悬置(Suspension)和实现(Erfüllung)。突破点是他的《第一交响曲》,以及后来《第五交响曲》第二乐章中 D 大调的转调。悬置从老式的"自由速度"(senza tempo)节奏出发,谱写出与不羁的部分相对应的发展;从《第二交响曲》的合唱进入前的"死亡之鸟",到《第三交响曲》的"邮车号角"的插部,再到《第六交响曲》和《第七交响曲》第一乐章展开部中的插部,再到《大地之歌》中《春日醉酒人》(*Der Trunkene im Frühling*)的一些小节,以及《第九首交响曲》中克制的滑稽戏的段落,马勒的悬置总是越来越多地沉淀下来成为插部。这对他来说是必不可少的:走过的弯路,回过头来看却证明它们是捷径。在编写出来的曲式范畴中,马勒的"实现"最接近他那一代人通过名歌手(Meistersinger)①所奉行的巴尔曲式(Barform)的终曲(Abgesang)。作为终曲的实现,如《第三交响曲》第一乐章中简短的呈示部结尾,或《第六交响曲》终曲的再现部的尾声,序曲在此最后一次

---

① 名歌手(又称歌唱大师)是 15、16 世纪德国出现的市民阶级的诗人和歌手,他们以行会的方式聚集在一起。他们中有手工业者、牧师、教师和律师。名歌手有自己的学校,最高等级的歌手可以被称为"大师"。他们演唱的诗歌和旋律都来自更早的恋歌(Minnesang)。他们的歌曲必须严格遵循所谓的"巴尔曲式":起首诗节—起首诗节—终曲(Stollen-Stollen-Abgesang),通常还会在终曲后重复起首诗节,因此构成了:A A B A 的曲式。

出现;又如在《大地之歌》第一乐章的第三段中出现的那样。①事实上,
直到终曲在瓦格纳那里被复兴,它们在整个通奏低音时代几乎没有
被人谱写过,这也可以解释为,作为一个音乐语境的实现,通过一种
跟它比起来从本质上全新的东西,终曲与更新颖的音乐的内在完整
性理念产生了抵触,其经济原则完全就像从基金中套取利息一样。
马勒对这种节俭的反抗,让人回想起独立于历史构成的终曲。在马   191
勒的交响曲中,所有非曲式固有的、不可计算的东西,作为终曲都同
时成了曲式范畴、他者和等同者。非本真的东西探索着它的自在(An
sich);当来自禁欲主义的各个主题反对从自身创造出整体的主观要
求后,被忽略不计。在民间音乐中的,特别是进行曲中存在的古老遗
存,可能促使马勒重新去构建终曲。在肢体运动中,它们把在原地踏
步和随心而行作为榜样。储存起来的能量被释放出来。实现就是释
放,这是自由的自然格局。从属于这类型的还有一些不具备终曲作
用的片段:《第八交响曲》第一乐章的再现部的起奏、《第九交响曲》中
第一乐章开头主旋律的很强(Fortissimo)的回归,以及《第六交响曲》
终曲中的大量段落,还有在呈示部中副部的结尾处。然而,马勒的作
品不仅实现了这样的曲式部分,而且这种理念时时刻刻都贯穿了整
个交响乐结构。所期待的职责都会得到兑现。音乐获得的实现是一
种收获,在这里它避开了戏剧性的装饰(Schürzung)和短暂的驻留。
马勒在早期的勃拉姆斯那里已经能找到"实现"的领域了,例如,《g 小
调钢琴四重奏》的第一乐章,也在这首作品行板乐章(Andante)的进行
曲插部中。19 世纪的音乐史因为曾经以导音和音色(Chroma)为导
向,大大增加了紧张感,而贬低了松弛的价值。这在技巧上造成了一
种比例上的失调,从内容上看,也就产生了否定性的东西。传统上佯
装实现的手段越少,特别是在不断增强的紧张度中对主调进行重建
的手段越少,这两个方面就变得越发明显。当然,马勒仍旧忠于全音

---

① 这里举例说明了马勒在交响曲中对巴尔曲式的特殊形式中,终曲后再现起首诗节的
运用。

阶,尤其是因为他想更有活力地去平衡张力,而不会贸然地去运用特里斯坦(Tristan)的手法①。然而,由于他不能再简单地依靠调性,对他来说实现就纯粹成了音乐形象的任务。就好像凡是写了冒号或问号的地方,都不能只用标点符号来回答,而一定要用一个句子来回答。形象特征的实际能量在任何地方都不能低于张力的潜在能量:音乐几乎是在说:"就这样吧!"(voilà)之后,勋伯格继承了这一要素,他认为音乐理论总是只处理开头和结尾,而从不处理中间发生的决定性的东西,就是在暗示这样的事实。他通过曲式的动态核心来平衡张力的理念,是对一种马勒式需求的自我意识。在作曲技巧上,公正占了上风。但它并没有在一报还一报中穷尽自己。对实现的持续关注,把不可替代的东西引用到创作过程中,而不是把它作为一种抽象的愿景,或诗意的幻象滞留在外。——突破始终是悬置,悬置是内在固有的关联;但并非每一个悬置都是突破。马勒学会了去怀疑:悬置具有成为突破的力量;《第五交响曲》之后,他的乐章几乎毫不冒险地把超验之物的想法当作新的直接性。他的作曲逻辑已经不由自主地适应了其哲学的逻辑,根据这种逻辑,不能够从辩证法跳到无条件的东西中去,就不会面临复归到完全由条件决定的东西中去的危险:他害怕在作曲中提到上帝之名,以免将上帝交给他的对手(即魔鬼——译者注)。突破的意图逐渐被剥夺。悬念宣布了形式内在,却不积极主张他者的在场;在自身中被禁锢的自我反省,不再是绝对者的寓言。它们被形式回顾性地接纳,而它们自身是由这种形式的元素构成的。马勒的实现领域通过它们与前面发生过的东西的关系,在曲式上实现了突破从外部承诺的东西,还完成了瞬间爆发所保留下来的交响性和戏剧性的东西。在马勒的作品中,突破是暂时的,悬置逐步扩展开来,实现是特定存在的主题形象。但在马勒音乐信守诺言的事实中,按照布索尼(Busoni)的说法,真正到达高潮,之后又令人失望地从底层重新开始,这就出现了一种对家的渴望,这种渴望实际上是由未被驯服的精神带给所有音乐的,而驯服的精神只认为

---

① 这里指瓦格纳特里斯坦和弦的运用。

自己的品位高高在上，因为它一次次被欺骗，并且是在最伟大的艺术作品中一次次被欺骗。对庸俗强烈的厌恶反对庸俗的诉求，它想要成为被期待的东西，然而却因其缺陷被贬低。同时，庸俗用领先于艺术的东西去模仿艺术。马勒想通过抢夺那种高雅音乐拒之门外的庸俗，来清除不良的另类的东西，并且通过高雅音乐的牵引来摆脱它的骗局，只有这样才能获得真正的实现。当马勒告别辉煌的时刻，他就留下了这样永恒的当下的表面。在他的实现部分中，萦绕着那些否则会逃逸而去的东西，在他之前也许只出现在布鲁克纳的作品中，例如在他《第七交响曲》柔板中的升 F 大调中间乐章那里。在马勒《第四交响曲》第一乐章的呈示部后，由主题部分构成的 G 大调的插部中，在一个不起眼的对位形成的极为快乐的段落中，听众眼前好像出现了村庄，被一种感觉所萦绕，这就是它了。[1]这样长时间持续的音乐变得强而有力，弥补了对真正的交响乐原则的摒弃。然而，马勒的曲式感要求整个交响曲的这种陪衬式的特征不能再次失败了；《第四交响曲》变奏乐章的第一主题早已被进一步编织下去，却不带任何尖锐的激情，就像一种别无他求的故乡般的安宁，治愈着极限的痛苦。它确保不必去惧怕贝多芬式的东西，这种担保通过了考验，让渴求停歇了下来，但在哀怨的第二主题中又确定无疑地变得响亮，带来了超越的歌唱般的后乐句（Nachsatz）。[2]

从马勒的范畴中，比如在悬置或实现中，出现了一种理念，即可以超越其全部作品的范围，通过理论让音乐来进行叙述：那就是一种材料性的曲式理论，即从音乐的意义中推导出曲式范畴（Formkategorie）。这一点被学院派的曲式理论所忽略，学术派理论坚持抽象与分类式的划分，如主部、连接部、副部、终止部等，而没有按照其功能来理解这些乐段。在马勒那里，一般抽象的曲式范畴与材料性的曲式范畴重叠起来；有时抽象的曲式范畴会成为意义的具体载体；有时在抽象的曲式范畴之侧，或是其下构建起材料性的曲式原则，它们虽然继续给出了框架，并且也支持统一性，但本身并不能再给出音乐的意义关联（Sinnzusammenhang）。在音乐犹如在万花筒中坍塌的地方，马勒的材料性曲式范畴在面相（physiognomisch）上变得特别清晰。例如《第九

194

交响曲》第一乐章的展开部的结尾处,用厄尔温·拉茨①的话说,"就像一场可怕的崩溃"[3]。传统的曲式理论认为,大多数情况下,在完结部前的终结句中会有一个解决的片段。在其中,主题的轮廓在属音上或多或少地分化成一种公式化的音色游戏;在相对较长的段落中出现有意构写出的减弱(auskomponiertes Diminuendo)是很常见的。然而,马勒作品中那些崩塌的部分,不再仅仅是在他者之间的,或者确凿无疑的发展中被传递出来,而是想要表达自己。虽然它们被嵌入到曲式的整体过程中,但它们也在这样的曲式中衍生出一种自己的东西:一种消极的实现。如果加入到预示着发展的实现领域中,那么就会引发一种音乐进程所害怕的崩塌。它们不仅仅改变了作品,并且作品在其中变得稀疏或完全被粉碎掉。它们是曲式部分的形象特征。材料性的曲式理论完全将马勒的曲式段落作为对象,不但以形象特征来充实,而且以自身本质为形象特征构成的。崩塌的范畴可以追溯到一个非常早并且非常简单的模式上去,即第三首《旅人之歌》(Gesellenlied)的结尾处:"我愿,躺在黑色的枢台上"(Ich wollt', ich läg' auf der schwarzen Bahr)②这里,在一个属音的持续音之上有一列先后排列好的和弦向下级进。它们并没有过渡到其他的内容上去,因为它们本身就是目标所在,之后出现的动机片段只不过是尾声;最后一首歌曲③是后记。马勒在《第二交响曲》的第一乐章中毫不含糊地采用了这种类型[4],从总体上表现出一种崩塌的趋势。这样的崩塌在《第五交响曲》的《葬礼进行曲》[5]

195 中被演绎得淋漓尽致。他让曲式变得动态化,而传统的曲式职责却并没有因发展而简单地被取消,相反,灾难段落的力度本身同时也是一种形象特征,类似于空间中的场域。崩塌的部分不仅引发了一种从曲式上放松的需求,并且通过它们实现的形象特征从内容上决定了音乐。

---

① 厄尔温·拉茨(Erwin Ratz, 1898—1973),奥地利音乐学家,著名的马勒研究学家。
② 此句为马勒的《旅人之歌》的第三首《一把炙热的刀》(Ich hab'ein glühend Messer,也译作《一把锋利的刀》)的结束句。
③ 这里指《旅人之歌》的第四首《我恋人的忧蓝双眸》(Die zwei blauen Augen von meinem Schatz)。

　　马勒塑造的形象特征(Charaktere)从整体上构成了一种图像世界。乍一看,它是浪漫的,无论是乡村风景,还是小镇风情,仿佛一种不可挽回的、社会性的东西温暖着音乐的宇宙;就好像未被熄灭的渴望被投射到过去中去。尽管如此,马勒对施皮茨韦格①和牛眼形的玻璃窗是免疫的,因为他的热情将田园诗按照瓦格纳的名歌手的模式延伸到了一种动态化整体的设定中,这只有通过他的想象力的突破才能实现。相反,这也被交响乐的特性打破,其整体性抹杀了细节的直接性。被马勒的音乐浸染过的描写魔号的诗歌中,中世纪和德国文艺复兴本身就已经是一种衍生品了,就像被印刷出来的传单一样,它传播贵族骑士的小道消息,已经算得上是报纸了。马勒不让他的歌词去亲近那些令人舒适的东西带来的幻觉,而是去亲近不变又狂野的时间进程的预感,在他看来,这种预感在有序的晚期市民阶级关系中突然出现,也许是受到了他自己年轻时的困境的激励。他对帝国主义时代的和平并不信任,对这种不信任来说,战争成了常态,人们违背自己意愿被迫成了士兵。他从音乐上支持农民用计谋来反对地主;支持逃婚的人;支持被排挤的人、被囚禁的人、忍饥挨饿的孩子、被迫害的人,和失去职位的人。"社会主义的现实主义"这个词,如果不是它本身被统治者变得如此堕落,那它就只配得上马勒一个人;1960年前后的俄罗斯作曲家往往听起来就像一个被污损的马勒。贝尔格是马勒精神的合法继承人;《伍采克》(Wozzeck)②的"兰德勒"一曲中,将贫苦的人们表现成笨拙又拘束的舞蹈,还有《第四交响曲》的"谐谑曲"中奏起的一段单簧管节奏。马勒的音乐最初与真、美、善的主流意识形态是一致的,但后来却变成了坚决的抗议。马勒笔下的人类是一群被剥夺了继承权的人。即使在晚期作品中,唯物主义的因素也占不了半点便宜:这些作品在幻灭中终止,回应了历史的苦难,马勒的音乐保留了那尚未被歌颂和被诉说过的过去的面容上的皱纹。马勒的浪漫主义通过祛魅、哀伤、长久的追忆来否定

196

---

① 卡尔·施皮茨韦格(Carl Spitzweg, 1808—1885),德国浪漫主义画家,19世纪彼德麦时期最重要的艺术家之一,他的作品主题多为通俗讽刺的风俗画。
② 阿尔班·贝尔格第一部歌剧,也是他的代表作。

自己。然而,从历史上看,他的图像世界,即使在他自己的时代,也是对传统的、前资本主义欧洲的飞地(Enklaven)上的东西的告别,这些飞地在后工业时代勉强度日,已被发展所谴责,但却散发出一种幸福的回光返照,但只要简单的商品经济作为生产形式盛行下去,这种幸福就永远不会存在。马勒老式德意志的想象,就像 1900 年左右的那些梦想一样。在《第七交响曲》的第二首夜曲中,可以吟出里尔克的"众钟对鸣,即可明了时间的究竟"(Die Uhren rufen sich schlagend an, und man sieht der Zeit auf den Grund)这句格言作为一句歌词。记载它们的册子叫作《图像之书》(*Buch der Bilder*)。它们如此短暂,那一丝感伤也感染了马勒的图像世界。然而,他的音乐却超越了它们的维度,因为它并不像同时出现的现象学的本质直观(Wesensschau)那样停留在画面上,而是将它们与一种运动联系在一起,而这种运动是一种历史运动,急切地想要忘记图像中令人喜悦的坚持。

色彩斑斓,图像相互映照,显得千变万化。作品拥有的极度规定性守护着图像的变化。从整个交响曲的乐章小至单个乐句,大到动机及其变化,每一个现象都准确无误地实现了它应该做到的事情:新音乐,尤其是贝尔格,已经预见到了这一点。贝尔格作品中的发展是这样的:它是一种发展,之间出现了无比突兀的中断;当音乐开场时,听到的就是一个"冒号";当音乐实现时,每一个线条在强度上都明显超过了前一个线条的强度,但并没有离开已达到的层面。(和声上的——译者注)解决明确地模糊掉了轮廓和声音。"强调的"(Marcato)符号着重指出了本质上的东西,它宣布:"我在这里。"一种后续(Danach)从早先动机的片段中表现出来,流畅的进行(in Fluß Kommen)也被和声进行表现出来。这理应是完全不同的,并且是全新的,它正是如此。这样的精确性使形象特征凸显出来:这与它们强调的曲式功能,即马勒音乐的普遍特征(Characteristica universalis)相吻合。他特别严格地要求配器的清晰性准则,这来自作曲上的自我反省:音调语言(Tonsprache)①越少,

---

① 音调语言是指一些音节进行高低变化,而伴随着相应词的意义变化的语言。例如汉语、越南语、一些非洲语言,以及部分印欧语系的语言。

音乐就需要越清晰地表达,音乐本身就必须更严格地关注其重音。为此,他把其曲式作为名字来称呼,之后勋伯格的《管乐五重奏》范式般地创作出曲式类型来[6];虚构出来的阿德里安·莱韦屈恩(Adrian Leverkühn)①,不仅仅在《第七交响曲》第一首夜曲的末尾处,大提琴们演奏的高音 g 那里出现,并且选择将这个原则作为他作品的典范。马勒的非天真(Unnaivetät)与自己语言的关系,澄清了其技巧上的关联。那些形象特征化的东西,不再单纯是某物了,而是正如"形象特征"这个词所希望的那样,是符号。它功能上的形象特征是:各个单一部分都对曲式起到了作用,这是马勒从传统音乐的财富中汲取出来的。但是它们被独立出来,却并没有顾及它们在传统成规中的地位如何。这样,马勒就可以发明出完全具有后续(Nachher)的形象特征的旋律,它蕴含了奏鸣曲尾声的精华:如《第五交响曲》小柔板的终曲形式[7]。它的形象特征也许是由于绵延的开头造成的,即一种犹豫不决,它阻断了时间的流逝,让音乐回顾过去。从实质上看,这样的结尾模式是马勒喜爱的二度下行,它在下行的声部中出现,忧郁得就像一个说话的人,他在句尾用下降的语调说话。不用在中间插入什么含义,一种语言姿态就被转移到音乐中去了。诚然,二度下行这样常见的东西,只是起到了强调的作用。小柔板在之前就有很多二度下行,但只有在这个结尾中,它们才会通过延伸而变得很特别。总而言之,马勒的音乐是趋于下降的。它屈服于音乐语言的引力落差。然而,马勒通过明确地占用它,给它染上了在通常的调性关系下所缺乏的表现主义的光影色调。这让马勒和布鲁克纳形成了对比。语调上的差异代表着那些意图的差异,以及布鲁克纳的肯定性的音乐与马勒音乐中毫无保留的哀悼中的慰藉之间的差异。然而,马勒的形象特征很少像在那首终曲中那样,纯粹地停留在单个形象之中。大多数情况下,它们是由其与之前的内容关系共同决定的。《第二交响曲》第一乐章中的半音下行的终止只有在剧烈的爆发之

198

---

① 托马斯·曼的著作《浮士德博士:一位朋友讲述的德国作曲家阿德里安·莱韦屈恩的生平》中的主人公。

后,才显得既崩溃又冷静。[8]

随着整体的仪式性的进行而逸出的感受,深入到独特的细节中。然而,音乐并没有在细节中获得它的安宁,这些细节虽然被置于其中,但只是串联在一起,彼此却漠不关心。曲式越是不被作实质性地预先确定,将不受保护的细节提升起来的作品就越是要坚持地去要求它。而整体,它曾经是作品先天的基础,却成了马勒每个乐章的任务所在。曲式本身应该是特性化地成为事件。这种问题的提法在传统中成长起来。交响乐的张力和推动力是音乐获得动量(Momentum)的能力,尤其是在贝多芬的展开部中。即使是马勒也没有打破它,在《第九交响曲》中,它在首先静态地展现出来的有谐谑曲的圆舞曲段落的某些部分中表现得非常壮丽。[9]然而,马勒的完整乐章自始至终都像洪流一样,单一的内容总是奔流汇入其中,却从未完全吸收过特定的东西。它们不能使那些独特的东西消失,因为它们不具备独特元素构造以外的任何结构。这样的意图在整体上是马勒针对晚期浪漫主义提出的反命题,晚期浪漫主义的野心仅限于个体的特性,从而将其腐坏成了商品。199 即使是年轻的马勒,经过时代的锻炼,也写出了风格上类似的作品,这些作品从整体上令人震撼;即使是乐于接受局限性的东西,也想摆脱自身的局限。《第五交响曲》第一乐章中井然有序的部分包括了一些动态的部分:这已经出现在第一首三重奏之后的假再现(Rückleitung)中了。[10]当开场乐在进行曲的呈示部第一次再现的时候,它随着一声铙的敲打声嘶声沸腾起来。[11]这样一来,无纪律的哀乐在完全军事化风格的进行曲中,在较为静态的表面中获得自由。在马勒那里,抒情的个体主体通过它所启动的曲式过程,痛苦地表达了自身纯粹的细节。个体与整体并不像在维也纳古典主义中那样和谐地结合在一起。它们的关系是困窘的。整体的特点为了贯彻自己,必须使个体相对化;细节如果不失去唯一使其有资格成为整体的特征,就不能与整体协调起来;由于它们所有的自我实现,它们从根本上与整体的理念是毫不相干的。马勒对疑难(Aporie)的掌握,就是他在作曲上的成就。要么他对个体不断进行实验,直到由此产生出一个整体为止;要么他故意地、艺术性地避开圆滑的整体性:那么整体性的缺失就带有了否定的意义;要他塑造个体的、不规则的东西,这听起来像是一个被动地去接受整个作品的想法,但暗地里已经是一种并非单纯存在的、并非最终有效的、"加入其中去的"(Hinzunehmendes)东西,想要去超越自身和其有限的本在(Sosein)。个体表述具有的约束的非约束性,即对固定主题的放弃,是最重要的手段。主观性在马勒的作品中似乎想要去表述其材料的客观性,这确实深得其意;这也是他的客观主义意图的极限所在。由歌曲旋律衍生出的、生动又可以让人模仿的模块,本身在任何地方都不稳定。交响乐创作方式中老旧的动力,已经抢占了被解放的细节。有时它们进入到对方中去,有时它们要求与对方对立起来;有时它们自己分裂成了瓦解的区域,就像曾经的古典主义一样。在这一点上,马勒的音乐也抵制了学院派的形式主义,以及新德国学派中关于特殊的肤浅联想。²⁰⁰他的目的是创造出一个客观的整体,它既不牺牲任何主观的差异性,也不会歪曲自身的客观性。

由此,仅凭大型乐曲有限的曲目类型,并不能满足马勒普适性的特性化需求。由于在维也纳古典主义中,整体无可争议地优先于部分,因此在那里形象往往彼此是相似的,并且相互靠近。它们避开了极端的对比,而没有对比就恰恰不会形成马勒式的整体。在获得支持之后,他不仅在日渐衰落的晚期浪漫主义中,还特别在庸俗音乐中四处寻觅。这就为他提供了戏剧性的兴奋剂,这是被上层音乐挑剔的品位剔除掉的东西,比如军乐队的那种"令人战栗"(das Elektrisierende)的东西。《第六交响曲》尾声的快板呈示部中带有颤音的段落[12],让人觉得可能在进行曲中已经不知道听过多少遍了。然而,这种颤音在其中呼啸而过,却让进行曲变得非隐喻性地血腥无比,就好像连做梦也想不到自己会在此出现。这种死气沉沉的、非写实化的东西本质上就是马勒式的形象特征:快乐是本真的。这也并不仅仅是出现在马勒这里。年轻的马勒曾打算舒适地用一种持续的奥地利风格进行创作,就像在《第二交响曲》的行板(Andante)中那样,他极力去讨人喜爱,后来在小柔板(Adagietto)中又接近于享乐般的多愁善感;成熟马勒的音乐只会把幸福看作可逆的,如在《第六交响曲》终曲的再现部中,小提琴独奏的模棱两可的插部[13];《春日醉酒人》①的欢呼,就像瓦格纳在《特里斯坦》第一幕结尾处发现的创作方式一样:"啊,充满诡计的狂喜!啊,欺骗——神圣的幸福!"[14]特性化,即富于表现力的客体化,与苦难结为一体。在晚期作品中,其痛苦的要素使马勒整个的错综复杂性完全变质。有时,他有调性的、过于简洁的音乐会带着绝对不和谐的气氛,带着新音乐式的黑暗。有时,在惊慌失措的野性音色中,爆裂与黑暗的形象特性融为一体;除了《第五交响乐》中《葬礼进行曲》的第一首三重奏,《第六交响曲》的许多地方,特别是在《第三交响曲》的展开部中,音乐的洪流及其漩涡的力量被扩张到令人发指的程度;作品变得与人的身体比例不相称。在那爆发之处,爆发被野性地展现出来:反文明的冲动成了一种音乐的形象特征。这样的时刻让人联想到犹太神秘主义的教义,它把邪恶和破坏的东西解释为被肢解的神力溃散时的表现。总之,被贴上泛神论意向标签的马勒的特点,更可能来自一种地下的神秘层面,而不是一种不祥的一元论式的对自然的信仰。这可以解释吉多·阿德勒勉强地将其作为"悖论"提出的评论,一神论和泛神论的观点在马勒这里是叠置的。[15]

马勒的声音材料以各种乐器的面相(Physiognomik)为特征,它们无拘无束地从乐队合奏(Tutti)中迸发出来:在《第三交响曲》的第一乐章中,解放出来的长号破坏了平衡;在《第七交响曲》中第一首夜曲和诙谐曲里,回响着、轰鸣着的定音鼓的动机,甚至也出现在《第六交响曲》的诙谐曲里。在马勒的管弦乐中,平衡第一次被打破,而在瓦格纳那里,尽管与古典主义相比,音乐色彩被大量增加,但这种平衡仍是占据上风的。对单一声部进行的强调是以牺牲音乐整体性为代价的。在《第一交响曲》的终曲中,内在矛盾被提升到无法调解的地步,以至于达到一种绝望的整体。而在这背后,不择手段的最后胜利无疑也变成一

---

① 马勒《大地之歌》的第五首《春日醉酒人》(*Der Trunkene im Fruhling*),原诗为李白的《春日醉起言志》。

种纯粹的自导自演。完整的声音镜面（Klangspiegel）被以传统手段打破，而成为一种新的音乐。就像在那些重要的艺术作品那里一样，学术上的失败和审美上的成功之间的区别并不大。马勒的曲式感巧妙地表现在此：在被撕裂的整体形势中，他设置了一个无比漫长而强烈的、不间断的上声部的旋律，就仿佛那种形势需要另一种极端，即需要一个相对于整体独立出来的部分整体（Teilganzen），需要在它无法控制住的周围开始灼烧起来。同样的本能，也就是马勒命令原子化的东西与对不可中断的东西要形成对比，却阻止了他根据奏鸣曲和回旋曲的结构去重复降 D 大调的旋律，这与奏鸣曲和回旋曲的成规是相反的。它看上去只是碎片化的，身处原子的漩涡中。通过自身的毁灭，它还是会被融合；当然在这样的毁灭之后，它不可能独立地再次出现。马勒对曲式的处理并不是基于革新者单纯的意向，而是他认识到，音乐的时间并不同于建筑，它不允许有简单的对称关系。它们的相同之处正是其差异，不同的东西又可能会产生等同性；相对接下来的内容来说，没有什么是无所谓的。无论发生什么事情，都必须特别算上以前的旧账。在《第一交响曲》中，马勒还没有承担起传统的重任，还尤其充满了反形式主义的特征。它抛出了突如其来的反差，直至对悲哀和嘲讽的矛盾感情。第三乐章的大杂烩被世界进程所打倒，早就从一开始[16]，尤其是在突然加速的地方[17]，它就控制着世界进程，并由此产生怀疑，去协调那些不可调和之事。

《第四交响曲》根本就是一部展现形象特征的交响乐（Charaktersymphonie）。它的整体性是完全破碎的，是由形象特征化的需要产生的，整体和它的元素一样，都是形象特征。它受制于一种递减化的法则。它的图像世界是童年的世界。（配器的——译者注）手法被简化了，去掉了沉重的铜管乐；更适度地安排了圆号和小号。父亲的形象是不能进入其区域中去的。在音响上，对从贝多芬《第九交响曲》以来就伴随交响乐理念的雄伟壮阔报以警惕的态度。配器的形象特征的技巧（Charakterisierungskunst）就利用了这样的禁欲主义：在《第四交响曲》中独立而隐秘的色彩，成了旋律性的、非开场曲般的声音，成了管乐低音的柔和和暗部的替代者，圆号的运用在此史无前例，即使在《名歌手》

203

中也未曾如此。从一个小调色板中调出最千变万化的色彩,这种需求激发了新的乐器组合,正如第二乐章中低音圆号和巴松管的柔和阴暗的组合,还有新的音色,例如最后一个乐章中单簧管通透的音色。在展开部[18]中,四支长笛的齐奏不仅仅是声音上增强了,它还产生了一种独一无二的、梦幻中的陶笛(Traumokarina)的声音:这就是儿童乐器应有的样子,没人听过这样的乐器。对配器的减弱给交响乐带来了室内乐式的处理方法,马勒在前三部交响曲的“湿壁画”之后,一再反复地使用这样的方法,最具决定性的是在《第四部交响曲》的变奏乐章中引用的《亡儿之歌》[19]。当然,《亡儿之歌》的最后一首曲子绝非室内乐式的,而《第四交响曲》也不是室内乐式的。无论何时,《第四交响乐》都具有宏大的合奏效果,而室内乐部分作为一个要素被加入其中。它们也是作品和乐章的功能:它们照亮了微妙的、自身不断变化的声部织体。它不仅与宽大的毛笔画出来一样的线条形成对比,而且还通过凝聚化来引导它们。在展开部结束的高潮时,传来了《第五交响曲》的悲伤的开场曲。[20]按照一种被归于马勒的说法,这应该把在舒曼的意义上表现得“几乎过于严肃”的展开部,唤回到秩序和游戏中来;带着一种维也纳式的怀疑姿态,一切都毫无是处。这段话将前四首交响曲与中间的几首纯器乐作品紧紧连接在一起。马勒所有的作品都在冥冥中相互交流着,就像卡夫卡通过他所描述的建筑物的走廊将作品联系在一起一样。他的作品没有一部是彻底的、与其他作品单元相悖的。他在《第四交响曲》的简洁中获得的作曲主宰权,追溯性地转移到了所谓的“魔号交响曲”(Wunderhornsymphonien)的图像世界中去,对每个小节都进行了彻底的规划。在《第四交响曲》中,他第一次认真地进行了对位,当然复调并未主导过早期作品的想象力。对位想要建立织体的强烈程度,却可能因为牺牲掉了沉重的铜管乐而被减弱。但是,对位也是具有形象特点的。在第一乐章的第一主题部分中,单簧管和巴松管即兴演奏了一个织体[21],它被弦乐所包围,然而在真正的演出时却不会被人听到。通过九度音程,这个音程在呈示部结束后的假再现(fausse reprise)中崭露头角,这种对位逐渐征服了主题的平等性,而马勒最初曾用学院派的结构否定了这种平等性。从小字组的 d 到 h¹,在这样超大的音程之后,对位的主题似乎从一开始就在延伸,只有在大提琴[22]的假再现中得到了应有的兑现。马勒交响乐的气息太长,以至于让人在一个乐章的很多部分中都能潜移默化地感受到一种张力,并且只有在模块回归时才会获得平衡。对曲式的处理多是随机的。在第一乐章的高潮处,制造了一个蓄意显得幼稚、喧闹滑稽的场面[23],其中的强(Forte)变得越来越让人不舒服,直到开场曲再次回归。然而,它违反所有的曲式理论,取代了本来的过渡段[24],立刻又出现在再现部[25]中。这有其确切的曲式感。从动机上看,噪声段落与先前的过渡段——或者如果愿意的话可以将其称为主题的终曲——是同源的。然而,如果这一段用它的第一种形式回归的话,那么在第一次出现的开场曲般的噪音场面中,它就会比它的变体逊色。一首开场曲是无法被展开来的;它只能被重复,就好像音乐狂躁地无法摆脱要爆发的念头。为此,它宁愿去接受一个原始、早熟的音乐。但用不规则性来追求强烈的同一性,而不是去重温一种遥远的东西,或者在再现部中再次启动一种动态,这种动态只会徒劳地复制呈示部的细节。如果在呈示部之后,在开场曲的支配下,渗透地将再现部的开头伪装起来,音乐带着一个总休止就像被情节赶下台去一样,直到突然间[26]主题在其再现中被继续下去[27],这就像一个突然从森林里走出来的孩子,从古老的米尔滕贝尔格集市上的施那腾广场①感受到的幸福一样。在《第四交响曲》中,他把《儿童交响曲》中海顿的玩笑扩展到一个宽阔的幻想领域上去,在其中一切仿佛又再次发生了。就像那个噪音的场面一样,孩子们吵吵嚷嚷,敲锅打铁,可能还相互打闹。潜伏在一切凯旋音乐背后那邪恶的破坏性的冲动,使他们感到羞耻,这种冲动作为未被合理化的游戏得到了救赎。整个《第四交响曲》把不曾有过的儿歌抖落得七零八散;对它来说,音乐这本珍贵的书就是生命之书。就像在其中出现的大鼓的声音,就像七岁的孩子曾经敲响过的一样,它是唯一想与似曾相识感的

① 指德国一个有名的旅游城市米尔滕贝尔格的一个广场。

(déjà vu)进行音乐交流的尝试,就像吉卜赛大篷车和船舱的意象一样,有一种耐洗的色彩。马勒也在进行曲中察觉到了它,他的耳朵就像孩童一样,不顾一切地从中追逐着三角铁和铃杆发出的叮当响的游戏。发出声音的游戏之于儿童的音乐感知能力,就像彩色的车票之于灰暗的日常生活中闪现的视觉感知能力一样,是一种尚未被商业收购的感知世界的最后痕迹。在马勒音乐的儿童印象中,不乏音乐游行消散的痕迹,这痕迹在远方闪现着,所承诺的要胜过它带到震耳欲聋的近景中的东西;让人不由自主地想起,那些曾经被强制的进行曲,在马勒的作品中听起来就像自由不减的梦想。对进行曲的改编曾是轻松的,因为尽管它们属于被教养贬低的低等音乐,但从处理手法上利用了卡农,以及一种相对发达的曲式语言,其暗示力与交响乐的暗示力相比,似乎不如它感觉到的文化傲慢那么遥远。就像后来在爵士乐里一样,很可能在 19 世纪有某种在艺术性上不拘小节的,但从技巧上是合格的音乐家进入了军乐领域,他在那里为集体的暗流找到了一种相当精确的作曲公式。马勒可能曾在其中欣赏到了这一点。但是,谁在进行曲上安上所有权,就像他曾经对待他的小铅兵们一样,对他来说,谁就会打开一扇通往不可挽回之物的大门,而入场券并不比死亡更廉价。和欧律狄刻(Eurydike)①一样,马勒的音乐也是从冥府中被带出来的。不只有在《第四交响曲》的第二乐章中,孩子和死亡的形象会互相重叠。如果说儿时理解的语言光芒万丈,那么再次说出这种语言的幸福感就会被束缚在个体形成的缺失中。孩子们虽然几乎无法掌握马勒复杂而多层次的音乐,但他们却可能在错误中,比成年人更好地理解《我遨游葱绿的森林》(*Ich ging mit Lust durch einen grünen Wald*)这样的歌曲中极乐般的痛苦。马勒通过为他们烹制音乐性的美食,深刻地衡量了听觉退化的历史经过。弱化人性的自我没有能力去进行自律和综合,他安慰地赶到身边。模仿着溃散的语言,他要揭示可能比自大的文化资产更好的潜能。

---

① 希腊神话中俄耳甫斯的妻子。她死后到了冥府,俄耳甫斯舍身入冥府想要救出她来。冥王和冥后同意他带走妻子,但条件是在出冥府之前决不能回头看她。但俄耳甫斯忍不住回头,欧律狄刻又被死亡拉回了冥府。

在马勒的音乐中，没有什么地方比天使般的交响曲①更具假象（Pseudomorphose）了。第一小节中的铃声，非常弱地对长笛的八分音符进行了渲染，这一直让普通的听众感到震惊，他们觉得自己被愚弄了。实际上这小丑的铃声（Narrenschelle）虽然没有用语言，却说道："你们听到的都不是真实的。"在由长长的音程连线构成的精彩却不和谐的中段里，有一段来自《魔号之歌》的《哨兵夜歌》（*Der Schildwache Nachtlied*）的歌词："上帝赐福，万事皆安！心诚则灵！心诚则灵！"（An Gottes Segen ist alles gelegen! Wer's glauben tut! Wer's glauben tut!）[28]这是对交响乐结束时极乐景象的评注。这交响曲用土气的拟人化的手法描绘出了天堂，以呈现出天堂并非如此。那些被基督教征服的所有转信的国家中占多数的不信教者，以及神话自然宗教的残余与启蒙运动的方式讳莫如深地混杂在一起，渗透到信仰的音乐形象中去。小丑的铃声立即就获得了其音乐创作的成果。这首主题在毫不知情的人听来好像是引用了莫扎特或海顿的作品，但其实来自舒伯特的《降E大调钢琴奏鸣曲》作品122里中庸的快板（Allegro moderato）的声乐部分主题的尾声，它在马勒所有作品中是最非本真的了。依然矛盾的是与交响乐格格不入的带铃声的开场，以及假扮天真的、被拆解和被颠倒过来的主题。就连配器也令人怀疑。引子小节中协奏曲式的独奏管乐在维也纳古典主义中是不可想象的，在此之后主题探出头来。随着这样的不协调，越来越多的管乐声部对弦乐安稳的首要地位提出质疑：在主题的延伸中已经是如此的了，这里出现一个高音上的、紧张的旋律性的号角演奏的尾声。[29]《天国的喜悦之歌》在结尾处完全断裂开来，马勒肯定是故意把它排除在《魔法号角之歌》组曲外的。那些快乐不仅仅是谦虚得就像一个有用的南德小菜园，承载了辛勤与劳作："圣玛莎一定要掌厨"[30]，在这小菜园里，血腥和暴力变得不朽，牛被宰杀，为了盛宴鹿和兔子在露天街道上奔跑。②这首诗在一种荒诞的基督学中达到高潮，

207

----

① 此处是指马勒《第四交响曲》，也被称为"魔号三部曲"的最后一部。

② 这里是指歌词"圣路加宰了牛，一点也不必担忧。"以及"如果想要鹿和兔，开阔大街看过去，它们奔来又跑去。"

将饥饿灵魂的救世主作为食物吃掉，并且不情愿地控诉着基督教是神话式的祭祀宗教："约翰放出小羊，屠夫希律眈眈等候。"在此，长笛在第一乐章愚人的引子（Narreneinleitung）中加入了带跳音的八分音符，而单簧管则演奏了十六分音符的音型。音乐用一段不完整的展开部那可悲到可笑的纠缠不休，毫不掩饰地混弄出一个天堂来，只有在它自己演奏天籁之音的地方，音乐才能保持纯净。但是，以模仿而闻名的第一乐章尾声处的小提琴乐段，主题用三个"非常矜持"的四分音符进入最后一个优雅的起奏[31]，就像一个漫长的回眸，它问道：一切都是真的吗？音乐对此摇了摇头。因此，音乐必须带着在贝多芬交响曲之前出现过的欢快的结尾那种漫画风格鼓起勇气来，并且升华自己。马勒的神学，也像卡夫卡的神学一样，是可知论式的；他的《童话交响曲》和后期作品一样悲伤。如果它在"万物为欢乐苏醒"的应许之后死去，那么没有人知道它是否会永远沉睡下去。超验景观的幻境，被其同时设定又否定。欢乐依旧遥不可及，除了憧憬，并无任何超越。

即使是充溢着目的的《第四交响曲》，也不是标题音乐。它与标题音乐的区别不仅在于它使用了所谓的奏鸣曲、诙谐曲、变奏曲和歌曲等的绝对曲式。施特劳斯的最后三首大型的交响诗也与之相似。相反，即使马勒不再想写标题音乐，他也不能被轻易地归入到布鲁克纳或勃拉姆斯的创作中，甚至汉斯里克的美学中去。音乐创作已经吞噬了标题音乐，形象特征是它的丰碑。马勒与标题音乐的真正区别，只有在形象特征与平庸的相对关系中，才会变得十分清晰。因此，他并没有献身于标题音乐，因为他既不想听凭偶然的安排，不管是否会出现诗意性的辅助思想，也不想颁发政令般地去确定音乐形象的意义。施特劳斯的形象特征是失败的，因为他纯粹从主观出发，自主地去界定意义。这让他独特的想法虽然可以创作出《埃莱克特拉》（Elektra），但同时也阻止了他所依据的引人注目的雄辩。相反，马勒的媒介是客观特征的媒介。每一个都主题超越了单纯音符事实，都有其被塑造的本质，这几乎是无法被发明出来的。当标题音乐的动机在等待着主导思想和解释的标签时，马勒的主题本身就拥有了属于自己的名字，而没有术语表。然而，这种特征只有在作曲想象力不随意产生意图的情况下,才有机会具有前景,即不应该按照计划构思去表达这样或那样的动机,而是用一种意图已经客观地存在于其中的音乐语言材料进行创作。然后,它们被作曲想象力作为先入为主的特征所引用,并且占据了整体。实现这一点的材料是那些被称为平庸的材料:普遍地来看,在个人的创作启动之前意义就已经沉淀在这些材料中了,并且作为惩罚,自发行为失去了它鲜活的执行力。这样的意义再次在作品的指挥棒下自发行动起来,并且感受到其力量。它们被削弱成作品的元素,同时也从其物化的僵化中被释放出来。这样一来,马勒的音乐就被规定成"具体地表达理念"。在任何地方,它都不仅仅是根据它的参数而存在的;但在任何地方,为了更多地去理解这一点,马勒的音乐都不需要在它的表象或联想的掌握之外的抽象知识,这些联想也可以并不存在。在这一点上,马勒构思的新颖性是由一些孤立地看来,可以被斥责为反动的东西产生的。

注释

[1] IV. Symphonie, S. 12, von Ziffer 7 an mit Auftakt der Celli; cf. auch S. 44f., »ruhig und immer ruhiger werdend«.

[2] a.a.O., S. 78, zweites System, Takt 2 mit Auftakt.

[3] Erwin Ratz, Zum Formproblem bei Gustav Mahler. Eine Analyse des er-sten Satzes der Neunten Symphonie; in: Die Musikforschung, Kassel und Basel, Jahrgang VIII, Heft 2, S. 176.

[4] II. Symphonie, S. 25, Takt 4ff.

[5] V. Symphonie, S. 43, von Ziffer 18 bis zum Wiedereintritt von cis-moll auf S. 45.

[6] cf. Th. W. Adorno, Schönbergs Bläserquintett; in: Pult und Taktstock, V. Jahrgang 1928, Mai/Juni, S. 46ff. [GS 17, s. S. 140ff.]

[7] V. Symphonie, S. 176, fünf Takte nach Ziffer 1 (» wieder äußerst langsam«), und S. 179, einen Takt nach Ziffer 4.

[8] II. Symphonie, erstmals S. 13, bei Ziffer 6ff.

[9] IX. Symphonie, S. 68, von Ziffer 19 an.

[10] V. Symphonie, S. 30f.

[11] a.a.O., S. 10, Takt 2.

[12] VI. Symphonie, S. 164, zwei Takte nach Ziffer 111.

［13］a.a.O.，S. 228，vom letzten Takt an，mit Auftakt.

［14］Richard Wagner，Gesammelte Schriften und Dichtungen，7. Band；a. a. O.，Tristan und Isolde，S. 30.这里指《特里斯坦》第一幕结尾处，相互爱恋的特里斯坦与伊索尔德在侍女给的迷药作用下陷入无法抑制的爱恋中。这部歌剧对马勒的音乐创作产生了很大的影响。

［15］cf. Guido Adler，a.a.O.，S. 46.

［16］I. Symphonie，S. 81，bei Ziffer 6.

［17］a.a.O.，S. 91，letzter Takt（»viel schneller«）.

［18］IV. Symphonie，S. 12，ein Takt nach Ziffer 10ff.

［19］a.a.O.，S. 79，zwei Takte vor Ziffer 3 beginnend.

［20］a.a.O.，S. 30，2. Takt ff.

［21］a.a.O.，S. 5，4. Takt.

［22］a.a.O.，S. 12，4. Takt，Celli.

［23］a.a.O.，S. 27ff.，von Ziffer 16 an.

［24］a.a.O.，S. 34，von Ziffer 19 an.

［25］a.a.O.，S. 6f.，von Ziffer 2 an.

［26］a.a.O.，S. 32，bei Ziffer 18.

［27］cf. a.a.O.，S. 4，Takt 2.

［28］Wunderhornlieder，kleine Partitur I，S. 13ff.

［29］IV. Symphonie，S. 4，Takt 6，mit Auftakt.

［30］a.a.O.，S. 118.

［31］IV. Symphonie，S. 45.

四、小　　说

　　马勒音乐的反动要素就是它的天真烂漫。它总是与非天真的东西
交织在一起,这种矛盾在马勒这里特别煽动人。一种音乐的"面相",在
众所周知的民俗式的说法中是有意义的,而反过来说,对被高度驱使的
交响乐诉求带有的不言而喻的特点,它却丝毫不抱怀疑。直接与间接
的东西耦合起来,是因为交响乐的曲式不再确保让音乐的意义构成强
制性的关联,或是真理性的内容,并且也是因为曲式而必须去寻求音乐
真正的内涵。从一种音乐纯粹的定在中,即民俗的音乐定在中,提取出
首先证明自己是有意义的媒介。因此,马勒的曲式在历史哲学的角度
上接近小说的形式。音乐素材虽然平淡无奇,演绎却是细腻的。在所
有小说中,小说的内容和风格的设定也是如此,例如福楼拜的《包法利
夫人》(*Madame Bovary*)。对马勒来说,姿态是叙事式的,幼稚且小心
翼翼地说:"注意,现在我想为你们演奏一些你们从来没有听过的东
西。"就像小说一样,他的每一首交响曲都会唤醒人们对特殊得像礼物
一样的东西的期待。吉多·阿德勒认为,从来没有人,甚至没有对手,
会对马勒感到厌烦,就是指的这一点。早期的马勒喜爱音乐素材,他本
来就对此乐此不疲;其中不乏谢菲尔式的幻想。他的精神性以音乐的
地下世界为根基。他有时要求"不带讽刺性地去模仿着表演",有时又
要求"带有讽刺性地去模仿着表演",而主题本身却不允许决定其中一
个或另一个主题,这就在文字上雄心勃勃地出卖了它们的张力。并不
是音乐想要讲述什么,而是作曲家像一个讲述者去写音乐。与哲学术

210 语类似，"习性"（Habitus）会被称为是唯名论式的。音乐概念的运动由下开始，可以说是从经验事实开始的，以便让它们在统一性中传递它们的传承性，而最后从整体中磨砺出火花，这样的火花在这些事实之上燃烧起来，它并非从上方，即并非从形式的本体出发来进行创作。由此，马勒果断地朝着废除传统的方向努力。在音乐性的小说形式的基础上，存在着一种特异的体质（Idiosynkrasie），它在马勒之前一定早就被察觉到了，而马勒是第一个没有去压抑它的人。这种特异的体质恨不得提前就知道音乐将会如何继续下去。这种"我早就知道了"已经侮辱了音乐的智慧，它是一种精神上的神经质，是马勒式的不耐烦。如果在马勒那里，音乐将其固定的元素占为己有，并将其贬值为赌博筹码，那么马勒就已经渴望在传统的音乐逻辑中对此进行反叛。但他并没有建构新的曲式，而是运用了那些被忽视的、被冷落的、被抛弃的、不属于公认曲式本体论的曲式，这些曲式本体论既不能让创作主体从自身出发进行补充，也不承认创作主体。音乐中散落的、物性的商品特征是与马勒唯名论的必要关联，这种唯名论不再允许凭借预先设定好的整体性来构成和谐的合题。只是作为分裂的内容，将交响乐式的客观性与主观的个人意图融合在一起。马勒的进行曲和兰德勒舞曲相当于就是市民阶级小说中的冒险小说和小道消息的遗留。音乐被分化为上层和下层领域，这两个领域已经印上了它们的痕迹，马勒如此强烈地追求这种分化，以至于"发酵"中的下层音乐领域，应该努力历尽艰苦，重建其上层音乐失去的连贯性。以此来衡量马勒的理解力达到的层次，他完全可以称得上"查拉图斯特拉"这个副标题了，即为所有人的音乐和不为任何人的音乐。尽管这音乐的材料很保守，但它却具有明显的现代性，因为它并没有代入有意义的整体，而是把自己投入到异化的随机性中去，押上全部赌注（va banque）去把握机会。如果说，在马勒之前，音乐实际上是不合时宜的，因为它把精神批判封闭在自为存在的理念和形式之中，表现得好像柏拉图式的星空笼罩着它一样。那么，马勒就第一

211 次从一种意识状态中得出了音乐性的结论，而这种意识状态除了将自己的个体冲动和经验勉强地捆绑在一起，还希望从中产生一些它们还

不曾有过的东西,而不对其进行歪曲。马勒从原则上脱离了贝多芬式的密集交错和盘根错节的类型,放弃了戏剧性的聚集,难道这还不能充分地解释,除了"此处之外,再无一物"(Non plus ultra)的贝多芬,在此基础上没有人再继续发展下去了吗?而贝多芬的《英雄》《第五乐章》和《第七乐章》的第一乐章的古典主义对马勒来说,已经不再是典范了,因为贝多芬的解决方式是再次从主观性中创造出已经被主观地攻击过的客观形式,它不能再用真理进行再现了。马勒越是显得接近这种古典主义类型,与叙事的创作理想的差异就越是明显。《第五交响曲》尾声的主题与勃拉姆斯的《第一交响曲》一样,同样是以贝多芬为导向的,是向《槌子键琴奏鸣曲》(Hammerklaviersonate)[1]致敬式的追忆。但这一主题只是一个纯粹形式上的主题,它并没有主导这个乐章,而是被其他的主题所覆盖,就像在通往乐章内部的入口处被阻止了一样。因为,它恰恰宣布了一种旧式风格的交响乐的主张,那是一种有待剖析并且在戏剧性上有待发展的模式,不能以此来衡量马勒交响乐的结构,因为它不能再指望通过自身来获得对音乐的内在联系强调的肯定,它的激情响彻古典主义交响乐风格。在贝多芬那里,再现部的静态对称性已经有了去否认动态主张的危险。在他之后成长起来的学院派曲式的危险是基于内容的。贝多芬的激情,即交响乐爆发瞬间的意义的确定,带来了一种装饰性和虚幻性的观点。贝多芬最有力的交响乐章在重复本来就已经存在的东西时,颂扬了一种"非他莫属"(Das ist es),把单单重新获得的同一性呈现为他者,并声称这是有意义的。古典主义者贝多芬通过展示它的不可抗拒性,去赞美"是什么",因为它不可能是其他的东西。"《英雄》《田园》《第九交响曲》的第一乐章,基本上只是对其第一小节所发生的事情进行注释。贝多芬做出过的最有力的蓄积,是从《第五交响曲》和《第七交响曲》的开头直到它们结尾处的线条,这带着令人信服的逻辑,以一种在其连贯性中不可否认的事件的启示展开。它本身包含着数学公式的不可动摇性,并且从最初的那一刻起,直到其最后的结论处,它都是作为一个不可抗拒的事实而存在的。贝多芬交响曲独一无二的效果,正是寄托在这种无可争辩的艺术逻辑力量上,而且至

212

今仍然存在。由此,就产生了一种基本的有机法则,贝多芬即使在《第九交响曲》中也无法回避它,这个法则迫使精神的基本理念集中到开头乐章中,集中到开头中,集中到主题中,并且使整个有机体从这个开头中崭露出来,成为完整的东西。"[2]在《第九交响曲》第一乐章的精彩回溯之后,让马勒感动的最后几首四重奏,这可能与早在他的大师岁月之前就激励他的潜在冲动并无不同:显然,他对贝多芬最后的作品,尤其是作品135号留下了极其深刻的印象。德国哲学和音乐自从康德和贝多芬开始就形成了一个体系。其中没有涵盖到的内容,即它的校正性(Korrektiv)逃逸到了文学中去——小说和半伪造的戏剧传统,直至生活的范畴都被榨干成教养,并且大多已经变得反叛,在20世纪之交也变得具有哲学性了。相比之下,马勒的音乐就赶超了尼采原本的见解,即体系及其无间隙的统一性,这是和解的假象,并不可靠。他的音乐具有广泛的生命力,这音乐紧闭双眼投身到时代中去,而并未将生命设定为替代性的形而上学,这与小说的客观倾向是相互平行的。这方面的潜力来自一部分是前资产阶级的封建主义、一部分是约瑟芬式和怀疑主义的奥地利的气质,它得到德国唯心主义的宽恕。同时,对他来说交响乐式融合的本质仍然在当下,足以保护他免受形式意念的影响,这种形式意念让弱小的原子论式的听觉变成了优点。"他运用了主题这种贝多芬式的精辟格言的意义,通过更加华丽的旋律展开,赋予它的本质以逐渐显露出的开场白的形象特征。这种新型的有机性的安排,也需要一种新型的主题形象。贝多芬创造的主题作品是一种不可思议的伟大反照,它创造了最敏锐的思想集合,以及坚定不移的目的意识,这在新的交响乐风格中已经找不到内在基础了,这种风格对走出一种精神创造的中心的不懈愿望一无所知,相反它必须首先在其表象的多样性中去凝聚力量。因此,贝多芬那种严格的、主题性的有机作曲技法落后了,它反倒成了次要的辅助工具。"[3]但是贝克尔也低估了马勒调动的系统的构建力量,不管他对这些力量的看法是多么错误。在对立因素生产冲突时,马勒正处于他的巅峰。所以说,以恩赐的态度把马勒看作处于时代之间的作曲家是多么愚蠢啊。

在音乐上,马勒的手法不乏传统,也不乏一种准叙事性的、长叹式的暗流,这种暗流在马勒作品中向上推进。一次又一次,尤其是在贝多芬那里,几乎让时间静止下来的交响乐的精华和作品结合在一起,其时间的延续带给作品一种极快乐的、同时具备运动与在自身中静止的生命。在交响曲中,《田园》以最自然的方式感受到了这种需求;这种类型中最重要的乐章是《F 大调四重奏》作品 59 号第 1 首的第一乐章。在贝多芬所谓的中期之末,它变得越来越重要,例如,伟大的《降 B 大调三重奏》作品 97 号的第一乐章和最后的小提琴奏鸣曲,这些作品都是至高无上的作品。在贝多芬本人那里,对广泛的丰富性和被动地发现记忆多样性中的统一性的可能性信任,平衡了行为主体的音乐具有的悲剧又古典主义的风格理念。而在舒伯特那里,这种想法已经被淡化了,他更被贝多芬的叙事性所吸引。在钢琴奏鸣曲中,舒伯特有时会以不冷不热的态度漠视统一,就像后来布鲁克纳由于迟钝,被批评为没有形式一样。在所有马勒的构建方式的材料中,舒伯特的《b 小调交响曲》的第一乐章可能是最重要的;韦伯恩非常推崇它,认为它是一种交响乐式的非常新鲜的构想。马勒沉迷于流行结构之下的不受束缚的结构;沉迷于一个问题,就是单一的主题无论其抽象价值如何,都将走向何方的问题;沉迷于一个未被宣称的整体的悲伤,好像作为一个整体已经身居安处了一样。顺便说一句,从这一点来看可能会解决一个疑惑,为什么舒伯特最宏伟的草稿只能是片段,这种片段是第一个完整并且甚至是有机的、被理性主义的至理名言(vérités éternelles)净化了的音乐乐章。由此,就产生了马勒的美学纲领。对他之前的奥地利人来说,他们拒绝统觉的综合统一,主体的构建性工作和努力因为交响性的长句带来了频繁的倦怠,最后还因为对构建组织的精神本身、对技巧合法性的丧失,而受到惩罚。马勒力图用自己所处的传统来纠正这一点。有一句话,它算是马勒谈论他的朋友布鲁克纳时说的:一半是神,一半是白痴,这至少就说得很到位。按照鲍尔—莱希纳的说法,马勒对布鲁克纳的批评已经够多了,就像他对舒伯特的批评一样多。[4] 但他对布鲁克纳的斥责,无非与其解放的、独立的个体要素,以及与传统的建筑规范发生了分歧相关。如果说马勒的音乐，从《第一交响曲》的三重奏到《交响曲》的合唱，以及《第七交响曲》的结尾，再到《第九交响曲》的终曲和《第十交响曲》的第一乐章的基调，从来没有掩饰过他对布鲁克纳的感激之情，那么他叙事般的冲动是通过自身的建构而变得强大的，这在舒伯特和布鲁克纳那里却常常在不经意间流失掉了。这种漠不关心的要
215 素伴以主动性，但不是那种统领式地进行规划，而是像行军一样一步一步地向前走。虽然布鲁克纳那黑暗森林般的原生态性，似乎胜过了马勒的断裂性——它胜在布鲁克纳的厚重感上，这是一种拥有最为坚实基础的、稍许执拗的静态，就好像在圣弗洛里安，尼采还没有出名时那样。马勒对布鲁克纳的态度，就像卡夫卡对罗伯特·瓦尔泽①的态度一样。然而，他对奥地利传统的纠正还是奥地利式的：在莫扎特身上，统一带来的精神和细节的不加修饰的自由结合在一起。因此，在《第四交响曲》的开头，马勒向莫扎特致敬。单一曲式以及复合曲式，常常还包括曲式整体，都具有不对称性和不规则性，这不是马勒天性中的巧合，而是从叙事意图出发的必然。这种意图喜爱那些还没有被计划、没有被组织，以及没有经历过暴力的东西，还有那些它已经经历过这些的地方，即背离化。马勒的背离化从来都没有像在施特劳斯作品中的替代品一样，从来都不是对期待之物的出乎意料的补充。每一种不规范性也具有自己特殊的立场。尽管如此，在很可能被称为音乐经验主义的情况下，马勒针对布鲁克纳作为权威的信徒去借用交响乐的形式，从整体进行了反思。他在其中注意到，在最激进、最不安的音乐中最终还是保持着他的真实性：那经过转化、伪装、无可见的客观的曲式类型、惯用语句，都在极为敏感避开它们的地方，又重新回归了。对他来说，这样的回归是残垣断壁，他从这样的瓦砾中层层搭建出他的建筑，就像在意大利南部诺曼的建筑大师曾经使用多立克柱一样。它们作为无用的大量材料凸显，是叙事中要素的代表，不能单纯地被归结为主观性。创

---

① 罗伯特·瓦尔泽(Robert Walser, 1878—1956)，瑞士作家，20 世纪德语文学的大师，在欧洲同卡夫卡、乔伊斯、穆齐尔等齐名。

作是把具体的、坚硬的，甚至偶然与主体相对的东西，引入到音乐的内
在主体经验中去。由此，马勒所说的作曲情况岌岌可危。因为并不是
音乐语言已经失去了资格，以至于作曲主体可以单纯地对它进行处理，
而不需要所有预设好的音乐语言形式和要素；也不是相反地，这些形式
和要素也完好无损，以至于它们能够自行组成一个整体。马勒音乐的
薄弱性就是由此而来的，并且从它一出现就被人注意到了。这种薄弱
性并不是恩斯特·布洛赫在很久以前所说的"单纯的天赋"[5]的弱点。
马勒音响的断裂性是对其客观疑难的呼应，以及对上帝与愚人之间对
立的呼应。这两者在他的音乐的凝视下同样充满疑问，上帝成了形式
那不可交流的教条主义的戒律，而愚人成了偶然的、无意义的、潜在愚
蠢的个体，他自身不允许具备任何严格的关联性。

　　叙事的概念使马勒的作品出现了某些怪异之处，这些怪异之处其
实很容易被他所指责。尽管马勒对空洞的进行和公式化的东西（如布
鲁克纳的模进）保持着批判性的警惕，但他并不像贝多芬那样去忌惮反
对超出数量的小节，去忌惮那些根据音乐行动的尺度来看什么都没有
发生的东西，而让音乐成为一种状态的时机。即使在完全处于掌控之
下的《第九交响曲》中，在紧接着第一乐章的展开部结束后，不仅有整整
一小节让前面出现的最后一个和弦的定音鼓的滚音逐渐消失，而且通
过从降 g 音到 b 音①的加入，和声转换又为自己提出了一个还不具有
动机内容的和声，这个和声作为前奏中竖琴的动机，只在第三小节的定
音鼓中出现。[6]而一位害怕滞留的作曲家，应该已经在降 d 音起奏的
同时，就跟上这个起奏了。马勒巧妙地并且毫不在意地在《第四交响
曲》第一乐章的一个地方让运动慢慢平息下来，以便之后重新继续进行
下去。[7]马勒不以牺牲主题形象需要的平静为代价来努力鼓励外在的
流动，由此去相信内在的流动。只有最伟大的作曲家才敢放开缰绳，而
不至于让整个事情失去控制。指挥家马勒的作品并没有被实践家的姿
态所染指，而实践家在创作时，总是捻着手指（打拍子——译者注），按

---

①　德语中的 b 小调为中文的降 b 小调。

217

部就班地进行创作,简直让人无法忽视这种拍子。马勒的音乐在诠释者完备的经验下,是完全不会有任何失真之处的。从来不会根据经验给定的可能性来进行创作,从来没有交响曲会去配合实践练习。这些交响曲毫不退让地追随着想象力;实践的经验是次要的,作为一种批判性的权威,它要确保被设想到的东西也能在表象上得到实现,在这方面,马勒是欣德米特①所体现的那种后来就事论事风格的对立类型。这种相对于效果关联性的暴虐无情,辅助了叙事性的意图;偶尔出现的自由节奏(agogische)记号"留出了足够的时间",这从整体上描述了他的反应方式。这样的耐心是如何与不耐烦结合在一起的,算得上是马勒的特点之一:这是一种既不否定时间,也不屈服于时间的意识。

马勒叙事性的音乐态度遭遇到了一个音乐几乎不再能进行"讲述"和展示的社会。马勒摆脱了"乐手"这个词狰狞的光环,因为他的曲式的先天性更多带有小说的先天性,而不是叙事的先天性所造就的那样,尽管他有勇气停留徘徊,却不像松懈的存在关联性那样装腔作势。他首先吸引人的是,事情的继续总是和人们想象的不一样,简洁的感受却带来精彩纷呈。艾文·斯坦(Erwin Stein)几十年前就在《指挥台和指挥棒》(Pult und Taktstock)中的一篇已经丢失的文章里指出了这一点。马勒对陀思妥耶夫斯基的热情[8]是众所周知的。在 1890 年前后,陀思妥耶夫斯基的立场与同时代的穆勒·凡·登·布鲁克②是不同的。据说,马勒在一次与勋伯格和他的学生们的郊游中,曾建议他们少学对位法,多读读陀思妥耶夫斯基,而韦伯恩勇敢而羞涩地回应道:对不起院长先生,但我们还有斯特林堡③。这个很可能是被臆想出来的故事同时也阐明了小说般的音乐态度与下一代完全解放了的作曲家们的表现主义态度之间的不同。伟大小说不只是提醒了人们,马勒的

---

① 保尔·欣德米特(Paul Hindemith, 1895—1963),德国新古典主义作曲家。
② 穆勒·凡·登·布鲁克(Möllers van den Bruck, 1876—1925)是德国保守派作家,最早提出了第三帝国的说法。
③ 奥古斯特·斯特林堡(August Strindberg, 1849—1912),瑞典作家、剧作家和画家,被认为是现代戏剧之父。

音乐听起来常常像是讲故事一样。他音乐里表现的"急转弯"（Kurve）更是如小说一般，它描写了崇高是如何上升到重要的情景，即内部的崩塌。[9]姿态就像把钞票扔进火里的《白痴》中的纳斯塔霞（Nastassja）①一样被表现出来；或者像在巴尔扎克那里一样，罪犯雅克·科林（Jacques Collin）伪装成西班牙的教会成员，把年轻的吕西安·鲁本普雷（Lucien Rubempré）从自杀中拉回来，并让他达到短暂的辉煌；或许还有那些艾瑟们（Esther）②，她为爱人牺牲自己，却没有料到那生命的轮盘赌可能会让他俩免于一切痛苦。如同小说一样，在马勒那里，幸福在灾难的边缘苗壮成长。在他的作品中这个情景或是公开或是潜在地，作为力量中心发挥着作用。对他来说，幸福是平淡生活中意义的形象，其乌托邦式的实现是由演奏家意想不到和无形的收获来保证的。对于马勒来说，幸福仍然和它的对立面一样，与演奏家的失落和毁灭牢牢地锁在一起。毫无理智和自持的控制，《第六交响曲》终曲中的提升段落享受并挥霍着，它自身目的论式地承载了毁灭。在不厌其烦的过度要求中，马勒的音乐不准备听天由命，它描绘出一张心电图，一个心碎的故事。在它过度疲乏时，它表达出了那被世界否认的可能性，而且世界语言中也没有用来表达这种可能性的言语：这种最为真实的东西本身就因为它的不真实性而声名狼藉。如同在伟大的小说中那样，短暂的实现抵消了其他一切——在音乐上，马勒之前也许只有《女武神》的第二幕表达出了它：他既不相信永恒的形象，也不相信短暂的形象。与哲学、黑格尔现象学一样，马勒的音乐也是通过主体的对象性的生活，它在内在空间中的回归，使其变成了一种泡沫般的绝对的东西。因此，阅读小说时的具体性与对事件的清楚感知是处于不同层面的。就像读者的眼睛从一页纸扫到另一页一样，耳朵也被音乐向前冲刷着，文字无声的喧哗与音乐的神秘感交汇在一起。但它不会消失。叙事般的音乐世界不允许被描述出来：它是如此清晰，又如此神秘。它只能通过

①　陀思妥耶夫斯基的长篇小说《白痴》中的女主角。
②　这里指狄更斯长篇小说《荒凉山庄》中的女主角艾瑟。

反对减弱对象性的直接性,使对象性的现实的本质范畴成为自己的本
219 质范畴;它与自己想要去象征,甚至描绘的世界保持着距离。叔本华和
浪漫主义美学经历了这一点,他们重新思考了音乐具有的朦胧和梦幻。
音乐不但能描绘出灵魂那朦胧的、梦境般的中间状态,而且还根据逻辑
和表象,把自己与梦和影子相关联。作为"自成一体"(sui generis)的现
实,它通过去现实化变得本质化。这种媒介,即所有音乐的媒介,在马
勒那里一定程度上成了主题。他两次把"朦胧"(schattenhaft)写成演
奏标记,分别是在《第七交响曲》的诙谐曲和《第九交响曲》的第一乐
章[10]那里。来自视觉领域的比喻指引出了对音乐内在空间的补充记
忆。当一切音乐性的东西提高到感性的确定性上,并占据了其内部空
间时,没有任何东西作为纯粹的材料被唾弃和被拒绝。在音乐空间里,
处于第二位的经验不再像其他的经验那样,赋予艺术作品异质性。音
乐的内向性同化了记忆的内容,而取代了表达由心而发的东西,使之表
面化。精神分析理论将音乐解释为对妄想症的防治,这一点还是正确
的:它保护主体免受因为主观投射而淹没的现实。它既不把那个被称
为与它一样的世界与自己混为一谈,它的范畴也不是单纯的主体释放
出的范畴:这些范畴仍然被归于世界的范畴。如果把世界直接等同于
本质——按照叔本华的见解,那音乐就是一种直接的本质——那么音
乐将会是疯狂的。所有伟大的音乐都被人们从这种本质中抢夺而来;
在所有的音乐中,都包含着内在与外在的等同,但它对于后果没有任何
影响。本质与对象的分离约束了音乐,使之成为自己对对象的限制:因
此,它抓住了本质。马勒一生都在(指挥——译者注)歌剧中度过,他的
交响乐运动常常与歌剧的运动并行而不悖,但他却没有写过歌剧,这也
许可以用从对象的转化形象到内在境界来解释。他的交响乐是"全能
的歌剧"(opera assoluta)。像歌剧一样,马勒的小说般的交响曲从激情
220 中升起,又往回奔流;就像他对歌剧与小说的认识一样,实现(Erfüllung)
的部分比绝对音乐(die absolute Musik)更优秀。

马勒与作为曲式的小说的关系,可以从他倾向于引入新的主题,或
者至少是以这样的方式来掩饰主题材料,使它们随着乐章的进行产生

全新的效果来证明。在第一和第四交响曲的第一乐章的开头,以及在
《第五交响曲》的第二乐章中,这种倾向也表现得很明显,在其中一个缓
慢的插入乐句后,一个较为次要的展开部分[11]被拿出来重新进行了
编排[12],就像一个以前未被注意过的人意外进入了现场,这在巴尔扎
克和沃尔特·斯科特①更早的浪漫主义小说中已经出现过;据说普鲁
斯特②曾经指出,在音乐中,新的主题有时会征服中心,就像小说中至
此还未被注意过的次要人物一样。新主题的曲式范畴自相矛盾地来自
所有交响曲中最具戏剧性的作品。但恰恰是《英雄交响曲》这个罕有的
情况,给马勒的曲式意图带来了起伏。在贝多芬那里,新的主题帮助有
一定原因而过于庞大的展开部,就好像这个展开部已经完全无法回忆
起早已过去的呈示部一样。尽管如此,新的主题其实一点也不突兀,而
是显得好像早有准备,早已被人熟知,分析者们一再试图从呈示部的材
料中去推导出这个主题,这绝非偶然。古典主义的交响乐理念,就像亚
里士多德包含了三一律的诗学一样,算得上是一种确定的、自成一体的
多样性。这个看似绝对新颖的主题,却违背了它的节约原则,即把所有
的事件还原为最小限度的规定;违背了完备性的公理,使整个音乐与自
笛卡尔的《方法论》(Discours de la méthode)以来的科学体系一样,完
全自成一体。不可预见的主题组成部分破坏了音乐是一个纯粹的推演
关联的假定,在这种关联中,所有发生的事情都有明显的必然性。在这
一点上,勋伯格和他的学派也比马勒更忠实于古典主义"必要性的"理
想,而这一理想在今天也表现出了它令人质疑的情况。在马勒这里,即
使是那些例如在《第五交响曲》中实际上是从之前的主题中动机式地发
展起来的形象,也变成了新鲜的形象,从机械性运转的行进中脱身而
出。戏剧性的交响曲模仿了思辨逻辑模式的冷酷无情,认为可以在无
情的纠缠中把握自己的理念,而小说式的交响曲则由此寻求到了出路:
它想要获得自由。由此,马勒的主题从整体上可以被看作小说中的人

①　沃尔特·斯科特(Walter Scott, 1771—1832),英国历史小说家和诗人。
②　马塞尔·普鲁斯特(Marcel Proust, 1871—1922)是 20 世纪法国意识流文学大师,著
　　有小说《追忆似水年华》。

物,是自身不断发展的,并且仍与自身一致的本质。在这一点上,他也不同于古典主义的音乐理想,在古典主义的音乐理想中,整体超越部分的首要性就是超越一切存在者的本质的无可置疑的首要性;整体实际上产生了主题本身,并且辩证地渗透到主题中去。然而反过来说,在马勒的作品中,主题形象对交响乐进程是漠不关心的,就好像小说人物对他们所处的时间漠不关心一样。他们被冲动所驱使,因此就变成了别人,他们缩小或是放大自己,甚至会像人一样变得衰老。这种对固定之物的深刻改变,就像对某些音乐个体的容忍,或对主题人物不可磨灭的个性的容忍一样,都是非古典主义的。只要传统的大型音乐还不曾被"表演个够"和"操作个够",它就满足于保守的建筑艺术上的同一性;在它之中同一性的东西再次回归,而除了调式之外,这是一致无二的。然而,马勒的交响曲却破坏了这一选择。在他的交响曲中,没有任何东西完全被动态消耗掉,但是也没有任何东西永远保持原来的样子。时间在角色中游走,改变他们,就像经历过的事情改变了人的面容一样。

戏剧性的古典主义的交响乐以精神化的方式缩短了时间,仿佛把封建意愿、消磨无聊、消灭时间,都内化为一种审美法则。然而,叙事性交响曲却尽情享受时间,给自己足够的时间,想把物理上可测量的东西具体化为具有活力的时长(Dauer)。时长本身对交响乐来说具有的含义是潜意识中的偶像(imago);也许是出于一种对抗,长的持续时间在晚期工业主义的生产模式和与之相适应的意识形式中开始被占领。用音乐上的"听觉陷阱"(trompe l'oreille)来超越时间,这种欺骗不该再继续下去了,它不应该在瞬间假装,那一刻不是它。而与此相对的,正是舒伯特的天长地久。不仅是旋律,他的器乐乐句有时也无法从中抽离出来,这完全是一种"自在"(An Sich),以至于发展的思维对此来说并不恰当。相反,用音乐来填充时间,通过那些有权停留的东西来抵抗消逝,这本身就成了一种音乐理想。而它也有自身的前史;巴赫时期的音乐要想获得时间上的延伸已经很困难了。——哭诉马勒音乐的篇幅之长,并不比那种兜售菲尔丁、巴尔扎克或陀思妥耶夫斯基作品的删节版态度更有价值。然而,在马勒那里,过度的时间延伸对那些受过听觉训练的人提出的要求,几乎不亚于对早期人们听交响诗的要求;这里需要最清醒的注意力,它要求毫无保留地准备好耐心。除了回忆和期待,马勒是不会向轻松聆听的舒适感妥协的。时长是有意构写出来的(aus-komponiert)。如果说贝多芬的同辈人可能会对贝多芬交响曲中被争取来的时间感到不寒而栗,就像火车第一次出现时,据说对人神经有害一样,那么那些在马勒五十多岁时还活着的人,却对他感到毛骨悚然,就像飞机上的常客面对一次海上航行一样。马勒的时长提醒他们,是他们自己失去了时长;也许他们害怕根本就活不下去了。他们用一种重要人物才有的优越感来抵制时长,因为重要的人物保证是没有时间的,也因此泄露了自己可耻的真相。按照奥托·克伦普勒①的说法,靠删除来让马勒和布鲁克纳的音乐变得令人安逸的方法是愚蠢可笑的,因为这样马勒和布鲁克纳的乐章不是被缩短了,而是被加长了。这些乐章中没有任何东西是可有可无的;哪里缺少了什么,整体就会变得混乱不堪。在舒伯特之后近百年,马勒音乐的长度已经不再神圣了。如同这音乐耐心地把自己倾注在时间中一样,同样它不耐烦地去服从音乐内容要填满的长度,关键问题是其曲式的动因。通过对细节及其关系的毫无顾忌的尽力发展,这音乐用奥地利那舒适的、已经退化成了消费方式的音乐文化,宣布了一种顺应主义。其时长不亚于舒伯特的瞬间,即"音乐瞬间"(moments musicaux)的分量——这个词可以追溯到舒伯特那里去。因为只有通过它们的强度,而不是当作一条拥挤不堪的道路,才能充实那拓展开来的时间。

　　小说般的本质与马勒艺术风格的连接点是歌曲。它们对马勒交响曲的作用,不能仿照瓦格纳的《韦森东克之歌》(Wesendonkgesänge)的例子,被归入到"习作"这个常见概念下去。通过它们自身的交响元素,这些歌曲区别于几乎其他所有同一时代的音乐诗歌,复古的歌词选择

---

① 奥托·克伦普勒(Otto Kleperer,1885—1973),德国指挥家和作曲家,被认为是 20 世纪的主要指挥家之一。

为此创造了条件,而歌词选择刻意跟心理上个性化的自我保持了一定距离。理查德·斯佩希特①为马勒的管弦乐歌曲的小谱版作了非常糟糕的介绍。他胆敢说出这样的看法:"在更早的几个世纪的集市上,士兵、牧羊人和村民可能都会这样去唱歌"[13],这样的想法并不是从"独特的配器"这样的胡言乱语中误导而来:"在这里做到了细腻精致,即达到了一种色彩的多样性,这只有在我们这个时代,在瓦格纳和柏辽兹之后的时代才能达到"[14],而这些艺术不仅排除了对那些反正也不再存在的集市和市场(的音乐——译者注)的复制,而且还贬低了民歌的概念。然而在这样的玷污中,斯佩希特却出人意料地指出,马勒没有进行主观抒情。保罗·贝克尔的见解则颇有见地:"在马勒那里,歌曲和纪念性本能相互努力着。歌曲脱离了主观情感表达的局限,进入了交响乐风格中辉煌的、动听的领域。又以最个性化的感情的亲密性丰富了其外在的压迫力。这似乎是矛盾的,然而在这样的对立面的结合中,却蕴含着一种解释,古斯塔夫·马勒具有奇特的、包含了内在和外在的世界,也包含了在他表达领域中最个性化和最疏离的本质。一种对他从外在来看往往如此矛盾的艺术的解释,随机地混入了看似异质的风格元素。这是一种对其作品判断和评价的反差的解释。"[15]只有在被称为交响曲的《大地之歌》中,主观抒情的理念才成为马勒的理念,而且并非毫无难度。在这一点上,他是从舒伯特到勋伯格和韦伯恩的德国歌曲史中的一个局外人;他更符合穆索尔斯基②的路线,在他那里偶尔会被察觉到这种客观性,或者亚纳切克③的路线;也许雨果·沃尔夫④也越过通常可以用来作曲的歌词的极限,去摸索着类似的东西。恰恰在

224

---

① 理查德·斯佩希特(Richard Specht,1870—1932),奥地利抒情诗人、戏剧家、音乐学家和作家。同时也是当时著名的音乐记者。他是马勒音乐方面的权威人物,晚年与阿尔玛·马勒(Alma Mahler,1879—1964)相识。

② 穆捷斯特·彼得洛维奇·穆索尔斯基(Modest Petrovich Mussorgsky,1839—1881),俄国近代音乐现实主义的奠基人。

③ 莱奥斯·亚纳切克(Leos Janácek,1854—1928)被认为是20世纪初捷克最伟大的作曲家。

④ 雨果·沃尔夫(Hugo Wolf,1860—1903),奥地利作曲家和音乐评论家。

这个时候,马勒作为一个前市民阶级,还没有完全个人化的人,可能从本质上与斯拉夫东方进行了接触。无论马勒把这些歌曲放进谁的嘴里,他都是一个与创作主体不同的人。他们不是在唱歌,而是在讲故事,叙事般的歌词就像儿歌一样,他们的行为至少模仿了马勒作为舞蹈和游戏旋律的早期行为,而这种行为是一种被中断的再现。它们的潮流就像是报告,是其评论的表达。这种风格化的客观性构成了马勒的歌曲和交响曲的同质化的媒介。它们在交响乐中的展开,就像它们原则上在自身已经能够做到的那样。交响乐的完整性,就是歌曲中所歌颂的世界的完整性。正如歌德在他的书评中所指出的那样,《魔号》歌词的非理性倾向于荒诞,这是由离散的诗歌蒙太奇造成的[16],而马勒的创作手法就表明了这一点:它承载了那种音乐的意义关联,这种意义关联既不是概念性的,也不是心理上的。民间元素与主观创作元素如此相互关联,使得荒诞的沉积物,它也是音乐在歌词中的庇护所,被音乐按照自身的规律组织起来,变得"合理化"了。但是,正如马勒的歌曲创作与诗歌的关系一样,他的交响曲从整体上也这样处理着它们的主题核心。将诗歌和交响曲统一起来的时机正是叙事曲(Ballade),马勒大概是在毕业后聊到过,他在一个纯器乐的乐章中,在一个令人窒息的紧张时刻,曾经引用了一首题为《叙事曲》的老器乐曲:在《第五交响曲》第二乐章中还出现了肖邦《g 小调叙事曲》。[17]客观地来看,作为诗句歌曲的马勒歌曲是叙事曲式的,而主观的歌词则牺牲了诗歌与音乐曲式的诗节结构。因此,要诠释马勒的管弦乐歌曲特别困难。它们实现了诗句的特征,却又随着进行的叙事而改变了诗句。它们讲述的是音乐内容本身;它们表达了这些内容。而音乐呈现自身,以自身为内容,又并未去讲述叙述之事,这并不是同语反复,也不是对叙述者习惯的隐喻,这无疑适用于马勒的大部分作品。在他这一类音乐中,表演和所表演的内容之间的关系是处于单一的时刻与进行过程之间的关系。被演绎的内容是具体的个体形象,从狭义的意义上看是音乐"内容"。但演绎是整体的涌流。由于个体形象漂浮于其上,可以说,演绎表现了个体形象,在这样背景下的细节反映出的,与一种通过叙事的被叙述之事从

225

本质上而言是同样的。形式与内容的分离对艺术作品来说是庸俗的，对艺术作品认同的抽象肯定也不堪一击；只有在这两个形象保持不同的地方，才能确定它们是一体的。作为被调解的形象，它们的差异性被保留了下来，而这恰恰是演绎音乐自身的叙事姿态所想达到的。在此，所有艺术的谜团都在马勒的作品中成形，而观众越是了解艺术，就越会执着地去拷问，这艺术是什么，以及它应该是什么。就像叙述者一样，马勒的音乐从来没有两次说过同样的话：这就是主观性的介入。通过主观性，它报告的那种不可预知的、偶然的东西，就作为形式变成了惊喜，总是完全不同的原则实际上只着重地塑造了时间。马勒的歌曲也绝对不能像被录在磁带上一样，没有时间上的结合与分离——除了以"在一个强中"(In einem fort)为表演提示的《雷维尔格》(Rewelge)是个例外（这是为了得到一个连死亡都无法中断它的进行曲），其他都证实了这一规则。马勒歌曲的这种人为的客观性，正是他的交响曲的原型，这可能可以说明，为什么前三首交响曲之后所有的歌曲都有管弦乐伴奏。马勒抵制将他那个时代已经哗啦啦响成一片的钢琴作为主观性歌曲的乐器，而管弦乐队却能完成双重的任务：用具体的色彩精确地记录作曲理念，并通过保持在很弱中(Pianissimo)的合唱般的音量来创造一种内在的宏大。纯粹的声音呈现了一种被看作音乐的主体的"我们"，而 19 世纪的钢琴歌曲已经在中产阶级的私人居室中安家落户了。作为叙事曲，马勒的歌曲是按照叙事的曲式法则来组织的，这是一种时间上的连续统一体，它由相互连续的、本质上相互关联的，并且中断的事件组成。音乐上分段式的，却不机械的分层化，并非时间上的重复，它被转移到了交响乐中。虽然它的客观性是建立在旧的强迫性重复的基础上的，但它同时又在新的不断生成中打破了这种强制。马勒让历史的时间从永恒的不变中逃脱出来。由此，他汲取了叙事诗中反神话的倾向，然后又汲取了小说具有的最初的反神话的倾向。[18]马勒有一些作品的第一乐章最毫无忌惮地接近这一点，这些乐章极少因静态而被舞蹈般的成规阻碍。它们完结在再现部上。要么再现部被缩短，使之几乎算不上具有发展的优越性，要么就彻底地去修改它。在《第三交响曲》的第一乐章中，奏鸣曲的样式其实不过是一层薄薄的外壳，它覆盖在内部无拘无束的曲式进行之上。马勒在其中冒的风险比以往任何时候都大，带着一种混乱的复杂性，它甚至超过了《第一交响曲》尾声。乐章长度的不成比例一点都不奇怪。恐慌性的充实，几乎抹杀了主导性的音乐主体，将自己抛向所有批评的矛头。就像一个经常去创新的作曲家一样，马勒似乎也被这一点吓到了；接下来的作品是风格化程度很高的《第四交响曲》，这是一部精炼的作品。在《第三交响曲》的第一乐章中引人注目的是，所有已被证实的表现范畴都被放弃了。类似于表现主义的勋伯格，这些部分并没有艺术性地相互转换。它们野蛮地反抗着，马勒通过打击乐的节奏将它们连接起来，这是一种抽象的时间悸动。这里的表达活动是平稳与和谐的，遭人鄙夷；就好像马勒只给面包块，不给肉汤。即使是在前奏中，他也大胆地在音乐的运动之外设置了一个空旷的听觉背景。[19]后来，他仅靠鼓来表现再现部的过渡，这超出学院派的规定，而显得很荒谬。[20]但由于这个巧妙的片段，反抗只有无奈地蹒跚而行，就像"中庸之道的"（juste milieu）美学一样。展开部被一扫而空，仿佛进攻的作曲主体在他的音乐中感到厌倦了，让音乐放任自流下去，使其能够不受干扰地来到自己身边。那些缺少了平常风格的主题，如在《第二交响曲》的第一乐章中，主题被大提琴的宣叙调和其类似于定旋律（cantus firmus）的对唱所代替。然而，在《第三交响曲》的第一乐章中，构成这个乐章的乐段根本不再算得上是建构的（tektonisch）了，却在听众的耳畔回响；特别明显的是，它在进行曲的再现中并不是简单地出现，而是仿佛一直在潜移默化地继续演奏着，渐渐地又变得清晰可闻。[21]第一主题，乍一看可能会与主旋律相混淆，按照贝克尔的说法，与其说它是一种被处理的材料，不如说是一种缩写符号（Sigel）。但其特有的阶梯式下行的二度音程，已经是后来最重要的进行曲动机之一了。[22]乐章的比例是古老的。用两段巨大乐段构成的即兴前奏，掩盖了与奏鸣曲的成规相对应的进行曲呈示部和再现部；这个前奏充其量是用同样过于巨大的展开部来进行平衡的。描写伟大潘神的文学理念已经征服了曲式感；曲式本身成为恐怖、可怕的东西，成了混沌的客观性。在这个乐章中,特别被滥用的自然概念的真理就是如此。一次又一次,节奏不规则的木管乐片段作为自然之音回荡在耳边;进行曲与即兴演奏的结合触及了偶然性的原则。马勒对平庸的审查少之又少,这里能听到"我的心和手都已经屈服",以及门德尔松的《仲夏夜之梦》序曲,学校歌本上的《陆军元帅》(Der Feldmarschall)这样的爱国歌曲也在其间吹响了口哨,仿佛它从来都不是指的老布吕歇尔(Blücher)一样。这个乐章像一个巨大的躯干一样,在各个维度上不断地延伸着、拉伸着。这个乐章对复调毫无兴趣。展开部的主要模式是一个 b 小调的起奏[23],它虽然有几个小节的独奏,看上去好像是要形成赋格了,但后来却以极不赋格的方式卡在了一个音符上,那些等待着规规矩矩对答的人都被骗了。更早的习惯用语的元素,如舒伯特的双节拍,被扩大成了反文明式的攻击。——《第六交响曲》的最后一个乐章从中继承了对多个分卷的音乐小说的质疑,并以坚定的结构作出反应;《第三交响曲》则对秩序观念嗤之以鼻,然而它如此直接和严密地被创作出来,以至于它从未在任何地方有所懈怠。无组织的组织性得益于单一的时间意识。其第一乐章到了一个真正的小快板呈示部时,并不像节奏所暗示的那样,只是一首长的进行曲,而这部分的进行就好像音乐主体在随着一个乐队行进着,一首接一首地演奏着各种进行曲。曲式的脉动来自一个在空间中移动的音乐源头的理念。[24]像最近出现的一些音乐,根据其内部结构,它们并不是固定的,而是一种不稳定的参照体系。这不是像德彪西的《焰火》(Feux d'Artifice)那样,演奏着 7 月 14 日的开场曲,造成了一种印象主义的、空间与时间交织的声音,而是用前后排列部分的进行曲通过精确的比例来阐述的历史。在某一时刻,它变得好像要中断了一样[25],然后一首进行曲的终曲就随即跟上[26],直到最后,但没有任何灾难性的东西表现出来,而好像冷不丁地打开一个新的观念,整个进行音乐就崩溃掉了。[27]毫无节制被扩张开来的展开部还是把呈示部那反建筑学的本质融合到了建筑中去。如同在马勒那里并不少见,并且偶尔已经出现在维也纳古典主义中那样,它的结构与之前直至展开部所发生的最为粗略的轮廓是相对

应的,当然是并不笨拙的平行之处。它们可以被作为第一次出现的、极 229
富变化的再现部来进行分析,在此之后是第二次出现的、狭义上的再
现。通过被暗示的重复,呈示部追溯性地变成了建筑学上的翼型结构,
而对展开部完全松散的处理,并未以有目的的合理性的方式驶向任何
目标,最终消散而去[28],却仍然忠实于反建筑学的意图。第一段展开
部的停顿首先与再现部相似,它是一段相当于引子的快板。[29]它以英
国管演奏出的淡淡的尾句引出了下一个部分。[30]那么,这就与原本进
行曲那模糊的前奏变得类似,它传达出来的是引子的逐渐消逝。[31]第
三部分使用了进行曲的成分,但放在较不明显的、抒情基调的效果中,
在降 G 音中明显地加入了一个插曲。[32]最后,第四个展开部就像贝多
芬那里有时会出现的最后的、具有决定性的展开部一样[33],带着一种
突然的决心加入其中,就像这之前被淹没了的掌控权一样,激烈地从乐
章的意图中撕裂开来。

注释

[1] V. Symphonie, S. 181, Takt 5ff.

[2] Paul Bekker, a.a.O., S. 16.

[3] a.a.O., S. 17f.

[4] cf. Bauer-Lechner, a.a.O., S. 138.

[5] Ernst Bloch, Geist der Utopie, Berlin 1923, S. 83.

[6] IX. Symphonie, S. 18.

[7] IV. Symphonie, S. 12, vor Ziffer 8.

[8] cf. Adler, a.a.O., S. 43.

[9] etwa V. Symphonie, S. 68, bei Ziffer 11.

[10] cf. VII. Symphonie, S. 119, und IX. Symphonie, S. 37.

[11] V. Symphonie, S. 52, von Ziffer 3ff., Stimme der ersten Trompete.

[12] a.a.O., S. 77, vom Eintritt von As-Dur an.

[13] Mahler, Wunderhornlieder, a.a.O.

[14] ibid.

[15] Bekker, a.a.O., S. 23f.

[16] Goethe, Sämtliche Werke, Stuttgart und Berlin, Jubiläumsausgabe, 36. Band, S. 247.

[17] V. Symphonie. S. 63, vier Takte vor Ziffer 9.

[18] cf. Max Horkheimer und Th. W. Adorno, Dialektik der Aufklärung, Amsterdam 1947, S. 97[GS 3, s. S. 97f.].

[19] III. Symphonie, S. 17, vom 3. Takt an bis Ziffer 13.

[20] a.a.O., S. 77, von Ziffer 54—55.

[21] a.a.O., S. 83ff., von Ziffer 62 an.

[22] zuerst auftretend a.a.O., S. 15, vier Takte nach Ziffer 11; cf. aber vor allem in der Form der vier letzten Takte von S. 23.

[23] a.a.O., S. 59, Ziffer 43.

[24] cf. dazu etwa a.a.O., S. 35, von Ziffer 26 an.

[25] a.a.O., S. 37, bei Ziffer 27.

[26] a.a.O., S. 40, bei Ziffer 28.

[27] a.a.O., S. 42, Takt 3.

[28] a.a.O., S. 77 und vorher.

[29] a.a.O., S. 44, bei Ziffer 29.

[30] a.a.O., S. 50f., von Ziffer 34 an.

[31] a.a.O., S. 51, etwa von l'istesso tempo an bis S. 55, Ziffer 39.

[32] a.a.O., S. 55, Ziffer 39 bis S. 58 einschließlich.

[33] a.a.O., von S. 59 an.

五、变体—形式

就像小说一样从成规中解放出来的个体,如何将自身塑造为形式, ²³⁰
并自行开创出一种自主的语境,这是马勒技巧的一个特殊问题。它展
开了马勒的悖论,这个悖论是一种非封闭性的、没有被笼罩起来的整体
性,是开放性与封闭性的合题。这在年轻的马勒说过的一句著名又天
真的话中已经可以被看出来了:写交响乐,就是"用现有技巧的一切手
段去建立一个世界"[1]。起初,技巧相对于作品来看,还是一种外在的
东西,技巧应用要为意图服务。让马勒十分懊恼的是,1910 年的音乐
会导演给《第八交响曲》附加上了标题《千人交响曲》,这就表达了这一
方面的意思:想要再次构建整个世界的音乐,想要提供出世界上为其一
切目的准备好的东西,但首先却并没有注意可用性和理念应该如何兼
备。然而,马勒的技巧理念很快就被自己的逻辑所驱使,并超越了其初
衷。作为一种管弦乐手段和当时其他所谓成就的纯粹集合,它仍然不
会比传统的曲式典范更多地处于作品之外。由于作曲的舒适性与马勒
别扭的意图并不相符,所以他并没有像天才的模范保守派施特劳斯那
样,信心十足地掌握着这种技巧。马勒必须通过后来对巴赫进行研究
等等方式,艰苦地去获取一些知识,就像德彪西这样浸淫在自己文化中
的作曲家一样。现有的手法不适合马勒那种还尚未有过的意图。他不
仅要学习它们,而且还要避免很多东西,比如瓦格纳丰富的声音,或者
施特劳斯客客气气地在他的过渡中,无拘无束地构成整体的急促波动。²³¹
他勾画出一种被改变的作曲技巧本身的观念,即整体性的观念,这是一

种创作上相互连贯的总和的理念。所有的音乐维度都作为局部形象参与其中；他没有让任何一个维度不受到挑战。出于对他人精湛技艺的抵制，它退化成了技巧；从《第一交响曲》和《第三交响曲》那不加修饰和带有挑衅性的笨拙中，精湛的技艺被锻炼出来，它最终以作品和演绎的同一性，超越了当时的技巧标准；阿尔班·贝尔格在思考马勒时，也指责过施特劳斯的技巧。马勒的每一部作品都在批判前一部作品，这使他完全成为了一位发展型作曲家，就算在他绝不算庞大的全集中，也可以找到不断的进步。他之前做得比较好的地方，总是会转变成一些其他的东西，因此，他的交响曲就出现了极为非布鲁克纳式的多姿多彩。指挥家喜欢润色和重新进行配器，而作曲家可能会因为得到指挥家给出的排练技术指导，因此对作品进行不断的自我修正。他围绕自己的老作品徘徊不已，由此获得进步。在《第七交响曲》的第一首夜曲中，《魔号之歌》作为一首不可再更改的作品已经流光四溢了。被与《第二交响曲》相提并论的《第八交响曲》，在《第七交响曲》更为大胆的和声之后，听起来有大段简单的全音阶。据说，施特劳斯在慕尼黑首演后曾抱怨过大量的降 E 大调。但它作为一个萌芽，竟然涵盖了后期很多东西，直至《大地之歌》中的《青春》(Von der Jugend)也能找到这首曲子的回声。就像新音乐的基本代表人物一样，马勒艰难的发展路线随着从一部到另一部的单个作品的进步，书写下了音乐史。此后，勋伯格也这样精力充沛地前进着，施特劳斯在《埃莱克特拉》之后则是以自杀式的谨慎态度让前进刹住了车，而在雷格(Max Reger)①那里，一旦他确定了泛半音式的经验方式，就几乎再没有发生过什么了。只有在马勒那里，晚期风格才达到了最高的等级，这在雷杰那里是没有发生的。用阿尔班·贝尔格的话来说，这决定了一个作曲家的尊严。贝克尔已经注意到，五十多岁时的马勒最后的一些作品，是具有最重要意义的晚期作品：它们把一些无厘头的内在的东西外显出来。然而，马勒的批判意志

---

① 马克斯·雷格(Max Reger, 1873—1916)，德国作曲家，以他的管风琴作品而闻名，这些作品具有巴洛克音乐的形式与风格；他也是最后一批为 19 世纪音乐传统注入生命力的作曲家之一。

对他的发展有多大的促进作用,这在他的中期就已经可以看出来了。在《第七交响曲》中,他既没有忘记《第六交响曲》中的成就,也没有再写一个翻版出来:想象力用一道光源集中在其轮廓上,而在这之下想象力是无法被辨认出来的。乐队长(指马勒——译者注)富有创造力的神经质可能是来自《第六交响曲》中的个别固化的东西的烦扰,尤其是在谐谑曲中;他对最初出版的版本从来没有完全满意过,并对很多地方进行了重新配器;他对乐章的最后安排值得人去注意,即对转调的安排,他在终曲之前安排了一个降 E 大调的行板;降 E 大调是 c 小调的平行调式,而终曲就是从 c 小调开始,只是经过长时间的准备才决定用 a 小调作为最后的主调。马勒在理查德·施特劳斯的热情中找到了对抗僵化的解毒剂,它清楚地在那首《第七交响曲》的第一乐章中发出声响,出现在紧接前奏的再现之前,然后,尤其是在主乐章之前又一次出现了[2]。——马勒发展中第一个引人瞩目的阶段是《第四交响曲》,可能正是因为这个原因,"现成的手法"才会极大地被消减。此后,尽管公认《第四交响曲》到《第五交响曲》是有些"地下通道",但仍然获得了质的飞跃。有一种无奈的解释认为,与表面上更形而上的早期作品相比,这些中期的作品是脚踏实地的,这是错误的。然而,它们的结构无比丰富,也更为紧凑:事实上,它们更了解这个世界。以前勾画的内容现在应该被执行了,魔号交响曲的元素也在此得到了反映,如《第三交响曲》第一乐章中的小号开场曲出现在《第六交响曲》的前奏到尾声中[3]。一个放弃了自己,并且置身于外的马勒,他把过早就制定的东西驯服成了可靠性,这就是为什么中间的几首交响曲,基本上是创造性的重复,它们不受干预地自成一体,容忍了千篇一律的东西,这在自主迸发而出的青年作品中是没有遇到过的。只有到了后期,他才会追溯到第二种直接性。通过自我反思,他的音乐具有的智慧和之前的贝多芬和勃拉姆斯一样,把自己客观化了,不是作为作曲家的主观特性,而是作为事物本身的一种特性,它与生俱来,并由此成为他者。马勒技巧的成就是由自身产生的成就:关注可塑性的作品,并由此去关注当下化。这使得这位被音乐史利落地贴上浪漫主义标签的作曲家,走出了浪漫主义的

233

禁区。与瓦格纳相似,他的作品梦想着成为一种看似不带假象的、清醒的、未被美化的创作,从而锻炼了自己对时代音乐意识形态的某种否定。马勒强烈地反对音乐的愚蠢,这种愚蠢不仅出现在 19 世纪,也弥漫在 18 和 17 世纪;马勒对幼稚的重复感到厌恶。但他也已经意识到,以重复为原始代表的结构要素,也是不可能被排除的。他的智慧就是要与这种矛盾作交易。所有使青年的交响曲,特别是《第二交响曲》如此迷人的东西,与此相比都变得无关紧要了。

马勒的这种进步的技法与其他作曲家相比,在于"变体"(Variante),它与其他"变奏"(Variation)相对应,有其类别上的差别(differentia specifica)。马勒也在《第四交响曲》的柔板(Adagio)中写过一首变奏;在其他的地方,如《第九交响曲》的终曲,至少也与变奏相类似。但变奏原则并不是以勋伯格的方式来定义的音乐构建,而是音乐的"画意"(peinture)。马勒的变体是叙事小说要素的技巧公式,其中的形象总是相当不同,但同时又是相似的。马勒的任何一首歌曲都可以与贝多芬的任何一连串变奏曲相媲美,如《哨兵夜歌》。在贝多芬的作品中,个别结构要素,比如和声的通奏低音进行,被保留下来;其他的结构要素,如运动的个体,或动机的主要组成部分的位置,则从一个变奏到另一个变奏合乎逻辑地有所改变。在马勒的作品中,在女孩乐段的第一段插曲之后,开篇主题毫无争议地重复着,但有个别醒目的修改,如第一小节的降 B 大调的第五级被 g 小调平行调的五度所取代,然后降 B 大调的第六级被一个含糊不清的增三和弦所取代,再进一步,降 B 大调的第一级的间奏小节被 G 大调的第一级所取代,而忠实地对应延续到三小节之后的下一个有差别之处。整体结构在每个地方都被明确无误地保留下来,但在每个地方都加入了一点小花招,大调和弦和小调和弦的和声比例与第一次出现时的关系相比,被颠倒过来了。并且由此,后续式地收回了主题的最初表述,仿佛任由其即兴发挥一样。从始至终,马勒主题的普遍轮廓都保持不变。这些主题是形象,正如心理学理论中运用了整体优于部分的术语。然而,在这种既剧烈又模糊的同一性中,具体的音乐内容,尤其是音程的顺序并不是固定的。如果说在贝多芬的主

234

题性工作中,恰恰是主题中最小的动机单元担负着延续交织成为从质上看不同的主题部分的责任;如果说在贝多芬的作品中,主题性的大结构是一种技巧性的结果,那么在马勒的作品中,音乐性的"微生物"在主要形象不可错认的大轮廓中,却不间断地变化着,最肆无忌惮的要数《第三交响曲》的第一乐章了。马勒主题的特性使它们更适合于主题性创作而非动机性创作。它们的最小元素模糊到了无关紧要的地步,因为整体本身所代表的固定大小太少了,它们无法被分割成差量。相反,更广泛的群体是以模糊的方式来记忆的,而这往往就足够去体验音乐记忆自身。这样,就有可能对它们来回地进行细致变化、来回地去阐明,最后重新进行定性。这样一来,变体就确实涉及了大主题,并且最后获得了构造性的功能,而不需要对主题进行动机上的剖析。这种慷慨的材料处理方式,又违背了贝多芬—勃拉姆斯式的节约原则,在技巧上使马勒叙事交响曲的大规模化变得合情合理。在他这里,这是在部分和场域中进行思考的。马勒没有那种不惜一切代价渴望进行压缩的 ₂₃₅ 音乐反应形式,而这种反应形式又在马勒之后时不时独占鳌头。他交响乐式的呼吸并不归功于不断展开的压抑的贝多芬式的力量,而是归功于那能够展望远方的听觉的宏大,对它来说,最遥远的比喻和后果在当下几乎就已经无处不在了,就像那自身极为强大的叙事性一样。

　　马勒的主题构思是具有移动性动机内容的"形象"(Gestalt),这为勋伯格的十二音技巧的实践作了铺垫,十二音技巧喜欢用交替的序列形式的音来填充稳定的节奏型。因为马勒的主题作为相对稳定的主题,并没有在不断的发展中发生变化,所以他也没有将其暴露出来。主题的概念作为一个确切的法则并且进行自我调整,对他来说并不适合。而其更多地则在于口头传统中的叙事这样的核心;每一次新的复述都会变得有些不同。变体的原则(Das Prinzip der Variante)起源于变奏分段歌曲,因为这样的分段永远不能干预性地被变奏。它们以叙事曲式的、反心理的,像副歌一样的公式化的方式反复出现,却又不像荷马的手法那样死板。发生的事情和将要发生的事情都会刺激到它们。它们也并非孤立的,而是经常互相推动。多半在分段之处关键的"铰链"

235

和衍生处发生偏离。彼此之间的偏离关系，它们的远近程度，它们的比例和句法关系，构成了马勒叙事式创作的具体逻辑，这种逻辑是不能被提纯为普遍规则的。然而，如果说变体的技巧激发了曲式进程，那么变体同时也是其曲式本身的原型（Prototyp），是一种作为音乐语言一样保留下来的东西，然而又偏离了音乐语言的生成。虽然有固定相同的核心，却很难被确定下来：仿佛它是从有量记谱法中汲取出来的。没有一个主题是积极的、明确存在的，没有一个主题是完全完成、自始至终的；它们在时间的连续体中出现并且消失，这种连续体本身也是由它们的非连续性以及偏离带来的紧缩构成的。在这方面，变体是实现的反作用力。它们征用了其同一性的主题；实现是尚非主题的内容的积极的表现。——在一些乐章中，主题使用了其余的特点，它们独特地从实际的音乐进程中脱身而出，仿佛这并不是它们自己的过往一样。保罗·贝克尔已经承认，《第六交响曲》的行板主题是一个相当封闭的旋律，它似乎力求在乐曲中被人遗忘。如果在马勒的主题核心中遇到一些物性的和被推导出来的东西，那么一方面这会嘲笑其不是自发的，另一方面会嘲笑曲式理论的物化。它们不是主体的自由设定，并认为要在其非本真性中去对抗主体的统治要求，同时也抽回将它们刻画成为定式的创作之手。它们在曲式之中没有建立起"围墙"来，它们之间的关系创造了一种整体的视角，否则贝多芬之后浪漫主义的类似于歌曲一样被完善的主题就会取代这种整体。那些被保存下来但并不稳固的主题，仿佛是从共同的图像世界中涌现而出，它们让人想到了斯特拉文斯基。但马勒的变体也并非不规则的、歪歪扭扭地垒在一起的、彼此之间并无关联的"立方体"。它们并没有让时间停滞，而是由时间中产生出来，并且带来了这样的结果：一个人不能两次踏进同一条河流。马勒的时长是动态的。他的延续性是完全不同的，并没有将面具绑在模仿的相似性上，而是与时间紧密地依偎在一起，在传统的主观动态中仍能察觉到一种物性的东西，这存在于曾经被设定好的，以及由此而成的内容的对比中。其原则不是暴力，而是对暴力的否定。进步满足了形象的质的内涵。马勒变体的技巧深入到音乐的习惯用语中去，使这些形象鲜活起来。变体是他方言的舞台；规范用语由此闪亮登场，那些词句听起来类似，却不尽相同。变体的技巧公式总是偏离那些正确的东西、偏离历史的书写、偏离高高在上的官方的东西。作为被信赖的他者，可能是变体首先引诱了马勒。这在《第二交响曲》诙谐曲的降 E 调单簧管的华丽段落中[4]虽然被描述为"带着幽默"（mit Humor）的，但还是能听出来，这段进行的声音必须是不失真的。后来，马勒的变体不再是一部普通的漫画那样容易被读懂了，而是在创作上被确定下来的。为此，音乐语言提供了马勒已经继承了的应用之处；在舒伯特与莫扎特相对应之处，奥地利作曲传统的音色已经满载着偏离了。 237

　　变体技巧可能根植于一种经验，有可能每个音乐家早期都有过这种经验，而这种经验被出于尊重过度重视了，马勒出于这种尊重而去保护这种尊重：变奏在它们的主题之后往往会让人失望，变奏坚持去抢夺主题的本质，而没有真正发展成一种别样的东西。因此，主题在较早的花样变奏中始终会被破坏掉，即使在贝多芬式的变奏中也是如此，例如在《克洛采奏鸣曲》（Kreutzersonate）第二乐章中的一些地方。而马勒的变体是一种富有创造性的批判。根据其规律，偏离决不能削弱模式的强度和意义。在马勒的作品中，动机有时会扮演扑克牌中的小丑，其被转变为的装饰性形象与马勒音乐中的形象相似；它有时看起来像是"王牌"。人们会很容易忽略这种小丑动机的变体，就好像它们是巧合一样，它们的交替中的巧合因素就内在于它们的意义自身之内，就像偶然之于赌博游戏一样。但滞留的目光揭露了它其中的创作逻辑。从《第一交响曲》结尾，以及《第四交响曲》开篇乐章中主题的后半段的开始[5]，它们合起来构成了铃声的意境。下属音为它伴奏。它的最后一个部分立即被删除[6]，紧接着又出现了第一个变体[7]。它仍然在可靠的小节上触及了下属音，但在第二小节已经通过对 a 小调的偏离离开了下属音，而 a 小调是主调刻意为之的第二级。对应第一次出现的内容的要素形式，和声被加强了。由此，旋律作了让步。在节奏相同的情况下，前半部分中二度音程有特色的上行运动被逆转过来，并且在 238十六分音符中避免出现升 f 音的高潮：随着音符的重复，它仍然停留在 e 音上。但这段旋律的减弱是有理由的,沿着这样的路线,前面的开始动机改变了主题本身的动机,它不再上升,而是从它的高潮处,即第一个音符降 b 音往下落,这种下落包含了小丑动机的音程关系。因此,在第一个变体中,一个加强的和一个削弱的趋势相互发生作用。在第二个变奏中,两小节之后,以明显的递进强度保持了其平衡。不在调上的低音降 b 构成一个强势的副三和弦,这就加剧了和声的偏离。然而,旋律再次上升到 f 音上,即使没有达到开始的升 f 音,但之前的形象还在耳边徘徊着。这个版本为了避免突然的暴力,在下一次动机出现时,就会进行重复[8],只是通过一种和声上的改变进行了极小的改动。两小节后[9],它得到了证实:进一步加强了和声,通过对主调式和一个十六分音符的旋律型更被强调的偏离,这个旋律型经过一个减七和弦,触及 a 音,比原来的音型高出了一个三度。那么,在主题的呈示部接近尾声的时候,动机在横向和纵向上出现最新鲜的作用,以便在之后融入伴奏中去,直到进入过渡乐章。动机在展开部中再次遇到的冒险,如果按照它们惯用的定义,也就不足为奇了。只有特定的马勒的变体技巧在再现部中继续进行着。展开部中的主题展开想象的延伸,在其再现部的音型中战栗着。当小丑动机在再现部中公开地回归时[10],第二个变体与低音中的降 b 的协和就派上了用场,这在一定程度上超过了旧的音型,但旋律上升了七度到达 d 音,比前一个动机的高潮高了四度,

239 并在两小节后的和声上只是稍有偏离地加强,达到了高音 f 上。在呈示部中从升 f 音降低到之前低八度上的 e 音和 f 音上,这个削弱在此得以弥补。最后在乐章的尾声中,动机经过精心的准备,在旋律上和新和声[11]中,被引向了它绝对的高潮,达到一个 a 音,正好比动机在主题呈示部末尾暂时获得胜利的 a 音高出了一个八度。这就是马勒的非理性的和理性之处。——随着他的经验积累,变体技巧就越来越精准了。在晚期的作品中,这种技巧往往集中在一个主题甚至一个动机之中的关键音符上。恰恰是在一个旋律的局部整体中引人注意之处,会被加以改变。例如《第九交响曲》第一乐章的小调主题中,包含了一个非导音性的升 g 音[12],它本身就决定了整个部分的不协和的特征;然而,

这个升 g 音或与其相当的音,就多次被 a 音所代替,即 d 小调主音的纯五度音。在拉茨的分析中,他已经详细地表明了这两个关键音的相互交替所形成的功能[13]。同样,分布在整个乐章中的半音的关联动机[14]后来也进行了一次变体,其中关键的全音阶延伸到最后一个动机元素上,从 e 音到升 f 音,再到 e-g 组成的小三度上。这样一来,随着整个再现部的基调所希望的那样,这个动机就会走向切分开的方式,最后才与结束部分的核心融合到了一起[15]。

从传统上看,音乐中由部分构成的整体是先定范畴,甚至是调性与个体创作冲动之间的张力结果。它们相互调解;细节由不同的调性关系共同产生;调性由个体冲动来确认或还原。然而,狭义的音乐理论中的曲式,即内在时间性的宏大建筑,早已不在这种相互影响的范围之内了。要么,按照先定范畴对作品具有特性的生命进行或好或坏的修改;要么,个体冲动被绝对化,并且只把曲式当作工具。最终,马勒修复了相互作用。他把它转移到大规模的曲式组织上。而这并不是在忽视传统建筑。偶尔,如《第六交响曲》的第一乐章,在其呈示部后,原本是有重复记号的,这恰好是他在对非常广阔的音乐致敬;但它自身在这里带有一些非成规化的东西:一首赞美诗可能可以作为过渡部分。即使是那种严格地按照奏鸣曲模式为依据进行的创作,也有自己独立的运动规律。因此,在《第六交响曲》的终曲中,在不仅仅非常庞大,而且还被交响乐特点完全掌握的前奏之后,以及叠置起来的展开部之后,纠缠不休的对称的再现被禁止。就曲式感期待的对称性而言,前奏回旋曲式的再现就体现了这一点。在整体进行中,在严格的转调作用带来的连续变体下,它是相对静止的元素。另一方面,根据这些过大的部分所承担的调性习惯,它们需要一种平衡,即构造的内环境的动态平衡(Homöostase)。为此,马勒对再现的方式进行了让步。不过,这在一定程度上颠倒了主体部分的顺序,而照顾到了前面已经出现过的内容。这个乐章跨越了巨大的时段,成功地实现了化圆为方(Quadratur des Zirkels):它是动态和构造的合二为一,没有一个原则会去节制另一个原则。再现部从其第二个主题部分开始,但并没有停止过,而是与前奏

240

融为一体[16]。这样做是恰当的，因为第二个主题部分的主要动机在一开始就已经暴露出来了，就像在放大镜下一样。同时，根据1900年前后常用的一个词，这些动机都"尽兴了"（ausgelebt）。它们的前期存在已经成为真正的交响乐存在。第二个主题部分，因为它就像在扩大的前奏的范围中一样，被排除在明确的、相对忠实的再现部之外；这既不会被反刍，也不会被忽视。再现部可以满足第一个主题部分的要求，并很快被完成，且毫无停顿。与《第四交响曲》第一乐章的展开部再一次相似，它并没有与前面出现的内容分开，音乐的河流不经意间流入其中[17]。一旦整体有了动力，停顿就会变得比一开始短：交响乐的特点否认了交响乐的形式主义。马勒宁可不顾"地形上的"（topographisch）一目了然，以及不顾模糊掉原本鲜明的轮廓，也要去对抗内在曲式感的缩紧。他狡猾地从感知的表面引出他所需要的再现部。在《第六交响曲》的终结中，表现出了如《雷维尔格》中那样的阴暗鬼魅的特征。再现部成了一位复仇者，形象特征使其余的对称合法化。不仅仅是在这里，马勒将音乐中最为强调的、实实在在的当下，与这样鬼魅般的东西作了交换。有些乐章的发展是为了获得或失去其自身的现实性，音乐只应该作为其施行的结果完全在场。小说的主体想要在音乐中寻找世界，却依然与世界格格不入。它期待通过向自行退却的现实性过渡而获得拯救；通过它的内在运动自身，它希望重新找到现实性。——终曲的第二段呈示部中未曾提及的内容，就在这时得到了短暂的弥补，尾声也是极为简明扼要的。再现部是奏鸣曲曲式的核心。它颠覆了自贝多芬以来具有决定性意义的东西，即展开部的动态，堪比一部电影对观众的影响，这些观众在电影结束后仍然坐着，又再次看到了电影开头。贝多芬通过一项"绝技"（tour de force）掌握了这一点，并且使其成为他的规则：在再现开始部分的丰富的要素中，他把动态的结果和生成的结果，作为对过去曾经发生的内容的确认和证明。这是他与伟大的唯心主义体系的过失和辩证法家黑格尔之间的共谋，在黑格尔那里，在否定的总体概念中，因而也是生成本身的总体概念的结尾，导致了存在者的神义论。在再现部中，音乐作为中产阶级自由的仪式，同时也是社会的仪式

（音乐置身于社会之中，社会也置身于音乐之中），沉迷于神话式的非自由而不能自拔。它操纵着循环的自然关联，就好像由于其单纯的回归带来的回归，比形而上的意义本身、比"理念"更多。然而相反，没有再现的音乐却保留了一些东西，这些东西不仅仅是像享受美味时产生的不满意、不相称和不连贯：仿佛它缺少了什么，仿佛它没有结尾。其实，所有新音乐都会被如何结尾的问题所困扰，而不仅仅是在乐段的构成终止后不再承担下去时停下来，这些结尾处本身就有一些再现的内容在里面，如果愿意的话，也可以说，这只是把终止式放大了而已。但马勒另类的解决方法与他那一代最伟大的小说的解决方法是一致的。在他以适当的形式重复过去发生内容的地方，他并不去歌颂它，或是歌颂过往本身。通过变体，他的音乐回想起早已忘怀的和快要忘怀的过去，对其绝对的徒劳无功提出反对，却又将其定义为短暂的、不可挽回的过去。音乐在这种要去拯救的忠诚中建立了变体理念。

　　马勒对成规（Schemata）的批判改变了奏鸣曲。这不仅出现在《第六交响曲》中，而且是经常出现的：在《第一交响曲》《第三交响曲》《第四交响曲》和《第七交响曲》中，真正的快板呈示部也都引人注目的短小。它们的榜样是《英雄》交响曲，展开部扩展开来对此进行了补充。在马勒那里，这样的简洁与建筑学的本质是相对立的。他越是不追求静态的对应，就越是不需要细致地去处理原本相互对应的部分；但是那些必须建筑式地代表同一性的东西，却因简洁而变得不再显眼。在永久变化的原则下，展开部征服了优势（Präponderanz）；但它不再发挥与静态的基本关系进行动态对比的功能。因此，奏鸣曲的变化是最核心的。从呈示部中，在沉重的自身体量的结构下，呈示部谦虚地从想法上成为"剧中人物"（dramatis personae），其音乐故事就这样被讲述出来了。马勒在《第九交响曲》中牺牲了奏鸣曲，这可能得益于《大地之歌》的经验，他只是在表面之下揭示了他整部作品的走向。他的广泛的时间意识要求有间隔地产生出各个部分。这些部分的张力，超越了老式交响曲的起与伏，是由各部分的比例产生的，而不是靠尖锐化。马勒的所有作品与奏鸣曲是相互矛盾的。在《第一交响曲》中，短小的快板呈示部是单主题式的,缺失正统的歌唱主题。一般来说,马勒倾向于简明扼要地去表述第二主题部分。经过浪漫主义的实践,他的"歌唱主题"从歌曲中抽取出完整的旋律,它从一定程度上算是一个完整的作品;它们生成的曲式功能就是它们的相对静态。但一开始就出现的东西,通常可以直接、简洁地表达出来。如果对副部主题的上声部旋律进行延伸和回溯,它们就会取代交响乐的整体性。——在《第三交响曲》中,奏鸣曲被剥夺了权利,按照其标准,奏鸣曲的前奏、呈示主乐章和展开部都是不相称的。《第四交响曲》的第一乐章当然是一首奏鸣曲,但古板得很,就像贝多芬的《第八交响曲》的第一乐章一样;第二主题如果作为真正的奏鸣曲就会是一首太过独立的器乐曲;还有,结尾处虽然简短,但与其说是奏鸣曲,不如说是第三主题,与前面的主题相去甚远。只有到后来,对比性的思维才成为发展部中的多分支的统一体,马勒的《第一交响曲》把呈示部的组成成分解释性地进行了发展:有了它,这个乐章才真正开始成为故事。在正统的再现部之后,完结部对开头所遗漏的内容进行了补充。然而尽管如此,这个乐章也拒绝成为奏鸣曲,不仅因为所有的东西都是"编排出来的",还因为音乐在述说:它曾经是一首奏鸣曲,而且在技术上也是如此。不同的呈示部的差异如此之大,从能量上也是分隔的,以至于从一开始就不能将它们概括成一个判决。——《第五交响曲》满足于奏鸣曲的理念,因为它在某种程度上分裂成两个第一乐章;前一个第一乐章是呈示部后的幽灵,后一个第一乐章是展开部。呈示部乐章是一首按照方阵编排起来的葬礼进行曲,它没有实际的自由展开部的空间;第二个呈示部乐章是作为带有自己展开部的奏鸣曲回旋曲式构建起来的;第一乐章的大量插入部分动摇了奏鸣曲的感觉。如果《第五交响曲》倾向于奏鸣曲精神,那对于范式就更为敏感了。只有《第六交响曲》的第一乐章能与之对峙。当然,第二主题部分在这个乐章中也被压缩得很厉害,还有由此而来的备受诟病的主旋律也只是在再现部中有所暗示。这个乐章的安排可能是受到了悲剧理念的启发,马勒的世界之痛(Weltschmerz)从流行的审美中接受了这种理念,而没有先用自己的形式意图对此进行衡量。他的自我批判可能暂时对

244

前三部交响曲的高度原创性的、非传统的创作手法显出了不负责任的松懈。他用传统的奏鸣曲形式来约束自己。通过努力去满足它,进行了突破性的主题式的工作,即一种细致的"螺纹"(Gefädel)。成熟作品的手艺(Metier)有助于将其精神化。之后,马勒也抓住了这些成就,当他有足够的自由后,就从《第四交响曲》开始自愿承担起了使其复杂化的条件,并且再次放开了这些成就。此外,他对《第六交响曲》最后一个乐章的奏鸣曲的"骨架"不可或缺地进行了各种维度的交错:其中扩张力的增加需要一种秩序的能力来作为补充。当意识到技术能够全面掌握后,马勒就勇敢地使用贝多芬式的方式。无论如何,叙事音乐创作从来都不与戏剧音乐创作是单纯对立的,而是像小说一样,接近于戏剧性,接近于张力与爆发。马勒在一首奏鸣曲中向戏剧致敬,他将这首奏鸣曲范式地构建为主部、连接部、副部和尾声。悲剧性拒绝了唯名论的形式。整体性为了自己的荣耀毫无争议地进行统治,个体则允许被毁灭掉,而除了毁灭之外,个体也别无选择了。马勒对奏鸣曲的解放是由奏鸣曲本身促成的。中期的交响曲吸收了这个理念,以便在最后让每个小节都同样地接近中心点。

涉及大型的曲式,在《第六交响曲》的尾声和《第三交响曲》的第一乐章中以宣告的方式出现了马勒最长的器乐曲。这里的曲式理念与旧式的曲式观念有所不同,因为最为紧凑的叙事性的扩展本身就变得很强大了:在这方面,这个乐章是马勒整个作品的中心。《第五交响曲》的复调被延迟了,就好像时间维度与对位的注意力在一致性上不相容一样。通过最丰富的主题动机工作,取而代之的是至少同样紧密的连续关联化。对它们来说,幕后的材料是有倾向性的。尽管两个主体部分都具有马勒式的简明扼要,但在它们之间却有无数的横向联系,特别是通过二度音程和点状节奏构成的联系;当第一主题的再现部开始时,它们却是对位式的。与它强调的基本特征相一致,该乐章是奏鸣曲的终曲,而不是回旋曲式。长长的引子带着四个相互交替的音级插入,不仅起到衔接全曲的作用,后来又融入快板中。它立即表达了快板的主要动机,而其中一些特定的主题,比如阴郁的、未得到应答的赞歌[18],则自行展开。主部在开始后，并没有立即跟上引子，而是通过一个短小的有节制的快板（Allegro moderato）从起始调式的 c 小调转入到主调 a 小调；后来，马勒在最重要的展开部模式之一[19]中，回忆了这个第一主题的中间版本。实际的呈示部[20]的第一部分是一个精力充沛的进行曲。它以一个传统的八分音符运动为伴奏，用与前奏赞歌相关联的铜管乐的"插入"[21]推进，并流入解决区域。第二个主题部分以 D 大调[22]上的清晰的震动开始；它也被刻意缩短了，但在它的快速上升中，构成马勒有史以来与小说可能最为接近的结构，就像一艘濒危的船在不规则的波浪上舞蹈。在后句中，其简洁的模进并未感到羞愧，这种不对称的主题，被连续运动净化了的主题，其表达是深不可测的。它在肆无忌惮的幸福和兴高采烈的狂喜之间摇摆不定。而它的结构则帮助它做到这一点。这一部分以一种散文式的方式，将异质的成分，尤其是那些在节奏上相距甚远的时值串联起来，这些时值通过其和声的张力，已经完全成长为彼此了。在这里，就像马勒作品中的其他地方一样，可以说是一个"乐句村落"（Satzdörfern），这与过于笔直的街道形成对比，而这在传统上被理解为一种特有的交响乐的要求。同时，主题部分的曲式让它既可以被当作一个单位，就像挑选出来的单一部分一样，还可以将其继续组合下去，最重要的是可以利用其动机之间的所有的地下关系。根据剧烈的主部和副部的二元论，没有必要再出现更为详细的尾声，或是第三主题了。展开部在前奏部分[23]被缩短和暗示性地穿插之后，同样以转调带来的冲击开始进行，这次比第二主题部分的开始更为突兀：像雅各布森①这样伟大的小说家，可能会把主人公生命中的整个时期省略掉，而以突然的决心暴露出他们生活的关键阶段；雅各布森明确选择的"糟糕的创作"[24]原则，在马勒伟大的曲式实验中变成了一个好的原则。在此，巨型的展开部是真正的交响乐本身，它是以这样的方式来构建的：既不会与之前的内容不相配，也不会在自身中产生

---

① 延斯·彼得·雅各布森（Jens Peter Jacobsen, 1847—1885），丹麦小说家、诗人，现实主义的代表作家之一，在欧洲文学史上具有重要地位。

纠结。为此,光是展开部具有的想象力自由是不够的,这种自由展开部的成规归结于对其的调整。这种自由只在这样的情况下才能得到尊重:各个主要部分都非常精确地展开了它们的模式,它们在结束时逐渐完全停摆,仿佛它们自己的进行放松了管制;这种解决范围的平行性也统一了形象特征的多样性,就像它使被驯服的东西软化下来一样;展开部的大型节奏本身就变成了一种必然和自由的节奏。可以说,每一次紧张都会有收获。自由之巷也并不是自然保护区。恰恰是在乐句彻彻底底地进入到运动中,它才服从了严格的构建。像《第三交响曲》的第一乐章展开部,它被清晰地分为四个部分。第一部分[25]是呈示部第二主题部分的一个自由的变体。它弥补了自身的简洁,并且在展开部和呈示部之间架起一座桥梁,仿佛是它们的逆行的再现部。这种逆行的倾向一直延续到更晚才出现在真正的再现部那里。——第一个展开部基本上是由第二个主题的充满激情的尾声承担起来的[26]。第二部分的开始通过第一声"锤击"[27]被人辨别出来。从倒退进行的大型结构的意义上来说,第一主题还是被省略了——贝尔格后来很喜欢它。相反,第二部分更多的是类似插入性的延伸,并阐述其与前奏以及第二主题部分的关系。在结尾处,它加强了对呈示部中主进行曲的追忆[28],这是对其开场曲般的管乐重复和一连串的颤音的追忆,直至变得野蛮凶猛,像木梆子一样哒哒响起[29]。这里的总休止[30]的主题式样板在呈示部中的一个八分休止符上[31]。在展开部的第三个段落之前[32],这种停顿在原本过于密集的结构中制造了一席余地,把张力引到一个"冒号"上,就像进行曲序曲一样,因此这种停顿只是加强了人们的期待,然后这种期待在大进行曲中,即第三部分核心的展开部段落中被实现。在此,忠于奏鸣曲精神,主题的动机核心被进行加工,但它是被作为一种新生的、没有被牢牢凝固住的东西来看待的。创作的形象特征的动态传达给了创作的处理方式;规则仍旧被不合乎规律地遵循着。现在才能毫无阻力进行发展的队列,不允许展开部有一秒钟的松懈,即使是在中段的关键部分那里。它那宽阔地泛滥而去的结尾,从建筑构造上看与第一展开部的结尾是相等的。——第四部分,也就是最

247

245

后一部分的开头,有一次出现一声"锤击"[33]。它是对第一呈示部延续主题的一种赞歌式的改编,明显地对应于第二呈示部。大进行曲被镶在管乐主题的水泥柱子之间。得益于它与前奏的亲密关系,它与其仔细的再现严丝合缝地连接起来。第二和第四展开部分之间的对应关系也不是机械性的:后者进行了变型,而前者被升华。在展开部中,布鲁克纳透视法的眺望具有的潜力,只有在这里才能体现出来。第二节和第四节的对应关系从结构上看,构建性地监视着处于两个固定部分之间的大进行曲,其很强的扩张力并不会将整体淹没掉,而是在展开部的整体性中保留了局部整体的相对分量。——当然,这种扩张的力量已经在展开部中被耗尽了。经过重新编排的再现部,前奏[34]在最后一次出现时,只是被略微提及;尾声在黑暗的长号声中戛然而止。——《第六交响曲》终曲的灵感来自它的曲式理念,而不是为它设计的单个主题。这部作品的含义基于其出色的曲式内在性,为了体验感觉贪得无厌的狂喜般的上升,而耗尽了自己。这种提升陷入了黑暗中,这种黑暗只有在最后的小节中才完全填满了音乐的空间。通过纯粹的音乐性的百无禁忌,在乐句中发生的事情与其自身的否定成为一体。

《第七交响曲》的第一乐章属于《第六交响曲》的对角乐章(Ecksatz)①的紧邻。但马勒从自身内部出发对交响乐进行更新的能力,并没有在余音中停止下来。通过重新阐述,整个乐章就成了变体。这一乐章把之前的器乐交响曲的成就转移到早期马勒的图像世界中;鉴于占据优势的明暗对照效果,浪漫主义的交响曲的光鲜称谓是可以被原谅的。在最重要的结构中,这个乐章在感性上比马勒以前写的任何作品都要丰富多彩;他的晚期风格也借鉴了它。作为一种超—大调(Über-Dur)[35],大调通过附加进去的音符闪烁着光芒,就像在布鲁克纳《第九交响曲》柔板中著名的和弦[36]。那些对比,包括声音的对比都加深下去,由此视角也随之加深,即使是管乐合奏,本身也比以前更

① "Ecksatz"指一个至少三段式的乐曲中,第一乐章与最后一个乐章。

为丰富了,比如其中高音号和独奏长号进行的对抗。通过充分利用三度之间的关系,马勒第一次让它们相距甚远,按照全音的规则把无关联的和弦排列起来[37]。和声的"储备"明显变得更大。水平与垂直方向 249 上的四度构成带有主题表述的特殊性,有可能对一年后勋伯格创作的《第一室内交响曲》产生了直接的影响。如同年轻的勋伯格一样,被扩展开来的和声变得富有建设性。未曾有过的终止式加强了对调性的认识;乐章以非常坚决的姿态终止[38]。较《第六交响曲》更甚,展开部的第一部分对应的是呈示部的一个不完整的变体,它自由地刻意构成了既定曲式的重复符号。在此之上,跟随着一段长长的不受管辖的、多次被中断的插部。在这之后,有一段听起来像是由贝多芬的姿态指挥的中心展开部的开始[39],与《第五交响曲》的第二乐章一样,被滞留在顽固的插曲段落中;而实际展开的部分是极短的。马勒的叙事意图用他在《第六交响曲》中所获得的技巧进行实验:展开部分分裂成两个与奏鸣曲式敌对的元素,一个是呈示部变体,另一个是通过动机放大回溯到前奏去的插部,最后流入到对这个前奏的再现中去:从质上看,他者完全成为作曲的内在性。与呈示部相比,再现部被升华了,但仍然是规规矩矩的。《第六交响曲》的阴影中存在的乐章,在之后成了这个交响曲的三个中间乐章的影子部分。《第六交响曲》悲惨的诉求消失了。也许并不是毁掉终曲的不祥积极性赶走了它,而是当人们逐渐意识到,悲剧的范畴与叙事性的、在时间中开放性的音乐理想是不相容的。作曲创作已经成为整体性的主宰,它反思整体性的对立面,反思用部分进行创作的意义。

马勒的唯名论,即通过具体的冲动来对曲式进行批判,也撕裂了从组曲中继承下来的小步舞曲和诙谐曲的乐句类型,这是自海顿以来最顽强地保存下来的东西;只有在门德尔松的作品中,它才被重新加以思考。马勒《第一交响曲》的兰德勒舞曲在传统的意义上,仍以布鲁克纳为定位,这不仅表现在主题的特征上,还表现在粗略地错位而自身保持 250 静态的和声层面上,在三重奏中运用了和声上的丰富多彩,以及一种小花招[40],这种小花招可不会被农民舞曲的风格模式所愚弄。这首三重奏的维也纳式的柔情在《第七交响曲》的第二首夜曲中回归,甚至在《大地之歌》中出现;结尾处已然听天由命地被放弃了[41]。如果说《自由射手》中的华尔兹,尤其是它在结尾处分裂成的片段,有一些马勒式的东西,那么《第一交响曲》通过引用它而受益匪浅[42]。——《第二交响曲》和《第三交响曲》的诙谐曲,都是交响乐式重新演绎和扩写的歌曲,它们将诙谐曲的曲式与分段的叙事曲融合在一起,并且第一次让它流动起来,通过插入不被重复和不可重复的部分,它们想要摆脱舞蹈旋转的单调性。《第四交响曲》的诙谐曲从前面交响曲的诙谐曲中准确地得出一个结论。而一旦马勒毫无瑕疵地完成了什么,他几乎就不会再紧张地去四处寻找了。他的批评将历史上少有的反抗性的曲式无情地拉入交响乐创作的力场中去。带着他自己[43]认为特别必然的努力,马勒在《第五交响曲》中构思展开部诙谐曲的新意。当然,首先诙谐曲部分和第一个三重奏部分是以前所未有的形象特性在成规中的明确呈现,但用"齿轮咬合"将它们相互联系在一起。它们被仔细斟酌的本质是动态化的,而没有去掩盖构建的蓝图,这是一部真正的杰作。它是马勒复调具有的众多起源之一。因为诙谐曲仍然有固定的构架,它们必须交替地相互渗透,所以他将它们同时结合起来,将诙谐曲主题以对位的方式混合在一起。尾声在这一点上走得最远,它同时有四个主题[44]。艺术可不是噱头:这些艺术独立地驯服了广泛而丰富的舞蹈形式,却没有被其削弱。这个乐章的曲式安排本身就是由对位决定的,而如果没有这种安排,施特劳斯的《玫瑰骑士》(*Der Rosenkavalier*)是很难想象的。连续的主题相互突出,就像优秀的对位从定旋律中脱颖而出一样。管弦配乐的精湛技艺在最细微的活动中证明了自己。从一

251 开始,单簧管和巴松管的反向进行就设置成了极为直爽的,而不是像在单看谱子时会担心的那样平淡和柔弱。完整的配置具有超越自身的效果,在某一时刻,必不可少的圆号和第一小提琴的纯二声部给整个乐队带来了丰富的色彩[45]。诙谐曲主部[46]的尾声与类似于终曲的结束,利用节约原则成就了它该有的内容;这个尾声把主线颠倒过来。马勒音乐的朦胧隐约的东西的原型是拨奏的插部[47],它让人联想到以前

从未听过的声音；随后"羞涩的"双簧管起奏[48]带着无法描述的特点，即声音在阴影间冒险前行，仿佛有生命一般。——施罗夫（Schroff）将这个诙谐曲与《第六交响曲》的诙谐曲进行了对比。如果说《第五交响曲》的诙谐曲苦苦地追求像组曲般的舞曲那样产生的交响乐式的统一体的可能性，那么《第六交响曲》的诙谐曲则在动机以及和声上与外部乐章交织在一起，这个诙谐曲想知道如何从最少的起始材料中提炼出具有最大限度变化的形象特征来。诙谐曲和三重奏相互靠近，一个三重奏主题的变体，在艺术风格中毫无掩饰地出现在第一首诙谐曲呈示部的最开头[49]。这种不规则性加强了乐章所追求的统一性；如果之后以"老气横秋地"（altväterisch）命名的三重奏大摇大摆地走来，那么就会和诙谐曲部分不自然地靠近，就好像有人曾梦见过鬼魂一样。无一遗漏的统一性，就应该赋予自身以特点，产生令人烦恼的坚持，这已经预示着僵化的、有意卡住的诙谐曲主题。这样的僵化被延续到整个《第六交响曲》很多的主题中，但不能被归结于对旋律意图的厌倦：它与奏鸣曲式的一丝不苟一样，同样是坚定的。诙谐曲的威胁性、大规模的压迫性，无疑是马勒独特的解决方式产生的效果。然而，并不是所有地方都能让焦虑的节省免于不自主的单调。只有当结尾糟糕地赢得了真实性的结局时，一切才是糟糕的。——《第七交响曲》的诙谐曲与《第五交响曲》展开部的诙谐曲一样，减少了在两首夜曲之间放置第三首突出主题形象的作品的必要性。这首刚刚被勾画出来，并且被中断的三重奏，感人至深地述说着什么，几乎不像马勒的其他作品那样，它完全成了交响乐展开部的牺牲品，生硬地扭曲着，就像柏辽兹在混乱不堪的终曲中的情人形象的"固定观念"（idée fixe）一样[50]，只是在结尾才以收敛的尊严重新获得其美感。[51]

252

注释

［1］cf. Bauer-Lechner, a.a.O., S. 19.

［2］cf. VII. Symphonie, S. 50, S. 53, S. 55, letzter Takt.

［3］III. Symphonie, S. 5, vier Takte nach Ziffer 2, und VI. Symphonie, S. 151, drei Takte nach Ziffer 104.

［4］ II. Symphonie, S. 82, letzter Takt.

［5］ IV. Symphonie, S. 4, Takt 1.

［6］ a.a.O., S. 4, Takt 5, Sechzehntel der Bratsche.

［7］ a.a.O., S. 4, zweites System, Takt 3.

［8］ a.a.O., S. 6, Takt 1.

［9］ a.a.O., S. 6, Takt 3.

［10］a.a.O., S. 33, zweites System, Takt 1.

［11］a.a.O., S. 44, Takt 3, cf. S. 43, bei Ziffer 23 und einen Takt später.

［12］IX. Symphonie, S. 5, Takt 4.

［13］cf. Erwin Ratz, a.a.O., S. 172ff.

［14］IX. Symphonie, erstmals S. 7, Takt 3f.

［15］cf. a.a.O., S. 58, letzter Takt, und S. 59, Takt 1 (erstes Horn).

［16］VI. Symphonie, schon etwa von S. 226, Takt 5 an, deutlich S. 228, zwei
Takte vor Ziffer 147.

［17］a.a.O., S. 238, von Ziffer 153 an.

［18］a.a.O., S. 155, von Ziffer 106 an.

［19］a.a.O., cf. S. 160, Ziffer 109ff. mit S. 204ff., vom Auftakt von Ziffer
134 an.

［20］a.a.O., S. 163, von Ziffer 110 an.

［21］a.a.O., S. 167, zwei Takte nach Ziffer 113.

［22］a.a.O., S. 174, bei Ziffer 117.

［23］a.a.O., S. 181, von Ziffer 120 an.

［24］cf. J.P. Jacobsen, Gesammelte Werke, I. Bd., Novellen, Briefe, Gedichte,
Brief an Ed. Brandes, 6. Februar 1878, Jena und Leipzig 1905, S. 247.

［25］VI. Symphonie, S. 185, von Ziffer 123 an.

［26］a.a.O., S. 187, von Ziffer 124 an.

［27］a.a.O., S. 194, Ziffer 129.

［28］a.a.O., S. 202f.

［29］a.a.O., S. 172.

［30］a.a.O., S. 204, Takt 2.

［31］a.a.O., S. 171, bei Ziffer 116.

［32］a.a.O., S. 205, von Ziffer 134 an.

［33］a.a.O., S. 216, bei Ziffer 140.

［34］a.a.O., S. 259, Ziffer 164f.

［35］VII. Symphonie, S. 4 oben.

［36］Anton Bruckner, IX. Symphonie, kleine Partitur (F. Loewe), 1903,
S. 155, bei A.

［37］VII. Symphonie, S. 5.

［38］a.a.O., etwa S. 12/13, oder S. 25, bei Ziffer 20.

［39］a.a.O.，S. 40，von G-Dur an.

［40］I. Symphonie，S. 66，zwischen Ziffer 18 und 19，und S. 68，nach Ziffer 22.

［41］a.a.O.，S. 67，vor Ziffer 20.

［42］a.a.O.，S. 55，zwei Takte vor Ziffer 9，und S. 56，Takt 6 und 7.

［43］cf. Bauer-Lechner，a.a.O.，S. 164f.

［44］V. Symphonie，S. 172f.，vom vorletzten Takt an (»noch rascher«).

［45］V. Symphonie，S. 117，von Ziffer 1 mit Auftakt an.

［46］a.a.O.，S. 124，von Ziffer 5 an.

［47］a.a.O.，S. 135，Ziffer 11.

［48］a.a.O.，S. 136.

［49］VI. Symphonie，S. 83，von Ziffer 51 an.

［50］VII. Symphonie，S. 149，mit Auftakt.

［51］a.a.O.，S. 150，vom Auftakt von Ziffer 165 an.

六、技 巧 维 度

253　　在此,马勒技巧的对抗性作为反重复的填充(Fülle)的对抗性,作为密集地生长在一起、向前运动的整体性,不仅涉及狭义的连续部分的曲式,而且贯穿于所有的作曲技巧层面。而马勒平等地充分利用每一个层面去实现;他的作品是整体性艺术作品的准备阶段。它们互相支持着,一个帮助克服另一个的弱点。保罗·贝克尔曾挑剔过《第六交响曲》中的行板主题的平庸,而这个行板后来被出色地提升了,并令人满意地被实现了;也许其旋律相对《亡儿之歌》悲伤真挚的音色来说,过于平淡了。但它们的悦耳歌声并没有让马勒本人满意。因此,他在处理十小节主题时,从节拍上使乐句的开头和结尾之间产生了矛盾。对开头想法的重复落到了第三拍上,而不是第一拍上,也就是一个相对较弱的小节部分;节拍的不规则性是交响乐散文的民歌式旋律带来的嫁衣。在富于艺术性的《第四交响曲》的诙谐曲中,一个主要形态的重音转移到了八拍子上[1]。马勒的节奏是他的变体技巧中的一种精致的首选手段。通过不断地放大和缩小,他以从控制速度上进行的最简单的方式保留了一个从旋律上看相同的内容,好像并未将其进行削减,但又对其进行了修改。在《亡儿之歌》中这种构成特别丰富。由于这种安排,马勒的主题不再有平庸的痕迹,如果有人愿意的话,这些痕迹也可能抨击一些音程序列;对于马勒来说,平庸的概念通常专横地将单一的维度隔离开来,而没有看到在他那里,只有这些维度彼此的关系而没有单一
254　的维度定义形象特征、定义"原创性"。马勒的处理方式,通过其多维性

252

摆脱了平庸的指责,但这并不能代表他反对平庸元素的存在,以及反对其在整体构建中的功能。平庸的音乐材料通过作曲艺术,以及节拍艺术所产生的东西,恰恰是将平庸加入艺术作品中的创作艺术的折射,而艺术作品却需要成为自己本质的一种动因,甚至成为音乐关联中直接的东西。在马勒那里,就连平庸的范畴也是动态的:它之所以出现,似乎是为了变得无能为力,而不用完全消失在作曲过程中。这就是纪律性的反作用力,简单地说,这是马勒的"技巧"。为了去实现它,填充(der Fülle)把所有层面对清晰性的假设具体化。这位伟大的指挥家很了解管弦乐队和其他乐队长的弱点所在,所以他已经预见到了所有的错误,包括他们因为马马虎虎、缺乏理解、缺乏时间,或在声音材料的压力下可能遇到的荒诞之事。表演标记与成熟作品中的配器的很多特殊性,都是对表演者的保护。在音乐本身和对它进行的相应演绎之间即将发生的断裂被马勒记录了下来:他试图在创作中万无一失。这证实了他的智慧不亚于向鱼布道的人的智慧①,而正是这个他想避免的错误,却总是一再被遇到:比如,著名指挥家们总是跑到别处去,而那些乐谱却警告过他们不要去那里。关注如何被正确地演绎出来,已经成为一个作品的典范。要这样去创作,才能演出不被破坏的作品,这实际上就已经将作品破坏了,这也同时意味着:要非常清楚地、毫不含糊地去创作。因为任何地方都不能模糊,所以像贝尔格的作品一样,小说般的填充内容就从属于验证性的节约。马勒以最小的手段达到最大的效果。即使在他最不拘一格的作品,也就是《第三交响曲》中,在小步舞曲里出现了一个转折,听起来仿佛是一场巨大的阵雨在音乐中穿过[2],却不需要乐队合奏作出任何努力;在小步舞曲部分里有一个独奏的声就足够了。在配器上,这种效果可以归功于之前被避开的一些细节,例如四个圆号的进入、竖琴的和弦起奏、弦乐中简单的强奏。第一次,小 255 提琴完全走到了前台,因此,这首作品在一瞬间完全转向了外部,而在

① 这里指马勒《少年魔号》歌曲中的第六首《帕杜瓦的圣安东尼向鱼布道》。其中述说了圣安东尼向人布道而无人聆听,只得向河中的鱼虾布道的故事。

这之前,它是在无意识地演奏。然而这种效果真正的原因,类似于其他任何一种不仅仅是制造效果的原由,可能被包含在作品本身中,包含在非常明亮的保留音 a-e-h-d-g,和后面出现的一个小调属九和弦中。马勒典型的设定方式把三个部分分为旋律声部、副声部和低音声部;一种由重置与和弦连接叠置起来三声部的倾向,不同于通常的管弦乐复调的形象,试图通过同时的、简单的展示来让持续的填充变得明亮。从《第五交响曲》开始,动机连接的技巧使乐章变得更加丰富和集中了。

马勒作曲技法的日益增加的融合性,并不像在他之后常出现的那样,减少了各个维度的实质性,而去格外地赋予其起伏感;回过头来看,整体加强了它带来的各个要素。在早期的马勒那里,和声虽然有自己的特点,但还不是一个有自主性的媒介。只有在被规定好的旋律、节拍等其他元素的情况下,才会用不和谐的间断和级进去丰富和声。在《第三交响曲》中,就已经像当时在《第五交响曲》中的葬礼进行曲一样,有火热的、流畅的和弦,其复杂性存于自身中;并且在相当早的时候就出现在前奏里了[3]。大提琴宣叙调般的声部,与真正的和声发生碰撞,每当这时,《第三交响曲》[4]中就会继续出现不规则的声音。在横向的和声进行和被解放的个体声部发生冲突时,纵向的声音是通过对位来产生的,就像在之后的新音乐那里一样。阿尔班·贝尔格提醒人们注意,在年轻马勒的作品中,旋律与和声相互依存的最美例子要数《哨兵夜歌》中女孩声部的中段,在这里,一个带着其余音程的弧线,和在偶数拍与奇数拍之间交替的节奏,反照在实实在在的低沉的和弦进行与声

256 音中,与音符 c-b-升 d-升 f-d 碰撞在一起[5],而不用将它从声部进行中推演出来,在和谐的织体中成为污点;与之相媲美的还有尾声中的变体,在完全被改变的和弦中,抓住了不和谐的形象,并且在结尾处还改写了更尖锐的不和谐的 B 大调的属七和弦以 d 代替 c——向远处延伸开来[6]。在成熟的马勒那里,这样的和声发明变得更加频繁。它们通过不同的视角来塑造曲式。《第六交响曲》,尤其是《第七交响曲》的第一乐章的第二主题的和声,就达到了一种深度的影响,这种影响使主题

超越了单纯的灵感,并将其确定成整体进程的要素,在这个过程中,和声本身也变得让人心碎,而在此之前只有舒伯特才会偶尔如此。特别在所有的起始点、主题连接处上,马勒以这样的方式安排了和声,在此和声开辟出了第三个维度,它将在前景中的旋律平面的二维存在,与交响乐整体的体量联系起来。在这类段落,尤其是《第七交响曲》[7]中,曾经鲁莽的声音现在也已经被驯服了,类似于芭蕾舞剧和轻音乐的实用作曲家那样。然而在马勒的作品中,它们并没有被添油加醋,而是作为被刻意创作出来的音级和意义来阐明,先是旋律,然后是曲式的流动。这样的合目的性增加了它们自身的美感,并使它们保持了年轻的状态,就像勋伯格作品16中最后一首管弦乐曲的高潮处,出现了一个类似的很强的和弦。在《第七交响曲》中,自由和不和谐的和声也使线条产生大而不和谐的音程;无可比拟的是在贝尔格最喜欢的第二首夜曲中,悲伤而温柔的段落中,独奏小提琴、第二小提琴和独奏中提琴一起下降[8],就像要解决掉这个和弦一样;这种纵横交错的互动具有不合时宜的现代性,直至今日也没有任何现代的作品可以与之媲美。

就像马勒的和声一样,他的对位已经被更为密集的交响乐织体所强化了。马勒先是在《第四交响曲》中把注意力转移到对位身上,然后在《第五交响曲》中,又把对位作为一个创作维度,完全纳入其中。当然,他很少在整个乐章中通篇进行对位,通常只在某个片段中,而这正是他的特点。他的第一乐章具有持续的多声部的诉求,《第五交响曲》的第二乐章以对比的方式,将第一乐章中的长段插入总单声部进行了处理,仿佛交织在一起的音乐产生的压力让人无法忍受,以至于要把它撕得粉碎。下面一个乐章,即大诙谐曲,整个是对位式的。这首旋转运动着的乐曲是一首扩大成交响乐的华尔兹,它有一个很大的停顿[9],这是一个悬置住的时刻。但它的突然出现并没有作为一个突然的东西在外部保持着,而是发展成第二首三重奏。虽然它从未完全屈服于他者的品质,但它的主题却进入了交响乐的全景中;在再现部中,紧接在尾声之前,它又以被缩短的停顿重复出现[10]。这个乐章对位性的整体处理,在技术上迫使被打入到音乐中的东西成为内在的;多声部交织

257

而成的统一性似乎抵制住了一切不受其规律约束的东西。而相反,越是松散的东西,越有可能不受管辖。马勒对对位的态度是矛盾的。奇怪的是,因为他自己在学习期间的作品(很优秀——译者注),而曾在维也纳音乐学院免修对位。据娜塔莉·鲍尔-莱希纳说,马勒后来为此而感到沮丧:"因为奇怪的是,我总是只能用多声部的方式思考。很可能我到现在还不会对位,那种每一个学生通过练习都能轻松掌握的纯粹的乐句。"[11]"现在我明白了,据说舒伯特在去世前不久曾经想学习对位。他觉得自己少了点什么。而我也能与他感同身受,因为我自己也缺乏这种能力,即在学生时代就进行过的正确的、勤奋的对位练习。而取而代之的是我的理解力,但为此需要付出的努力是非常不成比例的。"[12]"理解力"(Intellekt)的提法证明,尽管他主要是以多声部思维为主,但他认为对位是一种调解性的东西,前三首交响曲的单声部性也证明了这一点。他所说的复调显然是指那种倾向于混乱的、无组织的声音,是"世界"中随机的、巧合的同时性,他的音乐想通过其艺术性的组合而成为这个世界的回响。在复调方面,他喜欢羞辱"学院派的狡猾",马勒的姐夫阿诺德·罗塞(Arnold Rosé)曾经谈到过这一点;马勒在青年时期的对位法还是由他负责教授的。鲍尔-莱希纳有一段几乎不可能是臆想出来的话,提供了这方面的启示:"当我们在星期天与马勒走在同一条路上,在克罗依茨贝尔格的节日集市上,正举办着一个更令人恼火的女巫盛会,因为有无数套环游戏和秋千、射击摊位和木偶剧在胡闹,军乐队和一个男子合唱协会已经占据自己的位置,所有这些都在同一片森林草地上不顾一切地表演着不可思议的音乐,马勒叫喊道:'你们听到了吗?这就是复调,这就是我的灵感来源!——即使在我最早的童年,在伊格劳尔的森林里,这样的音乐就如此独特地让我感动过,给我留下了深刻的印象。因为无论是在这样的噪音中,还是在成千上万鸟儿的歌声中,在风暴的怒号中,在浪花的飞溅中,还是在火苗的噼啪声中,声音都是这样丰富。恰恰就是这样,从截然不同的方面,主题必须要出现,并且在节奏和旋律上是完全不同的(其他一切都只是多声部和伪装起来的单声部):只是艺术家把它们整理和统一成一个协调一致的、统一有声的整体而已。'"[13]

马勒认为对位是自我异化的、在主体上被强迫的音乐形式,在极端情况下,只是相互对应而发声。在此之前,他认为赋格的本质是滑稽的,这种疑虑如果不想在异律性(Heteronomie)上落后于马勒,就必须让多声部思维保持警惕。但就像一切被异化的东西一样,马勒也吸收了对位的本质,恰恰是在多重的声音超过了主题的统一性时。按照马勒的"秩序"(Ordnung)一词,其多样性同时也是一种组织原则。声的交织是音乐中不可或缺的一部分,它什么都不会遗漏掉,在某种程度上充斥着整个音乐空间,就像把虚拟的听众从音乐中不人道地驱赶出来,这最初对他来说就成了一个令人绝望窒息的功能关联的比喻。取代青年时期交响曲中永动机式的乐句,马勒努力地追求出乎意料的、相互对立的、反复消失的声部衔接起来的构成。它们的密度变得更加坚决,但通过其逻辑上的肯定,比起不间断运动的但在其中什么也没有发生的形式等同性来,也不嫌无趣。在这种内在的丰富形态面前,单纯的开场曲带着令人着迷的寓意,在精神上就失败了,就像它在创作上无力去反抗一样。在创作中的技巧和内容越是紧密地交织在一起,图像世界就越是不那么严重地分化。如果说复调是被世界进程的观念所唤醒的,那么作为音乐真理的必要条件,它同时加强了其自主性:"它在哪里,我就在哪里。"

正是通过这样的自主性,马勒作品的清晰性不同于他那个时代德国新式的对位法,无论是施特劳斯还是雷格的对位。实现仍然是实现,不会在和声上拐弯抹角;声部,还有附属声部,从旋律上被考虑周全了;马勒不会写出模拟两可的填充声部,也没有写出任何近似的、一窝蜂似的阿拉伯风格的声部。他对伪对位法很敏感,实际上后者只是重复了和声进行而已,没有为了充实声音而冒充复调,而是接受了乐句中偶尔出现的单薄。第一个具体的马勒式的对位是《第一交响曲》第三乐章中的尖锐的双簧管旋律与卡农的对位[14]:这是马勒音色的固定节目。这种对位法有非常特性化的意图。苛求的形象特征很适合技术上的需要,在类似于民歌风格的旋律中加入那些与之明显不同的、几乎是否定

的旋律。那么,主题的定义往往就作为不同内容的定义变得非常绝对,
这就是其独立的本性;形象特征完全就是差异。然而马勒却很少建设
性地写出相互关联的多重对位,很少真正地用复调去构建声音的空
260 间[15]。在这种空间扩张的地方,如在《第五交响曲》的谐谑曲的终曲
部分中,以及在《第八交响曲》的第一乐章中,它通过风格化原则——往
往通过赋格——运动起来,而《第九交响曲》的"滑稽戏"(Burleske)在
创作上被更直接性地表达出来。如同讽刺画一般的《赞美崇高心灵》
(Lob des hohen Verstandes),即使对晚期的马勒来说,多重对位显然也
沾染上了陈旧的酸腐和学究式的狭隘;在《第九交响曲》的滑稽戏中贯
通的对位性的乐句被重新创作,并被献给"我在阿波罗上的兄弟们"
(meinen Brüdern in Apoll),这几乎不是巧合,那些努力地将创作赋格
艺术作为自己领地的人也被人嘲笑;悬置的地带是单声部的。和音乐
古典主义一样,当然也包括在名歌手那里,马勒在很多情况下把对位与
幽默和游戏联系在一起,对他来说,曲式的自由、自主的生命是严肃的。
但在演奏中,多声部的需求已经被激发出来:它想成为建构。在马勒后
期,对位是反叛的。总而言之,他的复调追求一种集简洁与自由于一体
的进行方式。作为决定性因素,这大概要归功于民间音乐。在马勒看
来,对位是在一个旋律的基础上找到第二个旋律,这个旋律也同样重
要,但又不太相似,也不太夸张。这大概就是歌曲在乡间多声部即兴创
作的方式;马勒可能注意到了奥地利阿尔卑斯山的"约尔德"①,贝尔格
在向马勒致敬的小提琴协奏曲中也明确地提到了它;在一个旋律之上
按照和声规则同时加上第二个旋律,它是另一个旋律的影子,但本身又
是旋律性的;随着马勒的自由对位的逐渐成熟,才使自己越来越摆脱了
约尔德对其旋律的依赖,甚至在风格化的舞蹈中也加入了它[16]。马
勒的想象力在这种对位的构思中是用之不竭的。他在变体中也从对位
的角度进行思考。被层层叠加的声部不断丰富着乐句,每一个曲式部

---

① 这里指阿尔卑斯居民反复用常声和假声的调子歌唱的技巧,一般被称为"约尔德"。
但是在这里,马勒并非直接用"Jodeln"这个词,而直接用"Überschlag"(本意为真假
声的转换)来描述这种演唱风格。

分中的再现部都会通过对位变成另一种曲式部分,然而核心却没有受到影响。在《第二交响曲》的慢板乐章中就已经感受到了大提琴的旋律,顺便说一下,这也是长长的兰德勒舞曲主旋律的双对位。马勒最早的约尔德式的转折从《第一交响曲》第二乐章开始[17],这个转折是布鲁克纳式的;在其叠置复调的形式中,马勒逐渐成为自由对位的大师。在结构上,这种技法回应了一种局限性:在马勒的作品中,真正的旋律声部总是上升到一个作用在和声上的最低声部的上方,无论它是一个低音声部,还是持续的下声部;在主导性的和声首要性之下,上声部和下声部并不能像在勋伯格的作品中那样被不加思考地相互交换。那些因为对复调乐句的主题式的简要性进行调性上的限制而错过的东西,被马勒用其自发性来进行弥补。与约尔德中的自由对位一样,马勒非常关注的对无低音性(Baßlosigkeit)的偏好可能也是源于舞曲的,低音里主音和属音的交替被基本舞步所代替。马勒的反应方式是将其转化为音乐在空气中的一种奇特的悬停,这也像异端一样违背了公认的和声的一致性逻辑。纵向的意识让位于旋律的单一性的意识:这是线性的萌芽。虽然马勒的声部很少超出和声的范围,但它们的表现,例如与雷格相比起来,似乎容忍了通奏低音的成规,却对这种成规不完全信任;马勒的对位乐于去反抗和声。——在《第六交响曲》中,对位把大小调的极性与对不和谐的东西的偏爱结合起来。与伴奏和声相比,对位倾向于对立的调性。这在《大地之歌》中又再次出现。后瓦格纳主义的和声性复调的理念也许被马勒削弱得更厉害了,甚于《莎乐美》和《埃莱克特拉》①,在那里调性的力量和复调的力量还是并驾齐驱的,但并没有过多地相互干扰,而马勒的结构则往往是其张力的结果。

由于配器法不属于传统作曲法的学科范畴,所以在马勒这里配器法不仅特别适合不同作曲层面,并且也适合与整体进行相互影响。交响乐队对马勒具体的创作意图的抵制,比对曲式或和声的抵制稍少一些。他作为一个配器家拥有绝对的自由,与布鲁克纳一样,很早就为他

---

① 这两部作品皆为理查德·施特劳斯的歌剧。

赢得了大师的美誉,但其中也不乏那种冷嘲热讽的杂音,这种态度乍一看,以为是把音乐与它所谓的外套——"装模作样"——与实质和真实性在范畴上区分开来了。然而在马勒的配器法中很少谈及"装模作样",这与众所周知的,在他这里很少谈及精湛技艺一样。他的耳朵不会去适应交响乐团日复一日的影响,而是在找对策。这些对策在他的配器法中所占甚多:《第六交响曲》中经常出现不同寻常的音域,其在不同乐器和乐器组中的强和弱的组合往往相互矛盾,而马勒通过防止用较为常规的方式,或用指定音色去进行处理,创造出一种如其所是的声音。马勒的音乐无一不是首先受到音色感知的激励。他一开始还比较笨拙。虽然马勒作为指挥家的经验令人赞叹,但他不会去"例行公事"。那种从瓦格纳那里学来的新德国学派糟糕的具有代表性的光芒四射的管弦乐齐奏,虽然也算是马勒追求的,但在他那里从一开始并没有取得成功。青年时期的交响曲明显缺乏圆润、丰满、完整的声音,而在马勒后来需要它的地方,它也顺理成章地从乐句中出现,而不带额外的活动。"马勒的管弦乐队并没有参与到新德国学派的音色狂欢中去。马勒配器法的决定性因素是轮廓。他总是用近乎轻蔑的强硬和无情去对待一切相关音色的东西。"[18]但是,按照瓦格纳或施莱克的标准来看,马勒的配器算得上是干巴巴的,或无形的,它并不是以禁欲的方式在正确地进行,而是对创作的忠实展现,并且在这方面领先于其时代好几十年。在其中,必要性和美德也设置了它们的交换条件。从表现出来的音乐来看,对清晰性的要求与整体创作的本质是相融合的。音色成为被创作出的作品的功能,它明确了作品;而作品又成为音色的功能,它从色彩出发进行创作。功能性的配器对声音自身来说是具有创造性的,为其注入了马勒式的生命。他是以这样的方式配器的:每一个主声部都完全且无可置疑地能被人听到。本质与偶然的东西之间的关系转化成了声音现象;没有什么能混淆创作的内涵。因此,马勒批判了那种诱使音乐自我膨胀、自我吹嘘的优美声音的理想。此外,马勒的形象特征需要一种多样性,从这种多样性的衔接中显现出整体来,这些音色是独特的,与旋律或和声的个体事件一样,其本身并不令人感到舒适。马勒的色彩也成为一种特色,牺牲了音色镜面自身的平衡和圆滑的饱满度。然后,这些缺乏的东西中止在一个自身协调的配器方式上。《大地之歌》和《第九交响曲》的音色,其配器方式的特点并不输于其他作品。

与马勒独特的配器能力相伴的,是一种非特性的可能性的认知,他的这种认知在此达到了最成熟的程度。如果说,他在《大地之歌》最后乐章的四分之三拍中,将一个低沉的 C 大调和弦分给了三个音域相隔很宽的长号,那么这样的声音尽管铿锵响亮,但并不引人注目,并没有干扰到那正逐渐消失的整体。对于优秀的配器艺术来说很重要的能力是,要达到某种效果,就要去避免它、去改变它,隐蔽地将其构建起来。与此形成极端对比的是《第三交响曲》中的独奏长号,它如同被释放了一样,被从赞歌的联盟中解放出来。马勒是第一个发现长号独奏音色的人。在《第三交响曲》中,或在《第五交响曲》的《葬礼进行曲》和《诙谐曲》的某些地方,它实现了它的名字所预示的内容①,也实现了耳朵在多声部的长号乐句中徒劳期待的东西。当然,长号之所以能胜任这一点,是靠要吹奏那些宏大声部的音乐,靠那些宣叙调和主题的中间结构、旋律线条和开场曲的中间结构,这其中即兴的偶然和强调交织在一起。通过节奏、平淡无奇和过长的停顿,更加强了这一点[19]。只有当这些在延续[20]中消失,旋律变得更加精炼之后,才会释放出在之前"沉重的"插曲中聚集起来的狂野性格。这样的配器从一开始就没有顺应潮流。《第一交响曲》的尾声中包含了一个怪异的声音效果:咆哮的长号和弦直接在第一主题部分结束前,在瞬间引发了一场没有目的的风暴[21]。一个通过小号和被阻止的圆号将长号提升到极强的段落,带着呼吸的停顿,就像斯特拉文斯基的《春祭》中牺牲者最后的舞蹈中静态的恐怖声音一样。几乎没有其他地方能让马勒的音乐听起来如此不羁:这种梦想中的音色,需要耗费人一生的时间才能完全创作出来。

————————

① 德语长号"Posaune"一词从法语"buisine"发展而来,其本源是拉丁语的"bucina",本意为"发出信号的号角、狩猎号角"。

264

261

但即使在这里,音色也是由音乐召唤出来的,是经由一种原本太过混乱、非时间性的吼叫的专注需求召唤出来的;也是由八分音符的高声部与辅助性和声之间不和谐的冲突、不和谐的色彩明显反映出来的。——马勒在人们最没有想到的地方写出了先锋式的声音。在《第八交响曲》赞美诗的恳切的 E 大调中,就已经预示了韦伯恩最后时期的一个领域。用铜管独奏[22]的"Infirma"[23]这一段的音色是韦伯恩的康塔塔的音色,仿佛马勒想在这首肯定的和回顾性的作品中沉淀出一个要传达给未来的秘信。同样令人惊讶的,是从表面上看那么纯真的《第四交响曲》中的一个配器片段,在其变奏曲的第一主题到第二主题的过渡处,以及后面类似的地方。让人无法察觉的消逝是从配器上造成的[24]。一个管乐和弦在主音上,保持了一个全音符的长度,通过减弱(diminuendo)进入第二个在属音上的和弦;然而,管乐在此只保持了一个四分音符,同时在第一拍上几乎难以察觉地由被分成三个声部的

265 中提琴和竖琴泛音完全接手;色彩的变化不断地重复着。在这种变化上,在渐慢(ritardando)中已经逐渐安静下来的主题事件在颤抖着。在这个不起眼的段落中,人们似乎能听到勋伯格作品 16 号中的变化和弦的模式,也就是后来的音色旋律(Klangfarbenmelodie)①的构思,音色转化自身成为一种构建性的元素。这个想法可能起源于《罗恩格林》的前奏。在马勒的作品中,音色的变化不仅表现在和弦上,甚至表现在单个的音上,如《第五交响曲》诙谐曲的第二首三重奏中,圆号双附点 f 音上[25];艾格·维乐茨 1930 年在《开端》上发表的文章中,对这一段的配器进行了指导性的分析[26];不可否认,它与《伍采克》的夜晚送礼场景之前的 b 音上那个变得著名的音色渐强(Farbencrescendo)有相似之处,尤其是贝尔格所说的那个音的"内在生命"。——在马勒那里则可以观察到大规模的构建性的配器。贝克尔曾指出,这样的突破,即《第五交响曲》第二乐章中铜管的现象之所以有其暴力性,是因为它们之前

---

① "音色旋律"是勋伯格提出的一种作曲手法,即用具有不同音色的不同乐器共同构建一条旋律,由此在旋律进行中产生斑驳的音色变化。

一直保持着沉默。同样,弦乐的小柔板(Adagietto)实际上是回旋曲尾声中的一个自成一体的引子部分,随后也在主题上与之相呼应,通过与交响乐整体声音的对比塑造了曲式,而在这之前,管乐占据着主导地位。音色的处理在一个长的乐段中实现了曲式的可塑性;在这样的精神下,阿尔班·贝尔格就在《伍采克》的一些场景中,如"街头的柔板"或第一幕的开头,把部分乐队从大管弦乐队中分离出来。在早期的歌曲中,对每个单独的乐曲,乐队都有不同的编排,最后在《露露》中,一些人物被分配给了属于自己的乐队组。而在《大地之歌》中,和贝尔格一样,每首曲子的乐器都会有些许变化。小号被用得极少,大号和定音鼓只在一首曲子中被使用到。马勒的耳朵可能觉得,与一如既往已经习以为常的东方打击乐器相比,定音鼓会危及异国情调的风格原则,而大号的声音在交响曲中作为独奏声部通常则过于沉重。在整个组曲有了统一的器乐基本色彩后,各个歌曲又在色彩主义上被相互区别开来。《亡儿之歌》具有的室内乐的声音被认为是一个大型管弦乐队的局部。在马勒最后的作品中,通过重新组合那些之前在各个声部的清晰的指令下被拆分开来的声音,合奏也被压缩、被淡化了,类似于勋伯格偶尔会要求的"被缓和的强"(einem gedämpften Forte)。——马勒的配器艺术是一种力场,而不是一种风格。明确性和特性化的需求,与整合性和约束性的需求相抗衡,就像汤在烹饪艺术中要勾芡一样。对明确的和约束的东西的塑造,可能是马勒艺术中对叠置,尤其是木管乐器叠置的研究。它们让声部变得清晰,声部让它们变得强大,但它们还是保持了色彩性。两种音色的叠加一致产生了第三种音色,它严格地适合于主题的形象特征,例如有时在《亡儿之歌》的一些段落和《秋寂》(*Der Einsamen im Herbst*)中的类似段落中那样,这是一种类似于管风琴的干扰音。《第四交响曲》展开部开始的四支长笛的齐奏与长笛的声音有本质上的区别,勋伯格第一首管弦乐曲作品22号的引子旋律中的六支单簧管甚至可能就源于此处。如果说单声部被连接起来的音色原则只会带来糟糕的填充声部,那么如果没有这个原则,再清晰的配器也只是抽象的。马勒是伟大的配器大师的原因在于,他的方法是从这个矛盾中得来的，就像在他的表达中，细节的简练和整体的气势并不互相仇视，而是互为活用。他的管弦乐在魔幻的瓦格纳式的无限性面前是矜持的，对冷静的灰色来说又太过感性；客观性在任何地方都没有影响到他的差异化。但是，乐队抛开了配器的"褶皱"的沉重感，就像马勒的和声常常抛开伪装的四声部合唱一样，在《亡儿之歌》和其他一些吕克特的歌曲中最为一致，这是未来室内乐团出现的一种原现象。马勒的音乐之所以会变得无形，是因为它的音色是特殊的。而音色，尤其是它作为音乐所有维度中最为感性的东西，变成了一种精神内容的载体。

注释

[1] IV. Symphonie, S. 63, von Ziffer 8 an.

[2] III. Symphonie, S. 106, Takt 3.

[3] a.a.O., S. 8, Takt 2.

[4] a.a.O., etwa S. 9, zweites System, Takt 3, und besonders S. 11, bei Ziffer 7ff.

[5] Mahler, Wunderhornlieder, a.a.O., S. 6, zweites System, Takt 21 (4/4-Takt).

[6] a.a.O., S. 27, Takt 107.

[7] VII. Symphonie, S. 21, letzter Takt und S. 22, erster Takt.

[8] a.a.O., S. 181, letzter Takt bis S. 182, Takt 218.

[9] V. Symphonie, S. 134, nach Ziffer 10.

[10] a.a.O. S. 166ff.

[11] Bauer-Lechner, a.a.O., S. 154.

[12] a.a.O., S. 138.

[13] a.a.O., S. 147.

[14] I. Symphonie, S. 78, Ziffer 3ff.

[15] cf. Th. W. Adorno, Klangfiguren, a.a.O. Die Funktion des Kontrapunkts in der Neuen Musik, S. 210ff. [GS 16, s. S. 145ff.]

[16] cf. IX. Symphonie, S. 64, Takt 1 mit Auftakt, zweite Geigen, und von Ziffer 18 an Celli.

[17] I. Symphonie, etwa S. 68, von Ziffer 23 an.

[18] Bekker, a.a.O., S. 28.

[19] III. Symphonie, S. 20.

[20] a.a.O., S. 21, von Ziffer 16 an.

[21] I. Symphonie, S. 115, die beiden ersten Takte, cf. auch die beiden folgenden.

[22] VIII. Symphonie, S. 24ff. (etwa von Ziffer 23 bis 30).

[23] cf. a.a.O., insbesondere S. 26f., Ziffer 26/27.

[24] IV. Symphonie, S. 78, von Takt 1 bis Ziffer 2.

[25] V. Symphonie, S. 134, ein Takt nach Ziffer 10ff.

[26] cf. Egon Wellesz, Mahlers Instrumentation; in: Anbruch, XII. Jahrgang 1930, Heft 3, S. 109.

七、崩塌与肯定

267　　马勒用精神化（Vergeistigung）推翻了直接性和自然性的标准，成为超越自然诗歌的神圣概念的现代性同时期的代表人物。艺术的假象，即艺术作为创世声响的假象，被它自己物性的元素的忏悔所打破，被压抑的自然只有由此才会受到关注。马勒没有在任何地方对自然进行假设，就仿佛它已经要在那里了一般，他没有在任何地方颂扬它的代理人。只有作为一种无法实现的，在社会化的社会中被损害的自然，自然的理念才能表现出来。从技术上讲，这相当于消除了马勒还对之犹豫不决的传统语言。只有在它之中不再有任何东西被视为理所当然，只有它被持续地削弱，就像已经虚幻地在马勒的废墟中呈现出来那样，它才能自主地构建起来。这也是为什么马勒的声音常常跳出封闭的声音空间，围绕着总体音色感性的统一性，无忧无虑地引领它们去自由地生活。音乐从整体上必须瓦解成音乐的元素，以便不再受制于它的统一性。就像《第三交响曲》中的长号一样，从勋伯格的管弦乐作品第16号开始，所有的音色都在"说话"。单一显现出来的东西对先天的意义关联是置若罔闻的，由此音乐将自己训练成了具体内容的显现。尤其是马勒的音色有一些特殊的离心式的东西。它努力地要摆脱声学上的球状形态：通过频繁地放弃圆号产生的"踏板"效果，通过多次在困难的音域上毫无意义地使用弦乐，后来还通过在整体中插入室内乐式的和独奏式的片段。这就是清晰度本身了：正直地体现出一切的声音，也绝不会占据任何在作品中更多一点的东西。这与瓦解的关系很密切。作

曲的元素越是与众不同地变得尖锐，它们之间的距离就越大，就越坚决 268
地放弃了首要的同一性。

在《第一交响曲》的第三乐章中，瓦解的理念奇怪地宣告了自己。
在它的卡农部分，它以其简单的方式，比大多数早期的马勒作品更为活
跃。他通过滑稽地去模仿卡农中教条的东西否定卡农；因此，他带出了
一些遥远的音色，如独奏低音大提琴和带旋律的大号，这在当时一定被
看作怪异的。瓦解的倾向则用震惊的瞬间征服了乐章，例如用突然的
加速。同时，这也是马勒第一个静态的、带有层次的地方，他惊人的独
创性是由无序与意味深长的统一产生的。所以在早期，瓦解的观点就
传达给了整个创作过程。它的领土（Domäne）就是曲式。为了达到小
说般的艺术风格，它更接近于散文。注重调性的马勒知道，通过非连续
性实现的连接的非调性的手段，造成"爆发"[1]或"中断"[2]的坚决对
比是曲式的手段。音色作为一种同时性的内涵，是由单个的音及其要
求而产生的，这是勋伯格在作品第16号的第三首管弦乐曲的诠释里明
确要求的。在《第九交响曲》的第一乐章中，瓦解的倾向也强占了设置
方式：持续不断的叠置和声部交叉，使线条变得松散；其设置方式也否
定了现代西方音乐的秩序原则，即相同之物与不同之物的严格区别。
和声促了瓦解，就像被施了魔咒一样去否定基本理念。马勒对重点
的思考不比这之后的无调性更多。他不拘泥于作任何音乐上的"第一
名"，他的交响乐质疑了"首要音乐"（prima musica）的假设。演奏标记
"漂浮的"（schwebend）一词，不仅仅说明了它所指的段落的特点，与等
级意识相比，马勒早期的进行曲和舞曲，与革命性的最后一部作品一
样，都是"漂浮的"。然而，作为一种对安全的、内在静止手段的反叛，瓦
解倾向也是一种对内涵的反叛。最终脱离了曲式内在关联的是他者的 269
破碎形象；构成整体的曲式，就是这个世界。

因此，马勒给理解带来了极大的困难。与一切对绝对音乐和非标
题音乐的习以为常公然相悖，马勒的交响曲并不是简单地以积极的方
式存在的，因为它成了分享给了共同参与者的一种奖励，而整个部分想
要以消极的方式被接受，它想要与参与者相对立而被人听到。"我们看

到的是一种积极和消极情况在交替出现着。"[3]一个原本保留给文学和绘画的层面,被绝对音乐征服了。在成熟的《第六交响曲》[4]第一乐章的尾声中,粗暴地插入其中的段落被直接当成令人厌恶的侵犯而让人去倾听。习俗以为这是文学性的,是在音乐之外的;以为任何音乐都不应该对自己说不。但马勒的音乐正因为其令人信服的能力,即能深入到被选中的和不加选择的材料中去,才会得到其远离概念而不会被人误解的内容。对他来说,否定性已经成为了一种纯粹的创作范畴:利用平庸的东西,它宣告了自己的平庸;利用感伤,它嚎啕大哭的愁苦撕下了面具;用夸张的表达超越音乐此时此刻所承载的东西。《第五交响曲》第二乐章、《第六交响曲》的终曲、《第九交响曲》第一乐章中的灾难也是否定的,而没有其榜样那种被美化的宏大,即像(贝多芬的——译者注)《克洛泽奏鸣曲》和《热情奏鸣曲》第一乐章的结尾一样。在它们身上,作品通过自我驱动作出了评判。在其暴力面前,一切仅仅是听众主观投射的反抗,它成为了一种无助又谙熟的胡言乱语。否定的元素在无法随意去感知的空间中被刻意创作出来。纯粹的音乐形象完全是由这种意图塑造的。音乐语言的历史都被囊括其中。材料从来没有超越过历史,它到达作曲家手中的模式,与过去的、过时的和当下具有的平等与不平等的特征是分不开的。一切音乐的个体都不仅仅是它自身270 的存在,而是凭它在音乐语言中的地位,这是一种历史性的地位。马勒从这种普遍的情况中得出了特殊的效果。他的交响乐内容的运动是一种已经被嵌入材料中的内容进行的上下、对立和相互渗透的运动。他通过技巧经常将已快被遗忘的内容召唤出来,给予其第二次生命。无论谁听到一首由阵容简陋的管弦乐队演奏出来的过时的浪漫主义乐曲,其中用钢琴代替了竖琴,都会对它产生抗拒,这不是针对钢琴音色本身——在其他地方这是可以被忍受的,而是因为在管弦乐队中,钢琴声是无法被驱赶出去的,它曾经令沙龙乐队衰退。在这样的层面,加上它们的否定性,使马勒在作曲本身上收获了丰硕的成果。他的材料已经过时,而新的材料还没有被解放出来,因此在马勒的作品中,那些过时的材料就成了那些在路上未到来的、还没有被人们听过的声音的密文。他在音乐表象的直接性上所缺乏的东西,在这样的否定性中超越了布鲁克纳,超越了其语言中过往痛苦的痕迹。

马勒在音乐上的内在否定性对狂热的柏辽兹和李斯特标题音乐是如此抵制,这表现在马勒的"小说"中没有英雄,也不崇拜任何英雄,而施特劳斯的两个标题和李斯特的无数标题都在宣扬英雄。即使是在《第六交响曲》的结尾中,尽管有锤击出现——而至今为止它都听不太清楚,可能要等待它们被电子录音后才能实现,但人们还是会徒劳地静静等待着,寻找那个所谓的被命运压倒的人。音乐对无拘束的冲动的投入,就是自己的死亡,是世界进程对乌托邦的无情报复。在这个乐章中黑暗和甚至绝望的部分[5]退居到了阴郁的沉思、抑制不住的、风驰电掣而来的部分;例外的只有引子里猜忌的管乐演奏的赞歌,以及尾声中的长号部分。灾难与高潮重合在一起。有时候听起来,仿佛在火焰即将熄灭的那一刻,人类又一次焕发出生机,死者又一次活转过来了。幸福在恐惧的边缘高高燃起。《大地之歌》第一乐章在同一个调式上,271 在诗意的指责下将大小调强行挤压在一起,从而彻底解除了大小调的交替。音乐本身遵循着它的抛物线式的轨迹,而不是它所指的人的存在的轨迹,当然也不是个人遵循的这样的轨迹。就是在马勒那里,《英雄》交响曲的交响乐式的冲突类型逐渐被剥夺了权力的原因。《第二交响曲》的展开部仍然遵循着敌对势力的相互碰撞和战斗的模式。标题的意图在此不言而喻;发展过程却有些心不在焉。由此马勒的交响曲学习到,抉择(Entscheidung)的戏剧范畴对音乐来说是陌生的——顺便说一下,贝多芬通常会避免这种戏剧范畴,他倾向于在事后才去肯定已经完成的事情,而不是让他的音乐立即作出决定。根据音乐演奏的说明,在《第二交响曲》中战役后的疲劳,其实揭示了在音乐上创造这种东西所作出的努力空想。奏鸣曲的主题二元论的命题曾经因此而非常不相称,因为它把冲突的戏剧范畴毫不犹豫地转移到了音乐上。其发散出来的时间不能完全脱离客观的瞬间,即一种时间空间(temps espace)中的瞬间。即使不通过交响性的收缩,它也从来没有像主题的纯粹瞬间那样消融在瞬间的当下,主体的抉择作为一种理性行为同样也取消

269

了时间。这也是为什么马勒的《第三交响曲》第一乐章残酷而事出有因地批评了《第二交响曲》的戏剧逻辑的原因。在马勒那里，音乐首先要意识到它与悲剧的根本分歧所在。

这一定就包含了对如下反对马勒的最流行论点的回应：他想要做伟大的事情，但却没能实现。这是市民阶级的品位和市民阶级的真实性意识形态（Echtheitsideologie）的保留曲目，就像俗语说的那样，卡尔·克劳斯①可能是虚荣的，或是江郎才尽了。非常可惜的是，这个与伟大的音乐保持距离的人没有写出马勒式的辩词，却仅仅满足于宫廷戏剧导演们的词汇表，他们"在古斯塔夫·马勒去世时睡着了，早上从他的讣告中得知了他"[6]。顺便说一句，在流水线般生产出来的自然的陈词滥调之后，克劳斯的任性和知识分子主义也受到了指责。如同马勒主题的断裂性是以所谓的朴实的灵感来衡量的，自动抗争则是以悲剧的模式为导向的。与马勒相对的特立独行，有时会宣称有比退下舞台的狂喜更精确的经验。很多那些在现实中太过强大，而在艺术中无法足够地变得不由自主的东西，才是马勒真正想要的，按照勋伯格的说法，不去索求的人，什么也找不到。他经常会制定一个音型，因为它在此时此刻是必要的。精神被动地想放弃自己的感性材料，但必须先获得它，或是准备它，才能去服从它。客观情感的实现需要主观的干预。任何进入叙事整体的东西都会被改变。每个句子具体的、非成规性的理念都是其部分结构的磁石。马勒并不回避这个疑难，即只有当个体按照整体所愿之物预先构成自身时，未被束缚的个体才能适合于这个整体。他不仅专心致志地去倾听他的主题，而且还钻入其中，经常可以在他那里注意到，这些主题是为了它们的功能而存在的，如极度反差的功能。《第六交响曲》第一乐章的歌唱主题就是这种需求的常见例子。这个疑难是无解的，它是一个客观的曲式问题的疑难。整体应该不去考虑先入为主的类型化，而从个人冲动中一拍即合。但这些都无

---

① 卡尔·克劳斯（Karl Kraus，1874—1936），奥地利讽刺作家、散文家和剧作家。三次获得诺贝尔文学奖提名。

法挽回其偶然性。只有当整体的潜力已经蕴含其中,它们才能被综合在一起。为此,作品必须被谨慎和无形地加以引导;欺骗性的东西是无法消除的。细节和整体,哪怕是未完成的,都不可能非断裂地在一起出现。不管它们的起源是什么,马勒意愿的印记证明了,普遍与特殊不可能以一种摆脱了系统约束的形式来进行调和。在它们身上,马勒的音乐弥补了这一点:它离开了不再支撑自己的支点,却仍在长时间内宣称意义上的一致。但事实上,马勒并没有更为巧妙地去掩盖这种客观上的不可调和性,这一点增加了他音乐的内涵。这音乐听起来不大自然 273 正是它自身的徒然在发话,其实就是唯名论的艺术。出于这样的关注:“在艺术作品中,重要的是它的结构和内涵,而不是它创作的主观条件”,有人草率地提问道:“马勒那种非自愿的负担过重的表达意图何在?”这样的问题真是毫无创见。要问及意图,就意味着把作品外在的、难以获得认知的东西作为标准来进行曲解。艺术作品的客观逻辑一旦运行起来,那么创作它的个体就会沦为一个从属的执行机构。然而,马勒可能不会这样去反驳这种无知:否定意愿之物,并把他重新塑造成一个舒伯特,尽管他不是舒伯特也不想成为舒伯特[7]。更多地应该要从内涵中去引出这样的观点。马勒音乐的真相不应该抽象地去反驳瞬间,在瞬间中音乐停留在意图身后。这是不可实现之物的真相。这种真相作为意愿是被欲求的,逾越了太过微弱的存在,同时也成了不可及性本身的标志。它说,人们希望得到救赎,却没有得到救赎;也就是说,人的不真实性,或新德国式的狂热,会阻止它们成为自己想要成为的那样。

意愿之物的技巧舞台和作为一种真实内涵的要素的接受,是马勒的旋律构成,即旋律化。作曲家仿佛从外部加入了旋律,激励着进步,而不是纯粹地去满足客观的推动力;贝多芬有时也是这样做的,例如他贯穿于宏大的乐章最后的展开部的决定。这一刻,既与作品相异,又是作品自身。有些东西就活在进行曲的“引人入胜”之中,它总是通过提前模仿游行者的脚步来指挥他们。马勒的音乐力求按照这种模式来调动听众的积极性。而在贝多芬那里,还在毫无结果地呼唤着纯粹的感情,那种“从人的灵魂中击打出火花来”的愿望,在马勒那里却是对纯粹

274 的沉思的抵制。他仿佛把托尔斯泰对《克鲁泽奏鸣曲》的批评挪用到了自己身上，他想把这种批判付诸实践。他徒劳无功地去对待纯粹的审美的摹像性（Abbildlichkeit）。虽然他被捆在所有音乐那非概念性的和非对象性的材料中，永远说不出它是为了什么、它要反对什么，但他似乎还是说了出来。这就开启了他对主观与客观的形势关联的洞察。就像他经常遭到夸张的主观主义方式的斥责一样，人们承认他并非满足第一人称的歌曲和交响曲具有的客观性。要解决这个矛盾的方法也许是这样的：主观性是整体运动实现的动力，但却不体现在运动中。马勒的主体与其说是表达自己的灵魂，不如说是一种他不自觉的政治意志，这种意志使得审美客体成为一种寓言，它无法安排现实的人去做什么。但由于艺术被剥夺了它所沉溺的肉体上的实践，它就无法成功，所以马勒也不能放弃意识形态的残余。这就表现为审美的暴力行动，如旋律化。但它们在旋律本身中也有自己的基础。在马勒的时代，过度紧张的调性和民间旋律已经非常需要一剂兴奋剂了，马勒完全不得不指挥那些被推导出来的材料，以便把那些被石化的和死亡的材料变成进行曲。而他操纵的那些次要的、中断的主题不再拥有最初的冲动，通过这些冲动，这些主题有一天可能会想要突破自我而生存下去。但马勒想走得更远，不愿安于现状。这种冲突成为创作的要素。因为主观冲动与客观运动规律的同一性并没有产生，所以线条延伸超出它们及其包含的和声本身给予的范围。旋律学在马勒的时代从整体上是有问题的，对于那种自浪漫主义开始以来就作为旋律标准的新意来说，有调性的，尤其是全音阶的音的组合可能性，实在是已经穷尽了。而新的、半音的形态，至少在瓦格纳和后瓦格纳阶段的开始就趋向于弱化，它还原

275 成了短小的动机，与窄小的旋律级进相对应起来；只有在新音乐中，从被解放出来的音色（Chroma）中，也就是在其被需要的地方，才产生出伟大和自由的旋律。施特劳斯曾坦言，其实他获得的灵感总是短小零碎的动机；在雷杰那里，旋律被原子化成没有质量的小二度级进，这些级进将一个和声与另一个和声黏合在一起。施特劳斯与柏辽兹的"意外"（primévu）技巧，即将断裂作为一种效果和不断出现的惊喜，试图通

过将其转化为一种风格化原则,来对抗这种需求。而马勒得出了相反的结论,他强迫旋律出现在它不再愿意出现的地方,从而使旋律自身获得特性,这有一点类似于贝多芬的手法,他通过安排突强(Sforzati)来破坏调性的流动,并且在其中留下主观的痕迹。"像鞭打一样"(wie gepeitscht)是马勒《第六交响曲》的诙谐曲中曾经使用的一句话。自从他的《第一交响曲》结束部的长旋律之后,他很少去爱护他的主题,就像一个执着于目标的马车夫不爱护他崩溃的马匹一样。但带着一种超越固有尺度的欲求,带着一种想要去突破的张力,一种渴望的超越,他对音乐的这种做法却推动了它的发展。在许多情况下,马勒的动机已经在自身内部,在最小的空间里描述了超越性的运动,并通过假装发展,和谐地突出动机,这与之前的《帕西法尔》所谓的长矛动机是相似的,其中在前奏转调的 D 大调部分,长矛动机首先出现在中提琴和"中音双簧管"——英国管中,由双簧管和大提琴接替下去,然后以重新获得的降 A 大调,在小提琴和多重木管乐上用很强(fortissimo)来演奏,接下去欺骗性的转调出现在前景中。[8]以类似的方式,马勒常常以三个二度上行的八分音符进入到一个四分音符中;然后以一个二度下行到附点四分音符作为重音。这个不错的小节部分听起来好像是一模一样的,好像是在用预料之外的其他和声进行着重复。这样的段落带来了一种悖论,即已被准备好的惊喜,它作为一种艺术品在贝尔格那里再次出现。他者、出乎意料之物,已经在它所超越的东西中被告知了。这样的时刻是不知足的。它们必然让那些从外部来倾听马勒的人感到特别迷惑。一次又一次的尝试,仿佛弹跳着的音乐希望能够达到目的:"哦,不!我不会让自己被人拒绝的。"不知足地被旋律化,有时个体形象的声音是不知足的,曲式安排也是不知足的。在限定的范围内,有限之物的辩解中不受待见的内涵(Gehalt)使音乐语言的姿态变得善变,破坏了尺度和秩序的这种审美规范。这就是无法实现的超越于内在关联中留下的伤害。冲动与文明相碰撞,文明就默认冲动是没有教养的。不知足的音乐正是这样的冲突带来的结果。这种音乐触犯了模仿性的禁忌[9]。谁把持不住自己,谁就会逃离到难以理解的语言中去,只有无拘

276

无束的哭泣和无拘无束的爱是被允许的。——有时,这种姿态还伴随着一种后来的特殊的感觉:渴望超越自己的东西,同时也是一种告别,一种回忆。韦尔夫尔(Werfel)早期的一首诗中的"笑尽"(entlächelnd)一词包含这样的东西。《第五交响曲》小柔板中第一小提琴标记着"带着感情"(mit Empfindung)的后句中的动机类型也是这样的。[10] 超越的理念已经成为音乐的图型曲线。马勒的旋律习惯决不能庸俗地用"灵感"(Einfall)来解释——顺便说一句,马勒本人并不怀疑灵感这个范畴。对马勒来说,只要他愿意,就会产生许多原创的灵感,从《第二交响曲》的行板到《第十交响曲》的柔板那无与伦比的主旋律中,都很容易收集到这样的证据。而对旋律"异端般"的操纵来自马勒潜在的结构规则,用里格尔(Riegl)心理分析的词说就是:马勒的"艺术欲求"(Kunstwollen)。旋律为了整体而遭遇到暴力,马勒虽然对细节有强迫症,但他从来没有一刻忘记过整体。

　　对所欲之物的反抗常被与时间相关的反抗联系在一起。欲壑难填者,是晚期自由主义空洞地膨胀起来的主体,它是浪漫主义的衰落期。由于很少有与施特劳斯相同的地方,人们已经从施特劳斯那里去除了
277 浪漫主义的概念:单单从时间年表出发,它就鼓励把施特劳斯与马勒进行比较。在《莎乐美》时期,根据阿尔班·贝尔格的说法,作出这个决定是相当困难的。施特劳斯轻松随意地,不仅把所有说明性的噱头都分散在一个既安全又出人意料的结构上,从联想到联想的转化,使结构本身变得更加灵活,并且在最好的作品中更加有条理。先前提到过施特劳斯是一位使用了非常多新音色的印象主义者,他相比马勒更擅长于动机式的细节处理的传统。正因为如此,他的解决过程比马勒具有的技巧更为先进,马勒的技巧最初在种种不规则的地方还显得些呆板。施特劳斯通过让听觉不断地被占用,并且运用悬念来征服时间,而马勒的技巧显得温良得不合时宜。年轻的马勒让自己被眼前或多或少浮现出来的东西所引导,而不是按照深思熟虑的意志来进行创作,这就是为什么他的作品与施特劳斯的作品相比是笨拙的,施特劳斯掌控着每一个音符,他为最遥远的声部注入了生命。但施特劳斯在材料的使用上

却如此心不在焉，对其效果又如此肯定，这是因为他不关心音乐按照其内在的逻辑想要走向何处去。他把音乐当作一个计算周密的效果上相互关联的连续体。这些效果的关联以其方式被安排到最微小的细节上，但它们的习性就像是强加于音乐一样，在一个固定的概况中被加工。单纯去倾听主题和整体的客观倾向性，以及在作曲上做到有理有据，这样的要求被忽视了。从重要的技巧概念去进行衡量，施特劳斯虽然更有经验，但在技巧上却逊于马勒，因为马勒的结构从客观上更有约束力。马勒的形而上意图是通过放弃自身结构的客观特征来实现的，仿佛他自己也是一个置身事外的听众一样。如果说他的音乐由于时代的统一性，在风格史上没有摆脱这个时代生活观念的束缚，而这种生活观念又涉及了德彪西非理性的色彩层次和施特劳斯的热情激昂，那么也可以说，马勒的音乐从内涵上就不如这两者是这类生活的确认性的回声，而马勒则更接近于对生命理念进行反思的形而上学的哲学，就像柏格森（Bergson）①和后来的齐美尔（Simmel）②一样。齐美尔认为的 278 "生命比生活更重要"（Leben als Mehr als Leben）的公式挺适合马勒。然而，施特劳斯大资产阶级活力论式的享乐音乐与马勒的超越性音乐之间的区别，并不是停留在单纯被表达出来的东西上，而是变成了一种创作上的区别。在马勒那里，形象忘却了自己。而在施特劳斯的作品中，形象仍然是一种主观意识的"场面调度"（mise en scène），它永远无法从自身中解脱出来，尽管具有一切外在性，也永远不会被外化成事物。施特劳斯没有超越天赋的直接性，他只好顽固地复制着约瑟夫的传奇和阿尔卑斯山交响曲，对像《随想曲》那样凄凉的晚期作品保持沉默。而马勒的作品是从摸索中得来的，并不是威廉二世时代的世界行话的猎物。这指导他去成为"要这样而不是那样"的精湛技艺，而施特劳斯在带着商品般的电影伴奏的整合性中结束，为了报复他糟糕的幼稚，顺应大流是理所应当的。最后时期的贝多芬是伟大后期风格的原

---

① 亨利·柏格森（Henri Bergson，1859—1941），法国哲学家、作家。

② 乔治·齐美尔（Georg Simmel，1858—1918），德国社会学家、哲学家。

型,像马勒一样宣称了这种理所当然。它的历史地位是一种潜伏的现代主义,就像梵高一样,梵高还认为自己属于与之相反的印象派。早期的马勒虽然带着原则上更为保守的基本姿态,但这与新绘画初创时期的野兽派的观点有共同之处。文化所有者对诸如《第一交响曲》这种慢速的、刻意跳脱的乐章是排斥的;这样的东西没有必要被认真对待,这种自发的信念伴随着这样的认识:其中也有一些道理,也许就是要在侮辱的内容中才会受欢迎。对马勒的这些句子和段落报以笑声,也算是和他团结在一起了。听者被他所吸引,尚未存在的东西突然显现,与完美地去掌握支离破碎的传统几乎毫不相干。如果说起初,马勒的音乐并不太认同"水平"(Niveaus)的概念,那么它是在提醒"水平"对自己的不公正,在技巧和品位的周旋中,天真地被打磨出来的执拗,使音乐施展魔法获得了一个虚假的有效外表。马勒对水平的侵犯,不管是有意还是无意的,客观上都成为了艺术媒介。如果他的举动是幼稚的,那他就会唾弃去做一个成年人,因为他的音乐看到了成年人的文化根本,并且想从中走出来。但要很容易地向这些过去的作曲家们进行示威,也受到了时代的限制,他们作为马勒的审判者,被看作永恒蕴藏着的宝藏:巴赫和莫扎特老一套的错误、贝多芬那装饰性的帝国英雄主义的气质、舒曼的油印术式的风格、肖邦和德彪西的沙龙特色。在这些重要的音乐时刻中枯萎的东西,只会作为逝去的东西出现在同一层面上因为没有养分而枯萎的内涵中。受时间限制的东西与持久不衰的东西之间的差异是没有根据的,因为不变的东西在音乐中只是"在思想中抓住了它的时代"[11]。说到底,保持不变之物的观念本身就把作品的生命重新物化成固定的财富,而不是将其看作展开的和消亡的东西,就像这是适合人类的形成物一样。有人曾将马勒的交响曲与罗马风格的火车站和大教堂式的百货商店相提并论[12]。但他对曲式的幻想如果没有对纪念性事物的意图,就永远不会解放自己。如果他满足于内部的"基因改造",就根本不会出现音乐上决定性的关于时长的建构问题。然而,他所处的时代为他宏伟的前景带来了不稳定性,这是他的形而上学活力(Elan)的背景,远远高于同时代的平均水平。一个以时间为限制的东西的可悲概念,会从持久和永恒中作为一种多余而被去掉的东西,这对他的作品或任何重要的东西来说是多么的微不足道啊。更确切地说,真理内涵已经沦为一种最灵活地进行指责的时间性,如果一个人出生得更晚些的话,他并不会比被赞赏和被贬低的东西强什么——马勒作品的纪念碑般的特性就证明了这一点。他举步前进,去谱写高尚的歌曲,写出了《大地之歌》。在他的发展中,一次又一次的失败正是他的胜利,唯一没有羞耻感的胜利,才是永久的失败。他已经反驳了这纪念碑式的装饰,因为他无法估量的努力遭到了纪念碑式的东西的驳斥,这种努力原本是适用于这种纪念碑式的东西的。他不会单单因为失败而失败。他最后的几部作品的真实性,让所有关于拯救的假定都继续下去,而不是为了让风险变得更低。《第六交响曲》的终曲在马勒的所有作品中具有优先性,因为它比其他任何作品都更具有纪念性,它破坏了肯定性假象的魔咒。如今对庞然大物的"过敏症"并不是绝对的:这种过敏症也要付出代价,它撕毁了艺术的概念,将其作为可能是整体性的观念的表象。当"量"有一次成了"酸葡萄"后,"质"也就不像表面上看起来对"量"那么无所谓了。这酸葡萄不再让人采摘它,但可以通过反思来挽救它。马勒不会获得那种撕心裂肺的、突破自我的暴力,这暴力不会在他身上燃烧到白热化的程度,就像喜爱音乐巴洛克风格(虽然它并不存在)的爱好者将马勒斥责为浪漫主观主义一样。充满了历史哲学上应有的张力,同时还有在历史哲学上不可能之物的张力,马勒仅仅从他自身时间性的东西中存留下来。也许应该更多地去批判那些对他来说与世界进程不同的东西,批判那些超越的瞬间,内在结构及其曲式范畴的悬置本身被冻结成了一个范畴,成了曲式的固定组成成分。谁了解他的交响乐语言,谁就会有些担心地预见到:现在结构被松动了,被突破了,现在插部不可避免地蔓延开来。不仅仅是脱离了逻辑的音乐性进行,马勒的信号和自然声响也是固执的。他的音乐受到其自身最渴望的东西——仪式——的威胁。它表现为曲式上的不相称,在最宏大的插部中,如《第九交响曲》中的谐谑曲带着的一堆堆的滑音,也是扩张过度的。让人欣慰的是,马勒从灾难性的、意味着对立面的同一性

280

中获得了源源不竭的财富。

  只有顽固而又恐惧自责的意志,才会否认马勒写过软弱的曲子。就像他的曲式从来不会停留在既定的范围内,而是在任何一个地方都把其自身的可能性和音乐曲式本身变为主题,任何一个曲式也会进入潜在的失败区域中。审美的质本身并不能避免其断裂。马勒可能最喜爱的作品《第二交响曲》,通过第一乐章和诙谐曲中的冗长,通过再次"复活"过来的终曲的一些原始性,这部作品可能是消失得最快的。这个终曲似乎需要精心安排的复调,《第八交响曲》的第一乐章就期待着这样的复调。长长的器乐部分喋喋不休地、过多地唱着人声的部分,并且似乎安排得很松散,即使在呼喊声中也几乎没有流动起来,只有合唱团的很轻的起奏部分,及其主题还保留着它暗示性的力量。——《第五交响曲》的小柔板尽管作为单一的乐曲在整个乐章中是一个重要的构想,但由于其阿谀奉承般的音色,就更接近于风俗画的风格了;终曲在许多细节上是新鲜的,并且具有新颖的曲式理念,如作曲技巧上的"快动作"(Zeitraffer)的理念,而与前三个乐章相比,它的分量可能还太轻了。如果就以上这些还可以进行商量,那么《第七交响曲》的终曲就让那些马勒预设的一切东西都陷入窘境。勋伯格在一封信中,正是从该乐章中选取了马勒创造力的例子。[13]但即使是这些例子也会奇特地被卡住,在展开上受到抑制。整体中华丽的外表和微不足道的内容之间软弱无能的不相称,即使是用最强烈的沉浸感也很难去说服人。从技巧上讲,这错在坚定的全音阶上,如此广泛的维度也无法防止它的单调。这个乐章是戏剧性的:就好像邻近的节日草原之上的舞台天幕是如此湛蓝。《第五交响曲》中"循此苦旅,以达天际"(per aspera ad astra)的积极性胜过了这首终曲,这种积极性只能以人物群像(Tableau)的形式展现出来,在色彩斑斓的喧嚣场面中展现出来。也许舒伯特的《C大调交响曲》的终曲已经暗暗地趋向于歌剧式的表演了,这是他所作的充满了交响乐式的积极性的最后一首作品。马勒《第七交响曲》第四乐章第一小节中,独奏小提琴明快地振奋而起,而慰藉像是"阴暗的诙谐曲"(tenebrous scherzo)中悲伤的韵脚一样尾随而至,它比《第五交响曲》中所有的壮丽都更胜一筹。有一次,马勒用"略为华丽"(etwas prachtvoll)的形容词轻声地嘲弄它,却没有让幽默感过于外露。特别是小步舞曲般的主题被无休止地重复,令人沮丧地回答了对 282"这已实现"的主张,回答了对"发家致富后"(après fortune faite)突变的恐惧。努力地去显得快乐的语气并没有像"尽情欢乐"(gaudeamus)这个词一样让欢乐在当下显现出来:实现之物的姿态过分热心地宣告了主题的实现,却又并未出现。马勒可不是一只应声虫。他的声音尖锐刺耳,就像尼采宣扬价值时的声音一样,带着纯粹的情绪在说话;当他实践着那种卑劣的"克制"(Überwindung)的概念时,音乐主题的分析就毫无顾忌地利用这种概念,并且开始奏乐,仿佛欢乐已经存在于世界上了一样。他用徒然无功的欢庆乐句揭穿了欢庆的假面具,他主观上无法达到幸福的大结局也谴责了欢庆。它仍然还是建立在传统形式上的,只要用惯例的方式去解除其具体责任,它就可能溜之大吉;而当玩笑变得严肃时,它就一败涂地了。为了平衡起见,肯定性的乐句不能落在欢庆的乐句之后,在此这些乐句想要成为一个过程的结论。贝克尔曾将这类作品称为"最后的交响曲"(Finalsymphonien)。它们拒绝跳"最后一支舞",而这不过是组曲中关联性较弱的残留而已。但与此同时,它们也不能带来自己所假设的东西。它们应该要给出答案和已被逾越之物,但不能把之前已经进行的张力的状态进行重复或超越。就像喜剧完结处的美好姻缘一样,旧式交响乐老套、欢快的结尾也有这种局限性。为了不再破坏已经出现问题的乐章的统一性,交响乐的动态无法再忍受这一套。因为这两种选择在客观上都是错误的,马勒是第一个从根本上抓住这个终曲问题的人,但这个问题已不能在同一时刻被解决。那些去除掉星空(astra)般幻象的终曲乐章,对他来说才是成功的。《第六交响曲》的终曲强化了它的第一乐章,同时又否定了它;《大地之歌》和《第九交响曲》以极大的本能避免去演绎一个不带冲突的积极的出路,它们篡夺了那少之又少的内在平衡,质疑地看向未知的世界。这里的终点就是不再可能有终点,音乐不再被实体化(hypostasiert)成为当下意义的统一体。

283　　这样的实体化（Hypostasis）促成了正式的代表作《第八交响曲》。"正式"和"代表作"这两个词指出了一些弱点，就像夏凡纳①的"绝世之作"（le genre chef d'oeuvre）那样，是富丽堂皇的包装，是象征性的巨著。代表作是对被顶礼膜拜的作品进行的失败和客观上不可能的再生化（Wiederbelebung）。它声称自己不仅包含了整体性，而且创造了一种相互作用的整体性。代表作借用了权威的教条主义的内容，它被中和成了教养的资产。事实上，它崇拜的是自己。在《第八交响曲》的赞歌中所呼唤的精神已经退化为冗辞，退化为自身单纯的二重化，而《以心向上》（sursum corda）②的姿态则提出要求，想要更多地被人强调。例如，涂尔干③把从《帕西法尔》到《第八交响曲》中的献祭庆典（Weihfestspiele）归结为宗教：它们是集体精神的自我描述，这种精神至少简明地适用于后资本主义时期的仪式性艺术作品。它们的圣殿是虚空的。汉斯·普菲茨纳④讲了一个关于第一乐章《伏求造物圣神降临》（Veni Creator Spiritus）的笑话："但如果他不降临呢"，怨恨的预见性就触及了某种真实的东西。并不是说马勒已经失去了力量：尤其是第一主题肯定是令人惊叹的，在紧接着的进行中，前两部分的动机之间那种黎曼所说的七度"死寂的休止音程"，被长号演奏得生机勃勃，这个构思非常精妙。但这种叫法是指客观曲式意义上的音乐本身。该来的精神要来，这提出了作品应该获得灵感。由此，它把精神中可敬的东西与自身混为一谈，混淆了艺术与宗教，受到一种虚假意识的蛊惑，这种意识从名歌手延伸到普菲茨纳的《帕莱斯特里纳》⑤那里，甚至被称为"幸运之

---

① 皮维·德·夏凡纳（Pierre Puvis de Chavannes，1824—1898）是法国 19 世纪后期的重要壁画家。
② 拉丁文，天主教弥撒序祷中的开场白。
③ 埃米尔·涂尔干（Émile Durkheim，1858—1917），法国犹太裔社会学家、人类学家，与卡尔·马克思及马克斯·韦伯并列为社会学的三大奠基人。
④ 汉斯·普菲茨纳（Hans Erich Pfitzner，1869—1949），德国作曲家，德奥末期浪漫乐派代表人。
⑤ 汉斯·普菲茨纳（Hans Erich Pfitzner，1869—1949），德国作曲家。他最著名的作品是后浪漫主义歌剧《帕莱斯特里纳》。这部歌剧取材于 16 世纪伟大作曲家乔瓦尼·皮尔鲁吉·达·帕莱斯特里纳的生平。

手""雅各布天梯"中天选之人的勋伯格,他的世界观理念也受制于这种意识。马勒对集体动荡的敏感程度,是当时其他作曲家所不及的。他由此做出了尝试:那种他通过自己感受到的集体性的东西,直接升华和美化成了绝对的,这几乎无法抗拒。而他没有去反抗它,这是他的亵渎。在《第八交响曲》中,他否定了自己将形而上的言语彻底世俗化的想法,并将其娓娓道来。如果有人想在此从心理学的角度谈谈马勒,那么《第八交响曲》和《第七交响曲》的终曲一样,都是对攻击者的认同。这种认同逃向它自己所惧怕的权力和荣耀。对肯定的潜在惧怕是公认的。

284

　　社会结构,以及审美的曲式构成的状态是禁止代表作的。为此,新音乐已经完全远离了交响乐。勋伯格无法完成那些在"幸运之手"中被明显激发出潜力的作品,甚至连清唱剧和旧约式的歌剧也无法完成。历史哲学的先决条件在马勒身上并非更有效力,然而,他却天真地敢于去冒险。他以此向那种新德意志主义致敬,新德意志主义自李斯特以来,被指责在音乐上不能再带来什么高贵的东西了,而新德意志主义通过所谓的文化遗产的次要补缀,被认为是挥霍文化遗产的同谋。《第八交响曲》被对崇高对象的妄想所感染,其赞美诗《伏求造物圣神降临》(*Veni Creator Spiritus*),即浮士德的最后一幕,保证了内涵的崇高性。但是,艺术作品所依附的崇高对象,起初不过是对它的责难而已。内涵通过否定,比通过演示能更好地被保存下来,这一点在马勒自己其他的音乐中得到了示范性的证明,与他的意识是相反的。然而,在《第八交响曲》中,他却屈服于今天在东部地区盛行的黑格尔内容美学的庸俗化。从第一个管风琴和弦开始,就渗透着歌咏节日的崇高振奋的感情,类似于名歌手那样[14]。它为了表达热情而简化了结构,尽管带着大师般的简约,但这并没有变成一种福祉。第一乐章中紧凑的复调,在《第二交响曲》之前就提前具备了马勒中期交响曲的所有经验,它风格化地插入到了拥挤的通奏低音的成规中。当然在某些地方,代表作的激情渗透进了代表作的概念中去,并且由此实现了它:也许只有那些人,他们的耳畔还在回响着安东·冯·韦伯恩在维也纳表演时的激昂

285 澎湃,因此才能充分体会到这一点。再现部的插入也在此保留了其威
力。如果说,所有的音乐演绎都必须有助于克服作品的不足之处,那么
《第八交响曲》一定是最完美的。其第一乐章回顾式的完整的奏鸣曲结
构,既不能用要去满足与第二乐章形成对比的需要来充分解释,也不能
用升华的需要来充分解释。相反,奏鸣曲则更多地允许不懈的和对自
己不置可否的肯定,就像辩证法那样。在展开部中,一个邪恶和错误的
深渊用音乐打着哈欠,在无聊的虔诚前保护了赞美诗。——而相反,浮
士德的音乐则被伟大简朴的幻象所诱惑。如果它借用舒曼的儿童乐曲
中"完了,完了"("Neige,neige")这句话的主题,浮士德的音乐就不会去
惧怕这句话的伟大了。值得注意的是,这音乐很少再现出诗歌似乎主要
想呈现给作品的内容,这就像从峡谷登上玛利亚的天堂(Marianischer
Himmel)。相反,马勒叙事式的沉思已经读出了一种爱的现象学。因
此,反命题的要素就传到了第二个部分那里,尽管有一些令人尴尬的尘
世间残余的诗句。

唯一的合乎尊严的问题是,除了代表作之外,还有什么作品是成功
的。但这并不是要简单地去否定被肯定的东西;公羊和母羊不应该被
分开,即使有人觉得公羊更好。《第八交响曲》的肯定意图也是马勒之
前突破的意图,它与公认的东西并不完全吻合。当男童合唱团在浮
士德音乐中唱道:"大声欢呼吧,它已大功告成!"(Jauchzet laut,es ist
gelungen)时,听众们在此不由精神一凛,仿佛它真的成功了。虚假的
唯命是从和实实在在的当下交织在一起;只有在这样一种虚假方式下,
马勒的第一次冲动,即《第一交响曲》的冲动,才能以一种不被驯化的方
式响起。特别是在第二部分中,受益者是音乐的处理方式。通过类似
于康塔塔的、无再现部的场景建设,对歌词的选择促使马勒使用了这种
不受拘束的曲式安排,这也成了后期作品的曲式安排。这首内容非常
广泛的、以宽广的复合结构构成的作品,不再是一首奏鸣曲,也不仅仅
286 是一连串对比鲜明的独唱和合唱,而被强大的隐藏着的发展潮流所淹
没,这首"交响曲"已经和《大地之歌》奇妙地融合在一起了。被牺牲掉
的奏鸣曲的经验也并没有丢失掉,扩展到柔板(Adagio)的前奏,明确地

引导出一整个快板节奏(Allegrotempo)的主乐章。[15]一些二二拍的歌唱部分相当于一首诙谐曲[16];持续不断的动态的实现部分,是《圣母圣师》(*Doctor Marianus*)的赞美诗《仰望》(*Blicket auf*);《神秘合唱》(*der Chorus mysticus*)带着尾声的姿态,仿佛向后转动着。该乐章的特点是有意将简单的和声基本关系跟与其脱离关系的声部进行相结合。极富灵感的降 e 小调前奏,带来了马勒那种平稳地离开地面升腾起来的和声效果。其潜在的能量在《狂喜神父》(*Pater ecstaticus*)和《沉思神父》(*Pater profundus*)这两首激动人心的歌曲中得到更新。非常神秘的是,马勒赋予了歌词某种卡巴拉的"革吾那"(Gewura)的色彩。[17]他将巨型乐队从头到尾作为伴奏压制下去,这要求通过某种尖锐的锋芒,也通过独奏式的混声,来瓦解声音;这部以大量乐器而声名狼藉的作品的第二部分,并不具备太多量化影响,其中并没有谈及外在手段的过度提升。究其原因,大概是马勒为了制造出纪念碑式的效果,有时想要在配器上把很多的音加入到同类音色中去。那未曾褪色的乌托邦和还复而来的宏大装饰,都如履薄冰。马勒的危险正是救援者的危险。

注释

［1］etwa VI. Symphonie，S. 40，bei Ziffer 25.

［2］etwa Lied von der Erde，S. 119，bei Ziffer 40.

［3］Erwin Ratz, Zum Formproblem bei Gustav Mahler. Eine Analyse des Finales der VI. Symphonie；in：Die Musikforschung, Jahrgang IX，Heft 2，S. 166.

［4］VI. Symphonie，S. 61，bei Ziffer 37.

［5］cf. Erwin Ratz, Zum Formproblem bei Gustav Mahler. Eine Analyse des Finales der VI. Symphonie, a.a.O.，S. 169f.

［6］Gustav Mahler，Im eigenen Wort—Im Wort der Freunde，ed. Willi Reich, Zürich 1958，S. 73；zitiert nach：Die Fackel，Nr. 324/25，Wien，am 2. Juni 1911.

［7］cf. Bauer-Lechner，a.a.O.，S. 165.

［8］Richard Wagner，Parsifal. Kleine Orchesterpartitur，Mainz，Wien，Leipzig o.J.，S. 27f.

［9］cf. Max Horkheimer und Th. W. Adorno, a. a. O., S. 214f.［GS 3, s. S. 206f.］

［10］V. Symphonie, S. 176, Takt 5, nach Ziffer 1.

［11］Hegel, ed. Glockner, Band VII, a. a. O., Rechtsphilosophie, S. 35.

［12］cf. Hans F. Redlich, Mahlers Wirkung in Zeit und Raum; in: Anbruch, XII. Jahrgang, März 1930, S. 95.

［13］cf. Arnold Schönberg, Briefe, a. a. O., S. 274.

［14］VIII. Symphonie, S. 4, zwei Takte vor Ziffer 2.

［15］a. a. O., S. 105, bei Ziffer 56.

［16］a. a. O., etwa S. 111, von Scherzando an bis S. 118 einschließlich, und S. 148, von Ziffer 117 bis etwa S. 166.

［17］cf. Th. W. Adorno, Zur Schlußszene des Faust; in: Akzente, 6. Jahrgang 1959, Nr. 6, S. 570［GS 11, s. S. 132f.］.

八、凝　　视

马勒的音乐在童年记忆的痕迹中坚守着乌托邦,这似乎只是因为
这种记忆的痕迹而值得存在。但对他来说,意识不失为真实可靠的,这
种幸福被失去了,却反而只会因为失去了才成为从来不曾有过的幸福。
马勒最后的一些作品正是说明了这样的反转。它们不允许自己被权力
和荣耀所迷惑(《第八交响曲》的作曲技巧上的内在关联顺从这种权利
和荣耀),而是想从其错误中解脱出来。马勒不仅通过告别和死亡的声
音,留下了肯定的恶果,音乐的处理方法本身不再随声附和,而去见证
一种历史意识,一种对鲜活之物完全没有希望的历史意识。在 1900 年
以后的几年的晚期阶段,极端的情绪状态仍然被用略显传统的手段表
达出来,但两者却是完全相异的:在普遍中已经充满了特殊,在此身负
责任的普遍性才重新出现。《大地之歌》中的女孩向她的秘密情人投去
"长长的思念的目光"。于是,作品本身的目光吮吸着、怀疑着,带着深
渊般的温柔向后张望:就像之前仅在《第四交响曲》中的那个渐慢(Ri-
tardando)中出现的那样。这首交响曲与普鲁斯特的《追忆似水年华》
大约是在同一时间完成的,岁月就这样聚拢在一起,在两个互不相识,
也很不理解对方的艺术家之间,画出了一道摇曳的弧线。巴尔贝克
(Balbec)①的花季少女就是马勒音乐里的中国采花少女。《美人》(Von
der Schönheit)一曲结尾处的单簧管部分的尾声[1],这个部分只有每百

———————————

① 巴尔贝克是普鲁斯特在《追忆似水年华》中描写的一座虚构之城。

年才会出现在音乐中,时间作为无法挽回的时间再次出现。在这两者
288 中,无束缚的幸福和无束缚的忧郁是它们的错觉;关于希望的形象禁令
中有它最后的归宿。然而在这两者中,被称作遗忘的力量,隐藏在经验
中。像普鲁斯特一样,马勒把自己的理念从童年中拯救出来。把特立
独行和不可取代变成普适的,变成了一切的秘密,这是他领先于当时所
有音乐的地方。在作曲家中,只有舒伯特能在此与他媲美。

当孩子在钢琴上摸索时,他以为自己是在作曲,他相信每一个和
弦、每一个不协和音、每一个出人意料的转折都具有无限的重要性。他
带着第一次的新鲜感去听它们,仿佛这些其实不过是规则性的声响,以
前从未存在过一般;仿佛它们承载了他想象出来的一切。这种信念无
法被保留下来,谁要是想恢复这种新鲜感,谁就会成为错觉的牺牲品,
因为这种新鲜感本身已经是错觉。[2]但马勒不允许自己被别人说服,
因此试图从假象中将这种新鲜感夺回。他的乐章作为一个整体,想在
其音乐内容中置办(anschaffen)出这种"第一次"的东西,从每一个元素
中升腾出来的东西,就像在奥地利方言中说的,"置办"一词也有命令的
意思一样。他把物质掌控的一切任意性都变成了非自愿的。他的交响
乐创作随着年龄的变化,随着其经验的逐渐成熟,更有能力成为叙事性
艺术作品的媒介。有一些个别段落很早就表现出了这一点,因此更让
人不能去忽略它,因为它们通过这种特殊的品质从其周围环境中脱颖
而出。在《如若君恋美人》(*Liebst du um Schönheit*)这首歌曲中,还有
在与《第五交响曲》同一个创作时期的《第七交响曲》的末尾,歌唱声部
都以 a 音作为结尾,即主调的六度音,它与主三和弦并不协调,仿佛这
种感觉没有找到出路,而是被它的过度窒息了。这里所表达的东西如
此重要,以至于它可以与现象、音乐语言本身相提并论。它没有述说到
最后,叙述就变成了抽泣。音乐在这样的细节中遭遇到的东西,在最后
的作品中全部被抓住了。马勒晚期音乐中所有的文字和形象都饱经风
霜,远远超出了它们的功能意义,只有在伟大诗篇的晚期风格中才会出
289 现这样的情况。《大地之歌》的原创性与它概念的由来没有什么关联。
从音乐的语言落差中产生的熟悉变化闪现出来:谁去述说他一生所经

历过的熟知的东西,都会连带出比这叙述本身更多、更不同的东西来。音乐变成了一张吸墨纸,成了一种日常事物,它用有意义的东西来浸润自己,而不向其屈服地展现出自身。这种通过经验把琐碎之事转化为抽象的做法,在马勒那里一直存在,在后期的风格中,它不再产生琐碎念头。而最后一个乐章,如"哦,你,看!月亮像银色的小船一样荡漾"[3],或"你,我的朋友,我在这个世界上没有得到幸福"[4],这些公式化的片段虽然司空见惯而又独具一格,在此以前只在贝多芬的最后一部作品中出现过,最多就是在威尔第的《奥泰罗》中存在过,即当整个咏叹调发展的精华都被存储在唯一一个动机中时:通过缩小把非本质的东西本质化,就像歌德的《新美露西娜》(*Neuer Melusine*)里的小盒子一样。人生中的普遍事物和瞬间中几乎是物质上的具体化被迫展现出来,破碎的感性幸福成了超感性的幸福。这就是《第九交响曲》一开始几乎不值一提之处的重大意义。在那里,在纯净清澈的 D 大调中,大提琴和圆号的伴奏声部带来了一个在 b 音上的终止式。[5]旧的对立面中的小调这一极被用唯一一个音符表示出来。仿佛经历酸楚,苦难已在其中收敛起来,仿佛它完全不再去表达什么,一切都已经反映在话语中了。对成熟的人格来说,痛苦是他所说的一切的不可言说的前提。音乐在嘴角边抽泣。小调六和弦本身很平庸,它孤零零的,对意指的内容来说太过软弱。但是,就像晚期的马勒从整体上也能够容忍传统的东西那样,这个和弦通过经验的密度固化了薄弱之处:被异化的音乐手法对它所表达出的内容毫无抵抗地投降了。因此,马勒倾向于纪实性的东西,正如普鲁斯特的小说倾向于自传体一样,这最终成为了艺术超越自身的意志。融合了每一种元素的意义关联与反融合一起出现,通过隐藏的共有内容,松动了那审美的魔咒。

为了像歌德所说的那样——"从表象中全身而退"(zurückzutreten von der Erscheinung),同时把记忆那痛苦的气息渗透到音乐中去,马勒在后期倾向于时代的异国情调。中国成为一个风格化的原则。他把汉斯·贝特格①的手艺活一般(平庸的——译者注)歌词创作成《大地之

_____

① 汉斯·贝特格(Hans Bethge, 1876—1946),《大地之歌》中唐诗的译者。

歌》,它的永恒是后天得来的,马勒已经点燃这古老的诗句自身中等待他去点亮的东西。然而可以这样说,《第九交响曲》的起点正是《大地之歌》的终点,它们坚持站在了同一个舞台上。《第九交响曲》继续使用全音阶进行旋律构建,并且坚持在和声进行上运用它,特别是在第二和第三乐章中。马勒用五声调式和远东的音色进行创作,因为当时在欧洲艺术的总运动中,这一切都已经悄然过时了,即全音阶已经被超越了;而马勒从某种震惊中重新占领了全音阶,这种震撼力在德彪西的处理下曾经已经丢失了:全音阶和弦在《愁世的饮酒歌》中伴奏了"腐朽的芸芸众生"(morschen Tand)[6],似乎把音乐捏碎了一样。这样的元素几乎不想再印象主义式地任人享受。顺便说一句,在德彪西和写了《莎乐美》的施特劳斯那里,异国情调也与材料的演变有关;从外面输入西方调性的元素,动摇了西方调式的主导地位,尤其是终止式的主导地位。在马勒晚期,这种音乐的语调是为了帮助作曲家借助已经流行起来的创新音乐中完全个性化的东西。一个非现实的、极其谨慎的、只是勾勒出来的中国,与早期的德国民歌一样扮演着类似的角色:这是一个假象,它不以字面意思自居,却通过非本真性来争辩。他用一种遥远的、作为风格手法被认可的东方情调代替了奥地利的民歌,他放弃了对自身进行集体性掩盖的希望。由此,他的晚期作品也是自舒伯特的《冬之旅》(Winterreise)以来,第一个幻想浪漫主义(Desillusionsromantik)的。马勒的异国情调是他移民的前奏。事实上,马勒在辞去维也纳宫廷歌剧院的领导职务后,就去了美国。在那里他倒下了。在20年代,贝尔格也曾经有过移民的念头,并遇到过他打算如何与一个技术化的文明相处的问题:在那里技术文明至少是一致和起作用的。马勒对技术手段的态度与此不谋而合。——《大地之歌》位于精神地图的空白处上,一个瓷器堆砌起来的中国和多洛米蒂山脉那仿制的红岩石,在矿物质的天空下接壤在一起。这种东方的假象也是马勒的犹太元素的掩护。它极少被染指,就像在其他艺术作品中一样:它从认同中退缩,却仍然被整体俘房。否认这一点,去指责马勒支持受纳粹主义感染的德国音乐的概念,这种尝试是如此荒谬,就像他被强加上犹太民族作曲家的头

291

衔一样。犹太教堂的音乐或犹太民间音乐的旋律可能是罕见的,只有
《第四交响曲》的一段诙谐曲[7]最有可能指向这个方向。马勒的犹太
性并没有直接参与到民俗性的内容中去,而是穿透所有的介质,表现为
一种精神上的、非感性的,但在整体上又是可以感觉到的东西。这当然
就消除了对马勒在这方面的认识与一般音乐哲学诠释的区别。这种认
识指向的是音乐的直接性及其技巧上的组织形式,但这也指向了音乐
的精神。对待音乐的精神就像对待不经思考的感性事实一样,不可能
被抽象地、一挥而就地把握住。对音乐的理解,无非是执行两者的相互
作用:音乐性地存在和趋向音乐哲学。——那些在晚期风格中不再是
由作曲的手法,而是由材料本身提供的东西,正是那种刺耳的、夹杂着
鼻音、手势和混言乱语的东西,即那种犹太人的毫不委婉的、吸引着虐
待狂的东西。《大地之歌》的异化效果忠实地服从着令人迷惑的内容,
远东音乐对欧洲人的耳朵来说总是带有一些这样的东西。"中国长城"
(der chinesische Mauer)的说法在卡尔·克劳斯和卡夫卡那里都出现
过。这里可能借用了美国消防员敲锣的故事,它曾给马勒带来了噩梦 292
般的惊吓,这在《第十交响曲》中的"炼狱"(Purgatorio)片段的结尾处再
次出现。在马勒那里,消防队乐队就完全能吹响末日审判的号角了。
他的乌托邦就像俄克拉荷马州的天然剧场一样被利用着。对于被基督
教同化的人来说——像犹太复国主义者一样——地面在脚下摇晃;通
过关于陌生之物的委婉说法,陌生人试图去安抚恐怖的阴影。正是这
一点,而不仅仅是病人个人对死亡预感的表达,使最后的作品具有了纪
实性的严肃。直接的、可控的动机关联,从浮士德音乐中圣经里的迦南
引发出《大地之歌》里的中国的图像世界,尤其是在最显有趣的歌曲《青
春》之中。异国情调并不满足于五音和全音阶,而是改变了整个织体。
马勒那种古老的摒弃了低音的方式就宾至如归了。在遥远的音乐体系
中让人不太理解的东西成了感悟的成分,仿佛前世的尘世就像这种语
言一样远离了主体本身。尤其是男高音在高音区经常出现中国式的变
化,这使得直到今天,在演绎它们时都困难得令人望而却步:正是这一
点,而不是对自己作品的恐惧,可能是诱使马勒停止演出它的原因。模

糊的乐队齐奏,其中同一声部在节奏上有一点点分歧——这是自从《亡儿之歌》开始,对所有太过纯净的艺术歌曲进行的即兴化的纠正——在《大地之歌》中被完全坚持了下来。还有,在《第八交响曲》中也出现了这种情况,可能是来自声乐和器乐创作在材料上出现的分歧的感受。并且,异国情调为《大地之歌》提供了主题性的构建原则。马勒从五声调式中选出了具有争议的音组,即二度和三度的旋律排序,这与只以二度为单位的音阶是不同的。它形成了一个潜伏的原始动机。这与瓦格纳出于泛半音阶(Panchromatik)的需要,在《特里斯坦》中运用的动机相类似。马勒的动机 a-g-e,在其无数的变形和移位中——包括倒置、倒行和轴旋转——都处于主题成分和音乐词汇之间的中间地带,这可能是勋伯格十二音技巧最晚和最有力的"基本形态"的模型。就像在其中,这个 a-g-e 的动机同时也被叠置起来,成为作品中最后一个未解决的和弦。

　　《大地之歌》是由六首管弦乐歌曲组成的组曲,其中最后一首的篇幅相当长。在所有的作品中,尤其是第一首中,交响乐的延展打破了歌曲的界限。尽管如此,它们中的大多数曲子,就像之前的马勒歌曲一样,在构思上都有明确无误的分段。但变体却走得格外远。它们还涉及了调式的安排。在很多情况下,乐段的重复发生在新的调性层面上,只有末尾才会重新达到原调;从交响乐出发,和声层面的透视性的定位与乐段是统一的。只有偶尔,例如在《青春》和《春日醉酒人》中,乐段的结尾和开头才会变得如此明显,它们往往是通过重新组合动机材料彰显出来的。在对角乐章中,在再现性的最后一段之前,展开部和悬置区域这样的类型被融合在管弦乐的间奏中了;但《大地之歌》的曲式也注意到了内省的时刻,如《春日醉酒人》。[8]第一乐章是巴尔曲式的;只有到了结尾[9],在副歌前不久,作为起句的终曲才再次出现。那冗长的结尾部分,由两首诗暗中组合而成,将乐段形式解释为宽广地设定好的、相互对应的区域的交替。仿佛它们的比例还不足以用音乐的方式来组织其散文式的结构,一些宣叙调式的、"面无表情"的和旋律上更稳固的、表现力极强的部分并列在一起。在瓦格纳歌剧中被淘汰的东西,以重新发现的方式形成了音乐散文。勋伯格在《第二四重奏》的终曲中大约在同一时间也使用了同样的手法,自此之后他又总是不断地创作出宣叙调式的东西。这在新音乐更多的舞台作品《从今往后》(*Von heute auf morgen*)、《摩西与亚伦》(*Moses und Aron*)、《伍采克》和《露露》中得到了肯定。人们能够从叙述的本质中理解音乐散文在马勒晚期作品中的复兴,而这种本质又对绝对音乐的表述感到厌倦了:这一点可以从纪实性的特点来加以理解。《大地之歌》对纯粹的曲式进行了反抗。它是一种中间类型。亚历山大·泽姆林斯基①后来将自己的一部作品命名为《抒情交响曲》;他的影响一直持续到贝尔格的六个乐章的抒情组曲中。《亡儿之歌》已经被建筑学式地加以了设计,最后一首歌曲是一首不完整的终曲。歌曲交响曲的理念非常符合马勒的想法:它是一个整体,是在意义上连续的个别事件中共同成长起来的整体,而并没有考虑到先天地高高在上的成规。作为一个潜在的力量中心,从《第四交响曲》开始,《亡儿之歌》将其光芒传递到马勒的整个作品中。甚至在《第八交响曲》中,尽管有早逝男孩的声音,而且这首交响曲中的风景离这种光芒远得不能再远,但其中也隐藏着《第四交响曲》的一段引言。[10]然而,它与《大地之歌》的特殊关系,可能是在这样的经验中找到的:在青年时期,无限多的东西被当作生命的承诺和可预知的幸福来看待,而待人老去后,回忆往昔才认识到,其实这种承诺的瞬间就已经是生命本身了。晚期的马勒用倒置的歌剧望远镜去反观童年,以此去拯救那错失的可能性,而这种可能性在童年时期本应是可能的。对第三、第四、第五首歌的歌词选择正意味着这些时刻。《秋日孤客》(*Einsamen im Herbst*)的音色,《亡儿之歌》乐队的庄严,都是"旧金器"这个词带有的颜色。如同乔治的《灵魂之年》(*Jahr der Seele*)②中的那些秋诗,废弃的有机物闪耀着金属般的光泽。还有那首关于亭子的歌③,它像一座

①　亚历山大·泽姆林斯基(Alexander Zemlinsky,1871—1942),奥地利作曲家、指挥家和音乐教育家。1895年结识勋伯格并教授其对位法。
②　这里指德国诗人斯特凡·安东·乔治 (Stefan Anton George,1868—1933)1897年创作的诗集。
③　在此指《青春》一曲。

透明的海市蜃楼般结束,让人想起了关于画家的中国故事,他消失在自己的画中,那是一种虚无而不可磨灭的承诺。[11]缩减和消逝都是死亡的表象,这消亡之物却被保留在了音乐中。"良友相聚,锦服华装,肆酒高谈,笔墨激扬。"①就像在记忆中的缩影那样,承诺了未曾出现过的人。在这样的返老还童中,亡者就是我们的孩子。关于亭子的诗的文学高潮出现在镜像之处②,在《大地之歌》创作时这无法从音乐上被解决。马勒用他的"祖传秘方"——小调——来应对它,即用了一段忧郁的插曲。但这样的噱头是如何成为他自己设想的噱头的,从《春日醉酒人》这首怪诞的曲子中就可以看出来了。他所处局面已经是表现主义的局面了,它躲在客观的叙事曲音调的面具背后。内在的空间与世隔绝,没有一座桥梁通往生活,而正是在这种生活上,马勒音乐与每个细节都相连。带着悖论式的现实主义,这部作品把这个局面毫不掩饰地想了个一清二楚:对普鲁斯特来说,吸引力是一种内心独白(monologue intérieur)的吸引力。以池塘为镜的悲伤,是最终断了线的世界之痛,诱人的现实生活作为梦境出现,这梦境在诗的第一行中吟出来,而非客观的内向性却颠倒成了现实。如果醉汉在一个超出一切言语的感人段落中听到鸟的歌声,听到作为大地的承诺的自然,这对他来说就"如在梦中"。他突然还想再次回来。他的孤独在绝望和对绝对自由的渴望之间变成了一种狂喜,已经在死亡地带中翻转着了。这种音乐的精神与马勒年轻时崇拜的尼采相融合。[12]但在非客观内在的狄奥尼索斯无力而光荣地摆起了盛宴的地方,马勒的音乐逃避了罪孽,因为它反省了自己的呐喊,写下对罪孽的不真实性的嘲讽。自我毁灭的狂喜,无法坚持的内心,委身于自己要与之分离的东西。它的灭亡想要获得和解。《第九交响曲》的柔板终曲,大致是第一个降D大调乐段的最后一段,它具有同样的自我披露的亢奋基调。[13]但音乐模仿醉汉踉跄的步伐,却让死亡从音符与和弦之间的缝隙中渗透进入。在马勒那里,音乐呼应着爱伦·坡(Poe)③和波德莱尔的

① 为《青春》一曲歌词选段。
② 这里指《青春》一诗中关于水面倒影的描写。
③ 埃德加·爱伦·坡(Edgar Allan Poe, 1809—1849),美国近代作家、唯美主义神秘主义作家。

颤抖,呼应着虚无的滋味(goût du néant),仿佛他已经与自己的身体疏
离了;《大地之歌》是从那个疯狂的区域带来的,《第十交响曲》的签名里
的感叹词在这疯狂之前战栗。在《告别》中,幸福的假象消散而去,而这
种幸福直至此处都还是所有音乐的生命元素。因为幸福是神圣的,所   296
以音乐不再假装自己已经是幸福的了。他一无所有,除了惬意的疲倦,
他已经没有什么可失去的了。对于积极肯定的人来说,这就是缺乏道
德。乐句的基调也并非是绝望的。诗文在调性中被抽泣所动摇,像一
个被记忆征服的人,没有理由地哭泣,如果有理由的话就不会再哭泣
了。在其中,创作场域就是一本日记中的书页,每一页都内有张力,有
的向上飞扬,但相互之间却不会剑拔弩张,就像在纯粹的时间中翻动的
书页,音乐再现出日记中的哀伤。马勒的音乐几乎不会在其他任何地
方如此毫无保留地自我分解;自然界的声音混杂在混乱的群体中,提升
了马勒以前的"不注意节奏"[14]。音乐常对自己感到疲倦,并碎裂开
来[15];然后,内在的流动冲刷掉了外部的干涸,虚空本身成了音乐。
因此,新音乐很晚才再次创作出静默。分解也发生在纵向上:和弦会分
解为声部。宣叙调的对比手段感染了被稀疏地编织起来的整体;乐器
相互分离,仿佛每一件乐器都想自言自语而不被人听到。但是,结局那
结结巴巴的永恒重复着,好像作品放下了统治的权杖,并非一种泛神
论,它把视野打开,投向极乐的浩瀚。唯一与一切(Ein und Alles)不会
假装成慰藉。如果作品的内涵不能证明其非同寻常的主张,就像其哀
伤的真相抹去了浮夸一样,那么《大地之歌》这个标题可能让自己与其
他来自新德国领域的作品,如《自然交响曲》(*Natursymphonie*)甚至
《生与死的高歌》(*Das hohe Lied vom Leben und Sterben*)有了共谋的嫌
疑。它之所以能做到这一点,尤其是因为音乐赋予"大地"这个词本身
的氛围。第一首歌中提到了"大地"坚守了很久,而不是永恒,离别的人
甚至称它为亲爱的大地,当大地消失时拥抱了它。大地在作品中不是
整个宇宙,而是一颗星,就像五十年后飞向外太空的经验弥补的知识一
样。离开音乐的目光,大地把自己弯曲成一目了然的球体,就像从外太
空已经拍摄下来的那样,它不是创世的中心,而是微小而短暂的。这样   297

的经历还伴随着对其他星辰的忧郁希望,因为那些星星上可能会有比人类更幸福的生命居住着。但远离自己的地球,却没有曾经那些星辰许诺过的希望。它在空旷的星系中沉沦。在地球上,美是过去希望的反照,它填满垂死的眼眸,直至这眼眸被冻结在无边无际的空间碎片之下。在这样的美丽之前,狂喜的时刻要忍受得住自己千万不能衰败成除魅了的自然。没有任何形而上学是可能的,这就成了最后的形而上学。

在《第九交响曲》第一乐章这首纯器乐曲中,以记忆为媒介对眼前生活的反映,就像在《大地之歌》中一样明显,虽然在《大地之歌》中这种记忆是用歌词来表达的。但绝对音乐,从当下到当下演奏着,绝不可能是纯粹的记忆。马勒的代表作《第九交响曲》第一乐章的灵感就来源于此。温弗里德·齐利格[①]曾指出,这里的全曲 450 小节实际上从头到尾都是由唯一一个旋律组成的。整体被完全旋律化了。所有乐段的界限都变得模糊:音乐语言完全被融入到了口语之中。但凡旋律声部相互交错滑过的地方,就会像在梦中一样喃喃自语。这样一来,集体性就会寻求进入到过往之事的交响乐中去,并为叙事的声部提供依据。对过往之事的报道,将其提升起来,这完全是叙事性的。从很久之前开始讲述,好像要讲述什么,然而讲述的事情却又遮蔽了其他什么,就像《第六交响曲》尾声的开头,帷幕高高升起,却露出一种无法言说和无法观视的东西。整个乐章趋向于单小节式的进行;在这个乐章中,伴随着讲述者沉重的呼吸,讲述有点吞吞吐吐。叙事几乎是费力地单小节地进行着,在《葬礼进行曲》插入时,承载着沉重的交响乐进行,就像在沉重的出殡行列中扛着一具棺材。伴随着的钟声并不是基督教式的钟声:带着如此邪恶的奢华,一个中国清朝的官员被抬往墓地。然而,这个乐章在此之前随着时间的介入,就与直接性纠缠在一起,在第二次生命中,绽放出犹如第一次生命的花朵:"我常常很难意识到,野性的快乐令

---

① 温弗里德·齐利格(Winfried Zillig, 1905—1963),德国作曲家、音乐理论家和指挥家,是勋伯格的学生。

人入迷。"当音乐失去它自身开始的间隔时,它就发展下去了。它又回到了世间,随着呈示部第三个主题,激情逐渐显现。回忆忘却自我反省,直到欺骗的直接性在它的高度上遭受到一次可怕的打击,那是衰老发出的警示。除了它手中握着碎片和可疑的奉承般的鼓励,一无所有:音乐以致命的方式退回到自身中去。根据埃尔温·拉茨的说法,如果不是这样的话,再现部就会成为向奏鸣曲倾斜的乐段。马勒最后的感性上的安慰是值得怀疑的,因为它只被赋予了回首相望的时刻,而没有赋予给当下:只有作为回忆,生活才是甜蜜的,而这恰恰令人痛苦万分。但是,灾难的节奏和几乎静得听不到的第一个音符的节奏是一样的,仿佛它只是实现了已经隐藏着的、先于整体的内容,这是对眼前生活的判断。在它完全当下、完全为自己的地方,就会作为腐朽的死亡显现出来。

技巧的处理方式被内涵接纳。与成规的冲突是针对这种处理方式而被确定下来的。与奏鸣曲的理念一样,变奏曲的理念也无法满足作品的需要。[16]但交替出现的小调主题,其与大调区域的对比在整个乐章中并没有被放弃,尽管音程的内容不同,但通过其短句与主题短句在韵律上的相似之处,就变得像是它的变奏一样。这也是反成规的。马勒没有在结构上将对比主题与前一个主题区分开来,而是使其在结构上相互近似,并只是将对比转移到调性上。在这两个主题中,根据极端化的变体原则,音程完全不是固定的,只固定了艺术的风格和某些对角音。相似性和对比性都被从小的单元中去掉,让位于主题的整体性。曲式可以满足交响式对话的概念。因此瓦格纳提及,他打算在《帕西法尔》完成后只创作管弦乐作品。非常善于阅读的马勒知道这一点,并在299瓦格纳的计划中认识到了其与自己音乐的相通之处,这并不是不可能的,一旦马勒的音乐摒弃了曲式的规范:当吉多·阿德勒把《大地之歌》看作马勒的一个新阶段时,阿尔弗雷多·卡塞拉①对此提出的反对是

---

① 阿尔弗雷多·卡塞拉(Alfredo Casella, 1883—1947),意大利作曲家、钢琴家、指挥家和教师,对 20 世纪意大利音乐具有重要意义。

正确的。如果说在马勒之前,交响曲只能被迫看作类似于戏剧广泛认为的主题二元论,那么只有叙事性的作曲家才会让它成为现实。《第九交响曲》的大行板是按照第一和第二交响曲的比例来构造的。短句本身就具有潜在的对话性。它们给出了答案,并且需要用这些答案来作为自己的补充。无论是在持续的重叠的设置方式上,还是在大调—小调的反命题上,都将对话性的倾向传达给了整体:每一个地方都有一个和两个主声部在进行变化。无处不在的反命题使得展开部成为多余的,它是相互碰撞的对立面的储备范围:因此,通过马勒《第九交响曲》中的新音乐,对奏鸣曲的清算开始了。在《第八交响曲》之后,马勒写出了真正的奏鸣曲乐章,比成熟时期的阿尔班·贝尔格还要多一点。第二主题作为第一主题的小调,几乎不具备第二主题的功能,而第三主题当然将尾声部分的特征凝练得无比鲜明。呈示部的重复在不断的变体中被刻意创作出来,以至于它偶然被看作第一展开部分的呈示部,只有在回头再听的时候,才会明白展开部可能意味着什么。马勒曲式的意义在新阶段的结论体现在一些细节上,比如在灾难后,乐章中瓦解的再现部中,长笛和前所未有的大胆的圆号之间形成了一个较长的类似终止式的独奏二重奏,并且由低音的弦乐伴奏:原本从大调和小调中选出的二重奏终于被带到了它理想的类型上,即毫不掩饰的二部和声。在这些小节中,马勒将瓦解部分减弱到已完全形成的终止式中,作为终止式,这些部分变得振振有词,并在结尾处回到其历史起源之处。在此,马勒巧妙地无视了必须让圆号为了呼吸总是要休止的作曲规则。号角
300 旋律在整体中延伸开来。它徘徊在诵读和主题之间,就像《大地之歌》的最后一首那样。旋律化最终成为一种自成一格的曲式范畴,它是主题性创作和雄辩的综合。在这个乐章的对话性的设定中,其内涵就显现出来。这些声部相互倾诉,仿佛想要盖过对方的声音并且超越对方:由此,这首曲子就有了永不满足的表达,并且与语言相似,它是绝对的小说式的交响曲。主题的设定既不是主动和简洁的,也不是被动地侵入,而是涌现出来的,仿佛音乐在说话的同时,首先获得了继续说下去的冲动。

　　形成统一体的主题节奏成为贝尔格的《伍采克》、室内协奏曲以及最后的《露露》的单节奏的典范:节奏在结构中的连环纳入,就源于该乐章。在将来完成时(Futurum exactum)中,也有对主题的建设。它从看似不起眼的、宣叙调式的、非形象特征的方式被引向一个强大的高潮,一个主题作为自己的结论,即使它只有在回头再听时才会相当明显。勋伯格在《小提琴协奏曲》第一乐章中的做法是完全一致的,这种曲式语言的创新在今天被证明比对音色材料的储备更有意义。虽然各主题部分是强烈对立的,但动机内容却巧妙地违反规则相互关联:其中一个主要节奏[17]出现在大调和小调的部分,总体上看两者都像是一个隐蔽的基本思想的变体;也利用了它们在简短的乐句中的共同结构。同时轮廓被作了标记,也是模糊的,就像音乐性的散文家在他还需要的音乐区域的清晰性中,对任意性产生怀疑一样。整个乐章的进行带着极多的小节,不仅完全是前奏式的小节,也有后续的逐渐进入虚空的小节,它们将边界模糊掉了,而并没有起到过渡的作用。[18]动机的组成成分被插入到交替的主题部分中,这些成分后来变得独立。大提琴的附加思想[19],最初是主题的一个部分的变体,然后经过很大的修改,成为区域之间的一个过渡部分。[20]在成规中没有任何固定的位置,由于它的半音以及三连音和附点节奏的交替,这个非常令人难忘的动机无处不在(Ubiquität)。它从铜管乐的精神中生成,渗透进了整个管弦乐队。与其模糊的特点相对应的是,尽管它很简洁,但却没有任何固定的、明确的表述。它并不是简单地被放在前景中,而是最早作为小调主题中圆号的一个四小节对位的最后一个部分,被穿插在小号中,并且为主题的很强的高潮作好了准备。[21]整个呈示部以一个最强烈的主题结束。其曲式意义大致是一个结束部分。[22]虽然它也是从节奏中派生出来的[23],但它与《第五交响曲》第二乐章中新出现的小说式的形象具有相同的效果:都是乐章的关键形象。可以这样说,通常以豪华的形式作为陪伴,它把灾难引为自己的否定。在第一次时,它并没有破坏乐句的力量[24],然后当这种力量"热情"地再次升起时,和弦 d-f-a-cis 加入其中,这正是小调部分的基础,它成为勋伯格作品第 16 号中第一

301

首管弦乐曲的引领式的音色。最后,主节奏愤怒地像锤子一样演奏,在第二次出现时,用到了伴有大鼓和锣[25]的低音铜管乐。在小调[26]的第一座高峰之前,在低音 es 上,和声被尖锐地奏出,这同样太过接近音乐的主体了。在乐章的结尾,尾声主题的华丽炫目,变得柔和起来,成了一种含糊不清的慰藉。如果知道一个人要死了,那么就会像对待一个孩子一样,向他担保一切都会好起来的。整个乐章是《大地之歌》中"在这世上我的命运如此惨淡"(Mir war in dieser Welt das Glück nicht hold)的叙事化表达,出现在小调第一次出现的前两小节上。紧接在呈示部之后,以圆号中灾难性的节奏引入的地方[27],在《大地之歌》中,以及在《告别》中孤立的部分中也有所构思,就好像用刮刀一片片糊上去的颜色一样,弱音和很强音被叠置起来,将该部分强化成了一种威胁性的极致[28],却没有使用沉重的乐队合奏。被撕裂的地方之后是一个假再现,它在附属思想的使用下逐渐消失,并且只在"愤怒的"(Mit Wut)[29]插入中,释放出一个展开部来,直到第一次灾难发生。在第一次灾难之后,小调在一个 b 小调的变体中再次重复[30],在末尾出现了类似于展开部的部分,随后出现一个被实现的解决区域,然后再次在主调中出现一个再现部,在最后的展开部中,上升成了一场灾难。葬礼进行曲的情节带来最后的重现,但与其原型却相差甚远。

302

晚期风格的公式是有效的,但不是一如既往继承而来的,而是经由作曲家的意志打磨而成。这使得配器法作为完全构建性的音乐表现手段得以实现。开头的点状节奏被大提琴轻轻地敲响。切分音用一个同样的 a 音从低音号上作答,除了节奏之外,只有音色作了变化,音色旋律在此尚不成熟。在第三小节中,竖琴演奏了《大地之歌》原动机的一个倒置,它的强音在钢琴的缥缈中显得不太真实。音的强度是不同的,但又是连续的,带着一个空洞的共鸣,音乐的演绎必须首先构建起其空间来。当大提琴和第四圆号的节奏构成的花样继续进行时,在第四小节中,一个停顿的号角这一次用不同但又相近的音色,带来了一个由切分音节奏衍生出来的新节奏,填写这个节奏的动机是后来两个主题部分共同的基本动机。在第五小节中,同样是毫无联系地增加了一个中提琴演奏的清晰地进行伴奏的六连音音型，它继续进入到第二主题部分中去。在此音型第一次出现后，第二圆号进行了变型，它坦率地成了其基本动机的结束。[31]之后，它沉入到二重奏伴奏的背景中去，第二小提琴中的主题插入自身，通过反向动作与之联系。每一种乐器都害怕按照规定平行于其他乐器。矛盾的是，这个引子把自己完整地变成了通过坚定的多样性的各方面构成的统一体。在马勒的作品中，瓦解与融合的对比也包括了它们的同一性：它们是音乐的离心式的要素，不 303 被任何东西捆绑在一起，彼此相似，并衔接成第二个整体。引子的瓦解延续到主乐章的开始，越过主调，形成了清晰的 D 大调。虽然主题似乎令人欣慰地靠近，仿佛音乐已经踏入它的故土，但音色的基础仍然是幽暗的。利用最简单的器乐演奏手法，比如用伴奏式的拨奏让低音大提琴保留在低声部上，而没有用大提琴的拨奏去照亮低声部。这个乐章再也无法摆脱惊恐的和威胁性的东西了，就像卡夫卡笔下折磨人的梦境，却又过于真实，灾难验证了这种基调，就好像人们暗地里一直知道它，并且没有去期待其他的一样。瓦解的倾向继续带来了整个乐章的配器的基本色彩，就像一个被勒住脖子的加了消音器的强音一样：音色自身与音乐一起被中断。低音铜管、巴松、低音巴松和定音鼓构成的响亮的 d 小调和弦在小调主题[32]上是其典范。只有那些浪费在灾难上的段落，才是对这个主题的不忠诚。在乐章的结尾，从小调主题[33]最后暗示后出现的独奏部分开始，色彩就跟随着曲式意义而变化：好像乐章已经过去了，消除了它的音量，音乐像一个星体（Astralleib）一样，按照马勒的要求"漂浮"起来了。在消散开的呼吸中，处处都能感受到乐章的推进，甚至在旋律线已经发展很久了的地方也能感受到；同样，在《第六交响曲》的第一乐章中，贯穿整个部分的进行曲节奏是沉默的，但总能感受到作曲家仿佛周期性地在回避自己的作品。正因为如此，在《第九交响曲》的第一乐章的演奏中必须要避免小跑起来的危险，要不断地作好准备，去注意弱起小节而不是去注意正确的小节分拍，就像马勒的展开部的开始，只要主动机的二度出现在长号[34]那里，本身的力度记号就要去作出暗示一样。

第二乐章与第五乐章和第七乐章一样,是一个展开部的诙谐曲,它带有三个主要部分,在此也被用速度清晰地区分开来,分别是一个 C 大调的兰德勒舞曲、一个 E 大调的更快的华尔兹[35]和一个 F 大调的可以说是"超越奥地利式"(überösterreichisch)的像慢镜头一样的兰德勒舞曲主题[36],然后,各部分的动机成分被不知疲倦地组合起来。但是诙谐曲的精神却没有样板,甚至在马勒那里也没有。兰德勒舞曲主部分可能是音乐蒙太奇的第一个经典案例,通过其引言式的主题,以及分解和扭曲的叠置,在斯特拉文斯基之前就出现了。不过,这样的蒙太奇的基调并不是嘲讽滑稽的模仿,而更多地像一种死亡之舞,就像在《第四交响曲》中,被平静演奏出来的一样。主题的碎片聚集到了被伤害的人去世后的永垂不朽中,并且开始变得拥挤不堪,与贝多芬作品第135号中的诙谐曲遥相呼应,并在快速的华尔兹部分中加入了对《第七交响曲》中三重奏屈辱的绝望表达。通过其不可调和的和令人耳目一新的否定性,这个乐章尽管是一种传统的舞蹈类型,却奇迹般地走在了时代的前列。同时它也身在地狱中了,这和卡尔·克劳斯不尽相同。变形的短语粘贴构成的图像只是主要部分:把被物性地僵化住的东西,赤裸裸地钉在耻辱柱上。创作的意图渗透在华尔兹部分中。这个部分的进行更为直接,在动机上更为连续,但它被《春日醉酒人》中摇摇欲坠地过激的和谐,以及粗陋的庸俗吓坏了。[37]最后,第一主题的组成部分与第三主题相对应。诙谐曲保持着生机勃勃,它对那些毫无意义地僵化着的、不运动的纯粹的蒙太奇并不喜闻乐见,而是用交响乐的时间去冲刷它,使其与主体相称。这样的音乐观的战栗(Schauer)被超现实主义的斯特拉文斯基所取代:只有在交响乐的时代里,时间失去的恐怖才会像彼得·施莱米尔(Peter Schlemihl)[38]失去他的影子一样变得清晰可辨。

回旋曲—滑稽戏,这个名称宣告了它要去嘲笑世界进程,却收敛起了对此的嘲笑。这是马勒唯一的一首炫技作品,它在作曲技巧上不亚于为管弦乐队而作的作品,即使在真正的赋格曲部分也没有任何对庄重的记忆。与《第五交响曲》的尾声和《第八交响曲》的第一乐章相比,它们并不突出，而是在双赋格的原则下巧妙地被隐藏了起来：它们只是将已经极为完整的乐章进行了浓缩。显然，马勒在《第八交响曲》的赞美诗之后，与明确可辨的赋格风格的节日的表达是相悖的。一个成熟的对位法的运用者会遇到一个问题，就是不能再写赋格了。这个乐章尽管冗长，却匆匆而过，并没有把世界进程呈现为一种对自我来说陌生和痛苦的东西，仿佛世界进程被卷入了主观之中，仿佛主体已经沦为了世界进程的奴隶，因此这个乐章与主体的关系如此少，就像春天与醉汉一样。在自认为更好的音乐的自我注视下，其他人不再匆匆忙忙。但对于那些纠结的人来说，不再置身事外了：对他来说，世界进程摧残着自己的心。只有音乐才能这样混乱地搅动尘世的生死。在从二二拍变为二四拍时，在速度被严格保持的地方，乐谱中出现了一个独立的回旋曲和主动机的主题。[39]随着《风流寡妇》(Die lustige Witwe)中的女声唱段的节奏摆动，当时从留声机的铜漏斗中发出了刺耳叫声。这就是普鲁斯特在那些照片中的表现，照片中的普鲁斯特是一个带着黑礼帽和时髦的弯手杖的花花公子：这个隐姓埋名的天才，因插手他人无聊的生活而毁掉自己。只有贝尔格《抒情组曲》(Lyrische Suite)中的神秘的快板(Allegro misterioso)才又成了一首类似的绝望的精湛之作。炫技和绝望是相互吸引的。因为炫技总是在失败和坠落的边缘上作平衡，会像从马戏团的穹顶上一样坠落；炫技者随时都有可能犯错，跌出乐章所呈现的连贯性。稍有差池，整个事情就失败了：技术步骤和表达被如此紧密地结合在一起的。那句"这世界价值几何？"，据说马勒用它来解释《第七交响曲》的结尾，而《第九交响曲》的滑稽戏则回答说：毫无价值。但这是赌博者的问题，他在赌场里反正都是要输的。买下这个世界，就是破产。炫技是对游戏的绝对统治，同时也使统治者陷入完全的无能为力。在所有的炫技中，包括作曲炫技中，主体把自己规定为一种纯粹的手段，从而蒙蔽了自己，使自己在征服中迷失自身。——突破的情节在滑稽戏中已经变得如此徒劳无功，就像在审判过程中约瑟夫死去时(Tod Joseph K.'s)打开窗户寻求希望一样，只有现实生活中的一丝悸动，它虚无缥缈："像一束光闪过，窗户像翅膀一样打开，那个虚

306

弱的人站得又高又远,猛地向前弯下腰来,把手臂伸得更远了。"[40]春天的醉汉不会在鸟儿的呼唤中醒来,这呼唤甚至在滑稽戏情节的主题中也回响着[41];主体完全脱离自我,找不到回去的路:它把真理当作幻觉。内在性滋养并且由此毒害了一切超验的形象,它的再现为偶发性主题辩白,因为这个主题是最后一个赋格的对位。[42]马勒图像世界中的希望变得非常贫乏,相对洞穴深处那消散的痕迹的被画之像,它成了其治外法权(Exterritorialität)。

到这个动机为止,滑稽戏又回到了《第五交响曲》的第二乐章中。马勒用同样的材料创造出截然不同的形象,这并不少见,这在《第五交响曲》中已经出现过了,在其中第二首三重奏的黑暗可悲的主题向降 A 大调的过渡中,被祥和地照亮。[43]这部滑稽戏大胆又好笑,仿佛它随时都会跌入无底深渊一般。在第二次出现的另一个主题上,一个真正可怕的圆号声部[44]脱颖而出,它意味深长地哼唱着过时的流行歌曲"在爱情醒来的夜晚"(In der Nacht, wenn die Liebe erwacht),沉重的乐器演奏出庸俗又滑稽的旋律。它们与动机内容的不相称,使它们中风一样地气喘吁吁。总的来说,《第九交响曲》中对铜管乐器的炫技式的处理,让这个乐器家族完全失去了吸引力:被煽动起来的悲怆已经成了恐惧的呻吟。在这一乐章的插曲中,安慰与绝望再次重叠,但并不是含糊不清的,而是鲜明的,就像《第九交响曲》中管弦乐队产生的点彩一样。这样的部分首先填补了一种万花筒式地切换的幻想,这种幻想是德国早期浪漫主义希望从音乐中得到的。醉翁的拘束是一种与妄想语境完全联系在一起的内在性。它甚至添加了和声具有的醉翁般的东倒西歪,作为欺骗的要素,也作为语言的元素。《第九交响曲》不仅在滑稽戏中,而且在第二乐章的华尔兹主题中,也采取了这种方式。在马勒那里,原本表现性的东西也变成了物质的。相比早期的勋伯格,它强化了基本步骤,同时也加入了音色。调性是关键所在。独立的步骤在它们的直接排序中解体,仿佛只能用黎曼的方法对它们进行强制分析。而在此,瓦解与建构也是相互调解的。马勒比在其他任何一个乐章中都更一致地保持着这里充满活力的进步,使之成为可能的是强有力的基本步骤,以及它们内部的波动,这是同一事实的两个矛盾的方面,就好像是无情地不假思索的进步是一直通往毁灭的道路一样。

柔板的终曲犹豫着,要不要像贝尔格的《抒情组曲》那样去结尾,那是一个精美的片段。然而,它通过与第一乐章的关系仍在曲式之内,这个第一乐章也是缓慢的,并且不断地倾向于快板。除了速度之外,这两个乐章在结构上一致,因为它们都在再现的过程中剥夺了加强于主题的固定性,最后只呈现出主题的碎片。这就强化了回望的特征,以及短暂被压抑下来的、断断续续出现的回忆的特征。这种在音乐范围上仅仅是结构上的相似性,其中没有一个小节是紧凑的,而是无处不在地充满了空隙,这就形成了建筑学上的对称性,即使其不具备任何动机上的关系。怪物一样的感觉,最终让观众们长舒一口气,这是由后来的意识产生的,而没有在当下音乐的表现中占有一席之地。仿佛过了亿万年,"身在天国"(Im Himmel Sein)从《第二交响曲》开头的原光中回归。[45]但就像人在耄耋之年,浸透了经验,却已与经验拉开了距离,回首这个乐章,那是已经远去的追忆的音乐。仿佛快被遗忘了一样,《亡儿之歌》中"阔步前行"(Der Weite Gang)的旋律被分为两个小提琴声部[46];滑稽戏的插部主题首先隐藏在柔板的中声部中。[47]在一个小节之前,第一小提琴跨越两个八度的旋律上,马勒式的欲求的先验自言自语,却无法重复。曲式理念在对比的主体部分越来越丰富的回归中,向布鲁克纳致敬。而这种回归不单单是被一切机械的、仅仅从外部提升的东西净化,就像布鲁克纳的柔板在其后期仍然对此不利一样,马勒的变体艺术在一个乐章中保证总是以不同的方式继续下去,这个乐章带有相对有限的动机材料,也许在主题最后的再现部的延续中表现得最为强烈。[48]相反,布鲁克纳的结构有时甚至决定了对位的处理[49],它被一种高度创新的曲式理念所改变。在主题的前八小节后,出现了降 d 小调上的巴松独奏的两小节长的插部。它被谱写在升 c 小调上,反复了两次,作为一个独立的主题部分展开,与静止的第一主题相比,它是一个生成式的主体部分,而第一主题只是通过变体转变过来的。因此,这首极慢的乐曲被纳入了马勒的动态时间意识中。在它第三次,

308

也就是决定性地出现时[50]，升 c 小调部分根据音色和动机坦白了自己——靠单簧管和竖琴齐奏出三度，独奏的木管乐，以及避免产生弦乐的齐奏——作为一种对《大地之歌》的"告别"的感受。马勒将弦乐合奏与主题第二段的重新进入描述为"猛烈地爆发"(heftig ausbrechend)[51]：这不可抗拒地令人产生回想。整个再现部都服从于这个回溯性的转折。被收回的时间不再有目标，不知去往何方，完全失去了归宿。甚至这句话也允许"行进的"(Pedestre)出现在四声部长号中，这是男声合唱的庄严结局。然而，告别却剥夺了主题的庄严性，只剩下碎裂的音组，其中包括《亡儿之歌》[52]的动机。想要去告别的音乐无法脱身而出。但并不是因为它想要占有，或是想坚持自己。主体无法从不可挽回的东西中抽离出凝视的爱来。长长的目光定格在被审判的人身上。自从年轻时在钢琴的伴奏下，创作了笨拙的民歌《在斯特拉斯堡的战壕上》(Zu Straßburg auf der Schanz)后，马勒的音乐就一直同情反社会的人，他们向着集体性徒劳地伸出双手来。"我应该请求你的原谅，我终究会得到回报！我对此确信不疑。"马勒的音乐没有主观地进行他的表达，相反他让逃兵从口中说出这种主观性来。这都是遗言。这个逃兵要被吊死了，如果他在没有人听到的情况下，还想说些什么，那么这些只是被说出来而已。音乐承认，世界的命运不再取决于个人，但它也知道，这种个人在任何不属于他自己的内容中是无能为力的，无论这种内容有多么分裂和多么无力。因此，个人的裂痕是真理的文字。在这些裂痕中，社会运动与受害者一样，都会显得消极。在这些交响曲中，进行曲会被它所胁迫的受害者听到和反思。那些从队伍中倒下的人，那些被独自践踏在脚下的人，失守的前哨，在动听的小号声中被埋葬的人，可怜的少年鼓手(Tambourg'sell)，那些完全不自由的人，对于马勒来说，都体现了自由。没有预言，他的交响曲是失败者的叙事曲，因为"夜幕即将降临"。

注释

[1] Lied von der Erde, S. 80, Auftakt vor Takt 4.

［ 2 ］ cf. Ernst Krenek und Th. W. Adorno, Kontroverse über Fortschritt und Reaktion; in: Anbruch, XII. Jahrgang 1930, Heft 6, S. 191ff. ［GS 17, s. S. 133ff.］

［ 3 ］ Lied von der Erde, S. 100, Takt 2ff.

［ 4 ］ a.a.O., S. 130, Takt 2 bis S. 131, bei Ziffer 52.

［ 5 ］ IX. Symphonie, S. 3, fünf Takte nach Ziffer 1.

［ 6 ］ a.a.O., S. 31, Takt 1 und 2.

［ 7 ］ IV. Symphonie, S. 48, Takt 4ff.

［ 8 ］ Lied von der Erde, S. 90, beginnend einen Takt vor Ziffer 9.

［ 9 ］ a.a.O., S. 31, bei Ziffer 39.

［10］ VIII. Symphonie, S. 150, zwei Takte vor Ziffer 120.

［11］ cf. Ernst Bloch, Spuren, Frankfurt am Main 1959, S. 191ff.

［12］ cf. Guido Adler, a.a.O., S. 43.

［13］ IX. Symphonie, S. 167.

［14］ Lied von der Erde, S. 108 und S. 116f., von Ziffer 36 an.

［15］ a.a.O., etwa S. 117, um Ziffer 37.

［16］ IX. Symphonie, S. 49, Takt 4ff.

［17］ cf. Erwin Ratz, Zum Formproblem bei Gustav Mahler. Eine Analyse des ersten Satzes der Neunten Symphonie, a.a.O., etwa S. 177.

［18］ IX. Symphonie, S. 4, Takt 4, S. 8, Takt 3, S. 13, Takt 1.

［19］ cf. a.a.O., erstmals S. 4, die beiden letzten Takte.

［20］ a.a.O., erstmals S. 9, drei Takte vor Ziffer 4.

［21］ a.a.O., cf. S. 21, Takt 2ff., und S. 23, einen Takt vor » allmählich fließender«.

［22］ a.a.O., S. 7, Takt 2 (1. und 3. Horn) und Takt 3f. (1. Trompete).

［23］ a.a.O., S. 15, Takt 1ff.

［24］ a.a.O., S. 6, Takt 3 und 4.

［25］ a.a.O., S. 30 bis S. 31, bei Ziffer 11.

［26］ a.a.O., S. 46 und 47.

［27］ a.a.O., S. 6, Takt 2.

［28］ a.a.O., S. 18, nach dem Teilstrich.

［29］ a.a.O., cf. insbesondere S. 18, Takt 5 und 6, nach dem Teilstrich; S. 19, die ersten drei Takte, und die Stelle der Hörner und Posaunen S. 20, von Ziffer 7 an.

［30］ a.a.O., S. 25.

［31］ a.a.O., S. 32.

［32］ a.a.O., S. 3, Takt 5 bis 6.

［33］ a.a.O., S. 5, Takt 3.

［34］ a.a.O., S. 56.

［35］a.a.O., S. 20, vorletzter und letzter Takt.

［36］a.a.O., S. 66.

［37］a.a.O., S. 75, »Tempo III«.

［38］a.a.O., etwa S. 70, von Takt 3 an.

［39］a.a.O., S. 114, l'istesso tempo.

［40］Franz Kafka, Der Prozeß, Berlin 1925, S. 401.

［41］IX. Symphonie, S. 134ff.; am deutlichsten wohl S. 136, vier Takte vor
Ziffer 37 beginnend.

［42］a.a.O., S. 132, beim Eintritt von As-Dur, 1. Violine.

［43］V. Symphonie, S. 136, letztes System, Klarinette.

［44］IX. Symphonie, S. 129, Takt 1 bis S. 130, Ziffer 35.

［45］a.a.O., S. 166, zweites System, Takt 3.

［46］a.a.O., S. 166, letzter Takt.

［47］a.a.O., S. 167, zweites System, Takt 3.

［48］a.a.O., insbesondere S. 178, Takt 3ff.

［49］a.a.O., S. 170, zweites System, Takt 2f.

［50］a.a.O., S. 173, »sehr gehalten«.

［51］a.a.O., S. 174, zweites System, Takt 2ff.

［52］a.a.O., S. 182, erstes System, von Takt 5 an ff.

术 语 索 引

人 名 索 引

(人名后的数字是德文版页码，即本书边码；高频出现的词汇未列出)

译　后　记

　　阿多诺哲学意识的统一性不仅体现在他的哲学论著中,也是他音乐哲学的思想源泉。即使是在阿多诺后期的音乐会乐评这样的短篇文章中,也蕴含了一定的哲学意识,这些哲学意识也与他的《否定的辩证法》等重要论著有意无意之间进行着暗地的交流。在这个意义上,想要真正深入地了解阿多诺哲学的精神内核,就必须去关注他的音乐哲学著作;同样,想要理解阿多诺音乐思想的内在逻辑,也不能仅仅局限于音乐学的专业知识,而必须知晓他的哲学思辨。脚踏在哲学与音乐这两块沃土上,使得阿多诺交织了哲学思辨与音乐分析的精神理念分外引人注目。但这种"跨学科"的思维方式也对阿多诺的研究者,以及对其感兴趣的哲学与音乐爱好者们提出了理论知识与实践经验上的巨大挑战。为了填补目前国内在阿多诺音乐哲学文本上的空白,此次上海人民出版社出版的"阿多诺选集"系列丛书中,编者们特别重视对音乐相关文本的选编与翻译工作。希望借此宝贵机会,能给国内读者们勾勒出一幅更为细致和全面的阿多诺思想的全景画。

　　阿多诺撰写的所有音乐论著都被收录在德语版《阿多诺全集》(Theodor W. Adorno: Gesammelte Schriften, Suhrkamp Verlag,以下简称 GS)的第 12 至 19 卷中。其中除了两部已被人熟知的代表作《新音乐哲学》(*Philosophie der neuen Musik*)和《音乐社会学导论》(*Einleitung in die Musiksoziologie*)之外,这一批音乐著作还包括数目众多的专著、论文、短篇随笔、乐评和书评。它们从内容上涵盖了音乐史、音乐分析、音乐评论、音乐社会学和音乐美学等音乐学的众多从属范畴。这些文本就像是一个观察 20 世纪上半叶西方音乐文化的万花筒，从多个角度映射出阿多诺在不同时期和境遇中，对音乐、哲学、人性与社会的深刻思考。

虽然阿多诺在世时并不热衷于编辑自己的《全集》，但在他去世前的最后一次谈话中，曾特别提到过想要将自己撰写的三本关于瓦格纳、马勒和贝尔格的专著收录成一卷出版，而这一卷的标题又应是"音乐专著"(Die musikalischen Monographien)。由此可见他对这些音乐文本的重视。在此次中文版"阿多诺选集"文本的甄选过程中，编者在篇幅和内容的关联性中掂量多时，最后只将前两篇选出合为一卷出版。同时，在《试论瓦格纳》正文后还附上一篇重要的与主题相关的附录《瓦格纳的现实性》(Wagners Aktualität)。在译本原文的选择上，则选用了德语《全集》第 13 卷中的《试论瓦格纳》(*Versuch über Wagner*，GS 1964 年第二版) 和《马勒——一种音乐的面相》(*Mahler. Eine musikalische Physiognomik*，GS 1963 年修订版)作为原本。

为了便于读者更好地理解本书，以下将分别对这两部作品进行一个简单的介绍：

1937 年，流亡伦敦的阿多诺为了获得牛津大学的哲学博士头衔，开始撰写《试论瓦格纳》一书。1938 年春天，他经过霍克海默的介绍移民到美国纽约。在此之间，阿多诺完成了这本书的第二到第五章，以及第七、第八章，并且写了一篇关于这些章节的简短综述[1]，但在当时并未发表。随后在 1939 年，阿多诺在《社会研究杂志》(*Zeitschrift für Sozialforschung*)的第一期与第二期上分别发表了本文的其余几章，即第一、第六、第九和第十章。1952 年，德国苏尔坎普出版社将此文的全部十个章节合为一册出版。但相对之前的杂志版本，苏尔坎普版进行了重大的改动。对此，阿多诺在 1952 年 9 月还立刻发表了一份说明性的文章《试论瓦格纳一文的自白》(Selbstanzeige des Essaybuches »Versuch über Wagner«)[2]。在其中对自己的写作动机、方法、目的作出了说明,也给了读者阅读此书的一些提示。"我想要帮助去照亮法西斯主义的原始景观,使它不再主宰集体的梦想。在一个不曾预料到的集体压迫的情况下,这样的努力或许具有一些现实性。"[3]

《试论瓦格纳》一书具有不可忽视的特殊性与重要性。这绝不仅在于它是阿多诺撰写的第一本音乐专著,同时也因为此文是自尼采之后出现的最复杂、最重要、最具争议性,但又被引用得最多的关于瓦格纳的批判文本。无疑是研究理解瓦格纳其人与其音乐思想的必读文献之一。然而从内容上看,《试论瓦格纳》并非一本单纯的音乐评论。如阿多诺所说,"整篇《试论瓦格纳》除了传达对技术事实及其脆弱性的真理内涵的批判之外,别无他意",并且"它属于我当时工作的整体"[4]。这本书的创作灵感来自霍克海默以及社会研究所当时已有的研究成果。在其中,阿多诺正如标题所称的那样,是一次大胆的"尝试"(Versuch)。在其中,它将哲学、社会学、作曲法和音乐分析等学科范畴巧妙地融合在一起,对瓦格纳其人其事以及其音乐作品进行了深刻的社会性反思和批判。就像他在之后对此文进行反观时说道:"《试论瓦格纳》力求将社会学的、作曲技巧—音乐的和美学的分析结合起来,因此一方面,应该阐明对瓦格纳的'社会性格'和他作品功能的内部关联进行的社会性分析。另一方面,在我看来更为重要的是,其内在技巧上的发现应该被社会性地去表达,并被解读为社会现实的密码。"[5]

在主题的选择上,作为犹太人的阿多诺将德国法西斯推崇的"纪念碑式"的音乐偶像瓦格纳及其音乐作品安排成批判的对象,这在当时自然是一个包含了反法西斯主义政治动机的决定,但并不是这本书的全部出发点。一方面,阿多诺认为"瓦格纳的作品不仅自愿成为帝国主义和晚期资产阶级恐怖的预言者和热心的奴仆",另一方面"瓦格纳作为一个堕落者强大地直视自身","并在经受住吮吸式的注视的图景中超越这种堕落"[6]。阿多诺敏锐地把握住了瓦格纳和其作品的这种尖锐而复杂的内在矛盾,将瓦格纳看成启蒙辩证法中的一个典型"案例"(ein Fall)进行解构,这就决定了阿多诺对瓦格纳的批判并不是一次单纯的音乐美学批判,而是在于如何用美学分析超越美学,最终进入到了对某些"瓦格纳现象"所代表的资产阶级意识形态进行普遍意义上的社会哲学批判的范畴中去。并且在阿多诺看来,瓦格纳的音乐具有一种独特的"语言相似性"(Sprachähnlicheit),这也超越了音乐语言的范畴,带着充满争议性和创造性的、震撼人心的表现力,展现出其带有哲学语言深度的启蒙意义。在这个意义上,正如阿多诺提到的:"瓦格纳音乐中的进步和反动是不能像绵羊和山羊那样被区分开的。"[7]

从叙述结构上看《试论瓦格纳》一文,又可以发现其具有强烈的"音乐相似性"——这在阿多诺的著作中并不少见,也暗示了他本人作为作曲家对音乐结构的特殊敏感性,以及对音乐和语言相通性的重视:

全书共有十个章节。第一章"社会性格"是一个特立独行的开篇。阿多诺先撇开音乐作品不谈,而首先从社会心理学的角度来解构瓦格纳其人。在文中,瓦格纳被阿多诺描述成一个乖张又复杂的人:气急败坏的革命者、卑躬屈膝的逃亡者、出生于业余艺术家庭的半吊子艺术家,浑身腐朽习气的市民阶级,字里行间颇有一些对他的不屑与鄙夷。然而,联系到阿多诺当时在写作此文时,自己也正离开家乡逃亡美国,字里行间又何尝不带有一丝同病相怜和怒其不争的个人情绪。在第二章"姿态"中,阿多诺试图对瓦格纳的社会性格和其作品进行调解,以证明瓦格纳的音乐姿态正是他社会性格的音乐技术性显现。他例举了瓦格纳作品中"开场曲"(Fanfare)和信号式的音乐片段来证明自己的观点。

第三章到第五章都是相关的具体音乐元素。在这里,阿多诺把瓦格纳的作品解构成单个的音乐元素,并且通过观察它们在音乐史上的发展趋势,来分析瓦格纳音乐的特殊性。在"动机"一章中,阿多诺认为瓦格纳的主导动机是一种被动的"符号",带着寓言式的僵化被串联起来;由动机构成的无终旋律虽然是一种对传统技巧的突破,但却缺乏自主性。诵唱则应该被从社会性的角度加以关注。"声音"一章主要分析了瓦格纳音乐的和声。他认为瓦格纳运用和声将"空间"填满,并且凝固了时间进程。他的和声打破了之前的协和与不协和的二元论,更多地作为"能量"的载体,改变了音乐语言的规则。"色彩"一章重在分析瓦格纳的配器法。在其中阿多诺认为：**"在瓦格纳之前没有配器艺术"**（见本书第 60 页）这显然是不正确的。同样，下沉在乐池中的乐队也并非为瓦格纳首创。但这些知识盲区并不影响阿多诺得出的结论：瓦格纳是一位真正的配器大师。他举例分析了瓦格纳的几部作品中的配器细节，还特别提到了瓦格纳用阀门号代替自然号的运用。这一章对学习配器法的读者来说，也值得细细品读。但在文末，阿多诺话锋一转，却从社会学角度提出批判：艺术家们试图用越来越完美的配器技巧掩盖劳动的痕迹，这让艺术作品获得了一种假象的特性，这一结论一直受到后来学者们的批判。

　　第六、第七和第八章都是关于瓦格纳最重要的音乐体裁"乐剧"的批判。在第六章"幻境"一开篇就提出了一个重要的命题："以产品的表象来掩盖生产，是理查德·瓦格纳的形式原则。产品把自身作为自我产生的东西而呈现出来。"（见本书第 71 页）那些在瓦格纳乐剧中被精心打造出来的幻境，被阿多诺看作陈列出来的诱人的商品，将劳动生产隐藏在幻境当中，让人们忘了这仅仅是虚幻的审美假象而已，这难道不就是资产阶级世界的广告想要带给人们的体验吗？第七章以"乐剧"为主题，乐剧作为瓦格纳整体艺术的具体表现形式，在阿多诺看来同样是瓦格纳所处的工业时代的一种代表性的艺术形式，是"伟大的形而上学体系中的后起之秀"（见本书第 90 页）。但即使是其中的英雄形象，也具有消费品的特性。乐剧的风格本身表现为浪漫主义和实证主义元素之间的冲突。联系上一章，阿多诺认为乐剧本身就是一种幻境，瓦格纳企图借此清算历史，创造一个非时间性的第二自然。这一讨论在第八章"神话"中进行升华：他指出，瓦格纳是有意识地在运用神话题材，同时也将音乐本身神话化。甚至"在他的眼中，一切都是神话的"（见本书第 101 页）。

　　在第一章出现过的两个音乐性的"动机"——命运和反叛，在最后两章中被重现。阿多诺将《指环》与黑格尔的历史哲学和叔本华的形而上学相比较发现了根本的矛盾，他批判瓦格纳带有小市民习气的、狭隘又消极的宿命论。瓦格纳代表了市民阶级的堕落，这种堕落"在命运面前卑躬屈膝"（见本书第 121 页），丧失了自由，作为一种幻境只能给人带来虚无缥缈的希望，"见证了资产阶级腐朽的早期"（见本书第 129 页）。在此，阿多诺肯定了尼采对瓦格纳的"颓废"批判的合理性。他最后得出的结论是，不要片面粗暴地批判瓦格纳，而是要去"救赎"他。以此，终结了他这次批判瓦格纳的"尝试"。

阿多诺在《试论瓦格纳》中明确地强调了一种独特的新研究方法：面对体量庞大的瓦格纳作品，却使用"微观逻辑的"（mikrologisch）分析方法来由小见大。所谓的"微观逻辑"，指的是不按照通常的音乐分析法，即从作品整体入手，从一开始对作品的立意、体裁和曲式等入手，从宏观到微观地层层细化，而是直接通过"放大"作品中"最内部的细胞"，独辟蹊径地由内至外提出了纵观全局的美学诠释。这些"最内部的细胞"，也就是阿多诺提出的"姿态""动机""音色""配器"等等方面的范畴，甚至还有对作品中一句对白、一个和弦、一个动机、一种乐器的极为细致的观察。阿多诺把这种"细胞"看作与莱布尼茨无窗的单子类似的基本元素，认为它们已经具有了瓦格纳的整体特性，并且在很多方面都是资产阶级意识形态的表述。

这种微观逻辑分析法的有效性是有待商榷的。因为从整体上看，阿多诺在寻求用新视角和新方法对瓦格纳及其作品进行批判的同时，也缺乏一定的连贯性和完整性。一些批判也缺乏足够的论据支持，例如他批判瓦格纳用乐剧叙述神话和制造幻境，但这在整个歌剧史中一直都是被作曲家们广泛创作的主题，其中不乏最伟大的歌剧作品之一——莫扎特的《魔笛》。他认为乐剧的整体性是脆弱的，因为其中一些段落可以被分解出来，像流行音乐那样被演出。然而环顾歌剧史，每一部流传至今的歌剧作品都不乏几段令人喜闻乐见的咏叹调和序曲，这是歌剧作为艺术体裁延伸出来的音乐表演形式，而这并不能证明瓦格纳在音乐创作和意识形态方面的退步性。除此之外，阿多诺在文中反复强调瓦格纳作品中的一些反犹太倾向至今仍是有争议的。另外，这篇文章一个特别受到阿多诺重视的目的：将马克思主义理论的商品分析应用到音乐文化现象批判上，认为瓦格纳乐剧过于商品化的批判,这种尝试被后来的学者们认为并不是成功的,这种批评以德国音乐学家卡尔·达尔豪斯(Carl Dahlhaus)为代表。

但作为一个富有争议性的文本,《试论瓦格纳》也不能从字面上被看成对瓦格纳及其音乐进行的一次粗暴专横的负面批判。阿多诺的观点必须被放在德语世界对瓦格纳批判的传统中去进行观察,即尼采在1888年精神崩溃前不久写的《瓦格纳事件》(Der Fall Wagner)、《尼采对瓦格纳》(Nietzsche contra Wagner)和《瞧,这个人》(Ecce Homo)中,他将瓦格纳看作"颓废"(Décadence)的艺术家;以及托马斯·曼认为的,尼采对瓦格纳的批判是一种"倒置的赞美"(Panegyrikus mit umgekehrtem Vorzeichen);还有福特文格勒(Wilhelm Furtwängler)的文章《瓦格纳事件——来自尼采的随想》(Der Fall Wagner, frei nach Nietzsche)中对瓦格纳的肯定。在这样的语境中,阿多诺对瓦格纳的批判也显现出其积极的一面来,即阿多诺试图通过批判对瓦格纳进行一种"救赎"(Rettung)。晚年的阿多诺显然也看到了这本书引发的种种争论,因此他在1964年用《瓦格纳的现时性》这篇短文来澄清自己的立场。在其中,他再次重申了瓦格纳音乐中的矛盾性,也修正了一些先前的观点,给予了瓦格纳更多的肯定。

与《试论瓦格纳》这样的早期作品相对应,《马勒——一种音乐的面相》作为阿多诺的晚期音乐著作展现出了其音乐哲学完全不同的一面。这部作品完成于1960年,当时正值古斯塔夫·马勒百年诞辰,然而这位曾经声誉隆隆的著名指挥家去世已久,作为作曲家又还尚未声名远扬。1955年,一批支持他的学者和音乐家在维也纳成立了"国际古斯塔夫·马勒协会"(Internationale Gustav Mahler Gesellschaft),阿多诺成为了该协会的董事会成员。虽然经费有限,但马勒协会还是借马勒百年诞辰的时机,在维也纳组织了几场马勒专题音乐会,以及一场关于马勒生平的展览。1960年6月21日,阿多诺也为此活动在维也纳发表了一次纪念演讲。这次讲话的内容就以这篇《马勒——一种音乐的面相》为主。这个文本建立在年轻的阿多诺在1930年就撰写过的第一篇关于马勒的文章《今日马勒》(*Mahler heute*)上，以及 1936 年完成的《马勒札记》(*Marginalien zu Mahler*)之上，当时的阿多诺就已经认识到了马勒音乐在技巧与精神上的惊人高度，以及其中蕴含的社会性。

阿多诺对马勒的关注并非偶然，因为马勒在阿多诺自己的音乐世界中从一开始就占据着重要的地位，正如他自己所说："回忆那时，我大约 13 岁，或者是在 1917 年，曾有一次在凌晨时分被令人惊叹的开场曲惊醒（我那时已经知道马勒的第一交响曲了，曾在博物馆的音乐会上和阿加特一起听过蒙俄伯格的版本）；这当然是一个梦，但却带着幻觉般的强大力量。我与乌托邦的关系就此首次显现出来——即'觉醒'。"[8] 而晚年阿多诺在本书中则展现出他一生对于马勒音乐的欣赏与思考。

此文的副标题"面相"(Physiognomik)一词可以一直被回溯到古希腊哲学那里，它的同源词"面相学"(Physiognomie)是阿多诺特别喜爱的一个术语，一直以来都受到阿多诺研究者们的关注。在阿多诺关于文化工业的批判中，特别是相关电台的传媒理论中，"面相学"概念占据着重要的地位。拉森·鲍威尔(Larson Powell)甚至认为这个词是贯穿阿多诺全集的一条红线。而《马勒》正是这条红线的终结之处。

从结构上看，此文与《试论瓦格纳》的类似之处在于，阿多诺面对马勒宏大的交响曲仍然选择从细节入手，仔细揣摩作品的细枝末节，由这些音乐现象的"面部细节"入手，如他所说："只有通过更加接近他，进入他的内心，并且面对不可通约的东西"[9]，才能深刻挖掘出马勒音乐的特征。

第一章"帷幕与开场曲"，从马勒《第一交响曲》的第一个音开始，以一个听者的角度为出发点，对作品的曲式、和声和配器进行了详细分析。文字牵引着读者的思绪缓步前进，不知不觉中，读者竟好像是落座在了阿多诺的身旁，舞台上的帷幕缓缓拉开，耳畔回响起马勒音乐的开场曲，而阿多诺正手拿乐谱，随着音乐用手指指出一个个音乐片段：这个小节插入了短笛，那个地方爆发出乐队全奏。他在轻声地向听众解说着自己的感受，十分引人入胜。在阿多诺看来，马勒音乐勾勒出的

"图景"(Bild)作为音乐的"面相",不屑于掩盖在所谓"成功作品"的假象中,而大胆撕裂和突破了固化的浪漫主义风格,其自身从根本上成为了音乐的理念。阿多诺还在这种音乐表达中窥到了对黑格尔"世界进程"理念的反思,并且以此为出发点,对马勒作品中经常出现的开场曲、诙谐曲和圣歌等音乐材料进行了研究分析。第二章"音色"讨论了马勒音乐的"面相"中最突出的一个特征,即突破性。这种突破不仅仅出现在旋和声、配器、调性运用等音乐材料上运用上,也出现在音乐的整体结构上。它带来了音乐内外的张力和整体一致性,集中体现了世界进程。由此,马勒的音乐"通过去人性化,勾画出了救赎"(见本书第 190页)。第三章"形象特征"一开篇就提出了三个马勒曲式理念的核心特征:突破(Durchbruch)、悬置(Suspension)和实现(Erfüllung)。通过对马勒几部交响曲的曲式和配器特征的分析,阿多诺提出马勒音乐具有不同于其他浪漫主义交响乐的形象特征——"背离"(Abweichung),并且认为正是背离原则引发了马勒音乐语言的革命性。在第四章"小说"中,阿多诺又换了一个角度,从音乐与文学的共性出发,试图说明马勒音乐中包含着一种类似于小说的叙事性。他认为这种叙事性突破了自贝多芬的传统交响乐以来音乐中凝固和内化的时间性,而通过对音乐材料的组织,获得了发展性的、被拓展开来的时间。第五章"变体—形式"提出了马勒叙事性交响曲的核心作曲技巧"变体",即马勒是如何将音乐主题"形象"通过不断地变化来进行复述。第六章"技巧维度"又在前几章的基础上,再次强调马勒音乐的多维性和包容性。第七章"崩塌与肯定"点明了马勒音乐是利用"消极"的、具有瓦解倾向的、破碎的、平庸的元素,去表达更为高明的整体性,是在以否定去赢得肯定。在这一点上,马勒就超越了同时期的其他作曲家们,他重组历史性的,甚至是平庸市井的音乐语言,用具有突破性的曲式结构将其组织起来,最后打破了时代的限制,预示了现代主义的来临。最后一章"凝视",则从内容上更多地是阿多诺关于马勒音乐的一些个人感悟,尤其是他对《大地之歌》的理解尤为精彩。最后用布莱希特的"夜幕即将降临"一句来结束,让人意犹未尽。

《马勒》是否就像"面相"一词的本意那样,揭秘了马勒音乐的"面相",即它是否达到了清晰描绘马勒音乐的"面容特征",并且由此无误地识别出其"个性特征"的目的?也许就连阿多诺自己也不敢肯定。因为他自己曾在与友人的信件中称《马勒》是一本"丛林之书"(Dschungelbuch)——他对自己写出的内容从未如此"知之甚少"。与《试论瓦格纳》一书中充满激情的批判和救赎对比强烈,《马勒》则带着一种浓重的崇拜意味:马勒在书中是阿多诺心目中一位当仁不让的音乐大师:配器"大师"、音乐语言的"大师"、自由对位的"大师",溢美之言随处可见。但这在当时音乐界的认知中并不是理所当然的,也正是阿多诺的这篇文章引发了人们重新去认识马勒的兴趣,它开启了马勒研究的先河,在 20 世纪下半叶逐渐让马勒成为一位公认的世界级的作曲大师。

作为马勒诠释的关键性文本,《马勒——一种音乐的面相》应该被看作喜爱和研究马勒音乐的读者的必读书目之一。而在阅读这本书的时候,也需要读者具有一定的音乐基础知识,包括对管弦乐队的配置、作曲手法和基本乐理知识的了解。如果您还能在阅读此书时有条件伴上一本马勒交响曲的总谱,或是在阅读时播放马勒的音乐,相信您定能在阅读与听觉上获得极愉悦的双重享受。

最后,再次特别感谢上海人民出版社毛衍沁编辑为出版此书付出的辛勤劳动,也感谢阿多诺翻译团队成员们对此书进行的大量审读和校对工作。翻译中出现的疏漏谬误之处,也请读者和同行专家们不吝指教。

彭 蓓

2022 年于珠海

注释

[1] Adomo, GSB, S. 497—504.

［2］a.a.O., S. 504—508.

［3］a.a.O., S. 504.

［4］［5］a.a.O., 10, S. 706.

［6］a.a.O., 13, S. 144.

［7］a.a.O., 13, S. 46.

［8］Rolf Tiedemann(Hg.)：Frankfurter Adorno Blätter Bd. VII, edition text＋
kritik, 2001, S. 22.

［9］Adorno, GS 13, S. 151.

图书在版编目(CIP)数据

论瓦格纳与马勒/(德)阿多诺
(Theodor W. Adorno)著;彭蓓译.—上海:上海人
民出版社,2022
(阿多诺选集)
ISBN 978 - 7 - 208 - 17597 - 6

Ⅰ.①论… Ⅱ.①阿… ②彭… Ⅲ.①瓦格纳(
Wagner,Wilhelm Richard 1813 - 1883)-人民研究 ②马勒(
Mahler,Gustav 1860 - 1911)-人物研究 Ⅳ.
①K835.165.76 ②K835.215.76

中国版本图书馆 CIP 数据核字(2022)第 008509 号

责任编辑　毛衍沁
封面设计　尚书堂

阿多诺选集
论瓦格纳与马勒
[德]阿多诺 著
　彭　蓓 译

出　　版　**上海人民出版社**
　　　　　(201101　上海市闵行区号景路 159 弄 C 座)
发　　行　上海人民出版社发行中心
印　　刷　上海商务联西印刷有限公司
开　　本　635×965　1/16
印　　张　21.5
插　　页　2
字　　数　290,000
版　　次　2022 年 7 月第 1 版
印　　次　2022 年 7 月第 1 次印刷
ISBN 978 - 7 - 208 - 17597 - 6/B・1602
定　　价　85.00 元

本书根据德国苏尔坎普出版社 1963 年出版的《阿多诺全集》第十三卷《试论瓦格纳》(*Versuch über Wagner*)和《马勒——一种音乐的面相》(*Mahler. Eine musikalische Physiognomik*)译出